청소년을 위한

동양철학사

청소년을 위한

동양철학사

강성률 지음 | 반석 그림

상고 시대의 신화부터 현대 철학의 흐름까지
동양의 철학과 역사가 한눈에 펼쳐진다!

평단

우리 정서와 가장 가까운 동양의 철학 이야기

새벽녘 당산나무 아래에 맑은 물을 떠 놓고 두 손을 비비시던 어머니, 조상 제사를 모실 때 장황한 순서를 가르쳐주시던 아버지, 두 분은 어느 때부터인가 원불교 교당을 부지런히 나가셨습니다. 대학생 시절 '룸비니'라는 불교 동아리에 들어가 '입정'을 배우고 여름방학 때는 수련회에도 다녀왔던 제가 언젠가부터 교회를 나가고 있습니다.

무슨 뚱딴지같은 소리냐고 할지도 모르겠는데요. 이 시대의 많은 사람이 신앙과 종교에서 수많은 갈등과 방황의 세월을 지나왔다는 뜻입니다. 샤머니즘적 행동, 유교적 풍습, 불교적 의례 그리고 기독교적 예배의 모양이 서로 다르다 보니 부모 자식 간, 형제간, 친척 간에도 서먹서먹해질 때가 많고요.

현대인들이 겪는 정신적 갈등은 비단 종교 분야에만 국한되는 것은 아닌 듯합니다. 지리적으로 동양에 속해 있으면서도 뚜렷하게 확립된 사상이나 철학이 없다 보니 물밀듯이 들어오는 서양 문화나 철학에 극심한 정신적 혼돈도 곧잘 빚어지곤 했습니다. 이 와중에 특히 우리 청소년들은 건전하고 바람직한 가치관을 정립하기가 더욱 어려울 수밖에 없었으리라 짐작됩니다.

지금의 베이비부머 세대가 초등학교에 다니던 1960년대 우리나라 1인당 국민소득은 세계 최하위권을 맴돌았지만, 현재는 하계·동계 올림픽과 월드컵, 세계육상 선수권대회, F1 그랑프리를 모두 유치하고 K팝, K드라마, K음식, K방산, 노벨문학상 수상 등으로 점점 국가의 위상을 높여가고 있습니다. 정치적으로는 아시아에서 민주주의 수준이 가장 높은 나라가 되어 있고 경제적으로도 GDP 세계 10위, 제조업 수출 세계 5위 등으로 엄연한 선진국의 대열에 들어가 있으며, 주요 20개국[G20], 경제협력개발기구[OECD], 개발원조위원회[DAC], 파리클럽 등의 회원국이기도 합니다.

한편, 이러한 발전 과정에서 환경 파괴와 인간성 상실, 물질 만능주의와 한탕주의, 엄청난 빈부 격차, 수많은 사회적 갈등과 증오감, 높은 자살률, 장시간 근로와 높은 산업재해 사망률, 저출산이라고 하는 어둠의 그늘이 도사리고 있는 것도 사실입니다. 더욱 염려스러운 점은 장차 나라의 보배가 되어야 할 청소년들이 음란과 폭력, 알코올과 마약, 자살과 도박이라는 악에 고스란히 노출되어 있다는 현실인데요. 여기에는 입시 지옥과 살인적인 사교육비로 요약되는 교육 정책의 난맥상이 한몫 거들었다고 말할 수도 있습니다.

　이러한 시대적 환경 속에서 경쟁과 발전, 자본주의적 약육강식, 흑백논리라는 서양식 이데올로기에 대한 성찰이 들먹여지고 있긴 하나 그렇다고 하여 이 책 《청소년을 위한 동양철학사》가 모든 병을 치료하는 만병통치약이 될 수 있다는 말씀을 드리는 건 아닙니다. 다만 우리 몸의 부분, 부분을 떼어내 치료하던 양방 치료가 한계에 다다른 지금, 몸 전체의 균형과 조화를 염두에 두고 진득하게 기다리기를 요구하는 한방 치료가 이제 이 시대의 병을 치유하는 특효약이 될 수도 있지 않을까 하는 조심스러운 기대를 해보는 것이지요. 이것이 지나친 욕심이라면 적어도 '느림의 미학'을 소개함으로써 바쁜 발걸음을 잠시 멈추고 스스로 돌아보는 시간쯤은 제공할 수 있지 않을까 사료합니다.

　이 책은 동양철학의 본류에 해당하는 중국 철학은 물론이고 인도 철학과 한국 철학까지 폭넓게 다루고자 했습니다. 아마 청소년을 위해서 만들어진 책들 중 이러한 시도는 많지 않으리라 여겨지는데요. 더욱이 최근 브릭스BRICs, 즉 브라질·러시아·인도·중국의 세계사적 비중이 급속히 높아지고 있는 마당에, 그 가운데 두 축인 중국과 인도에 대해 중요한 사상적 통찰을 제공할 수 있으리라 기대합니다. 통합의 리더십과 종합하는 능력을 요구하는 글로벌 시대에 청소년들은 이 책으로 어느 한쪽에 치우치지 않는 균형 잡힌 사고를 배우게 될 텐데요. 그 일은 편견과 아집의 덫에서 벗어남과 동시에 장차 한 세대를 이끌어갈 지도자로서 자질을 기르는 데에도 큰 도움을 줄 수 있으리라 믿습니다.

　《청소년을 위한 동양철학사》는 어디선가 한 번쯤 들어봤음 직한 이야기를 현장감 있게 묘사한 책이며, 이러한 연장선상에서 꽤 많은 삽화와 에피소드를 끼워 넣었습니다. 이에 독자들은 좀 더 친근감을 갖고 책을 읽어나갈 수 있지 않을까 기대해 봅니다. 물론 이 책이 비단 청소년만을 위한 것은 아닙니다. 대학생, 일반 독자들도 교양인으로서 갖추어야 할 철학의 기본 지식을 습득하고 동양 철학에 대한 전체 조망을 얻는 데 부족함이 없으리라 감히 말씀드립니다.

　《청소년을 위한 서양철학사》와 마찬가지로 이 책 역시 필자만의 독창적인 창작물은 아닙니다. 수많은 문헌을 참고했는데요. 특별히 과거 필자가 집필했던 철학 저서와 다른 이들의 관계된 도서들에 대한 목록은 뒷장에 수록했음을 밝혀둡니다.

　2009년에 출간되어 '2009년 문화체육관광부 우수도서'에 선정되었고, 2015년에는 베트남 언어로 번역 출판되었으며, 현재 포털 사이트 '네이버'에 학생용 철학의 대표 해설서로 전문 등재되어 있는 《청소년을 위한 동양철학사》를 수정 보완하여 다시 낼 기회를 준 평단과 도움을 주신 모든 분께 감사의 말씀을 전합니다.

강성률 드림

차례

그러나 공자 나이 세 살 때 부친이 돌아가셨고, 그는 결국 어머니 슬하에서 성장하게
되었다. 그녀는 남편을 공자의 할아버지가 살던 곳에 장사지냈고, 계절에 따라 집에서
정성껏 제사를 지냈다. 그런데 이것을 항상 관심 있게 봐오던 공자는 동네 아이들과 놀면서,
제기를 늘어놓고 제사지내는 흉내를 내곤 했다. 어렸음에도 그의 태도는 늘 예절의 자세를
갖췄기 때문에 매우 어른스럽게 보였다고 한다. 어진 어머니의 보살핌 아래서 성장한
공자는 열아홉 살에 결혼을 했다.

제1부

중국 철학, 길이 남을 금자탑을 쌓다

중국은 그 규모가 크다거나 역사가 오래되었다는 점 외에도, 세계 어느 나라보다 더 발달된 문화를 축적해왔다. 복희씨와 신농씨, 황제와 요·순임금 등 신화의 형태로 전해져 내려오는 상고 시대의 통치자들은 문자를 발명하고, 결혼 제도를 도입하며, 음악을 만들어내고, 조형 예술과 문학 등에도 탁월한 능력을 발휘했다. 실제 생활면에서도 그들은 일찍부터 토지를 개간하고 그곳에 물을 대어 농사를 지었으며, 도자기를 빚어 사용했는가 하면, 젓가락을 만들어 식생활 수준을 향상하기도 했다. 또 화약·측량기·지폐 등을 발명했으며, 국가 기구와 사회 조직을 정비했다.

이러한 기반 위에서 인류의 4대 문명 발상지라는 영예를 얻게 되었고, 이와 때를 맞춰 세계 4대 성인 가운데 한 사람인 공자가 등장했다. 공자와 맹자, 그리고 순자가 활동한 시기는 정치·사회적으로 매우 혼란한 춘추전국 시대였다. 진秦나라가 중국을 통일(기원전 221년)하기 이전의 시대에 이들 '유가'는 시대의 혼란을 바로잡기 위해 인의도덕을 부르짖었으며, 이들 주장의 폐단을 목격한 노자와 장자 등의 '도가'는 무위자연을 내세웠다. 그런가 하면 똑같은 상황에서 '묵가'는 겸애절용을 제창했고, '법가'는 실제 나라를 통치하는 면에 주목하여 강력한 법으로 다스릴 것을 제안했다.

기원후 1세기 무렵에는 인도에서 처음 생겨난 불교가 중국에 전파되기 시작했다. 중국의 불교는 음양가의 비술秘術이나 도가와 크게 차이가 없는 신비한 종교로 간주되기도 했다. 그러나 마침내 도가와 융합하여 중국 특유의 선종禪宗이 발생하기에 이르렀다. '염화시중의 미소'로 잘 알려진 이심전심의 비법은 처음 석가로부터 수제자인 가섭에게 전해졌고, 이것이 제28대조인 보리달마까지 내려왔으며, 이 달마대사에 의해 선종이 중국에도 전해지게 되었다. 그리고 이 선종은 중국 특유의 풍토 아래에서 더욱 꽃을 피웠다.

송나라 대에는 성리학으로 중국 철학이 통일을 이뤘는데, 그 시조는 주렴계이며 그의 제자인 정이천에 의해 천 년의 도통이 회복되는 역사가 일어났다. 그 후 주자가 천리와 성즉리의 사상을 근거로 기氣를 흡수하여 정주학程朱學으로서 집대성하기에 이르렀다. 그리고 심학은 마음이 유일한 실재라고 주장하는 육상산과 왕양명에 의해 하나의 학파로 자리 잡았던 것이다.

근대에 들어와 캉유웨이 같은 철학자는 '중국도 시대에 맞게 법을 고쳐나가지 않으면 안 된다'는 요지로 변법자강變法自彊 운동을 전개했지만, 결국 서태후의 쿠데타로 실패하고 말았다. 여하튼 모든 방면에서 욱일승천하는 기세로 뻗어가는 중국의 국력이 철학 분야에서는 앞으로 어떻게 전개되어 나갈지 지켜볼 일이다.

제1장

상고 시대의 신화

머리가 사람이고 몸은 뱀, 복희씨

복희씨伏義氏는 포희씨로 불리기도 하는데, 그의 태생과 관련해서는 여러 가지 흥미로운 전설이 있다. 그의 어머니 화서가 대인大人의 발자국을 밟고 나서 그를 낳았다고 기록되어 있는가 하면, 복희씨 자신은 '머리가 사람이고 몸은 뱀人頭蛇身'의 형체를 가졌다고 쓰여 있기도 하다. 《주역周易》에는 복희씨가 하늘의 도道를 계승하여 인간의 도를 열었다는 주장이 담겨 있다. 복희씨는 천지의 질서를 본받아 예악禮樂을 만들어냈을 뿐만 아니라 수렵狩獵과 어로漁撈 등 생업의 방법까지도 제시했던 문화의 창시자다. 우주의 질서를 파악하여 인류를 다스리고 왕도를 밝히고자 한 복희씨는 오기五氣를 세우고 오행五行의 운행을 확립했으며, 건곤乾坤과 음양陰陽에 순응하여 임금과 신하, 아버지와 아들, 남편과 아내의 도를 바르게 했다.

복희씨는 하늘을 본받아 사람의 도덕을 세운 최초의

인물로서, 가례嘉禮나 혼례, 신분의 높고 낮음이나 서열 등과 관련된 예악을 창시하여 중국 문화에 크고 광범위한 영향을 끼쳤다.

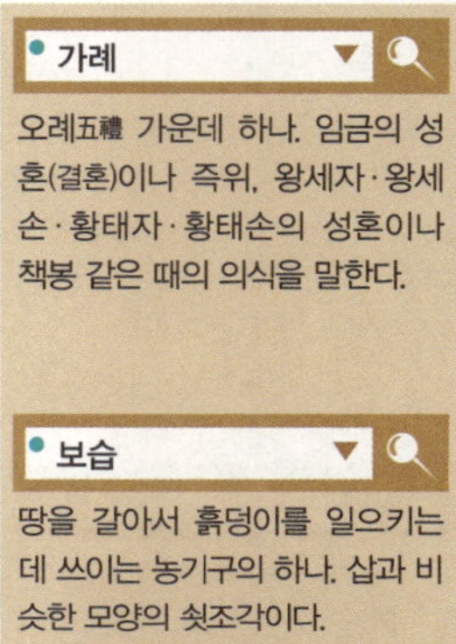

가례 ▼ 🔍

오례五禮 가운데 하나. 임금의 성혼(결혼)이나 즉위, 왕세자·왕세손·황태자·황태손의 성혼이나 책봉 같은 때의 의식을 말한다.

보습 ▼ 🔍

땅을 갈아서 흙덩이를 일으키는 데 쓰이는 농기구의 하나. 삽과 비슷한 모양의 쇳조각이다.

농사짓는 일과 물물교환의 시작, 신농씨

신농씨神農氏의 성은 강姜이고 이름은 괴魁로서, 소전의 아들이다. 소전의 아내 안씨가 화양華陽에 올라 노는데, 신령스러운 용이 있어서 느낌으로 통하다가 신농씨를 낳았다. 그의 얼굴은 사람이지만 용의 눈을 가졌으며, 농사짓기를 좋아해 신농이라 불렸다.

《주역》에 따르면, 복희씨가 죽고 신농씨가 나타났다. 신농씨는 나무를 잘라서 보습을 만들거나, 나무를 휘어잡아서 곡괭이를 만들어 씨를 갈게 했으며, 농사지을 때 김을 매는 일이 매우 이롭다는 것을 천하 사람들에게 가르쳤다. 또 한낮에 시장을 열어 천하의 백성들을 오게 하고, 모든 물건을 서로 바꿔 각각 그 필요한 것들을 얻게 하는 등 농경문화와 물물교환을 처음으로 만들어냈다.

말하자면, 복희씨 시대에는 수렵과 어업 생활을 주로 했으나, 신농씨 시대에는 농경생활과 더불어 시장에서의 물물교환이 이뤄졌던 것이다. 이때에 도끼를 사용하여 토지를 개간하는가 하면, 오곡五穀을 심어 그것들이 자라는 동안 김을 매고 가꿔주면서 그 과실로 생활을 꾸려나가기 시작했다.

신농씨는 예절을 중히 여겨 명당明堂을 처음 세웠고,

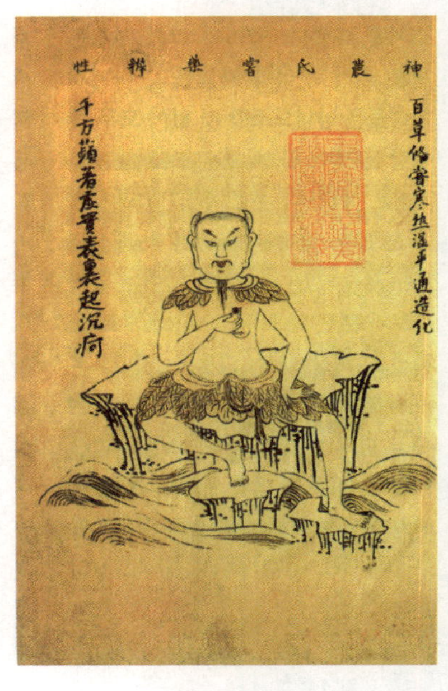

⬆ **약을 맛보고 있는 신농씨**
전설에 따르면, 그는 사람들에게 오곡 심는 법을 가르쳤다고 한다.

원래는 왕이 조견朝見을 받는 정전正殿을 가리켰으나, 나중에는 순전히 풍수지리 용어로서 장차 좋은 일이 자주 생긴다는 묏자리나 집터의 의미로 쓰였다.

중국 전설상의 제왕. 염제 신농씨와 함께 중화민족의 조상으로 추앙받고 있다. 수레·배·궁실·문자·음률·역법·관직 등 여러 문명을 발명하고 창조한 인물로 전해진다.

중국의 하·은·주에 걸쳐 실시된 밭 제도. 아내가 있는 남자에게 모두 골고루 땅을 부쳐 농사짓게 했던 제도다. 주나라에서는 10리里 평방의 밭을 우물 정井자 모양으로 나누어, 각각 100무畝씩 9등분하여 가운데 한 구역을 공전公田이라 하고, 둘레의 여덟 구역을 사전私田이라 했다. 그리고 여덟 집에서 공동으로 가운데 있는 공전을 부쳐 그 수확을 나라에 세금으로 바치게 했다.

제사지내는 예절을 정비했다. 곡식으로 제사를 올리는 길례吉禮도 그에게서 처음 시작되었다.

또한 이 예절에 어울릴 만한 음악도 만들었다. 그는 오동나무를 깎아 거문고를 만들고, 노끈과 실로 현絃을 만들어 신기하고 밝은 덕에 통달했으며 하늘과 사람의 조화에 화합했다.

교통수단과 문자를 만들다, 황제

신농씨의 아비인 소전이 또한 부보를 아내로 취하여 낳은 아들이 황제黃帝다. 둘은 빛나는 북두칠성이 세상을 환히 밝히는 것을 보고 서로 느낌으로써 아이를 잉태했고, 결국 황제를 낳았다고 한다. 황黃이라는 것은 중화中和의 색으로서, 자연의 성질이 영원토록 변하지 않는 것을 상징한다. 그러므로 그가 처음 만든 제도는 영원히 항상 존재할 것을 기대하여, 이름을 황제라 일컬었다고 한다.

황제는 나무를 파서 배를 만들고 또 나무를 깎아서 노를 만들었는데 이 배와 노의 이로움으로 그동안 통하지 못하던 곳을 뱃길로 건너가게 되었고, 먼 곳의 물건들을 가져와서 세상을 이롭게 했다. 그리고 수레에 소의 멍에를 메게 하여 짐을 나르게 하는가 하면, 힘센 말을 이용하여 먼 곳에서부터 무거운 것을 운반하게 함으로써 또한 세상을 이롭게 했다.

이뿐만 아니라 황제는 정전井田제도를 창시했다고 하며, 명당을 세워 하늘에 제사를 올렸고 이를 통해 교화教化를 베풀었다고 한다. 또한 궁실宮室을 만들어 더위와 추위를 피하게 했으며, 옷을 처음 만들어 예절을 가르치는 데 도움을 주기도 했고, 그밖에 법률을 만들었다고도 한다.

그는 자신의 사관史官인 창갈에게 서계書契를 만들게 했는데, 이것이 오늘날 중국인들이 쓰는 문자의 처음이라고 한다. 처음에 중국의 문자는 줄을 묶거나 그림을 그려 나타냈고, 황제 대의 서계에 이르러 비로소 문자다운 문자가 이뤄졌다. 황제는 하늘과 땅의 변화와 원리, 그리고 음양 변화의 이치를 근본으로 삼아 오례五禮를 완전히 갖추고, 인간 생활에 필요한 문물제도의 기틀을 만들었다.

태평성대를 이룩한 성인, 요순

요堯는 제곡의 아들이며 그의 어머니는 경도라고 하는데, 임금의 자리에 올라 칠십 년 동안이나 세상을 잘 다스리고 순舜에게 그 자리를 선양禪讓했다고 한다. 순 역시 요처럼, 나라를 잘 다스렸다고 한다.

요와 순은 하늘과 땅의 법칙을 본받아 세상을 다스리고, 모든 백성들을 행복하게 했다. 요의 경천순천敬天順天은 중화사상으로 발전했고, 이 사상은 예절의 문화로 펼쳐졌다.

순은 요의 사상을 이어받아 부父·모母·자子·형兄·제弟의 오전五典을 완전히 갖췄으며, 여러 가지 규약과 제도를 정비하여 세상의 질서를 바로잡았다. 그는 하늘의 별들을 관측할 수 있는 기구를 만들었으며 봄·여름·가을·겨울에 따라 산과 강, 그리고 여러 신에게 제사를 올렸다. 또 도량형度量衡과 법률을 통일하여 백성들이 똑같이 지키도록 했고, 오례를 닦아 밝혔다. 오례에는 제사를 지낼 때 지켜야 할 예절로서 길례가 있고, 죽은 자를 장사 지내는 흉례, 손님을 대접하는 빈례, 전쟁에 나갈 때나 승리하고 개선할 때에 필요한 군례, 그리고 관혼冠婚의 예로서

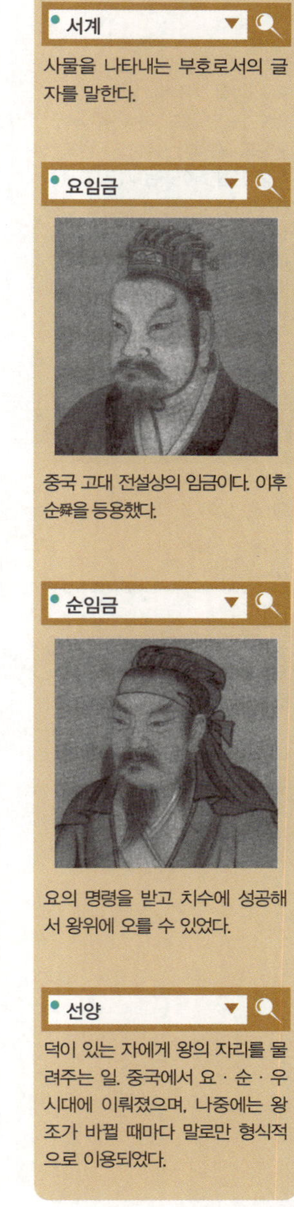

서계

사물을 나타내는 부호로서의 글자를 말한다.

요임금

중국 고대 전설상의 임금이다. 이후 순舜을 등용했다.

순임금

요의 명령을 받고 치수에 성공해서 왕위에 오를 수 있었다.

선양

덕이 있는 자에게 왕의 자리를 물려주는 일. 중국에서 요·순·우 시대에 이뤄졌으며, 나중에는 왕조가 바뀔 때마다 말로만 형식적으로 이용되었다.

가례를 말한다. 그런데 순은 이것들을 시행하여 예절 문화의 기틀을 견고히 했던 것이다. 부·모·자·형·제가 갖춰야 할 오품五品●을 위해 그는 오교五敎를 시행하도록 했는데, 여기에는 다음과 같은 것들이 들어 있다. 아비는 의롭고, 어미는 자애로울 것이며, 형은 우애하고, 아우는 공경하며, 자식은 효도하는 것, 바로 이것이 이른바 오교인 것이다.

모름지기 하늘은 인간이 지켜나가야 할 도리로서의 오전과 함께 예의로서의 오례를 두었다. 또한 하늘은 사람의 신분에 따라 구별을 두게 했는데 이것이 오장五章이며, 이를 어기는 자에게 벌을 주도록 하는 것이 오계五戒●다. 이러한 모든 것은 결국 중용의 도덕에 따라 이뤄진 것이다. 순이 우에게 한 다음의 말은 중용사상의 핵심을 잘 드러낸다고 할 수 있다.

"사람의 마음人心은 위태롭고 도심道心은 약하고 작으니, 정확하게 그리고 변함없이 진실로 그 가운데(中)를 잡아라!"

제2장

선진 유학의 뿌리

상갓집 개, 공자

사마천은 그가 쓴 《사기史記》에서, 중국 천하를 떠돌아다니며 유세하는 공자를 가리켜 '상갓집 개'라고 불렀다. 다시 말해서, 밥을 주는 사람은 있어도 돌아갈 집이 없다는 뜻이었다. 공자의 이름은 구丘요, 자는 중니仲尼로서, 노魯나라의 평창향 추읍(지금의 산둥성 취푸시)에서 태어났다. 딸만 내리 아홉을 낳던 그의 아버지 숙량흘은 나이가 들어, 젊은 여자와 정식결혼을 하지 않은 채 공자를 낳았다고 한다.

숙량흘은 키가 열 척이나 되고 힘이 장사였는데, 공자의 외할아버지 안씨도 딸에게 결혼하기를 종용하면서 그의 늠름한 대장부의 기상이 부럽다고 말할 정도였다. 그의 무용담 가운데에는, 노나라의 군대가 성안에 포위되려는 찰나 그가 위로부터 내리 닫히는 성문을 두 손으로 떠받쳤다는 이야기도 있다.

그러나 공자 나이 세 살 때 부친이 돌아가셨고, 그는 결국 어머니 슬하에서 성장하게 되었다. 그녀는 남편을 공자의 할아버지가 살던 곳에 장사지냈고, 계절에 따라 집에서 정성껏 제사를 지냈다. 그런데 이것을 항상 관심 있게 봐오던 공자는 동네 아이들과 놀면서, 제기祭器를 늘어놓고

司馬遷, 기원전 145?~기원전 86? | 중국 전한前漢 시대의 역사가. 태사령(조정의 기록이나 천문을 담당하는 벼슬)의 관직에 있던 사마담의 아들로 태어났다. 부친이 죽는 자리에서 중국 고대부터 당시까지의 역사를 쓰라는 유언을 받았다. 그러나 부친의 뒤를 이어 태사령에 오른 사마천은 흉노에게 패한 이릉 장군을 변호하다가 무제 황제의 분노를 사게 되고, 급기야 궁형宮刑에 처해지고 말았다. 몇 년 후 감옥에서 나와 관직을 회복하고 난 다음, 사마천은 다시 역사 쓰기에 전념함으로써 《사기》 130권을 완성하는 대업을 달성했다.

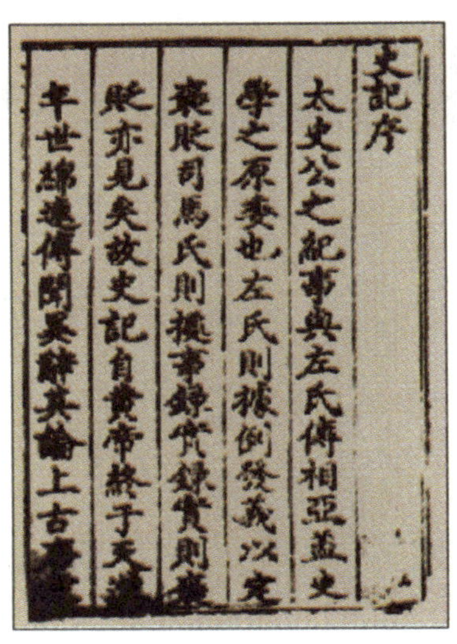

《사기史記》
사마천이 기록한 역사책으로, 중국 황제黃帝 대부터 한나라 무제漢武帝 대에 이르기까지의 역사적 사건을 기록하고 있다. 당시까지 남아 있던 문헌을 샅샅이 뒤져 기록하되, 기록에 남아 있지 않은 부분은 자신의 상상력까지 동원하여 과감하게 집어넣었다.

제사지내는 흉내를 내곤 했다. 어렸음에도 그의 태도는 늘 예절의 자세를 갖췄기 때문에 매우 어른스럽게 보였다고 한다.

어진 어머니의 보살핌 아래서 성장한 공자는 열아홉 살에 결혼을 했다. 그러나 그의 까다로운 성미를 견디지 못하고 아내가 도망쳐 버렸다는 설이 있다.

공자는 낮은 벼슬에서부터 출발하여 차츰 신임을 얻었고, 마침내 대사구大司寇라는 높은 벼슬까지 오르게 되었다. 그러나 정권을 담당한 자가 너무 무능한 데 대해 실망하고 또 반대파의 장난도 있어서, 결국 쉰여섯이 되던 해에 벼슬을 떠나고 말았다. 그는 일반 백성들을 올바르게 인도하여 정의로운 정치를 실현해보고자 했으나, 이웃 나라의 왕이 충동질하는 바람에 노나라 왕은 공자가 시행하는 정치 방식을 없애버렸다.

14년 동안이나 여러 나라를 돌아다니며 유세하다가 마침내 고향에 돌아온 공자는 제자들을 가르치는 한편, 유가의 경전을 정리하고

공자
孔子, 기원전 551~기원전 479 | 유교의 시조로서, 중국 최초의 민간사상가이자 교육자다.

대사구
형조판서를 예스럽게 일컫는 말

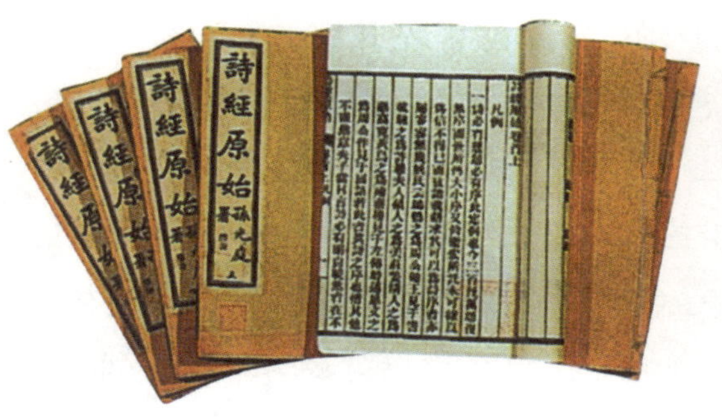

⬆ 《시경》
중국 최초의 시가집이다. 서주 초기부터 춘추 시대 중엽에 이르는 약 500년 사이에 창작된 시가 총 305편이 수록되어 있다.

⬆ 《춘추》
노나라의 역사이자 중국에서 현존하는 선진 시대의 서적 중 가장 연대가 이른 편년체 사서史書다.

편찬하는 데 온 힘을 기울였다. 젊었을 때부터 자기 집을 서당 삼아 역사와 시와 예의범절을 가르쳤던 그는 삼천 명 이상의 제자를 길러냈고, 그렇게 해서 육예六藝에 통달한 사람만 해도 일흔두 명이었다고 한다. 그는 오경五經을 비롯한 저서의 집필에 전념하다가 일흔세 살의 일기로 숨을 거두었고, 그의 시체는 성대한 장례 절차를 거쳐서 성북 수수泗水 근처에 안장되었다.

그의 저서로는 《역경易經》(주역) 《시경詩經》 《서경書經》 등 이른바 삼경이 있으며 여기에 《춘추春秋》와 《예기禮記》를 합쳐 우리는 흔히 오경이라 부른다. 그밖에 사서四書라 불리는 《논어論語》 《대학大學》 《중용中庸》 《맹자孟子》가 있다.

> **육예** 🔍
>
> 예禮·악樂·사射·어御·서書·수數 등 중국 주나라 대에 지배 계급의 자녀들이 반드시 배워야 했던 여섯 가지 교과과목을 말한다. 다시 말하면 예절과 음악, 활 쏘는 기술, 말타는 기술, 글씨와 수리數理 등을 가리킨다.

극기 복례와 살신성인

흔히 세계 4대 성인 가운데 석가모니는 자비를, 예수는 사랑을, 소크라테스는 진리를 주창했다고 말한다. 공자는 어질 인仁을 가장 강조했다. 그러므로 말할 것도 없이, 인이야말로 공자 철학의 가장 중요한 핵심이자 최고의 경지다. 그러나 과연 인이 무엇인지에 대해서는 한마디로 말하기가 어렵다. 왜냐하면 공자 자신도 인에 대해서 때와 장소와 사람에 따라 각각 다르게 말했기 때문이다.

여기에서는 세 가지 관점에서 인을 파악하고자 한다.

첫째, 인이란 인간 중심의 사상이다. 즉 인이란 모든 일의 주체인 인간에게 인간다운 인간이 되게 하는 '휴머니즘'과 다르지 않다. 《논어》에 보면, 계로季路가 귀신을 섬기는 일에 대해 묻는 장면이 나온다. 이에 대해 공자는 "우리가 인간을 섬기는 일도 다 못하는데, 어떻게 귀신을 섬기겠느냐?"(未能事人 焉能事鬼)라고 되묻는다.

둘째, 인은 진실함과 성실성에 바탕을 두어야 한다. 이에 공자는 "기교 있는 말이나 좋은 낯을 꾸미는 자는 인이 적으니라."(巧言令色 鮮矣仁교언영색 선의인)라고 말한다. 거짓으로 낯을 꾸미고 현란한 말로 사람을 속이는 일은 인과 거리가 멀다. 그래서 "문밖을 나서서는 큰손님을 만난 듯이 하며, 백성 부리기를 큰 제사 받들듯이 하고, 자신이 하고 싶지 않은 일을 남에게 베풀지 말라."(出門如見大賓 使民如承大祭 己所不欲 勿施於人출문여견대빈 사민여승대제 기소불욕 물시어인)라고 말한다.

셋째, 인의 경지는 끊임없는 자기 노력에 의해 달성된다. 인이란 욕망에 빠지기 쉬운 자기 자신을 극복하고, 예절로

돌아가는 것(克己復禮)이다. 욕정에 빠진 육신을 죽이고 인을 이루기 위해서는, 즉 살신성인하기 위해서는 끊임없는 노력이 필요하다.

공자는 자신이 걸어온 구도求道의 과정을 이렇게 말했다.

"열다섯 살에 학문에 뜻을 두고, 서른 살에 바로 서고, 마흔 살에 의혹하지 않고, 쉰 살에 하늘의 법칙을 깨닫고, 예순 살에는 어떤 말을 들어도 귀에 거슬리지 않았으며, 일흔 살에는 마음이 움직이는 대로 행동해도 법도에 어긋남이 없었다."(吾十有五而

○ 공자가 《소악韶樂》을 듣던 곳
그가 서른다섯 살 되던 해에 노나라에서 제나라로 갔다가 "《소악》을 듣고 3개월 동안 고기 맛을 몰랐다."라고 말했다 한다.

志于學 三十而立 四十而不惑 五十而知天命 六十而耳順 七十而 從心所慾 不踰矩)

공자처럼 역사상 보기 드문 위대한 인물도 열다섯 살부터 학문을 연구하고 스스로 수양하기 시작했지만, 결국 일흔이 되어서야 비로소 성인의 경지에 도달했다고 고백했다.

공자는 인을 실천한 역사적 인물로 미자微子 · 기자箕子 · 비간比干 등 세 사람을 든다. 이들은 은나라 주紂왕의 음란과 폭정에 대해 서로 다른 방법으로 간언諫言을 했다. 먼저 미자는 제기祭器를 가지고 미微나라에 가서 종사宗社를 보존했다. 똑같은 상황에서 기자는 미친 사람으로 변장하여 노예들 틈에 숨어 있다가, 은나라가 망하자 주나라의 왕으로부터 조선의 왕에 임명되었다(기자 조선箕子 朝鮮). 그런데 같은 상황에서 비간은 끝까지 남아 극간極諫을 올렸고, 이에 왕은 "성인의 가슴에는 일곱 개의 구멍이 있다고 하더라."라고 비꼬면서 그를 찢어 죽였다고 한다.

방법은 서로 달랐지만 백성을 구하려는 마음에서는 이들의 의도가 서로 같았기 때문에, 공자는 이들을 살신성인의 모범이라 보았다.

● 종사 ▼ 🔍

종묘宗廟와 사직社稷이라는 뜻으로, 곧 '한 나라의 국권'을 이르는 말이다.

● 기자 조선 ▼ 🔍

단군 조선 다음으로 기원전 194년(단기 2140년)에 세워진 왕조를 말한다. 기자 조선 말기에는 중국 연燕나라와 국경이 닿았고 문화도 매우 발달했다. 8조의 금법禁法을 행하여, 아름다운 풍속이 이뤄지고 사회가 안정되었다고 전해진다. 그러나 기자가 조선의 왕으로 임명되었다고 하는 것은 역사적 근거가 아주 약하여, 당시 사대주의事大主義 사상에서 나온 설화로 짐작되기도 한다.

군자와 소인배의 차이

앞에서 잠깐 말했듯이, 유교 철학의 특성은 인간과 그의 실천적 생활에 모든 관심을 기울인다는 데 있다. 귀신에 이어 또다시 죽음에 대해 묻는 계로에게, 공자는 "삶이 무엇인지도 모르는데, 어떻게 죽음에 대해서까지 알 수 있겠느냐?"(未知生 焉知死)라고 답한다. 여기에서도 그의 관심은 인간의 삶에 집중돼 있었음이 증명된다. 이에 따라 그가 이상으로 삼은 인간 역시 현세 도피적이거나 금욕주의적인 성인이 아니라, 세계와 사회 속으로 파고 들어가서 모든 일에 절도를 지킬 줄 아는 명석한 판단력의 소유자, 즉 현자賢者(군자)였던 것이다.

그가 교육의 대상으로 삼은 계층 역시 일반 서민이나 지배 왕족이 아닌, 당시 신흥 선비였다. 공자는 이러한 신진 엘리트가 현실정치에 참여함으로써 제후국의 정치를 내부로부터 개혁하고, 나라의 기초를 튼튼히 하며, 또한 백성들의 복리를 증진해주기를 바랐다.

그렇다면 공자가 생각하는 이상적인 인물 군자君子와 그 반대편에 서 있는 소인小人은 어떻게 다를까?

우선, 군자는 의義를 밝히는 데 반해, 소인은 이利를 밝힌다. 어떤 행동을 하기 전에 군자는 먼저 이 일이 의로운 일인지 아닌지를 생각하는데, 소인배는 이 일이 나에게 이익이 되는지 아니면 손해가 되는지를 따진다.

둘째, 군자는 두루 사귀지만 편중되지 않고, 소인은 편당하여 두루 사귀지 못한다. 군자는 여러 사람과 거리낌 없이 교제를 나누면서도 한쪽에 치우치지 않는 데 반해, 소인배들은 고만고만한 사람들끼리 몰려다니면서 나쁜

🔴 **벼슬을 그만둔 공자가 시서詩書를 가르치는 그림**
공자는 자신의 정치적 이상을 더 이상 펼칠 수 없음을 깨닫고 교육과 저술 활동에 심혈을 기울임으로써 자신의 이상과 사상과 지식을 후세에 널리 알리고자 했다.

일만 도모하다 보니 평범한 이웃사람들조차 외면한다.

셋째, 군자는 화목하나 같지 않고, 소인은 같으면서도 서로 불화한다. 군자는 각자 나름대로 뚜렷한 가치관을 가지되 쓸데없는 욕망을 버려서 화합하지 않을 리가 없는데, 소인배들은 도토리 키 재기와 같은 모양새면서도 서로 욕심을 내다 보니 그 안에서조차 서로 화합하지 못하고 싸우기 일쑤다.

그밖에 공자가 생각하는 군자란, 외적인 형식과 내적인 곧은 마음이 서로 일치하여 완전히 조화를 이루는 인간을 말한다. 즉밖으로는 세상의 법과 예절에 어긋나지 않으면서도, 안으로는 도덕법칙에 충실하고자 하는 마음을 가진 자가 군자인 것이다.

백성의 마음을 얻으라

진정한 의미에서 인이란, 한 사람의 도덕적 완성만으로 이뤄지는 것이 아니다. 모든 사람들의 인을 모아 커다란 인, 즉 대동인大同仁을 이루는 것이 유교의 궁극적인 목표이며, 그것을 실현하기 위한 방법으로 공자는 올바른 정치를 주장한 것이다.

첫째, 통치자(군자)는 나라를 다스리기 전에 먼저 자기 자신부터 다스릴 줄 알아야 한다. 자신의 몸을 닦고 나서 가정을 다스리고, 가정을 다스리고 난 뒤에 나라를 다스리고, 그런 연후에야 비로소 천하를 평정할 수 있다. (修身齊家治國平天下) 여기에서 자기 자신의 몸을 닦는다는 것은 마음을 바로잡는다는 뜻이다. 스스로 인격을 갖춘 다음에 식구를 가르칠 수 있고, 식구를 가르치는 일에 성공해야만 남을 가르칠 수 있다. 남을 가르치고 나서야 비로소 한 나라를 책임질 수 있으며, 한 나라를 충분히 책임지는 상태에서 세계를 다스리겠다고 나설 수 있는 법이다.

둘째, 통치자는 항상 백성의 마음을 얻어야 하는데, 민심을 얻으면 나라를 얻게 되고, 민심을 잃으면 나라를 잃게 되기 때문이다.(道得衆卽得國 失衆卽失國) 그리고 통치자가 백성의 마음을 얻으려면 백성이 좋아하는 것을 좋아하고, 백성이 싫어하는 것을 싫어하지 않으면 안 된다. 백성들이 오른쪽으로 가자 하는데 왼쪽으로 가고, 왼쪽으로 가자 하는데 오른쪽으로 간다거나 하면 안 된다. 정치가는 그저 국민들이 원하는 것을 잘 살펴, 가려운 데를 긁어주면 된다.

셋째, 한 나라에 진정으로 도덕 정치가 이뤄지기 위해서는 임금과 신하, 윗사람과 아랫사람이 각각 자기의 책임을 다해야 한다. 임금은 임금답게, 신하는 신하답게, 아버지는 아버지답게, 아들은

⬇ 〈유방제공도劉邦祭孔圖〉
유방이 노나라를 지나면서 공자에게 제사 드리는 그림이다.

아들답게 행동해야 한다.(君君 臣臣 父父 子子) 가령 임금은 백성을 널리 사랑하고, 신하는 임금을 공경하고, 자식은 부모에게 효도하고, 부모는 자식을 너그럽게 사랑하고, 국민에 대해서는 믿음을 심어주어야 한다. 백성은 아랑곳하지 않은 채 자신의 권력 유지에만 급급한 지도자가 나와서도 안 되고, 나라의 지도자들을 함부로 대하는 백성들이 있어서도 안 되며, 돈 몇 푼 때문에 부모를 학대하는 자식도 없어야 하고, 자기가 낳은 자녀를 무책임하게 내팽개치는 부모도 있어서는 안 되며, 서로 믿지 못해 감시의 눈초리를 번득이는 일도 없어야 한다.

넷째, 통치자는 국민의 진정한 발전이 다만 물질의 풍부에 있는 게 아니라, 어디까지나 정의가 실현되는 가운데 있음을 알아야 한다. 덕이란 가장 중요한 근본이요, 반면 재물은 그다지 중요하지 않은 것이다.(德者本也 財者末也) 근본인 덕을 소홀히 하고 말단인 재물을 소중히 하면 백성들이 재물을 많이 차지하려고 서로 다투게 된다. 그러므로 재물이 모이는 곳에 백성의 마음이 흩어지고, 재물이 흩어지는 곳에 백성들의 마음이 모이게 된다. 물질을 숭상하고 마음의 도덕성을 소홀히 여기면, 반드시 탈이 생기게 마련이다.

몸으로 보여 주는 교육

어느 나라, 어느 시대나 교육은 매우 중요하다. 공자 역시 교육이란 나라와 사회를 보존하고 발전시키는 데 절대적 가치가 있다고 생각했다. 그래서 한 나라를 다스리는 통치자에게 다음과 같은 사항들을 요구했다.

첫째, 모든 사람들에게 똑같은 교육을 베풀라고 요구했다. 신분이 높든 낮든, 혹은 재산이 많든 적든 간에 일단 모든 사람이 동일한

🔺 공자와 그의 제자들
제자들이 가르침을 얻고자 공자
곁으로 몰려들고 있다. 그는 교실
안에서 전하기보다는 이렇듯 몸소
행실로 보여주는 교육에 능했다.

환경에서 교육을 받을 수 있게 하는 것이 중요하다고 봤던 것이다. 또 공동의 교육시설을 늘리고 개선할 것을 요구했는데, 요즘으로 말하면 학교 같은 시설을 늘려나가고 또한 개선해나가기를 바랐던 것이다. 이것은 공자가 죽은 다음에도 수백 년 동안 중국 교육제도의 근본을 이뤄왔다.

둘째, 공자가 강조한 교육은 앵무새처럼 단순히 외우는 것이 아니었다. 실습을 통해 예술적 감각을 기르게도 했고 예절과 풍습을 몸에 익히도록 했다. 예의범절은 사람의 겉모양을 꾸미는 데만 필요한 것이 아니라 해로운 행위를 하지 않도록 마음속의 억제 기능을 한다고 보았기 때문에, 이 또한 배우기를 적극 권했던 것이다.

또한 공자의 교육 방법은 교실에서 말로 전하는 것보다는, 가르치는 사람이 몸으로 직접 보여주는 것이었다. 제자들이 선생인 그를 실제로 모시고 함께 생활했기 때문에, 공자 스스로 말과 몸가짐 하나하나 제자들

앞에 그대로 드러내 보이는, 일종의 시범 교육을 행했다고 볼 수 있다. 그러므로 오늘날 말과 행동이 다르고, 겉과 속이 일치하지 않는 위선적인 지식인과는 차원이 달랐다고 하겠다.

무엇보다도 공자는 일하지 않는 인간, 몸으로 실천하지 않는 인간을 가장 싫어했다. "내가 하루 종일 깊이 생각해봤지만, 얻은 것이라고는 하나도 없었다. 그러니 너희는 정 할 일이 없거든 멍청하게 잡담이나 하지 말고, 장기바둑이라도 두어라."라고 충고하기도 했다.

다중인격의 성인

공자도 어쩔 수 없는 인간이었다. 그의 나이 예순여덟에 하나뿐인 아들이 죽었고, 2년 후에는 아끼던 제자 안연顔淵까지 죽었다. 그는 평소에 안연을 계승자로 지목하고 있었기 때문에, 그의 죽음에 정신 나간 사람처럼 외쳤다고 한다.

"하늘이 나를 죽이는구나! 하늘이 나를 죽이는구나!"

자기 아들의 죽음보다 더 슬퍼했다. 이어 다음 해에는 재아宰我가 제나라에서 죽임을 당했고, 그다음 해에는 그를 가장 믿고 따르던 자로子路마저 전쟁의 희생양이 되고 말았다. 자로는 위나라에서 무참히 살해되었고 그 시체가 항아리에 젓갈로 담겨져 공자에게 보내졌다. 이런 절망적인 상황 앞에서 그는 마치 양팔이 잘려나간 듯 몸부림쳤다고 한다.

"하늘은 내가 빨리 죽기를 재촉하는구나! 하늘은 내가 빨리 죽기를 재촉하는구나!"

얼마 후, 때는 화창한 봄이 올 때쯤이었다. 여느 날처럼 자공子貢은 아침 일찍이 공자에게 문안드리러 갔다. 공자는 지팡이를 든 채 문

앞에서 산책하고 있었다. 그는 탄식하면서 노래를 불렀다.

"태산이 무너지는구나. 대들보도 부러지는구나. 철인哲人마저 시들어 버리는구나!"

그러고는 눈물을 줄줄 흘렸다. 자공이 급히 부축하여 안으로 들어가 눕혔으나, 공자는 그날부터 의식을 잃고 말았다.

결국 이레 만에 제자들의 비통 속에서 그는 세상을 떠났다. 이렇게 해서 살을 에는 듯한 마음의 상처와 물거품처럼 스러진 이상理想의 상실 속에 신음하던 위대한 구세의 별은 끝내 떨어지고 말았으니, 이때 그의 나이 일흔셋이었다.

⬆ 제자들이 3년상을 모시는 모습

그의 장례식은 장엄했다. 관은 네 치의 오동나무와 잣나무를 이용해 이중으로 만들었고, 묘의 구덩이도 수맥이 닿지 않을 정도로 깊이 팠다. 그야말로 왕의 장례식이 부럽지 않을 정도였다. 시체는 노나라의 수도인 취푸의 사수泗水 강가에 장사지냈다. 많은 제자가 모여들어 3년 동안 산소 곁에 여막을 지어서 거처했고, 자공은 6년 동안 그곳에서 살았다. 그 후 그곳에 백여 호의 가족이 모여 살았으므로, 동네 이름을 공리孔里라 불렀다고 한다. 공자가 거처하던 집에는 그가 살아생전에 쓰던 옷·관冠·거문고·수레·책들을 갖춰놓았는데, 이것이 오늘날의 공묘孔廟다. 이 공묘는 대대로 내려오며, 보수를 통해 지금은 중국 최대의 건물이 되었다.

공자가 죽은 후 그는 성인으로 추앙되었고, 그 명예는 이천 년이나 계속 누려왔다. 그의 사원은 곳곳에 건립되었고, 12세기 초에는 신으로까지 추대되었다. 단순한 인간이기를 원했으며 스스로 성인이 될 수 없다고 말했던 그가 결국 그렇게 된 것이다.

일본에 있는 공자의 사당
중국·일본·한국 등은 공자의 문화권에 속해 있다. 이 사진은 1893년 일본에 건립된 공자 사당의 전경이다.

그러나 공자는 《논어》에서 결코 완벽한 인간으로 등장하지 않는다. 그는 제자의 항의에 쩔쩔매며 변명하는 스승이었고, 낮잠을 잔 제자에게는 "더 이상 손댈 곳도 없는 인간!"이라며 화를 내기도 했다. 제자 안연이 죽었을 때는 자기가 그토록 강조한 예법을 어긴 채 소리 내어 통곡할 수밖에 없었던 사람이었다. 때로는 자기 자랑을 늘어놓기도 했다. 상복 입는 기간을 일 년으로 줄이자고 제안하는 제자에게 "자네 마음이 편하다면 그렇게 해도 되겠지."라고 해놓고는, 그 제자가 나간 뒤에 다른 제자들에게 그를 비난하기도 했던 사람이었다. 음식은 까다로운 편이었고, 술은 아무리 마셔도 정신이 혼란해지지 않았다. 옷의 색깔과 품위에도 세심한 주의를 기울였고, 오른쪽 소매가 짧은 작업복을 직접 만들어 입기도 했다. 관청에 나가서 일할 때는 윗사람에게 온순하고 아랫사람에게 엄격한, 다중인격자의 모습을 나타내기도 했다.

그의 언행을 전하는 《논어》에 따르면, 물론 그는 덕스러운 군자이며 좋은 선생이었다. 그러나 20세기에 들어와 유교를 '봉건사상의 찌꺼기'로 보는 시각도 있고, 아편전쟁 이후에는 '유교가 중화민족을 망쳤다'며 '공자의 교를 타도하자'는 외침도 있었다. 그럼에도 그의 사상은 오랜 세월 동안 중국뿐만 아니라 동양, 더 나아가 전 세계에 압도적인 영향력을 끼치고 있다.

맹모삼천지교가 만든 성인, 맹자

맹자는 산둥성 추현 지방 출생으로 이름은 가軻, 자는 자여子與 또는 자거子車다. 세 살 때에 아버지를 잃고 편모슬하에서 성장했는데, 조숙했던 공자와는 달리 말썽꾸러기였다. 모방하려는 기질이 강하여 주변 지역의 풍습을 곧잘 흉내 냈기 때문에, 그 어머니가 세 번 이사를 다니며 가르쳤다고 하는 맹모삼천지교孟母三遷之教가 유명하다.

이와 관련하여 《열녀전》에 나온 내용을 보면 다음과 같다. 맹자가 어렸을 때, 그 집은 공동묘지 근처에 있었다. 그가 노는 모양을 보니, 무덤을 만들고 발로 달공하는 흉내를 냈으므로 맹자 어머니는 "이곳은 아이를 기를 만한 데가 못 된다." 하고는 이제 시장 근처로 이사를 했다. 그런데 그곳에서는 물건을 파는 장사꾼의 흉내를 자꾸 내서, 이에 맹모는 "이곳도 아이를 교육할 만한 곳이 못 된다." 하며 다시 서당 근처로 이사했다. 그러자 여기에서는 놀이를 하되, 제기를 차려놓고 어른에게 인사하고 겸손하며 양보하는 예를 다하는지라, 이때에야 비로소 맹모는 마음을 놓고 "이곳이야말로 참으로 자식을 가르칠 만한

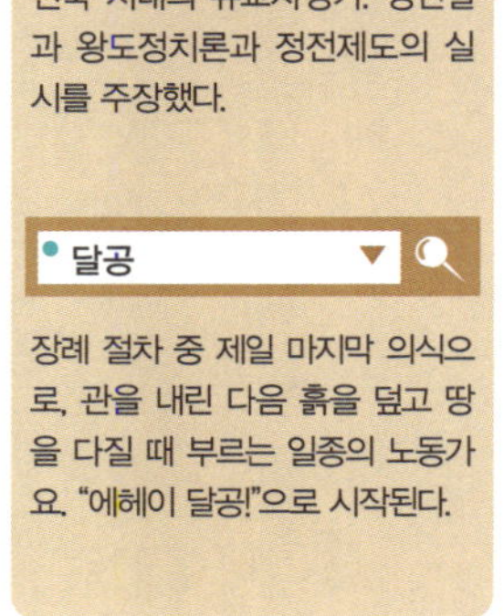

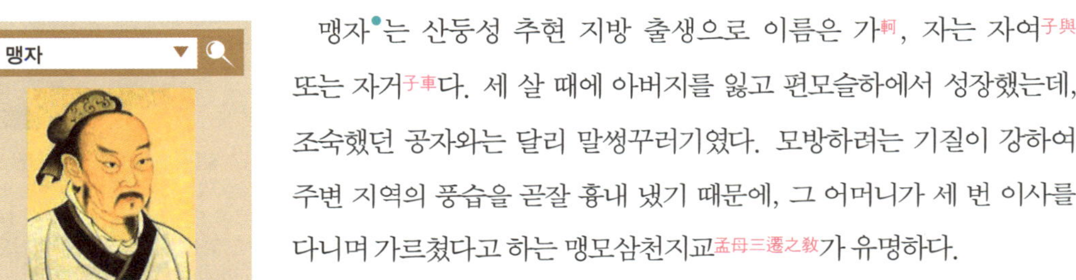

孟子. 기원전 372~기원전 289 | 백가쟁명이 최전성기에 이르렀던 전국 시대의 유교사상가. 성선설과 왕도정치론과 정전제도의 실시를 주장했다.

장례 절차 중 제일 마지막 의식으로, 관을 내린 다음 흙을 덮고 땅을 다질 때 부르는 일종의 노동가요. "에헤이 달공"으로 시작된다.

곳이구나." 하며 그곳에서 살게 되었다. 맹자의 어머니가
모성 교육의 사표師表로서 후세에 길이 빛나는 이유도 여기에
있다고 하겠다.

공자가 살았던 춘추 시대나 맹자가 생존했던 전국 시대는
정치적으로 매우 혼란한 시기였다. 그럼에도 문화적으로는
큰 의의를 가지고 있었다. 이때 제자백가諸子百家라 부를
만큼 많은 사상가들이 나왔는데, 가령 유가 외에도 도가·
묵가·법가·병가 등이 있었으며, 또한 황당무계하고
대담한 학설도 다양하게 나타났다. 이처럼 잡다한 학설에 대항하여
유가의 이름을 크게 떨친 인물이 바로 맹자였다.

앞서 언급한 것 외에도 맹자에 관한 유명한 일화가 더 있다. 맹자가
어렸을 때, 밖에서 놀다가 이웃집의 돼지를 잡는 것을 보고 집으로 뛰어
들어가서 어머니에게 물었다.

"돼지는 왜 잡습니까?"

그러자 어머니는 무심코 대답했다.

"너를 먹이려고 그런단다."

하지만 곧 맹모는 자신의 말에 크게 후회했다.

🔺 〈맹모교자도孟母教子圖〉
맹자의 교육을 위해 집을 세 번이나
옮겼다는 일화가 담긴 삽화다.
어머니의 바람대로 맹자는 유명한
사상가로 커갔다. 중국의 화가
송인회宋人繪의 작품이다.

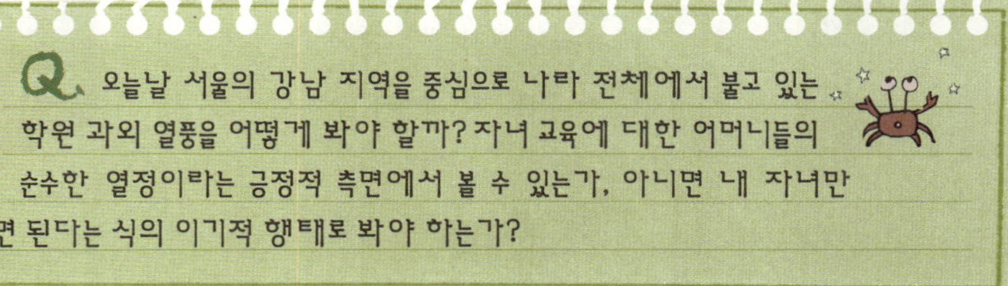

"내 듣건대 예전에는 태교胎敎도 있었다는데, 이 아이가 무엇을 알려고 묻거늘 내가 만일 거짓말을 한다면, 이것은 불신을 가르치는 결과가 된다."

이런 생각에 맹모는 결국 그 돼지고기를 사다 먹였다는 것이다. 그리고 그후 맹자는 학교에서 공부를 열심히 했다. 몇 년 후에 선생님이 그를 불러서 말했다.

"너는 내게서 배울 것을 다 배웠으니, 이제부터 여기에 나올 필요가 없다."

이렇게 해서 맹자는 노나라의 수도인 취푸曲阜로 가게 되었고, 공자의 손자인 자사의 문하에서 배우기 시작했다. 맹자는 공자가 태어난 곳에서 겨우 6리 정도 떨어진 가까운 거리에 있었기 때문에, 일찍이 그를 흠모했고 그와 같은 성인이 되는 것을 목표로 삼았다고 한다. 얼마 후 맹자는 말 타기를 배우다가 넘어져 팔을 다쳤는데, 마침 어머니와 헤어진 지도 오래되고 하여 고향으로 갔다. 그때 길쌈을 하던 맹모가 물었다.

"너의 공부가 얼마나 성취되었느냐?"

이에 맹자가 대답했다.

"별로 나아진 바가 없습니다."

이 말을 들은 맹모는 칼을 들어 길쌈하던 것을 끊으며 말했다.

"네가 공부를 하다가 중단하는 것은 마치 내가 이 칼로 여태까지 애써서 짜던 이 길쌈을 끊는 것과 같다."

맹자는 크게 깨닫고, 발길을 돌렸다. 그리고 아침저녁으로 부지런히 공부하여

⬆ 《맹자》
맹자 7편은 맹자의 말을 모은 것으로 후세의 편찬물이며, 내용은 맹자 사상을 그대로 담은 것이다.

쉴 줄을 몰랐다. 이것을 맹모의 단기지교斷機之敎라고 한다.

그는 공자의 손자이기도 하고 또 증자●의 제자이기도 한 자사의 문하에서 정통적인 유학을 배웠고, 수많은 제자들과 더불어 여러 나라를 주유周遊하며 유가의 이상을 달성하고자 했다. 마흔 살을 전후로 추鄒나라의 벼슬길에 올랐으나, 혼란한 세태에 실망한 채 물러나고 말았다. 그가 수백 명의 제자와 함께 수십 대의 수레를 이끌고 이동할 때는 일대장관을 이뤘으며, 용기가 넘치고 기질이 강했던 그는 여러 왕들에게 이상정치를 실시하도록 강력히 권고하기도 했다. 여든네 살까지 제자들과 함께 공부했고, 자신의 이상을 전하기 위해 《맹자》를 일곱 편까지 썼다.

사람은 본래 착하다

　　　　　사람의 천성은 선할까, 악할까? 이에 대해 두 가지 설이 있다. 하나는 맹자가 주장한 성선설이고, 다른 하나는 순자가 주장한 성악설이다. 맹자는 인간의 본성이 착하다고 주장한다. 인간의 천성은 물이 항상 아래로 흐르듯이, 오직 선한 것만을 따른다. 인간이 이 세상에 태어나 올바른 길을 가기 위해서는 자기 마음속에 들어 있는 것을 이끌어내기만 하면 되며, 현자의 모범적인 삶을 따로 배울 필요가 없다. 그저 자기 마음속에서 속삭이는 착한 양심의 소리에 귀를 기울이기만 하면 된다는 것이다. 이러한 측면에서 보면, 인간의 모든 잘못이나 죄는 밖에서 사람을 옭아매는 사회제도가 불완전한 데서, 그리고 나라를 다스리는 자들의 잘못에서 비롯된다.

그렇다면, 과연 우리가 인간의 본성이 착하다는 사실을 어떻게 알 수 있을까? 이에 대해 맹자는 다음의 예를 든다.

"인간은 누구나 남의 고통을 차마 보지 못하는 마음을 가지고 있다.

曾子, 기원전 504~기원전 436 | 춘추 시대 말기의 철학자. 어렸을 적에 참외 줄기를 상하게 했다는 이유로 아버지에게 작대기로 두들겨 맞아 실신했음에도 불구하고, 깨어나는 즉시 사과하고 곧바로 명랑하게 노래를 불렀을 정도로 효성이 지극했다고 알려져 있다. '날마다 세 가지를 반성한다'는 수양 방법을 제시했고, 상대가 나에게 잘못해도 보복할 것을 도모해서는 안 된다고 주장하기도 했다. 《효경》과 《증자》가 그의 저서로 알려져 있다.

가령 한 어린아이가 우물에 빠지려는 것을 갑자기 보았다고 하자. 그러면 누구나 깜짝 놀라서 건지려고 할 것이다. 그것은 어린아이의 부모와 잘 사귀어보려고 하기 때문도 아니고, 동네 사람들과 친구들로부터 칭찬을 받으려고 하기 때문도 아니며, 그 아이의 지르는 소리가 듣기 거북해서 그러는 것도 아니다. 이렇듯 측은한 마음이 없으면 인간이 아니니…."

이러한 맥락에서, 맹자는 인간에게 다음 네 가지의 '착함의 처음'이 있다고 말한다.

"측은하게 여기는 마음은 어짊의 시작이요, 부끄러워하는 마음은 의로움의 시작이요, 사양하는 마음은 예절의 시작이요, 옳고 그름을 가리는 마음은 지혜의 시작이라."•

이를 다시 설명하면 다음과 같다. 먼저, 누구나 다른 사람의 고통을 보면 불쌍하게 여기는 마음이 생기는데, 이것은 모든 사람이 선천적으로 어질다고 하는 증거다. 둘째, 누구나 자기가 저지른 잘못에 대해서는 부끄러워하는 마음이 있는데, 이것은 모든 사람이 선천적으로 의롭다고 하는 증거다. 셋째, 사람은 누구나 다른 사람에게 양보하고자 하는 마음이 있는데, 이것은 모든 사람이 선천적으로 예의바르다고 하는 증거다. 그리고 넷째, 누구나 어떤 일이 옳은지 그른지는 판단할 수 있는데, 이것은 모든 사람이 선천적으로 지혜롭다고 하는 증거다.

그러므로 모두 이처럼 타고난 본성대로 행동하면 누구나 착해질 수 있다. 그러나 본래 착한 인간의 마음일지라도 불의 불씨나 물의 샘

• 그 원문을 옮기면 다음과 같다. "惻隱之心은 仁의 端이요, 羞惡之心은 義의 端이요, 辭讓之心은 禮의 端이요, 是非之心은 智의 端이라."(측은지심은 인의 단이요, 수오지심은 의의 단이요, 사양지심은 예의 단이요, 시비지심은 지의 단이라.)

줄기와 같아서 그것을 바르게 잘 이끌면 요원燎原의 불길이나 큰 강이 될 수도 있지만, 그렇지 못하면 꺼지거나 말라버리기 쉽다. 이처럼 인간은 누구든지 선하게 될 수도 있고 악하게 될 수도 있는 양면성을 지니고 있다. 그러므로 여기에 인간의 선한 노력이 뒷받침되어야 하고, 우리는 끊임없이 수양해야 한다는 과제가 놓여 있는 것이다.

부동심과 호연지기

수양을 위해 우리는 어떻게 해야 할까? 맹자는 우리가 착한 본성의 씨앗을 잘 보존하고 널리 키워나가는 방법으로, 존심양성存心養性의 수양법을 제시한다. 그렇다면 밖에서부터 찾아오는 어떠한 유혹에도 흔들리지 않는 마음, 부동심不動心에 도달하기 위해서 우리는 어떻게 해야 할까?

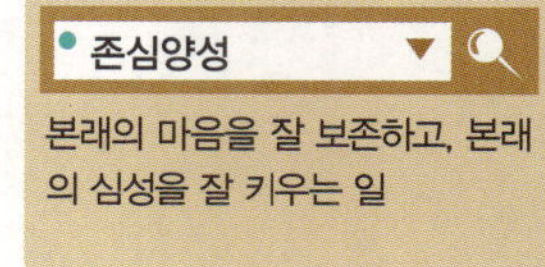

이를 위해, 맹자는 먼저 참된 용기(大勇)를 길러야 한다고 말한다. 참된 용기란, 만용과 비겁의 중용이다. 이는 스스로 반성해봐서, 자신을 의롭지 않다고 여기면 아무리 헐렁헐렁한 옷을 입은 사람일지라도 그에게 겁을 내게 되고, 스스로 의롭다고 생각하면 설사 천만 명의 사람일지라도 그들에게 겁을 내지 않는 것을 말한다. 바로 이러한 용기에 의해 부동심은 길러진다.

둘째, 우리가 부동심을 얻기 위해서는 호연지기浩然之氣를 길러야 한다. 호연지기란 지극히 크고, 지극히 강한 것이다. 손상시키지 않고 곧게 키우면 천지 사이에 꽉 차게 될 것이다. 그러나 그것은 겉으로만 의리에 맞는 행동을 취했다고 해서 얻어지는 것이 아니라 반드시 내면적으로 의리를 쌓도록 노력해야 하며, 그러한 노력을 잠시라도 중단해서는 안 된다. 또한 항상 마음속에 지니고 잊어버리지 말아야 한다.

한편 그것은 억지로 조장해서도 안 된다. 송나라의 어떤 사람은 자기 논에 심은 모가 잘 자라지 않는 것을 걱정하여, 한 뿌리 한 뿌리씩 손으로 잡아 뽑아서 올려주었다. 그리고 피곤한 모습으로 집에 돌아와서는, "오늘 나는 논의 모가 빨리 자랄 수 있도록 돕느라 매우 혼이 났다."라고 했다. 이에 놀란 그의 아들이 달려가 보니, 논의 모들은 벌써 다 말라죽어 있었다고 한다. 이 세상에서 기(氣)를 키우겠다고 하는 사람들 중에도 이처럼 모를 억지로 뽑겠다고 하는 사람이 많다고, 맹자는 지적했다.

수양이 잘된 사람은 절대로 물질에 대한 욕심에 유혹되어 도덕적 신념이 흔들리지도 않거니와 어떤 위협이나 곤란 아래서도 인의의 행위 원칙을 저버리지 않는다. 말하자면, "아무리 부귀하여도 음탕한 데 빠지지 않으며, 아무리 빈천하여도 주체 없이 이리저리 움직이지 않으며, 아무리 무력으로 위협하더라도 굴복하지 않는다."(富貴不能淫 貧賤不能移 威武不能屈부귀불능음 빈천불능이 위무불능굴)라는 것이다. 누구든지 돈이 많아지면 성적인 음란에 빠지고 술이나 도박에 취하기 십상인데, 도덕적으로 수양이 잘된 사람은 결코 그런 일에 빠져들지 않는다. 또한 사람이 물질적으로 너무 가난해지면 자기도 모르게 비굴해져 줏대 없이 이리저리 흔들리게 마련이지만, 도덕적으로 수양이 잘된 사람은 그러하지 않는다. 아울러 웬만한 사람은 목숨이 왔다 갔다 하는 위험한 상황에서 무릎을 꿇기 십상이지만, 역시 도덕적으로 높은 경지에 오른 사람은 자기 생명을 버리면서까지 원칙을 지켜낼 수 있다.

그런 사람은 가령 복권에 당첨되어 일확천금을 했다고 해서 흥청망청 쓰지도 않고, 비빌 언덕조차 없이 가난해졌다고 해도 끝까지 인간의 도리를 지켜나가며, 어떠한 위협에도 끄떡하지 않는다.

왕도정치와 정전제도

개인마다 스스로 수양을 잘해야 하겠지만, 한 나라가 백성을 잘 다스리는 일도 매우 중요하다. 이에 맹자는 성선설을 바탕으로 개인의 도덕적 가치를 국가사회에 실현하기 위한 실천 방안을 제시한다. '사람의 본성은 어질기 때문에, 위정자는 인의로써 나라를 다스려야 한다'는 이른바 왕도정치王道政治가 그 정치론의 핵심이다.

왕도정치는 먼저, 공리주의功利主義●를 배격한다. 맹자는 양 혜왕梁 惠王에게 공리주의의 폐해에 대해 다음과 같이 충고한다.

"만약 임금께서 어떻게 하여 내 나라를 이롭게 할까 주장하신다면, 대부大夫들도 어떻게 하여 내 집안을 이롭게 할까 하고 말할 것이며, 또 선비나 백성들도 어떻게 하여 나 자신을 이롭게 할까 하고 말할 것입니다. 이렇게 위아래가 서로 자기의 이익만을 얻기 위해 다투면 나라가 위태롭게 되고 말 것입니다."

또한 신하 된 자가 자기 이익을 생각해서 임금을 섬기고, 자식 된 자가 자기 이익을 생각해서 어버이를 섬기고, 동생 된 자가 이익을 생각해서 형을 섬긴다면, 그것은 인의가 아니라 이익 때문에 서로 만나는 것이 된다. 그러하면서도 멸망하지 않은 자는 지금까지 없었다고 맹자는 통렬히 비판한다.

둘째, 왕도정치는 백성들의 먹고사는 문제, 즉 민생 문제를 해결해줘야 한다. 왜냐하면 백성들은 항산恒産●이 있어야 항심恒心●이 있기 때문이다. 그러므로 현명한 왕들은 우선 백성들의 생산 능력을 안정시켜 위로는 부모를 봉양할 수 있게 해주고, 아래로는 아내와 자녀들을 부양할 수 있게 해주며, 풍년에는 배불리 먹고, 흉년에는 굶어 죽지 않도록 해주었던 것이다.

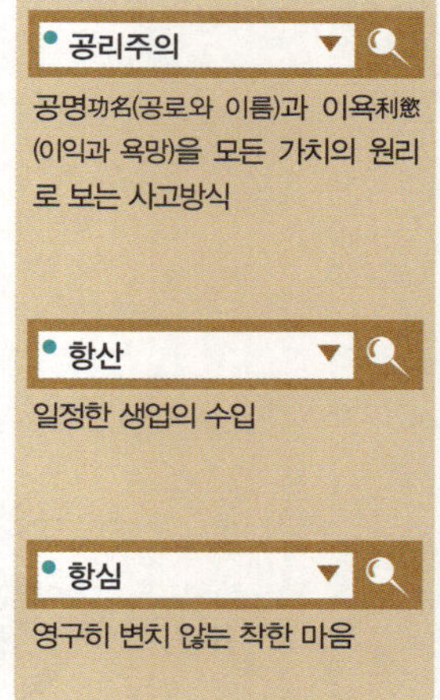

맹자는 백성들의 생업을 보장해주기 위해 정전제도의 실시를 주장했다. 이 제도는 여덟 집이 한 정井이 되어 집집마다 100무畝의 토지를 받아 농사를 짓되, 한가운데 있는 공전公田은 공동으로 경작하여 그 수확물을 나라에 세금으로 바치도록 하는 것이다. 맹자에 따르면, 5무 되는 집터 안에 뽕을 심고 누에를 치면 쉰의 늙은이도 모두 비단옷을 입을 수 있으며, 닭과 돼지를 길러 새끼 치는 것을 돌봐주면 일흔의 노인도 모두 고기를 먹을 수 있다고 한다.

한 변의 길이가 135미터짜리인 정사각형. 면적은 약 1.82헥타르 (약 5천 평).

이와 같이, 백성들에게는 생업을 보장해준 뒤에 비로소 도덕적인 생활로 이끌어야 하는 반면, 지도층에게는 생업에 좌우되지 않고 도덕적인 생활을 솔선수범하도록 해야 한다. 그래서 나라에서는 이들에게 먹고살 만큼의 녹봉을 주되, 그렇다고 정치지도자들이 재산을 쌓아놓아서도 안 되고 부와 사치와 음란을 누려서도 안 된다. 정치지도자는 백성들에게 어질고 너그러운 정치를 베풀어야 한다. 형벌을 줄여주고 세금을 가능한 한 적게 거두며, 모두 편안한 마음으로 생업에 종사할 수 있도록 해주어야 한다.

그러나 정치의 궁극적 목표는 먹고사는 일에 있는 것이 아니라, 인간의 도덕적 가치를 충분히 발휘하도록 하는 데 있다. 즉 백성들이 효성과 공경, 우애와 진실, 신의와 도덕을 닦게 하여 살고 죽는 일에 유감이 없도록 해야 한다.

이러한 면에서, 맹자는 인의를 숭상하고 덕을 본위로 하는 왕도정치가 이利를 숭상하고 힘을 본위로 하는 패도정치보다 우월하다고 말한다.

왕도정치의 최고 책임자라 할 수 있는 천자天子는 백성들의 신망을 받는 덕스러운 사람이어야 한다. 그러므로 임금은 백성들의 신뢰를 받는 현자 가운데서, 선거에 의한 것이 아닌 선양에 의해 추대되어야 한다. 사실 왕이 자신의 아들을 왕으로 다시 세우는 세습제도나, 오늘날 국민들이 선거를 통해 지도자를 뽑는 방식에는 모두 문제가 있다. 왜냐하면 그것들은 백성들의 마음을 상하게 하거나

현재의 맹림孟林
예전 중국에서는 죽은 사람의 무덤에 나무를 심었다. 주로 무덤 뒤편에 나무를 심었는데, 그래서 공자의 무덤을 다른 말로 공림孔林, 맹자의 무덤을 다른 말로 맹림孟林이라고 한다. 성현의 무덤을 다른 말로 부르는 방식이다.

왜곡하기가 쉽기 때문이다. 그보다는 차라리 덕스러운 사람을 추대해 왕으로 모시도록 하는 방식이 훨씬 바람직하다고 맹자는 본 것이다. 이렇게 추대된 통치자는 자기 자신의 행복이 아니라, 국민의 안녕과 복지를 위해 온 힘을 쏟아야 한다.

만일 막강한 힘을 가진 군주가 중대한 잘못을 저지를 경우에는 어떻게 해야 할까? 그때에는 당연히 백성들이 이의를 제기할 수 있으며, 이에 귀를 기울이지 않을 때에는 다른 군주를 모셔올 수도 있다. 군주로서의 의무를 게을리하여 백성들의 마음에서 멀어진 자는 왕위를 물러나게 해야 하고, 응하지 않을 경우에는 심지어 살해해도 좋다. 폭압정치를 펴며 타락한 모습을 보이는 임금은 이미 임금이라고 볼 수 없기 때문에, 설령 그를 퇴위시키거나 죽인다 한들 신하 된 도리에 어긋나지 않는다.

초상화가 제거되다

맹자는 성선설을 통해 동물과 인간을 구별함으

로써 인간의 지위를 드높이는 결과를 가져왔다. 나아가 그는 성선설에 기초하여 인의의 도덕정치, 이른바 왕도정치를 주장함으로써 정치사상가로서의 면모를 유감없이 발휘하기도 했다.

공자가 주로 교육의 대상으로 삼은 사람들은 제자들이었다. 이에 반해 맹자는 군왕이나 권력자, 그리고 귀족들을 교육의 대상으로 삼았다. 그리고 맹자가 그들에게 가르친 방법은 아첨이 아니라, 어디까지나 예지와 용기에 의한 것이었다. 그는 많은 군주들 앞에서도 당당했고, 막강한 힘을 가진 그들은 도리어 맹자 앞에서 쩔쩔매는 모습을 연출했다.

그러나 그가 민심에 바탕을 둔 인의정치를 주장하면서도, 군주제를 선호했던 것은 무엇 때문이었을까? 그것은 '민주제 아래에서는 국민 개개인을 교육시켜야만 하는 데 비해, 군주제 아래에서는 왕후 한 사람만을 올바르게 이끌면 족하다.'라고 생각했기 때문인 것 같다. 즉 정치를 담당한 소수, 나아가 한 사람만 현명하면 나라는 저절로 잘 다스려진다고 믿었던 까닭이 아닌가 싶다.

한편 맹자는 "백성의 지지를 받지 못하는 권력자는 언제라도 물러나게 해야 한다."라고 주장했기 때문에 그의 초상화와 글이 문묘^{文廟}에서 제거된 일도 있었다. 즉 역대의 왕들이 자신들의 위치를 흔들 수도 있는 맹자의 정치사상에 동조하지 않았다는 뜻이다. 그럼에도 그의 사상은 오늘날 민주주의 사회에서 공감을 불러일으키는 면이 많다.

荀子, 기원전 298?~기원전 238? | 공자와 맹자를 계승하여 장차 다가올 군현제 왕조국가의 체제 원리를 준비했던 전국 시대 말기 의 유교사상가다.

단순하고 질박한 생애, 순자

맹자와 같은 시대를 살았던 것으로 알려진 순자는 전국 시대조趙나라의 유학자로서 이름은 황況이며, 자는 경卿이다. 맹자가 성선설에 입각하여 덕치주의를 주장했다면, 그는 성악설에 근거하여 예치주의禮治主義를 주장했다. 진秦나라의 재상 이사李斯와 한비자韓非子가 그의 제자다.

순자는 어려서부터 고향의 서당에서 공부했는데, 열다섯 살쯤에는 그의 재능을 주위로부터 인정받았다고 한다. 그는 제齊나라의 수도 직하稷下로 유학을 갔는데, 당시 그곳은 학술 문화의 중심지로서 유가를 비롯한 도가·묵가·명가·법가 등의 학자들이 구름같이 모여 학문의 대향연을 연출하고 있었다. 그러나 점차 세력을 키워나가던 제나라에 대해 시기와 질투의 눈초리로 지켜보던 주변의 나라들이 힘을 합쳐 공격하기 시작했다. 그러자 직하의 학자들도 사방으로 흩어지고 말았다. 순자 역시 이때 초楚나라로 건너갔는데, 제나라가 다시 문화진흥책을 쓸 무렵 직하로 돌아왔다. 원로 스승인 순자는 높은 대우를 받았으며, 또 제주祭酒라고 하는 벼슬을 십 년 동안 세 번이나 지냈다고 한다.

그의 일생은 비교적 단순·질박했고, 공자나 맹자처럼 많은 지방을 돌아다닌 적도 없었으며, 우여곡절도 그리 많지 않았던 것 같다. 일생의 전반기는 거의 서재에서 책을 보며 지냈고, 제나라에 갔던 쉰 살 무렵부터 겨우 사람들의 주목을 받기 시작했다. 그러나 그곳에서 모함을 받아 초나라로 간 다음, 당시 법가 사상에 입각하여 군대를 정비하던 진나라의 범수范雎에게 그의 철학을 설파했다. 하지만 뜻을 이루지는 못했다.

쉰세 살 되던 해에 마지막으로 순자는 초나라에 갔다. 때마침 이때는 춘신군●이 초나라의 재상이었고 순자 또한 춘신군을 잘 알고 있었던 덕분에, 그는 난릉 지방의 현령縣令●이 되었다. 그러나 어떤 사람이 춘신군 앞에서 순자를 모함했다. 이 소식을 전해 들은 순자는 당장 그 직책을 버리고 조나라로 돌아오고 말았다. 일이 이렇게 되자 춘신군은

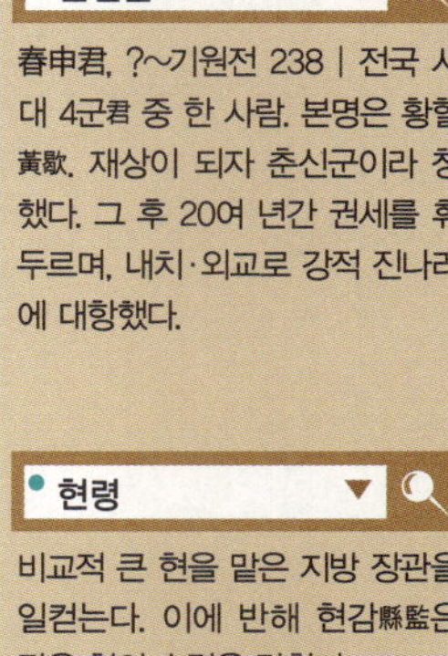

춘신군

春申君, ?~기원전 238 | 전국 시대 4군君 중 한 사람. 본명은 황헐黃歇. 재상이 되자 춘신군이라 칭했다. 그 후 20여 년간 권세를 휘두르며, 내치·외교로 강적 진나라에 대항했다.

현령

비교적 큰 현을 맡은 지방 장관을 일컫는다. 이에 반해 현감縣監은 작은 현의 수령을 말한다.

〈제자백가도諸子百家圖〉
일반적으로 제자백가는 유가·묵가·법가·도가·명가·병가·증횡가·농가·음양가·잡가 등을 통틀어 이른다. 이들은 사회·정치사상뿐만 아니라 지리·농업·문학 등의 학술 활동 전반에도 영향을 끼쳤다.

다시 그를 모시고자 했다. 이에 순자는 한 통의 편지를 보내 초청을 거절했는데, 그 내용은 충신과 간신을 구별하지 못하는 춘신군의 어리석음을 비웃는 것이었다. 춘신군은 화가 났지만 순자는 당시 유명한 4대 공자公子 가운데 한 사람이었기 때문에 다시 한번 사죄할 수밖에 없었다.

결국 차마 뿌리치지 못하고 순자는 다시 초나라의 난릉 지방으로 돌아가 현령이 되었다. 그러나 얼마 안 되어 초나라 임금이 죽자 정변이 일어났고, 춘신군은 복병에 의해 살해되고 말았다. 이에 따라 그의 지지를 받고 있던 순자 역시 직을 물러나고 말았다. 물론 이때는 순자도 이미 반백의 늙은이가 되어 있었고, 또한 그의 마음도 두 번 다시 정치 무대에 나서 동분서주하고 싶지 않았다. 그는 난릉에 정착하여 살다가 그곳에 묻혔다.

선이란 꾸밈이다

사람은 타고날 때부터 본성이 악하다. 예컨대 사람들은 이익을 좋아하고, 남을 시기하며, 귀를 즐겁게 하는 소리나 눈에 아름답게 보이는 색채를 좋아한다. 만일 사람들을 이러한 선천적 본성에 따라 살아가게 내버려둔다면 결국에는 서로 다투고 빼앗는 어지러운 사회, 즉 무법천지가 되고 말 것이다. 그러므로 사람은 마땅히 스승의 가르침에 의해 감화를 받고 예의의 도를 배움으로써 비로소 서로 양보하게 되고, 안정된 사회를 이룩할 수 있다.

성선설에서처럼 과연 사람이 선천적으로 선하여 가만히 놔두어도 스스로 선을 추구하는 것일까? 순자에 따르면, 아니다. 학문을 하는

것은 선천적 본성이 착해서가 아니라, 후천적이고 인위적인
노력에 의한 것이다. 공부를 하고 싶어서 하는 사람은
아무도 없다. 억지로 참고 인내하면서 하다 보니,
취미도 붙게 되고 신바람도 나는 것이다. 또한
예의범절이라는 것도 높은 도덕성을 지닌 성인聖人
이 만들어낸 것으로, 학문을 통해 얻어진
결과다.

둘째, 사람의 본성은 그대로 흘러가도록 놔두었을
경우 소박성에서 벗어나고, 타고난 본래의 선한
소질도 사라지고 말 것이다. 이러한 사정으로 보건대, 인간의
본성은 분명히 악하다.

셋째, 만일 사람의 본성이 착하다고 하면 성왕聖王이 나타날 필요가
있으며 예의가 필요할 일이 있을까? 결국 사람의 본성이 악하다 보니 그
본성을 뜯어고치기 위해 군주는 권력으로 백성들에게 예의를 지키도록
명령하고, 법률로써 나라를 안정시키는 게 아닐까?

넷째, 순자에 따르면 인간의 본성이란 물론 모두 악하긴 하지만,
후천적인 노력에 의해 그것을 어떻게 변화시키느냐에 따라 사람이
달라진다. 여기에서 성인과 도적이 갈라지고, 군자와 소인이 구별된다.
성인은 스스로 후천적으로 노력하여 그 본성을 선하게 한 경우이고,
도둑이나 소인들은 타고난 악한 본성에 자신을 내맡김으로써 눈앞의
이익을 탐내게 된 경우다.

그러나 여기에서 한 가지 짚고 넘어갈 일이 있다. 맹자가 말하는
본성이란 어디까지나 인간의 '이성'을 가리키는 데 반해, 순자가 말하는
본성이란 인간의 저급한 '본능'과 '욕망'을 가리킨다는 사실이다. 다시 말해,

순자가 말하는 인간의 본성이란 그의 표현대로 "배고프면 배불리 먹고 싶고, 추우면 따뜻하게 하고 싶고, 피로해지면 쉬고 싶다고 하는 마음"(飢而欲飽 寒而欲煖 勞而欲休 此人之情性也기이욕포 한이욕난 노이욕휴 차인지정성야)인 것이다. 그러므로 맹자와 순자는 똑같이 교육이 필요하다고 보았다. 다만 맹자는 타고난 선의 본성(이성)을 잘 보존하려고 순자는 타고난 악의 본성(본능)을 고치려고 교육이 필요하다고 했다는 점에서 다를 뿐이다.

죽은 자와 산 자에 대해

앞에서 말했듯이, 순자는 악한 인간의 본성을 다스리기 위해 후천적인 교육이 필요하다고 주장했다. 이에 대한 순자의 주장을 좀더 들어보기로 하자.

"구부러진 나무는 도지개에 넣거나 불에 쬐어야 바로잡을 수 있고 무딘 칼은 숫돌에 갈아야 날이 서듯이, 사람의 악한 본성은 스승의 가르침으로 감화를 받아야 바로잡히고, 예의가 있어야 안정된다."

예절을 나타낼 때에는 상대방에 따라 첫째, 드리는 물질의 수준이 다르다. 예컨대 공물貢物을 바

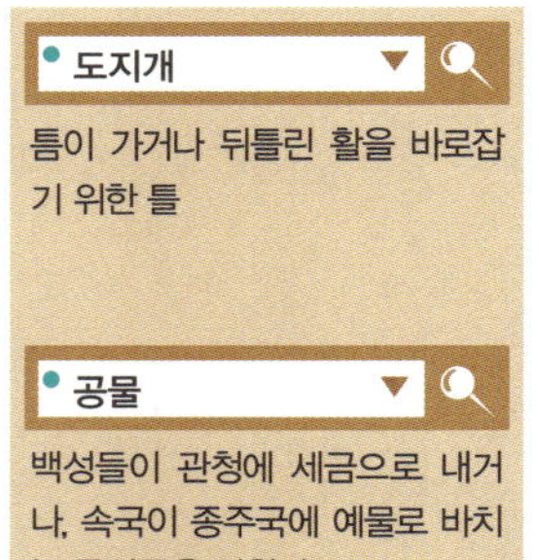

친다거나 인사를 드리러 갈 때 드리는 물품이 상대방의 품격에 따라 달라지는 것이다. 또한 타는 사람에 따라 그 수레를 정하고, 입는 옷을 구별하며, 기장旗章을 달리하여 신분의 귀하고 천함을 나타낸다. 나아가 바치는 물건의 많고 적음을

보고 위아래를 구별하며, 입는 옷을 두껍게 하거나 얇게 하여 그 신분에 알맞도록 한다.

이제 예절 가운데 상례喪禮와 제례祭禮에 대해 알아보자. 인간의 삶 가운데 가장 크고 중요한 일은 이 세상에 태어나는 일과 이 세상을 떠나는 일, 즉 탄생과 죽음이다. 세상에 태어남은 인생의 처음이요, 죽음은 인생의 마지막이다. 그러므로 인생의 처음과 끝을 잘 다스리면 그것으로 사람의 도리는 다하는 셈이 된다.

순자는 죽은 사람을 석 달 만에 장사지내되, 마치 살아 있는 사람처럼 꾸며서 하라고 말한다. 그러나 이것은 세상에 살아 있는 사람의 마음을 위로하기 위한 것이 아닌, 어디까지나 고인에 대한 사모하는 마음을 극진히 나타내기 위한 것이어야 한다. 가령 살아 있는 동안에는 후하게 대접하다가 그가 죽었다고 하여 대접을 소홀히 한다면, 이것은 간사하고 악한 인간들이나 할 짓이며, 마땅히 사람의 도리에 어긋나는 일이기 때문이다.

장례의 의식이 시체를 신중하게 땅에 묻는 것이라고 한다면, 제사의 의식은 죽은 자의 영혼을 신중히 섬기는 일이다. 제사란 살아 있는 사람들의 망자亡者를 추모하는 마음을 나타내는 방식이며, 따라서 그 예의 절차는 성대하게 해야 한다. 군자는 이를 가리켜 사람의 지켜야 할 도리라 말하는데, 백성은 이를 두고 흔히 귀신 섬기는 일이라 부른다. 이와 관련하여 순자는 "죽은 사람 섬기기를 산 사람 섬기듯 하고, 이제는 가고 없는 사람을 눈앞에 있는 사람처럼 섬겨야 한다."(事死如事生 事亡如事存 사사여사생 사망여사존)라고 주장한다.

물론 그의 주장 가운데 죽은 자의 시신을 석 달 만에 매장해야 한다고 한 것이나, 부모님의 상례를 3년 동안 치러야 한다는 것 등이 당시의

⬆ 순자의 조각상
그는 예의로 사람의 성질을 교정할 것을 주장했고, 맹자의 성선설에 반하는 성악설을 제창했다. 그의 사상사적 위치는 종종 서양 철학의 아리스토텔레스에 비교되기도 한다.

풍습에는 적용될 수 있을지 모르지만 오늘날에는 맞지 않고 번거로운 감이 있다. 하지만 그가 강조하는 마음의 자세만큼은 여전히 의미가 있다고 봐야 한다.

군자와 소인의 차이

그렇다면 순자가 생각하는 이상적인 인간은 어떤 사람일까? 그것은 바로 군자다. 여기에서는 군자가 과연 어떤 모습으로 표현되는지 살펴보기로 하자.

먼저, 군자는 도 얻는 것을 즐거워하지만, 소인은 욕망 얻는 것을 즐거워한다.(君子樂得其道 小人樂得其欲군자낙득기도 소인낙득기욕) 세상의 이치를 배우고 깨닫는 데에서 가치를 느끼는 사람이 있는가 하면, 그저 먹고 마시고 즐기는 일에서 삶의 보람을 찾는 사람이 있다. 이것이 군자와 소인의 첫 번째 차이다.

둘째, 군자는 귀로는 음탕한 소리를 듣지 않고, 눈으로는 요사스러운 장면을 보지 않으며, 입으로는 사특하고 악한 말을 내지 않는다.(君子耳 不聽淫聲 目不視女色 口不出惡言군자이불청음성 목불시여색 구불출악언) 반면에 소인배들은 음란하고 방탕한 말을 즐겨 내고 들으며, 또 더럽고 추한 꼴을 보고자 애쓰며, 간사하고 악독한 말을 함으로써 이웃을 괴롭힌다.

셋째, 군자는 누구나 쉽게 사귈 수 있지만 아무 허물없이 친하기는 어렵고, 쉽게 두려워하나 위협하기는 어렵다. 즉 군자는 교만하지 않아서 사람을 차별하지 않으며, 누구나 가까이 다가갈 수는 있다. 그렇다고 함부로 허튼소리를 해대는 사람마저 용납하지는 않는다. 또 그를 만나면 어쩐지 마음이 경건해지고 심지어 불편해지기까지 하지만, 그렇다고 그를 협박하여 그 삶의 자세를 흐트러뜨릴 수는 없다.

넷째, 군자는 환난을 항상 두려워하지만 의로운 죽음을 마다하지 않으며, 이익을 위해 그릇된 짓을 하지 않는다. 즉 군자는 어려운 때를 대비하여 늘 처신을 조심하지만, 대의명분을 위해 죽어야 할 자리에서마저 목숨에 집착하지는 않는다. 그리고 물질이나 명예, 그리고 권력을 얻기 위해 불의한 방법을 쓰거나 불법한 일을 저지르지 않는다.

다섯째, 군자는 친하게 지내되 편당偏黨을 짓지 않으며, 변론을 하되 꾸미는 말은 하지 않는다. 즉 군자는 마음을 열어 누구와도 친밀하게 지내긴 하지만, 끼리끼리 몰려다니며 스스로 이익을 도모하지 않는다. 또 군자는 자기가 억울한 일을 당했을 때에 자신의 입장을 스스로 밝히긴 하지만, 절대 거짓말을 꾸며내지는 않는다.

여섯째, 군자는 능하거나 능하지 않거나 간에 좋은 일만 하는데, 소인은 능하거나 그렇지 않거나 간에 나쁜 짓만 일삼는다. 즉 군자는 자기에게 능력이 있을 때는 남을 너그럽게 용납하고 능력이 없을 때는 그 힘을 아껴 남을 섬기는 일에 쓰는 데 반해, 소인배들은 자기에게 능력이 있을 때는 오만방자하여 함부로 남을 무시하고 반대로 능력이 없을 때는 괜스레 남을 시기·질투·원망하여 사태를 나쁜 방향으로만 몰아간다.

일곱째, 군자는 주변 환경에 따라 이리저리 흔들리지 않는다. 가령 그는 형편이 가난하다 하여 도의 실천을 게을리하지 않는데, 이것은 마치 훌륭한 농부가 홍수나 가뭄을 겁내어 농사일을 포기하지 않는 것과 같으며, 훌륭한 상인이 물건이 오랫동안 팔리지 않는다고 하여 가게 문을 쉬이 닫지 않는 것과 마찬가지다.

여덟째, 군자 가운데 마음이 큰 사람은 하늘을 공경하여 그 법도에 따르고, 마음이 작은 사람은 의를 두려워하여 스스로 절도를 지킬 줄 안다. 그러나 소인 가운데 마음이 큰 사람은 오만방자하고 난폭하게 굴며, 마음이 작은 사람은 음란하고 방탕하여 더욱 빗나가기만 한다. 군자 가운데 지혜로운 사람은 온갖 세상일의 이치에 통달하고, 지혜가 다소 부족한 사람은 단정하고 진실하게 행동하여 법도를 지킨다. 그러나 소인에게 지혜가 있으면 도둑질을 하고 사기를 치며 온갖 불법적인 일을 저지르는 데 분주하고, 그에게 지혜가 없는 경우에는 공연히 남을 모함하여 함정에 빠뜨리려고 그야말로 발버둥을 친다.

아홉째, 군자가 때를 만나 나랏일에 등용되면 공손하게 그 자리를 지키되, 출세의 때를 만나지 못하면 스스로 가다듬어 공경할 뿐 다른 사람이나 세상을 원망하지 않는다. 그러나 소인배가 때를 만나면

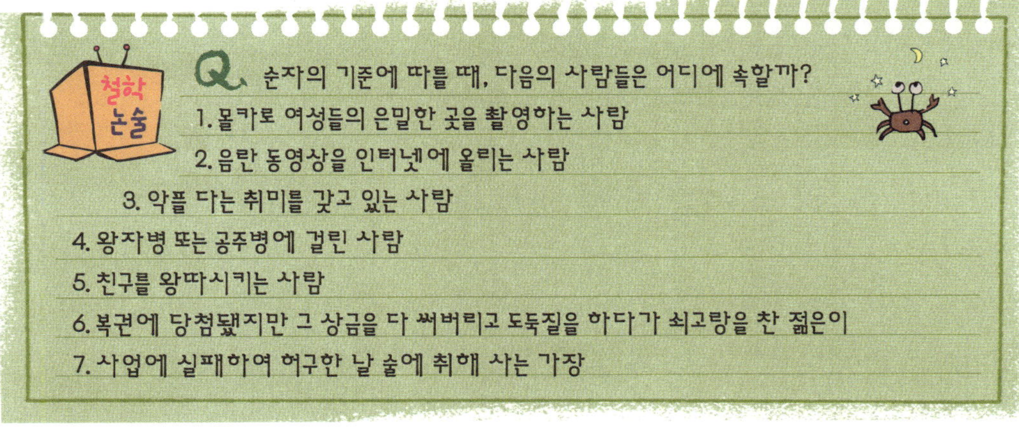

약삭빠르고 거만하여 안하무인격으로 행동하다가 결국에는 낭패를 보게 되며, 소인배가 때를 만나지 못하면 공연히 남을 원망할 뿐만 아니라 출세의 기회를 잡기 위해 쉼 없이 음흉한 일을 꾀한다.

이상의 내용은 오늘날에도 그대로 적용된다고 말할 수 있다. 스스로 겸손하고 남에게 공손하며 누가 보든지 보지 않든지 법과 질서와 예의범절을 지킬 줄 아는 사람은 군자의 성품이 있는 사람이고, 교만 방자하여 스스로 잘났다고 큰소리치고 다니며 돈과 명예와 권력을 잡기 위해 남을 헐뜯고 모함하는 일에 앞장서는 사람은 소인배의 기질이 농후한 사람이다. 그렇다면 우리는 과연 어느 쪽에 속할까?

하늘을 정복하라

인간에게 하늘은 어떤 존재일까? 공자의 손자인 자사나 맹자 쪽에서는 하늘의 명령을 도덕의 최고 원리로 삼았고, 노장老莊학파에서는 천인합일天人合一이라 말했으며, 묵자나 음양학파에서는 하늘이 인간의 길 흉화복을 결정한다고 주장했다.

그러나 순자에게 하늘은 어디까지나 자연적인 것에 지나지 않았다. 물론 신이나 귀신도 그의 안중에는 없었다.

가령 밤낮이 바뀐다거나 사계절이 변화하는 것은 모두 자연법칙에 따른 움직임일 뿐, 인간의 일과는 아무런 관계도 없다. 일식과 월식, 지진이나 폭풍우, 홍수나 가뭄 역시 자연에서 일어나는 현상일 뿐, 임금이 정치를 잘하든지 못하든지 아무런 관계도 없다. 아무리 임금이 정치를 잘해도 지진이 일어날 수 있으며, 폭군이 등장하여 아무리 백성을 괴롭힌다 해도 풍년이 들 수 있다. 마찬가지로 하늘이 요나 순 같은 어진 임금을 나게 하지도 않았으며, 걸주桀紂와 같은 폭군을 있게 하지도 않았다. 씨뿌리기에 좋도록 봄을 만들지도 않았고, 수확하기에 알맞도록 가을을 준비하지도 않았다.

그렇다면 인간은 이러한 하늘에 대해 어떻게 대처해야 할까? 이에 대해 순자는 "사람이 반드시 하늘을 정복해야 한다."(人定勝天인정승천)라고 주장한다. 앞에서 말한 대로, 하늘의 움직임과 인간의 일은 전혀 관련이 없다. 그러나 자연의 모든 현상은 어차피 인간 생활에 영향을 미친다. 그러므로 그 움직임을 잘 살펴 이용할 줄 알아야 한다. 하늘은 오직 자기의 법칙에 따라 운행되므로, 그 법칙을 미리 알아서 그것을 우리의 삶에 유리하도록 이용해야 한다는 뜻이다. 그래서 여름의 숙성과 가을의 수확을 기대할 수 있으려면 마땅히 봄에 씨를 뿌려야 한다. 또한 비가 내리지 않는 가뭄에 대비하여 저수지 시설을 정비해야 하고,

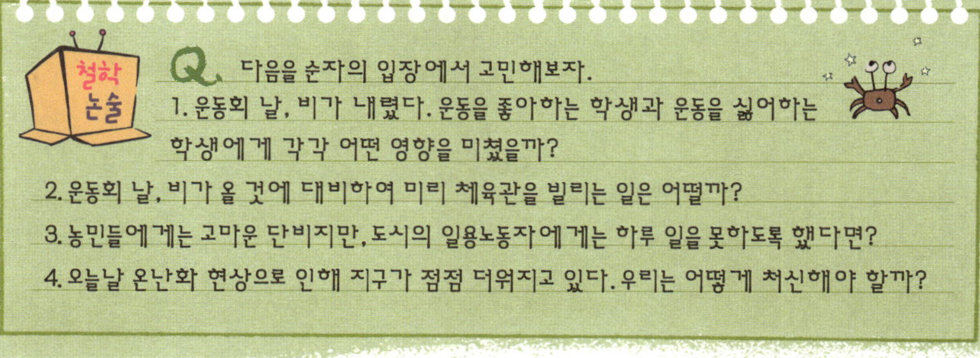

정반대로 비가 한꺼번에 내리는 홍수를 대비하여 물이 잘 빠지는 수로를 마련해놓아야 한다. 왜냐하면 하늘은 사람의 형편을 기다려주지도 않거니와 물이 부족한 농작물을 위해 특별히 단비를 내려주지도 않기 때문이다.

이렇게 보면, 순자야말로 당시에 보기 드문 과학정신의 소유자였다고 할 수 있겠다. 언뜻 생각할 때에는 성선설을 주장한 맹자에 비해 성악설을 주장한 순자가 덜 중요하다 여겨질 수도 있지만, 오늘날의 과학정신에 비춰보면 도리어 순자의 사상이 각광을 받을 만한 것이다.

과학정신에 입각한 순자의 냉철한 철학은 혼란과 미신에 빠져버린 당시의 정치사회 및 사상계에 대한 울분과 반동으로 나타난 것이라 할 수도 있다. 제대로 갈피를 잡지 못하던 당시의 풍조는 순자의 맘속에 분란만 일으켰다. 그에게는 새로운 시대정신이 필요했던 것이다.

사실 맹자의 성선설에는 순진한 면이 없지 않았다. 이에 비해 순자는 좀더 냉철한 눈으로 인간의 깊은 바닥을 통찰하지 않았는가 싶다. 즉 누구든지 스스로 솔직하게 돌아본다면 결코 착하다고 장담할 수 없을 것이라는 뜻이다.

순자는 자연(하늘)에 대해서도 지금까지와 전혀 다른 냉철하고도 합리적인 입장을 취했는데, 이것은 서양의 르네상스에나 나타났음 직한 자연과학정신과 견줄 만한 놀라운 사상이었다.

공자 대 소크라테스, 맹자 대 플라톤, 순자 대 아리스토텔레스

지금까지 고찰한 선진 유학자들에 대해 서로 비교하면서 정리해보도록 하자.

먼저 공자가 강조해 마지않은 인仁은 물에, 맹자가 말한 의義는 바다에, 순자가 힘써 주장한 예禮는 강물에 비유될 수 있겠다.

물은 일정한 모양이 없어서 그것이 어떻게 되어 있는지 파악하기 힘들다. 하지만 어디서든 만날 수 있고, 사람에게 여러 가지 이로움과 혜택을 주기도 한다. 이처럼 '인'이란 물처럼 그 개념을 비록 확실히 파악하기는 어려워도, 우리에게 여러 가지 이로움을 주는 것임에 틀림없다.

또 바다는 끝없이 넓고 광막하긴 하지만, 밀물과 썰물 때마다 우리가 그 바닷물 위에 뜨거나 가라앉을 수 있다. 이 바다와 같이 '의'란 대단히 광범위한 것이긴 하지만, 우리는 최소한 무엇이 의롭고 무엇이 의롭지 않은지는 알 수 있다.

그리고 강물에는 물이 흘러가는 밑바닥과 그 넘침을 막아주는 강둑이 있는데, 물에는 항상 위에서 아래로 흐르는 성질이 있다. 이렇듯 '예'란 것도 강물처럼 사람의 마음이 그릇된 방향으로 흐르지 않도록 옆을 막아주는가 하면, 또 위아래도 구별을 짓도록 해준다.

다음으로, 공자가 말한 '인'이 우리 모두 추구해야 할 최고 목표이자 원리라고 한다면, 맹자의 '의'란 그것을 추구하는 길이자 방법이며, 순자가 주장한 '예'는 우리가 최고 목표를 추구해가다가 자칫 곁길로 빠질 때 그것을 방지해주는 울타리에 해당한다. 우리는 인이라고 하는 최고 목표를 향해 나아가되, 예절이라고 하는 엄격한 절차를 통해야 하며, 그래야만 비로소 불의와 타협하지 않고 의로운 길을 걸어갈 수 있는 것이다.

여기서 동양의 철학자들과 서양의 철학자들을 비교해보기로 하자. 먼저, 공자는 소크라테스에, 맹자는 플라톤에, 그리고 순자는 아리스토텔레스에 해당한다고 할 수 있다. 공자와 소크라테스는 모두 정치적으로 매우 혼란한 시기에 살았다. 그럼에도 당시 사회적 위기를 극복할 수 있는 해법을 제시하고자 애썼으며, 또한 그것에 대해 제자들을 비롯한 많은 사람에게 교육을 시행했다. 두 사람은 모두 정치에 대해 매우 실망했지만 널리 학생들을 구하였다. 또한 이론뿐만 아니라 자신의 몸으로 직접 보여주고 실천하며, 제자들을 진리의 길로 이끌고자 했다.

맹자와 플라톤은 모두 이상적인 데에만 치중했다. 그로써 그들의 철학은 시와 같아서 관찰보다는 상상의 요소가 더 많았다. 가령 플라톤이 주창한 이상국가와 맹자가 강조한 왕도정치는 모든 사람이 갈망해 마지않는 이상적인 모델이긴 하다. 하지만 너무 현실과 동떨어져서 이 세상에서 실현하기 어려운 유토피아에 머물고 말았다.

그러나 순자와 아리스토텔레스는 모두 현실에 대한 관찰을 중요하게 여겼으며, 그에 따라 머릿속의 상상에 머물 뿐인 이상 같은 것을 물리쳤다. 이에 따른 당연한 결과로 순자는 맹자 사상에, 그리고 아리스토텔레스는 플라톤 사상에 비판적일 수밖에 없었다.

물론 지금까지 말한 비교가 단순한 우연일 수도 있다. 그러나 동양과 서양에서 거대한 사상적 건축물을 완성한 철학자들을 서로 비교해보는 일은 매우 중요하다고 생각한다. 그래야만 우리는 더욱 위대하고도 웅장한 철학의 금자탑을 확인할 수 있기 때문이다.

제3장

도가 사상의 발전

늙어서 태어난 아이, 노자

기원전 604년 9월 14일, 중국 초나라 고현의 여향 곡인리에 한 여인이 자두나무(李樹)에 기댄 채 아이를 낳았다. 그런데 이 아이의 어머니는 떨어지는 별을 찬양하면서 62년 동안 임신해 있던 상태였고, 그때 아이는 태어나자마자 말을 할 수 있었다고 한다. 그 아이는 주위의 자두나무를 가리키며 "나는 이 나무를 따서 성姓을 짓겠다."라고 말했다.

그 후 그는 자두나무(李)에다 자신의 큰 귀(耳)를 상징하는 이름을 붙여 스스로 이름을 이이李耳라 했다. 그러나 그의 머리칼은 벌써 하얀 눈처럼 희었기 때문에, 사람들은 그를 두고 노자라 불렀다. 노老는 늙었다는 뜻이고, 자子는 '하늘의 아들'이라는 뜻을 가진 존칭어다.

노자는 유가에서 내세운 명분주의와 인위적인 조작에 반대하고 무위자연無爲自然에 처할 것을 주장했다. 그는 유가의 인위적인 도덕이 끼치는 폐단과 인간의 위선을 고발함으로써 좀더 근원적인 진리로 나아가고자 했다.

❁ 곡인리의 전경
노자의 고향이라고 알려진 여향 곡인리의 모습이다. 허난성河南省 녹읍 태청궁에 소재해 있다.

노자는 주나라에서 왕실의 장서고를 기록하는 수장실사守藏室史로서, 사십여 년간 있었다고 한다. 이 무렵 공자의 방문을 받았는데, 공자는 노자에게 예禮에 대해 물었다. 백발이 성성한 노자가 볼 때, 공자는 아직도 혈기가 왕성한 청년에 지나지 않았다.

"군자가 때를 만나면 나아가 벼슬을 하지만, 때를 만나지 못하면 뒤로 물러나 숨어야 하는 법이오. 내 일찍이 듣기를 '훌륭한 장사꾼은 귀중품을 감춰놓은 채 아무것도 없는 듯이 행동하고, 완전한 덕성을 갖춘 사람은 겉으로는 다만 평범한 사람으로 보인다.'라고 했소. 그러니 그대는 몸에 지니고 있는 그 교만과 욕심과 위선 따위를 다 버리시오."

이처럼 공자에게 따끔한 충고를 가한 노자는 스스로 재능을 숨겨 이름이 드러나지 않도록 애썼다. 그러나 주나라가 망하는 것을 보고 그곳을 떠나기 위해 함곡관에 이르렀을 때, 국경을 수비하던 관리 윤희尹喜라는 사람에게 붙들리고 말았다. 그리고 그가 권하는 대로, 상하 양편의 오천 자로 된 《도덕경道德經》을 완성하게 됐는데, 이렇게 본다면 윤희라는 사람이야말로 노자와 거의 맞먹을 정도로 큰 공헌을 했다고 말할 수 있다. 만약 그가 노자에게 글을 쓰도록 종용하지 않았다면, 오늘 우리는 가장 값진 한 권의 책을 얻지 못했을 것이다. 이에 대해 독일의 사상가 슈테릭히는 "세계에 단 세 권의 책만 남기고 모두 불태워버려야 한다면, 《도덕경》이 그 세 권 가운데

노자를 맞는 윤희

윤희가 노자를 맞는 그림이라 알려진 작품이다. 후베이성 무한 장춘관에 소장되어 있다.

노자 ▼ 🔍

老子, 기원전 6세기 무렵 | 도가 및 도교의 비조鼻祖로 알려져 있다. 그러나 그의 전기에는 의문이 많아, 노자의 생존을 공자보다 100년 후로 보는 설도 있고, 그 실재 자체를 부정하는 설도 있다.

수장실사 ▼ 🔍

주자鑄字(쇠붙이를 녹여 부어 만든 활자)를 감수하는 하급 벼슬아치

함곡관 ▼ 🔍

중국 허난성 북서에 있는 관문. 동쪽의 중원中原에서 서쪽의 관중으로 통하는 요지다.

도덕경 ▼ 🔍

노자가 대나무로 엮어 만든 죽간竹簡에 오천 자의 글을 써주었는데, 여기에 바로 간결하면서도 심오한 철학이 담겨 있다.

들어야 한다."라고 말했다.

　　노자는 백육십 살 또는 이백 살을 살았다고도 전해지는데,[*] 그 최후를 정확히 아는 사람은 없다.

위선과 가식을 버리라

　　뤄양洛陽을 떠날 무렵, 공자가 다시 노자를 찾아 작별 인사를 드리자 그는 공자에게 다음과 같이 충고했다고 한다.

　　"부자는 재물을 가지고 사람을 배웅하고, 선비는 말로써 사람을 배웅한다고 하오. 그런데 나는 돈이 없으므로 선비의 흉내를 내어 말로써 선물을 대신할까 하오. 총명한 사람이 자칫 죽을 고비에 이르게 되는 것은 남의 행동을 잘 비평하기 때문이오. 또 학식이 많은 사람이 자주 위험한 고비에 부딪치는 것은 남의 허물을 잘 지적하기 때문이오. 그러므로 말과 행동을 조심하고 자기의 주장을 함부로 내세워서는 안 되오!"

　　이 말을 듣고 돌아간 공자는 제자들에게 다음과 같이 말했다고 한다.

　　"새는 공중을 날아다니고 물고기는 헤엄을 치며 짐승은 달린다는 것을 나는 알고 있다. 그러므로 하늘을 날아다니는 새는 활을 쏘아 잡을 수가 있고, 물속을 헤엄치는 고기는 그물을 쳐 잡을 수가 있고, 달리는 짐승은 덫을 놓아 잡을 수가 있다. 하지만 용에 대해서는 내가 어떻게 해야 할지 모르겠다. 왜냐하면 용은 바람과 구름을 타고 구만 리 하늘로 오를 수가 있기 때문이다. 그런데 내가 만나본 노자는 바로 용이었다."

　　과연 큰 도(大道)란 무엇일까? 노자에 의하면, 그것은 무위자연의 도다. 위대한 도가 무너졌기 때문에 인의가 생겨났고, 지혜가 나오고 나서 큰 거짓이 생겨났고, 집안이 불화하기 때문에 효와 자애가 강조되었으며, 나라가 혼란할 때 충신이 필요했다. 이처럼 유가에서 강조하는 덕들은

◆ **노자에게 예를 묻는 공자**
노자에 대해서는 공자보다 조금
앞선 시대의 노담老聃이라는 설명
도 있고, 공자와 동시대의 노래자
老萊子라는 설명도 있으며, 전국
시대의 태사 벼슬을 지냈다는 노
담老儋이라는 설명도 있다. 일반
적으로 공자보다 앞선 노담을
노자로 보는 의견이 지배적이다.

이미 그것들이 사라지고 없음을 반증해주는 것이다.

그러므로 애초부터 큰 도리를 굳게 잡아나갔더라면 아무 일도 없었을
것을 사람들이 인위적으로 일을 꾸미려 하니 일이 꼬였던 것이고, 다시
그것을 억지로 고치려 하니 일이 더 얽히고설키게 되었다는 뜻이다.
이런 배경에서 노자는 유가에서 말하는 성스러움과 지혜와 인의를
오히려 끊어버릴 것을 요구한다.

그릇의 빈 곳이 쓰임받는다

유가에서 말하는 도道란 인간의 윤리에 국한된
것이었다. 하지만 노자가 말하고자 하는 도는 천지 만물, 모든 자연의
이법理法으로서 우주의 근본 원천을 의미한다. 다시 말하면 도란 우리
인간의 머리로 이해할 수 없는 세계의 궁극적 원인으로서, 모든 법칙 중의
법칙이자 모든 척도 중의 척도다. 이에 대해 노자는 "사람은 땅을 본받고,
땅은 하늘을 본받고, 하늘은 도를 본받고, 도는 자연을 본받는다."라고

〈노자수경도老子授經圖〉
이 그림은 노자가 소나무 아래에 있는 평상에서 경經을 강의하는 모습이다. 노자는 후대 도교 신도들에 의해 신격화되어 교주로 받들어졌다.

말한다. 그러므로 이 도는 사람의 머릿속에서 개념적으로 규정할 수 있는 것도 아니고, 말이나 글로 표현할 수도 없다. 그것은 우리가 보려고 해도 보이지 않고, 들으려 해도 들리지 않으며, 잡으려 해도 잡히지 않는다. 왜냐하면 도에는 어떠한 빛깔도, 어떠한 소리도, 어떠한 형체도 없기 때문이다.

그러나 이 세상에서 어떤 모양을 갖는 존재는 모두 도에서 생겨난다고 말할 수 있는데, 이 도는 어떠한 시간적·공간적 한계도 갖지 않기 때문에 무극無極이다. 그렇다고 해서 이 무가 단순히 텅 비어 있는 공무空無인 것은 아니고, 도리어 모든 존재를 생겨나게 하는 무無라고 해야 할 것이다.

노자는 무의 효용성을 다음과 같이 비유한다.

"수레바퀴에는 서른 개의 바퀴살이 한 바퀴의 통에 모여 있긴 하지만 그 가운데가 비어 있기 때문에 우리가 수레를 사용할 수 있으며, 또 찰흙을 이겨서 그릇을 만들 때 그 빈 곳이 있기 때문에 그릇을 쓸 수 있으며,

문과 창문을 뚫고 방을 만들되 그 가운데가 비어 있기 때문에 우리가 방을 쓸 수 있다. 그러므로 유有가 이용되는 까닭은 무가 작용하기 때문인 것이다."

굽은 나무가 제 수명을 누린다

공자는 "우리가 선에 대해서는 선으로 대하되, 악에 대해서는 어디까지나 정의로써 응징해야 한다."라는 입장이었다. 이에 반해 노자는 선에 대해서는 말할 것도 없고, 악에 대해서까지 포용하기를 가르친다. "적에게도 덕을 베풀라. 오직 다투지 않은 그것으로 인해 천하가 그와 더불어 다툴 수 없다."라고 주장한 것이다.

여기에서 노자의 윤리가 갖는 특성에 대해 알아보도록 하자.

첫째, 소박함이다. 그는 인간의 재치와 이기심 등 작위성을 멀리하고 무욕에 처하도록 가르쳤으며, 또한 물질적 재화에 대해서도 귀하게 여기지 않도록 당부한다. 덕을 두터이 지니고 있는 사람은 갓난아기와 같아서 독 있는 벌레도 물지 않고, 사나운 짐승도 덤벼들지 않으며, 사나운 새도 채가지 않는다. 이와 반대로 억지로 살려고 하는 사람은 재앙에 맞닥뜨리게 마련이며, 마음이 기운을 부려 뭔가를 이뤄보려고 하는 사람은 억지스런 삶을 꾸려가기 십상이다. 이 세상의 모든 사물은

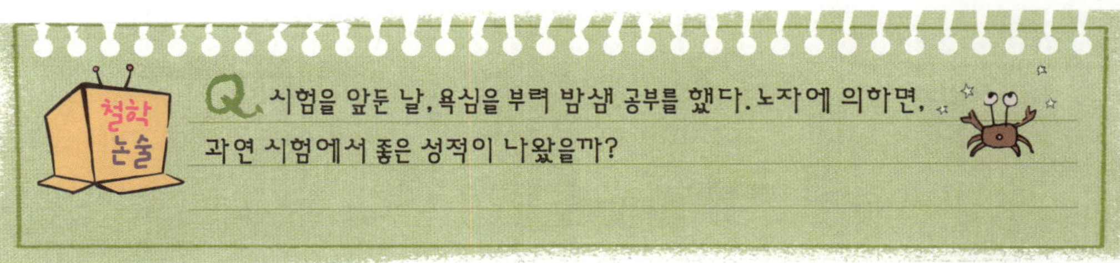

왕성하게 번창하다 보면 곧 늙어 시들어버리기 마련인데, 이는 천하 만물의 도에 어긋나기 때문이다.

둘째, 노자가 강조하고자 하는 것은 유연성이다. 마치 부드러운 물이 견고한 바위를 뚫는 것처럼, 부드러움은 딱딱함을 이길 수 있다. 이처럼 도란 어떤 의미에서 물과 같다. 물은 모든 사물을 이롭게 하면서도 먼저 가려고 다투지 않으며, 사람들이 싫어하는 낮은 곳에 머물려 한다. 물과 같이, 모름지기 현자는 이웃에게 선을 베풀며 유익을 안겨주면서도 다른 사람 앞에 자신을 내세우지 않으며 항상 겸손한 자세로 살아간다.

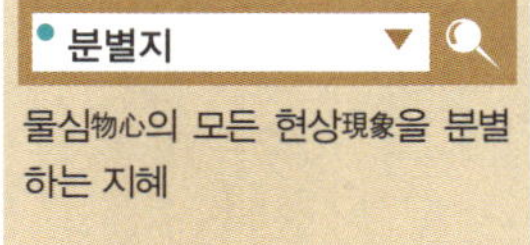

셋째, 무위無爲의 실천이다. 여기에서 무위란 '아무것도 하지 않는 것'이 아니라, 억지를 피하고 자연스럽게 행하는 것을 가리킨다. 억지로 꾸며서 하는 행위는 오래가지 못하고 곧 그치게 마련이다. "자기의 키를 커 보이게 하기 위해 발끝으로 꼿꼿이 선 사람은 오래 서 있지 못하고, 마음이 급하여 두 다리를 크게 벌려 걷는 사람은 멀리 가지 못하며, 스스로 나타내려는 사람은 도리어 드러나지 못한다."라고 한다. 환경이나 때를 기다리지 못하고 자기 욕심대로 정권을 잡아보려 하거나 욕심껏 돈을 벌어보려 하는 사람은 반드시 실패하게 되어 있다. 이 간단한 이치를 모르고 욕망대로 행하다가 망한 사람이 어디 한둘이겠는가?

그렇다면, 이러한 무위에 도달하기 위해서 우리는 어떻게 해야 할까? 노자는 먼저 우리가 분별지分別知를 버려야 한다고 말한다.

흔히 사람들은 부귀영화를 좋은 것이라 여기고, 빈천굴욕을 나쁜 것이라 여긴다. 하지만 이것들은 본래 하나다. 동전의 양면과 마찬가지로, 복과 화는 우리가 늘 안고 가야 하는 두 가지에 지나지

> **분별지**
>
> 물심物心의 모든 현상現象을 분별하는 지혜

않는다. 그러므로 재앙은 복이 의지하는 바요, 복은 재앙이 깃드는 곳이다. 올바른 것이 다시 기이한 것이 되고, 길吉한 것이 다시 흉凶한 것으로 된다. 이처럼 화복은 본디 둘이 아니고 하나인데도, 사람들은 상대적인 관념에 사로잡혀 재앙을 멀리하려 하고 복을 구하려 한다. 바로 여기로부터 모든 환란이 생겨난다.

굽은 나무가 제 수명을 누리고, 자벌레는 몸을 굽혔다가 펴면서 앞으로 나아가고, 물은 파인 곳에 고이며, 옷은 닳아져야 새것을 입고, 욕심이 적어야 만족을 얻으며, 아는 것이 많으면 도리어 미혹에 빠진다.

가끔 우리가 보듯이, 크게 이룬 것(大成)은 모자란 것 같으나 그 쓰임새에 그침이 없고, 크게 찬 것은 빈 것 같으나 그 쓰임에 다함이 없다. 크게 곧은 것은 굽은 것 같고, 크게 교묘함은 서툰 것 같고, 크게 말을 잘함은 말더듬이 같다. 이와 같이, 노자의 윤리는 무위자연에 처하여 소박하고 유연하게 살아갈 것을 우리에게 권한다.

백성의 눈높이에 맞추라

현자에게 요구되는 무위자연의 도는 정치가나 통치자에게도 요구되게 마련이다. 특히 정치는 백성과 천하 만물에 미치는 영향이 매우 크므로, 무위의 도덕정치가 더욱 중요한 것이다.

노자에 의하면, 정치가는 다변多辯을 일삼아서는 안 된다. 대통령이 말을 많이 하다 보면 말에 실수가 있게 마련이고, 국민들이 식상해하고 피곤해한다. 또한 통치자는 많은 법률을 만들 필요 없이 담담하게 스스로 덕을 펴나가기만 하면 된다. 정치가가 위선을 부리거나 힘으로 다스리려고 하면, 백성들이 그를 불신하고 경멸한다. 스스로 마음을 비우고 국민이 원하는 방향으로 국정을 이끌어간다면 모두의 환영을 받을 수 있을 것이다. 천하에 금기조항이 많을수록 백성은 더욱 가난해지고, 백성들에게 편리한 기구가 많을수록 나라는 더욱 어지러워지며, 사람들의 재주가 많을수록 기이한 물건이 많이 나오고, 법령이 밝아질수록 도적도 많아진다. 이 모든 것이 억지로 백성을 다스리려 하는 데서 오는 폐단이 아닐까?

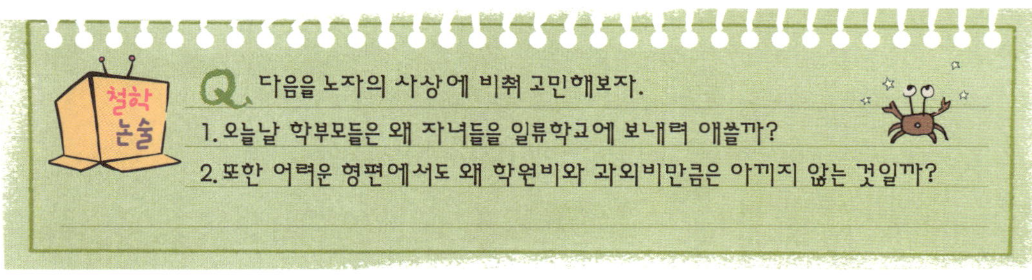

현자를 특별히 대접하지 않아야만 백성들이 서로 다투지 않게 되고, 얻기 힘든 재물을 귀하게 여기지 않아야만 백성들이 도적질할 마음을 먹지 않게 되며, 욕심낼 만한 것을 드러내 보이지 않아야만 백성들의 마음이 어지럽지 않게 된다.(不尙賢 使民不爭 不貴難得之貨 使民不爲盜 不見可欲 使民心不亂 불상현 사민부쟁 불귀난득지화 사민불위도 불견가욕 사민심불란)

지식 있고 지혜로운 자라고 해서 특별대우를 하면 모두 학벌만 갖추려 할 것이고, 돈이 있건 없건 모든 국민이 법 앞에서 평등해야 악착스럽게 돈을 벌려는 생각을 하지 않게 되고, 또한 사람의 탐심을 자극하지 않아야 국민이 순박해진다.

어진 임금이 천하를 다스리는 방법은 다른 데 있는 것이 아니다. 스스로 고집을 피우지 않고 백성들 편에 서서 그들의 눈높이와 마음에 맞도록 스스로 맞춰나가면 된다. 설령 백성들이 귀로 듣기 좋은 것, 눈으로 보기 좋은 것에 대해서만 욕심을 낸다 할지라도, 천진난만한 갓난아이를 대하는 것처럼 다스려나가야 한다. 성인은 물 흘러가듯이 자연스럽게 나라를 다스려야 하는데, 가령 백성들이 죽음을 중하게 여기고, 먹는 음식을 맛있게 여기며, 입는 의복을 아름답게 여기고, 사는 거처를 평안하게 여기며, 행하는 풍습을 사랑하도록 하면 된다. 기괴하고 특별한 것에 마음을 두기보다 가장 평범하고 상식적인 삶을 살도록 해주면 그만이다. 그러면 백성들은 늙어 죽을 때까지 다른 나라를 부러워하는 일이 없을 것이다.

작은 나라와
적은 백성을 꿈꾸다

유가는 춘추전국 시대의 혼란한 사회 속에서 인위적인 도덕에 의해 질서를 회복하려 했다. 그러나 노자는 이러한 방법에 반대하고, 무위자연을 주장했다.

보통 사람들은 눈에 보이는 대로 행동하기 마련이어서, 가령 재앙을 멀리하고 복을 구하려고 한다. 본디 하나인 이것들을 구분하기 때문에 자연스러운 삶을 잃어버리고 마는 것이다. 그러므로 우리가 고통스런 현실을 벗어나는 길은 본래부터 타고난 자연으로 돌아가 작위 없이 사는 것뿐이다. 유가에서는 인의니 예악이니 하여 어떤 규범과 덕목을 내세우지만, 노자는 모든 억지스러움을 버리고 차라리 자연으로 돌아가라고 외친다.

또한 노자는 정치론에서 유가의 대통일 국가라는 이상에

○ 무위와 무욕의 이상사회, '소국과민'
《노자老子》 80장에 나오는 말이다. 그는 "다시 옛날로 돌아가 풍속을 즐겁게 여기게 해야 한다." 라고 했다. 도연명의 《도화원기》에 나오는 '무릉도원' 같은 곳을 이상국가로 보았다.

맞서며, '작은 나라와 적은 백성'(小國寡民소국과민)이라는 이상사회를 제시했다. 인위적인 도덕과 잡다한 지식에서 벗어나 소박하게 생활하는 것이 가장 행복한 삶이며, 위정자는 백성들의 이러한 삶을 보장하기 위해서 무위의 정치를 시행해야 한다고 보았다.

그러나 대개 큰 사상가들이 뛰어난 제자들을 많이 배출하는 데 반해, 불행하게도 노자에게는 그 깊고 오묘한 사상을 계승하고 발전시킬 만한 제자들이 없었다. 그렇기 때문에 그의 학설은 후대의 사상가들에 의해 왜곡되고 변질되면서 큰 영향력을 발휘하지 못했다. 더구나 이것이 무술이나 마법, 연금술이나 불로장수법과 같은 미신과 뒤섞여버린 탓에 노자 자신의 순수한 이론과는 거리가 멀어지고 말았다.

속세를 초탈하고자 한 철학자, 장자

노자와 함께 도가를 형성한 장자●는 송나라의 몽읍蒙邑에서 태어났다. 이곳은 호수와 숲이 많았고 경치가 아름다웠으며 기후는 온화했다. 장자의 이름은 주周이고, 자는 자휴子休이며, 칠원성漆園城의 말단 관직에 있었다. 그런데 이 무렵 경제적으로 아주 어려운 처지에 있었던 모양이다. 끼니를 굶을 지경이 되자 어느 날 치수治水를 담당하는 관리에게 쌀을 좀 빌리고자 했다. 그러나 그 관리는 쌀쌀맞게 말했다.

"내가 수확기에 전세田稅를 받으면 삼백 냥을 빌려주겠소."

그의 말에 불쾌해진 장자는 이렇게 말했다.

"내가 이리로 오는데 누군가가 나를 불러 사방을 둘러보았더니, 시궁창의 붕어 한 마리였소. 그 붕어가 나에게 하는 말이 나는 동해의

莊子, 기원전 340?~기원전 280? | 전국 시대의 철학자이자 산문가다. 이름은 주周. 도가 사상의 중심 인물로, 자연으로 돌아갈 것을 주장했다. 정확한 생몰년은 미상이나 맹자와 비슷한 시대에 활동한 것으로 전해진다.

파신波臣이었는데 어쩌다 이렇게 되었습니다. 그러니 나에게 한 말의 물을 주어 제발 살려주십시오.' 하는 것이었소. 그래서 나는 '내가 남쪽의 오나라와 월나라의 군주를 만나면 큰 강의 물을 끌어다가 당신을 환영하도록 청하리다.' 했소."

장자는 이 비유를 통해 사람이 급할 때 조금만 도와주어도 될 것을 도와주지는 못할망정 말장난으로 희롱하는 것에 대해 준엄하게 꾸짖었던 것이다.

노자와 장자를 묶어 우리는 흔히 노장老莊 사상이라고 부른다. 하지만 이 두 사람 사이에는 차이가 있다. 노자가 정치와 사회의 현실에 어느 정도 관심을 가지고 있었던 데 대해, 장자는 개인의 안심입명安心立命에만 몰두했다. 노자가 혼란한 세상을 구하기 위해 무위자연에 처할 것을 가르쳤던 반면, 장자는 속세를 초탈하여 유유자적하고자 했다. 노자의《도덕경》이 깊은 사색을 필요로 하는 철학적 작품인 데 비해, 장자의《남화경南華經》은 읽는 사람을 도취의 망아忘我 상태로 빠져들게 하는 문학적 작품이다. 장자는 철학자임과 동시에 탁월한 산문가로서, 일천여 년 동안 그의 문학을 모방하려는 사람들이 많았다. 그의 문장은 모두 우화寓話 형식으로 되어 있고 내용도 대부분 허구적이기는 하지만,《이솝 우화》에서처럼 무궁무진한 의미가 들어 있다.

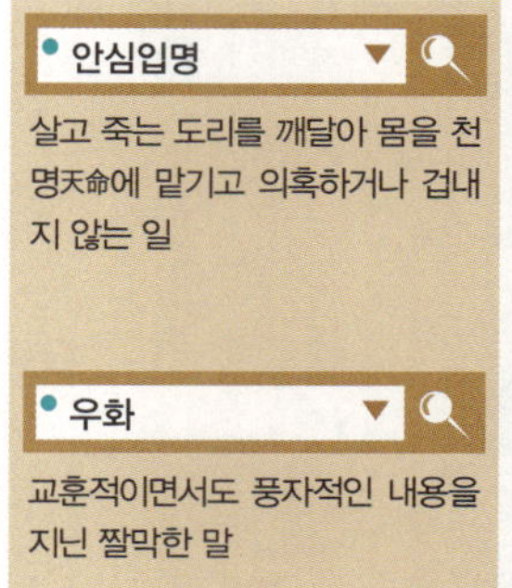

만물은 도의 나타남이다

장자에 의하면, 우리 눈앞에 펼쳐져 있는 삼라만상은 모두 도가 나타난 것에 다름 아니다. 도 밖에 만유萬有(만물)가 없고, 만유

외에 도가 없다. 만물은 도가 밖으로 나타난 것이므로, 도는 만물을 생성하게 한다고 말할 수 있다. 만물은 도에서 생겨나고, 다시 도로 돌아간다. 도는 절대무차별로서 시간과 공간을 초월하며, 스스로 근본이 된다. 도는 모든 것을 보내고 맞아들이며, 모든 것을 파괴하고 건설한다.

그러므로 진정 도를 깨닫는 사람은 삶을 기뻐하거나 죽음을 싫어하지 않으며, 작은 것을 탓하거나 성공을 과시하지도 않고, 억지로 일을 꾸미지도 않는다. 물고기가 물속에 있을 때 아무런 저항 없이 편안하게 살아가듯이, 사람 역시 도 가운데 행할 때 아무런 문제없이 스스로 유유자적하며 살아갈 수 있다.

삶과 죽음은 하나다

장자는 "하늘과 땅 사이에 있는 모든 사물이 서로 얽히고 뭉쳐서 하나의 전체를 이루고 있다."라고 말한다. 이것이 그의 만물일체론萬物一體論이다. 우리가 경험하는 모든 사물은 전체의 한 부분에 지나지 않으며, 어떠한 개별적 변화도 전체 질서에 영향을 주지 못한다. 가령 한쪽의 완성은 다른 쪽의 파멸을 뜻하므로, 전체 질서에는 변함이 없다는 뜻이다.

장자가 죽어갈 때, 그의 제자들은 스승의 안장安葬 문제에 대해 머리를 맞대고 상의하고 있었다. 그러자 장자는 "나는 천지를 관으로 삼고, 해와 달을 벗으로 삼으며, 별들을 보석으로 삼고, 만물을 휴대품으로 삼으니, 모든 장구는 갖춰진 셈이다. 여기에 무엇을 더 좋게 하겠느냐?" 했다. 이에 제자들이 "관이 없으면 까마귀나 독수리 떼가 뜯을까봐 걱정됩니다."라고 하자, 장자는 다시 "노천露天에 버리는 것은 까마귀나 독수리 떼에게 뜯어먹도록 주는 것이며, 땅에 묻는 것은 개미 떼나 땅강아지가 먹도록 내어주는 것이니 이 둘이 무엇이 다르겠느냐? 이것은 마치 이쪽에서 식량을 빼앗아 저쪽에 보내는 것이나 마찬가지가 아니냐?"라고 말했다.

이와 비슷한 일화가 또 있다. 어느 날 장자의 아내가 죽어 혜시˙가 문병을 왔는데, 정작 장자 자신은 물동이를 두드리며 노래를 부르고 있었다. 혜시가 그 이유를 묻자, '나의 아내는 본래 삶도 형체도 없었고 그림자조차 없었지 않은가? 이제 그녀도 죽었으니, 이는 춘하추동의 변화와 같은 것이네. 그녀는 아마 거실 안에서 단잠을 자고 있을걸세. 내가 처음에는 소리 내어 울었는데, 울다가 가만히 생각하니 가소롭기 짝이 없게 느껴졌다네." 하고 대답했다.

이것은 비관과 낙관을 한꺼번에 융화시킨, 일종의 달관주의達觀主義다. 이러한 경지에 도달한 진인眞人˙은 삶을 기뻐하지도 않고, 죽음을 미워하지도 않는다. 태어남을 기뻐하지도 않고, 죽음을 거역하지도 않는다. 그저 무심히 자연을 따라가고, 무심히 자연을 따라올 뿐이다.

장자에 따르면, 모든 차별이나 변화는 결국 인간의 유한한 지식

惠施, 기원전 360?~기원전 260? | 송나라(현재 허난성) 출신으로 양 혜왕의 재상을 지낸 적이 있으며, 학식 또한 넓었다고 한다. 장자의 친구이자 논적이다. 장자가 만물 일체론에 입각하여 천인합일의 경지에 도달했던 반면, 혜시는 피차의 한계를 분명히 함으로써 사물의 관계를 엄격히 구별하고자 했다.

도교의 깊은 진리를 깨달은 사람. 지인至人이라고도 한다.

⊕ **종리의 고성 성벽 근처**
장자와 혜시가 문답을 주고받았다고 전해지는 곳이다. 안후이성安徽省에 있다.

으로부터 유래한다. 그러므로 우리는 스스로 지식의 한계를 깨닫고 쓸데없는 시비是非를 버려야 한다. 이러한 사상은 유명한 〈나비와 장주莊周〉의 예화를 통해 극적으로 표현되어 있다. 어느 날, 장자가 꿈을 꾸었다. 그런데 스스로 나비가 되어 이 꽃 저 꽃을 다니며 노닐다가, 자신이 장자라는 사실도 잊고 말았다. 꿈에서 깨어난 장자는 묘한 생각이 들었다.

"과연 장자가 꿈속에서, 자신이 나비로 변한 것을 보았는가? 아니면 나비가 꿈을 꾸면서, 스스로 장자로 변한 것을 보았는가?"

이 말은 자신이 인간으로서 꿈을 꾸다가 나비로 둔갑했는지, 아니면 원래 나비였던 자신이 인간 장자로 변한 것이었는지 도무지 알 수 없다는 뜻이다.

물론 현실적으로 봤을 때, 장자와 나비는 원래 구별이 있다. 장자는 인간이고 나비는 곤충이다. 그런데, 어느 순간인지 둘이 함께 융화되어 누가 누구인지 구별할 수조차 없게 되었다. 이러한 경지를 우리는 물화物化라고 부른다. 그런데 이 물화 이후의 장자는 천지와 한 몸이 되어, 무소부재無所不在의 정신으로 변해버린다. 그는 이제 조물주와 함께 거닐다가 세속에 돌아오기도 하고, 이리저리 흘러 다니면서 풍운조화風雲

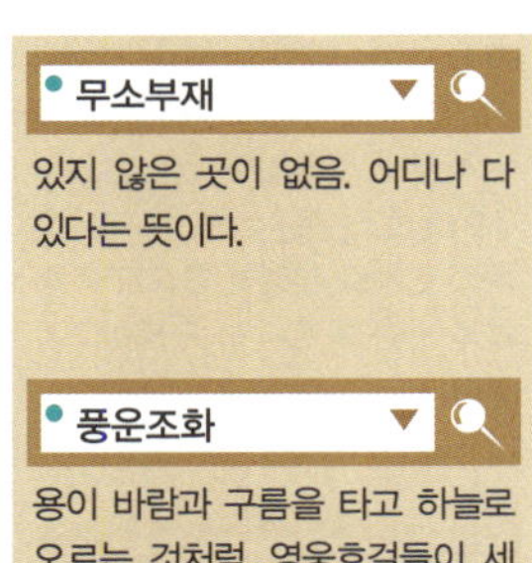

무소부재

있지 않은 곳이 없음. 어디나 다 있다는 뜻이다.

풍운조화

용이 바람과 구름을 타고 하늘로 오르는 것처럼, 영웅호걸들이 세상에 두각을 나타냈다가 사라졌다 하면서 여러 가지 변화를 몰고 오는 일을 가리킨다.

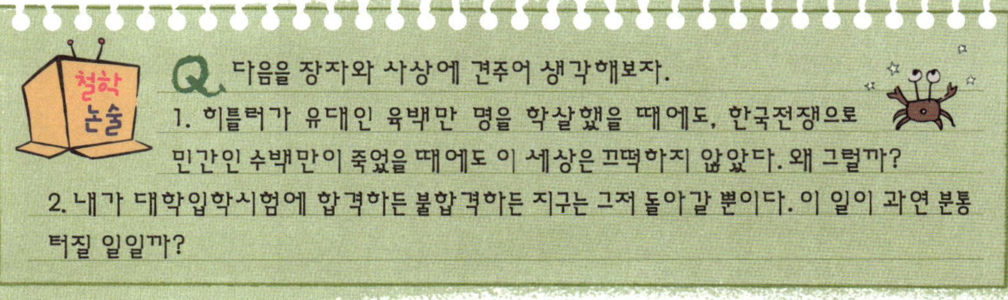

造化*를 일으키기도 한다.

　그러한 그에게, 과연 인간세계의 영고성쇠榮枯盛衰*가 무슨 의미가 있을까? 세속을 초탈해버린 최고조의 경지에서 봤을 때 잠시잠깐 출세를 하면 무엇 하며, 돈을 번들 무슨 소용이 있을까? 시험에 합격하면 어떻고, 또 낙방한들 어떨까? 좋은 사람과 결혼을 하면 어떻고, 아니면 어떻겠는가? 건강하게 오래 살면 얼마나 더 행복할 것이며, 병들어 조금 일찍 죽은들 그게 무슨 대수인가 말이다.

대붕과 매미의 차이

　　　　　　장자는 〈소요유逍遙遊〉 제1편에서, 대붕大鵬의 우화를 들고 있다. 옛날 북쪽 바다에 곤鯤이라고 하는 커다란 물고기가 살고 있었는데, 나중에 대붕으로 변했다. 그 새는 등 넓이가 몇천 리에 이를 만큼 엄청나게 큰데, 구만 리나 되는 높은 공중에 치솟아 오르며 삼천 리나 되는 파도를 일으키면서 남쪽의 천지를 향해 곧장 날아간다. 이때, 땅에서 매미와 비둘기가 그를 비웃으며 말하기를, "우리는 기껏 느릅나무*나 다목*에 올라 머물기 때문에, 잘못되어봐야 땅바닥에 동댕이쳐지는 일이 고작이다. 그런데 무엇 때문에 구만 리나 솟아올라가 그 먼 길을 가려 할까?" 했다. 이에 대해 장자는 "우리가 교외로 나갈 때 가까운 곳으로 가는 사람은 세끼의 식사 준비로도 충분하다. 하지만 백 리 길을 가는 사람은 하룻밤을 꼬박 걸려 곡식을 찧어 준비해야 하고, 천 리 길을 가는 사람은 석 달 동안이나 식량을 모아야 한다. 그런즉 이 조그만 날짐승들이 어찌 대붕의 큰 뜻을 알 수 있겠는가? 아침에

● **영고성쇠** 　　　　▼ 🔍

꽃이 피었다 지고 융성했다가 쇠퇴함. 세상 모든 일이 흥하고 망함을 거듭하는 이치

● **느릅나무** 　　　　▼ 🔍

높이 20미터, 둘레 5미터가량의 나무. 동아시아에 자생하는 낙엽 활엽수. 잎과 어린 순을 따서 된장국을 끓이고 떡을 만들 수 있다.

● **다목** 　　　　▼ 🔍

높이 4미터가량의 콩과에 딸린 작은 큰키나무. 목재는 탄력이 있어서 활을 만들기도 하는데, 옛날부터 염료染料 식물로 많이 재배했다.

◑ 전설 속의 인물, 팽조

육종陸終의 세 번째 아들로서 유복자로 태어났으며, 세 살 때 어머니마저 죽고 말아서 고아가 되었다. 그러나 요순 시대를 거쳐 주왕 대에 이르기까지 팔백 살을 살았다는 신선이자 장수의 대명사로 알려져 있다. 그는 평생 마흔아홉 차례나 아내를 잃었고, 쉰네 명의 자식들이 먼저 세상을 떠났다. 그가 장수한 비결은 양생을 중히 여기기도 했으나, 본래 타고난 성품이 온화했고 잡다한 일에 관심을 두지 않았으며 헛된 명예나 재물을 추구하지도 않았다는 데서 찾아야 할 것이다. 또 화려한 옷을 대수롭지 않게 여기고 오직 장생하는 법만을 추구했으며, 늘 수정과 운모가루, 그리고 사슴뿔을 먹었다고 한다. 어디를 가든 말을 타지 않고 걸어 다녔으며, 손에는 돈이나 식량 등 어떤 것도 지니지 않았다. 말수가 적고 무엇을 자랑하거나 괴이한 일을 하지도 않았으며, 또한 얼굴에는 노여움이 없이 항상 웃는 모습이었다.

돌아나 저녁에 스러지는 버섯은 새벽과 심야의 경치를 모르기 마련이고, 봄에 나서 여름에 죽는 매미는 초봄과 늦가을의 풍경을 모를 수밖에 없다. 옛날에 대춘大椿이라 불린 나무는 팔천 년 동안은 봄이고, 다시 팔천 년 동안은 가을일 만큼 오래 살았다. 그런데 불과 팔백 년을 산 팽조彭祖를 두고 사람들은 오래 살았다고 하니, 이 어찌 안타까운 일이 아닌가?'라고 말했다.

하늘을 솟구치며 날아가는 그 대붕은 어쩌면 장자 자신을 일컬은 것일지도 모른다. 그의 초인적인 지혜와 안목과 기백을 어찌 세속의 작은 날짐승들이 이해할 수 있을까? 이처럼 장자는 기분이 좋지 않을 때는 훨훨 날아서 자신의 세계 속으로 들어가 잠잠히 머물고, 기분이 좋을 때는 몇 마디 조롱하며 웃어버린다.

유가에서는 요순堯舜과 같은 성인이 나와 인의도덕의 정치를 해주기를 바랐고, 노자는 무위자연의 정치를 기대했다. 하지만 장자는 이 모든 것들을 초월한 신인神人의 경지를 추구했다.

"신인은 그 몸의 먼지나 때, 쭉정이나 겨만 가지고서도 요순과 같은 성인을 얼마든지 만들 수 있거늘, 무엇 때문에 하찮은 천하 따위를 위해 고생하려 하겠는가?"

　이러한 말을 통해, 우리는 노자를 능가하는 장자의 초월적 세계관을 엿볼 수 있다.

백이 숙제나 도척이나 마찬가지다

　　　　　이제 장자의 윤리에 대해 알아보기로 하자.

　장자는 첫째, 유가의 인위적인 도덕을 비판하고 나선다. 공자가 초나라에 갔을 때, 광접여狂接輿라는 사람이 불렀다는 노래 가운데 이런 대목이 있다.

　"말지어다, 말지어다. 도덕으로 사람을 대하는 것은. 위태로운지고, 위태로운지고. 땅에 금 긋고 달리는 것은."(已乎已乎 臨人以德 殆乎殆乎 畫地 而趨이호이호 임인이덕 태호태호 화지이추)

　시대에 따라, 나라에 따라 많은 도덕과 윤리가 있다. 임금에 대한 충성과 부모에 대한 효도를 강조하던 시대가 있었고, 민주주의와 인권을 소리 높이 외치던 시절도 있었다. 그런가 하면, 지금 우리는 반공과 애국심 대신에 세계화니 글로벌이니 하는 말들이 언론매체를 도배하는 시대에 살고 있다.

　이처럼 가장 선이라 여기던 것들이 세월에 따라 박물관의 박제처럼 변하기도 한다는 사실에서 우리는 유가의 도덕을 비판한 장자의 철학을 배우는 것이다. 도덕을 사람에게 강요하고 주입시키는 것은 마치 땅에 금을 그어놓고 달리게 하는 일처럼 위험하고 답답한 일이다.

　어느 날, 말馬을 잘 다룬다는 백락伯樂이란 사람이 말들을 죽 늘어세운 채, 그 털을 지지고 몸에 낙인을 찍어 외양간에 매달아놓았다. 그런데 열 마리 중 두세 마리가 죽고 말았다. 왜 이런 일이 일어났을까? 그것은 백락이 말의 타고난 본성에 어긋난 행위를 했기 때문이다.

둘째, 장자는 생명 존중의 윤리를 주장한다. 백이伯夷는 대의명분과 자신의 명예를 위해 수양산에서 굶어 죽었고, 도척盜跖이란 자는 자신의 이익과 욕망을 좇아 살다가 동릉산 위에서 처형을 당했다. 이 두 사람은 비록 죽은 원인이 서로 다르지만, 목숨을 해치고 타고난 본성을 상하게 한 점에서는 같다. 그런데 어찌 백이만 옳고 도척을 잘못했다고 할 수 있을까?

이는 마치 책을 읽는 바람에 양을 잃어버린 남자 종이, 노름을 하다가 양을 잃어버린 여자 종보다 결코 낮지 않음과 마찬가지다. 비록 두 사람이 한 짓은 다르지만 양을 잃어버렸다는 점에서는 똑같다. 오늘날에 빗대어 말하자면, 국가 민족을 위하는 충정에서 스스로 목숨을 끊은 애국지사나 변심한 애인 때문에 한강에 뛰어든 청년이나 별반 다르지 않으며, 군대를 가지 않기 위해 손가락을 자르는 짓이나 독도 수호를 외치며 행하는 단지斷指나 똑같다는 뜻이다. 물론 그 의미를 따지자면 비교할 수조차 없겠지만, 결국 장자의 입장에서 봤을 때 생명을 지키고 몸을 보존하는 일보다 더 위대한 도덕은 없다는 것이다.

셋째, 장자는 본성에 따라 사는 분수의 윤리를 주장한다. 예컨대, 참으로 현명한 사람이라면 다섯 발가락 중에 두 개가 서로 붙어 있어서 네 발가락이어도 장애자라 생각하지 않고, 손가락에 하나가 더 있다 할지라도 육손이라 여기지 않는다. 길다고 그것을 여분餘分으로 생각하지 않으며, 짧다고 그것을 흠으로 여기지 않는다. "물오리는 비록 다리가 짧지만 그것을 이어주면 도리어 괴로워하고, 학의 다리는 길지만 그것을 잘라주면 오히려 슬퍼한다."(鳧脛雖短 續之則憂 鶴脛雖長 斷之則悲부경수단 속지즉우 학경수장 단지즉비) 본래부터 긴 것을 잘라서도 안 되지만, 본래부터 짧은 것을 이어주어도 안 된다. 태어난 대로, 생긴 대로 사는 것이 행복이라는 뜻이다.

하늘로부터 타고난 자연은 모든 사물 안에 깃들어 있으나, 사람이 억지로 꾸미는 일은 겉으로 드러나기 마련이다. 가령, 소와 말에게 각기 네 개의 발이 있는 것은 자연의 섭리에 해당하고, 그 말머리에 고삐를 달고 쇠코에 구멍을 뚫는 일은 사람이 만들어낸 일이다. 이와 같이 일부러 천성을 망쳐서는 결코 안 되며, 사람이 자신의 명성 때문에 본래부터 타고난 덕을 희생시켜서도 안 된다.

장자에 의하면, 우리가 자연적인 본분을 잃었을 때 고통과 비극이 찾아온다. 옛날, 바닷새가 날아와 노나라 수도 근교에 머물렀다. 어느 제후가 이 새를 맞이하여 종묘宗廟 안에서 술을 마시게 하고, 아름다운 음악을 연주하게 하며, 고기 음식을 갖춰 극진히 대접했다. 그러나 이 새는 그만 눈이 아찔해져서 어찌할 줄 모르다가 걱정하고 슬퍼하면서

> **● 종묘**
>
> 역대 임금과 왕비, 그리고 추앙하고 존경하는 왕비의 위패(나무에 이름을 새겨 사당 등에 모셔두던 것)를 두던 왕실의 사당. 중국에서는 제왕 가문에 조상의 위패를 두던 묘를 가리킨다.

한 잔의 술도 마시지 않고, 한 조각의 고기도 먹지 않았다. 그런 상태로 불과 사흘 만에 그만 죽고 말았다. 왜 이런 일이 일어났을까? 그것은 제후가 자기 자신을 보양保養하던 방법으로 새를 돌봤을 뿐, 그 새 본래의 방법으로 보양하지 않았던 탓이다. 물고기는 물속에서만 살아갈 수 있지만, 사람은 물속에 있으면 죽고 만다. 왜냐하면 이 세상의 모든 것들은 타고난 능력과 바탕이 서로 다르기 때문이다.

사람들 사이에도 능력과 취미가 서로 다르다. 공부에 소질이 있는 사람이 있고, 운동이나 예술에 능력을 발휘하는 사람이 있다. 그렇다면 각자 소질에 맞춰서 그에 맞는 교육을 하면 된다. 공부에 취미가 없는 아이를 억지로 책상 앞에 앉혀놓거나 음악적 재능이 전혀 없는 아이를 세계적인 음악가로 키운다며 밤샘 과외를 시켜본들 그 효과가 제대로 나겠느냐는 것이다. 오늘날 우리나라 교육의 비극은 바로 이 점에 있지 않을까 생각한다. 모두 일렬로 늘어서게 한 다음, 동일한 골인 지점을 향해 뛰도록 하는 이 교육은 한시바삐 개선되어야 한다. 장자는 인간이 자기 본성과 능력에 따라 분수를 지켜나갈 때, 진정 평안하고 자유로울 수 있다고 말한다.

신령한 거북이라면

장자는 벼슬자리 같은 것에 관심조차 없었다. 그가 중국의 여러 나라를 돌아다닌 것은 공자처럼 정치 무대를 찾기 위한 것도 아니었고, 묵자처럼 사회 개혁을 위한 것도 아니었다. 다만 욕망에 허덕이는 인간의 가련한 모습을 보고 세상 풍조를 있는 그대로 표현하며 웃어버리고자 했을 뿐이다.

송나라의 조상(曹商)이라는 사람이 진나라로 사신 길을 떠날 때, 불과 몇 량의 수레로 출발했다. 하지만 돌아올 때는 선물이 가득 찬 백여 량의 수레를 이끌고 돌아왔다. 그러고는 장자에게 하는 말이 "나는 누추한 집에서 사는 재주는 없어도, 한마디 말로 군주를 기쁘게 하여 백 량의 수레를 끌고 오는 재주는 있다오." 했다. 이에 장자는 "진나라 왕이 언젠가 병이 들어 의사에게 고름이 가득 찬 종기를 손으로 터뜨리면 한 량의 수레를 선물로 주고, 입으로 빨면 다섯 량의 수레를 준다고 했소. 즉 그 방법이 더럽고 추할수록 수레를 많이 얻어올 수 있었단 말이오." 라고 했다. 이것은 후안무치(厚顔無恥)한 행위로 명예와 부귀를 바꿔온 데 대한 통렬한 비난이었다.

하루는 초나라 왕이 예절을 갖춰 장자를 초빙하고자 그에게 두 대부(大夫)를 보냈다. 마침 물가에서 낚시를 하고 있던 그에게, 두 사람이 국왕의 부름을 전했다. 이에 장자는 태연하게 말하기를, "초나라에 신령한 거북이 한 마리 있다는데, 그것은 죽은 지 이미 삼천 년이나 된다 하오.

대부
고대 중국에 있었던, 경(卿)의 아래이며 사(士)의 위인 벼슬

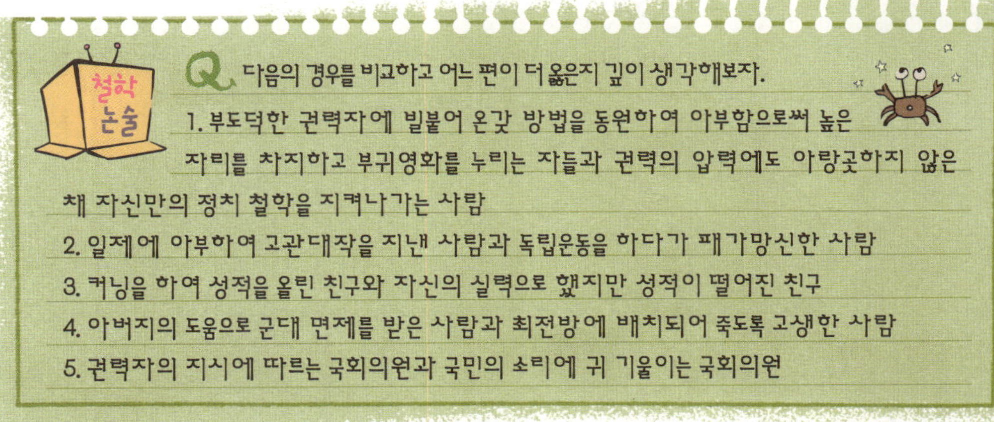

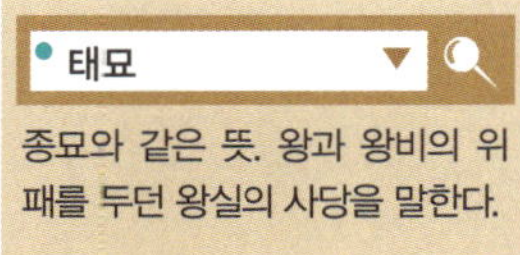

초나라 왕은 그것을 비단으로 잘 싸서 태묘(太廟) 속에 간직하고 길흉을 점친다고 합니다. 그런데 만일 그 거북이 정말로 신령스럽다면 죽어서 그 껍질로 사람의 존경을 받겠소, 아니면 살아서 진흙 속에서 꼬리 치며 살겠소?" 했다. 즉 까닥 잘못하여 정변에 휩쓸린 탓으로 몸이 죽고 난 후에 찾아오는 인간의 명예는 빈껍데기와 같이 무가치할 뿐이라는 뜻이다.

우리나라의 역사에 보면 적극적으로 역적모의에 가담했다가 실패하여 스스로 목숨을 잃고 집안마저 쑥밭이 된 경우도 있지만, 이편저편을 갈라 파당을 짓고 있다가 뚜렷한 잘못도 없이 그야말로 억울하게 죽어간 경우도 있다. 바로 이러한 상황을 장자는 염려한 것이 아니었나 싶다. 그러므로 진정한 현자는 '좌로나 우로나 치우침 없이 그 바른 중용의 길'을 따라감으로써 스스로 목숨을 보전할 뿐이다.

변론의 상대가 없음을 통탄하다

장자는 생사와 시비, 권세와 부귀 등 세속적인 욕망으로부터 완전히 벗어난 달관적 인생관의 소유자였다. 그는 특히 유가 사상을 비판하는 반면, 노자의 입장을 택했다. 사물 간의 차이점만을 따지는 모든 지혜들을 타파했으며, 스스로 자유분방함을 실천하며 천지일체의 묘리를 몸소 체험했다. 그렇다고 장자가 끝까지 이 세속을 혐오한 것은 아니었으며, 인간세계에 돌아와 현실의 가치를 다시 한번 긍정했다.

장자는 이 세상을 완전히 벗어나고자 하기보다는 여유 있게 살아 가고자 했다. 어쩌면 그는

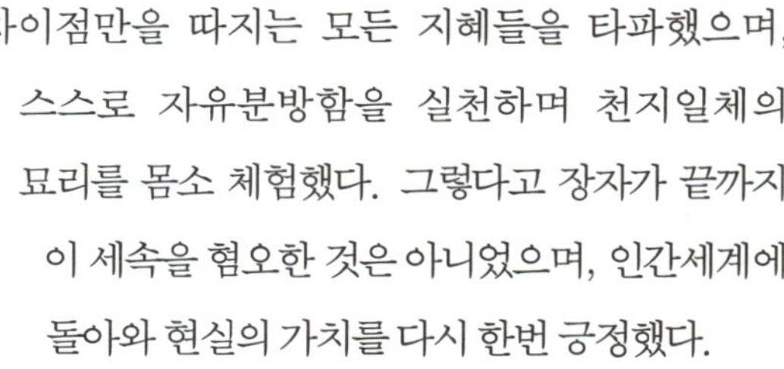

우리 인간이 세상일에 몰두하기보다는 차라리 한 걸음 떨어져 관조하며 사는 것이 도리어 인생을 잘 살아갈 수 있다고 믿었을지도 모른다.

장자는 세상 사람들과 더불어 논쟁을 하지 않았다. 그러나 친구인 혜시를 만나면 통쾌한 논전을 곧잘 벌였다. 그러나 그 혜시는 일찍 죽고 말았다. 장자는 그와의 옛정을 못 잊어 제자들에게 다음과 같은 이야기를 들려주었다.

"초나라에 사는 어떤 사람이 자기 코에 파리 날개처럼 얇게 횟가루를 묻히고는 그것을 석수장이에게 정으로 쳐서 떨어내라고 했다. 이에 석수장이는 코에 정을 대고 망치로 쳐서 횟가루를 떨어냈으나, 코는 전혀 다치지 않았다. 송나라 왕이 그 말을 듣고 석수장이를 불러다가 자신의 코에 횟가루를 묻혀 그것을 떨어내도록 했다. 그러나 석수장이는 그 일을 할 수가 없었다. 왜냐하면 자신의 재주를 펴볼 수 있는 상대자가 아니었기 때문이다. 여기서 말하는 석수장이는 바로 나이고, 그 상대자는 혜시다. 나는 변론의 상대를 잃어버렸도다!"

논쟁을 벌일 때에는 서로 얼굴을 붉히며 싸우기도 했지만, 장자는 그 혜시가 있어서 자신의 논리를 맘껏 펼칠 수 있었다. 혜시는 장자의 철학을 전개해갈 수 있는 징검다리이자 일종의 촉매제였다. 바둑을 두거나 운동 경기를 할 때에도 자신의 실력에 맞는 상대방이 있어야 제 실력을 충분히 발휘할 수 있는 것처럼, 어느 분야에서든 라이벌이란 내가 처부숴야 할 적이 아니라 내가 아끼고 사랑해야 할 대상이다.

중국의 위대한 사상가들, 즉 공자·묵자·노자·장자는 혼란한 세상에

⬆ 〈장자〉
이 책에는 장자와 혜시가 강가에서 물고기의 즐거움에 대해 논쟁하는 이야기가 담겨 있다. 혜시가 죽은 후, 장자는 더 이상 자신과 변론할 사람이 없음을 매우 애석해했다.

있는 백성을 불쌍히 여기고, 세상을 바로잡아보자는 생각에는 서로 다름이 없었다. 그렇지만 그 방법은 같지 않았다. 공자와 묵자는 직접 사회 개혁에 뛰어들어 대를 쪼개듯이 문제를 해결하려 했고, 노자와 장자는 문제들이 자연적으로 해소되고 미화되기를 바랐다. 가령 병이 났을 때 어떤 의사는 과감하게 수술을 하기도 하지만, 어떤 의사는 자연적인 치유를 권장하기도 한다. 병이 낫기를 바라는 마음은 똑같지만 그 처방은 얼마든지 달라질 수 있는 것이다.

아울러 노자와 장자 사이에도 조금 차이가 있다. 예컨대 노자가 자연의 원리와 함께 그 응용하는 방법을 가르쳐줬다면, 장자는 우리 인간이 천지^{대자연}와 한 몸이 되는 원리를 설파했다. 물론 장자에 대해 허무주의적이라거나 회의주의적이라는 비판도 있다. 하지만 세상사와 정치에 대한 그의 통렬한 비평은 역설적으로 그에게도 격렬한 시비의 관념이 있었음을 보여주는 것이라 하겠다. 아예 세상사에 대한 관심이 없었다면 구태여 비웃거나 비판할 필요조차 없었을 것이기 때문이다.

맑고 깨끗한 담화, 청담

명사의 탈을 쓰다

청담^{淸談}이란 속세를 떠난, 맑고 깨끗한 담화와 의논을 뜻한다. 중국의 위진 시대에 노장 사상을 숭상하고 유교를 멸시하며 도의를 비웃으면서, 다만 공리^{空理}만을 일삼는 기풍이 있었다. 당시 지식인들은 위험한 정치나 복잡한 인생을 벗어나 청담 속으로 도피함으로써 오직 자신의 안녕과 행복만을 도모하려 했다. 또 명사^{名士}

라는 이름의 탈을 쓰고 청담 속에 파묻혀 위나라 명제 원년부터 진나라가 수나라에 의해 망할 때까지 지루하게 청담만을 계속했다. 그들 가운데 어떤 사람은 술잔치 자리에서 권력자에게 호탕한 직언을 하기도 했고, 어떤 사람은 대나무 숲속에서 오랜 대화로 밤을 새우기도 했다.

정신사적인 역류 현상

여기에서 잠깐 청담 사상이 나오게 된 중국의 역사적 배경을 살펴보기로 하자. 기원전 221년 진나라가 천하를 통일하고 난 후 진시황은 폐습이 많았던 봉건제도를 개혁하고, 중앙집권적인 군현제도를 수립했으며, 제각각이었던 화폐를 통일했다. 그는 법치주의와 사상통일정책을 쓰면서 반정부 사상을 탄압하기 위해 분서갱유焚書坑儒를 단행했는데, 이러한 강압정책은 백성들에게 큰 거부감을 안겨주었다. 마침내 항우가 함양에 침입함으로써 진나라는 멸망하고 말았으며(기원전 206년), 다시 이 항우의 세력을 타도하고

🔴 **분서갱유의 현장을 담은 그림**
중국의 진시황은 즉위 34년에 학자들의 정치 비평을 금지하기 위해 민간인들이 갖고 있던 의약, 복서卜筮(길흉을 알기 위해 점을 치는 일 또는 그 점), 종수種樹(식목)에 관한 책만을 제외한 모든 서적을 모아 불사르고, 이듬해 함양에서 유학을 공부하는 수백 명의 생도들을 구덩이에 묻어 죽게 만들었다.

漢 武帝, 기원전 156~기원전 87 | 중국 전한前漢의 제7대 왕으로, 재위 기간은 기원전 141년부터 기원전 87년까지다. 유교를 국교로 정하여 사상 통일을 도모 했고 중앙집권을 강화했다. 나라에서 돈을 만들 수 있도록 했으며, 소금과 쇠(철)를 국가 전매 사업으로 시행했다. 장건張騫을 중앙아시아로 파견하여 동서東西의 교통로를 열었고, 오랑캐라 불리는 흉노를 몰아냈으며, 베트남 및 위만을 멸망시키고 한사군漢四郡을 설치하여 대제국을 건설했다. 그러나 만년에는 오랜 세월에 걸친 외국 정벌의 결과로 재정이 바닥나 사회 불안이 가중되었다.

후한 영제 대(184년), 거록 땅의 장각張角이 일으킨 반란. 농민을 중심으로 13만여 명의 무리가 노란색의 헝겊을 머리에 두르고 종교 결사 단체인 태평도太平道를 만들어 반란을 일으켰다. 한때는 세력을 떨쳤으나 장각이 병으로 죽은 후로 쇠퇴하여 황보숭과 조조 등에 의해 평정되고 말았다. 그러나 이 난으로 인해 한나라의 멸망이 촉진되었다.

같은 시대에 태어난 여러 영웅들이 한 지방씩을 지배하여 통치하는 일

통일국가를 수립한 이가 바로 유방, 즉 한漢나라의 고조다(기원전 202년).

한나라는 무제 대에 최고의 융성기를 맞이했으나, 재정 적자를 메우기 위한 무거운 세금과 왕의 외가 친척들에 의한 전횡專橫으로 인해 사회가 혼란하게 되었다. 이러한 상황 속에서 '황건적黃巾賊의 난亂'에 이어 군웅할거群雄割據의 시대가 도래하면서, 마침내 220년 한나라는 멸망하고 말았다.

이렇게 해서 중국은 위나라와 촉나라, 그리고 오나라로 갈라졌다. 그리고 이 삼국을 통일한 위나라의 사마염司馬炎이 서진西晉을 건설했다. 이후 화북을 지배하게 된 북위와 남쪽의 송宋나라가 세워짐으로써 이제 중국은 양쯔강 이북의 북위와 이남의 송이 대립하는, 이른바 남북조南北朝 시대로 들어가게 된다.

이러한 역사적 배경에서 보건대, 중국은 위진 시대에 이르러 더욱 사분오열되었고 군벌軍閥들의 횡포로 인해 선비의 기풍이 파괴되었다. 특히 조조는 인재를 남용하고 나서 시기했는데, 공륭이나 양수 같은 사람은 발탁되고 나서 죽임을 당한 예다. 조조의 뒤를 이은 조비나 사마씨도 마찬가지였다. 바로 이때 정신사적인 역류 현상이 일어났으니, 이것이 위진 시대의 청담인 것이다.

⬆ 조조의 서예 작품

아름다운 대자연의 경치에 도취된 조조가 홍이 나서 쓴 대작의 제목이 〈곤설袞雪〉이다. 흐를 곤滾이라고 써야 하는데 조조는 일부러 삼수점변을 뺐다고 한다.

청담의 두 거인, 하안과 왕필

왕필王弼(226~249)과 하안何晏(193?~249)은 유독 노장을 좋아했다. 위나라의 학자인 왕필은 산둥성의 산양 출신으로,

자는 보사輔嗣다. 그는 열 살 무렵부터 벌써 노자를 연구했으며, 어린 나이임에도 당시 노자 연구의 권위자인 이부상서 하안과 청담을 나누곤 했다. 한편 하안은 당시 정치상의 행운아였을 뿐만 아니라, 학문적으로 당대를 대표하는 거두이기도 했다. 특히 청담을 좋아하여 손님들이 항상 방 안에 가득했다. 이때 어린 왕필은 아무 거리낌 없이 하안 일행의 청담에 끼어들곤 했다. 비록 나이는 어리지만 그의 말에는 도에 어긋남이 없었기 때문에 하안은 왕필을 특별히 대우했다. 왕필이 스물네 살 때 쓴 《노자주老子註》는 지금까지도 가장 탁월한 노자의 주해서로 손꼽히고 있으며, 이에 대해 하안은 다음과 같이 말한 바 있다.

"공자께서는 '후배들이 두렵다.'(後生可畏후생가외)라고 말씀하셨는데, 틀림없는 말이로구나. 왕필과 같은 인재가 바로 그런 사람이다."

과거 노자의 주해서가 문장의 훈고訓詁에만 그친 데 반해, 왕필은 구절마다 그 배경과 이유를 설명했다. 또한 원문의 뜻을 정확하게 드러냄으로써 전체의 의미가 서로 통하도록 연결해놓았을 뿐만 아니라 그 자신의 독창적인 사상도 끼워 넣었다.

이런 와중에 때마침 황문시랑이라는 관직자리가 비어 있음을 알고 하안은 왕필을 추천했다. 그러나 다른 사람이 한발 앞서 왕여王與라는 사람을 조상曹爽에게 소개함으로써 그 자리를 먼저 차지하고 말았다. 대신 왕필은 태랑이라고 하는 직책을 받게 되었는데, 이때 조상을 찾아갔다. 조상은 그가 무슨 큰일을 보기 위해 온 줄 알고 조용한 곳으로 안내했다. 그러나 왕필은 알아듣기 어렵고 해석하기도 힘든 은은한 청담만 논하는 게 아닌가. 이 사건으로 조상은 왕필이란 사람이 듣기보다 유치하다고 여기게 되었고, 나중에 왕여가 죽어 그 자리가 비었을 때에도 왕필 대신 다른 사람을 그 자리에 앉히고 말았다.

남북조 시대

420년 북위北魏가 화북을 통일하고 강남江南의 송나라와 대립한 때로부터 589년 수나라가 진나라를 쳐부술 때까지의 시대를 말한다. 즉 양쯔강 유역과 그 남부를 지배한 한인漢人의 남조와 중국 북부를 지배한 선비족鮮卑族의 북조가 남북으로 나뉘어 대립한 150년 동안을 일컫는다. 정치적으로 혼란했으나 문화적 측면에서는 발달하여, 특히 남조에서는 도연명·고개지·왕희지 같은 인물들이 나오기도 했다.

조조

曹操, 155~220 | 중국 후한後漢 말기의 무장武將. 황건적의 난을 진압하여 공을 세웠으며 군웅群雄을 물리치고 화북을 통일하여 위왕魏王이라 칭했다. 적벽대전에서 유비와 손권의 연합군에 패하여 중국은 셋으로 나뉘었다. 그 아들 조비가 한나라를 대신하여 위나라를 세우는 기틀을 마련했다.

흔히 우리가 경험하듯 어떤 기회를 놓쳤을지라도 꾹 참고 인내하다 보면 더 좋은 기회가 올 수도 있는 법인데, 잠시 섭섭하다고 해서 그 쓴 마음을 표출해버리면 기회가 오더라도 붙잡지 못하기 마련이다. 왕필은 비록 현리玄理에 밝고 음악에도 조예가 깊었지만, 세상에서의 처세 경험이 부족한 데다 자신의 재주만을 믿고 거만을 피움으로써, 결국 많은 사람을 적으로 만들고 말았다.

당시 하안과 왕필은 마치 두 개의 등대처럼 모든 청담의 수면 위를 환하게 비춰주고 있었다. 그러나 이후에 하안은 사마의 에게 죽임을 당하고, 왕필은 비록 죽음을 면하긴 했으나 관직을 박탈당했다. 그는 수많은 친구들이 처참하게 죽어가는 장면을 보고 가슴이 찢어지는 고통을 느껴야 했다. 그러는 사이 그의 육체는 날로 쇠약해져갔다. 섭생攝生 도 제대로 못하던 어느 해 가을 끝내 심한 병에 걸려 세상을 떠나고 말았으니, 그의 나이 겨우 스물네 살 때였다.

이제 왕필의 철학에 대해 알아보기로 하자. 우선 그의 형이상학은 노자와 마찬가지로 무無가 핵심이 된다. 우주의 삼라만상에는 변하지 않는 어떤 도가 있다. 그래서 모든 사물은 각각 서로 다름에도 그 근본이 되는 어떤 공통된 시원始原에서 유래했을 것인데, 그 시원이란 형체도 없고 이름을 붙일 수도

司馬懿, 179~251 | 중국 삼국 시대 위나라의 명장. 처음 조조의 휘하에 있다가 위나라 왕조의 군사를 총괄하여 그의 손자 사마염 대에 제위를 차지할 수 있는 기틀을 마련했다.

몸과 마음을 단련하여 병에 걸리지 않고 오래 살기를 꾀하는 일. 양생養生과 같은 의미이다.

🔴 왕필이 주석한 《왕주노자도덕경》 표지

없는 것, 즉 무와 같은 것이다.

하지만 이 무가 아무것도 없는 영(零)과 같은 것은 아니며, 모든 것이 그로부터 비롯된다는 의미에서 우주의 본체라 할 수 있다. 모든 사물이 형성되고 변화하고 발전하는 것은 이 무의 작용에서 비롯되기 때문에, 무야말로 우주의 핵심적인 동력이나 마찬가지다. 그래서 왕필은 "천지가 비록 크긴 하나, 무로써 그 중심을 삼는다."(天地雖大 以無爲心 천지수대 이무위심)라고 말했던 것이다.

빈 마음으로 정치에 임하라

왕필의 정치론 역시 여기에 기초한다. 무가 우주의 본체요 천지의 중심이기에, 자연이야말로 온 우주의 최고 원칙이 된다. 그러므로 세상의 모든 일은 이 원칙에 따라야 하고, 정치도 예외가 될 수 없다. 먼저, 군주는 사심을 없애고 육신의 욕심을 버려 모든 것을 자연에 맡기는 빈 마음으로 돌아가야 한다. 한 나라의 통치자가 무소불위의 자리에 있다고 해서 자기 욕심이나 채우고 이름이나 드러내려 한다면 백성의 저항에 부딪치게 되며, 그 끝은 결국 자신과 나라의 파멸로 귀착되고야 만다.

진시황의 정치는 지극히 치밀하여 맹위를 떨쳤음에도, 결국 백성들의 반감을 산 강압정책으로 인해 멸망했다. 자신의 지략과 힘으로 천하를 태산같이 안정시킬 수 있다고 믿는 군주는 언젠가는 백성들의 반란으로 인해 반드시 무너지고야

진시황

秦始皇, 기원전 259~기원전 210 | 중국 진나라의 초대 황제. 기원전 221년에 중국을 통일하고 스스로 시황제라 불렀다.

만다. 정부가 백성을 감시하면 백성도 그만큼 정부를 감시할 것이고, 정부가 백성을 믿지 못하면 백성도 그만큼 정부를 불신할 것이다. 천하 사람들의 마음은 각각 다르지만, 정부의 감시와 불신에는 똑같은 반응을 보이게 마련이다. 군주가 지략을 쓰면 백성도 장차 그와 시비를 따지게 되고, 군주가 힘을 사용하면 백성도 그에게 힘으로 항쟁할 것이다. 만일 군주 한 사람이 수많은 백성과 맞선다면 지게 될 것이 뻔하다. 군주는 혼자서 만인을 상대하고, 백성은 만인으로서 한 사람을 상대하게 되니 어찌 이를 감당할 수 있겠는가 말이다.

통치자가 자신의 생각만을 따르도록 백성들에게 강요한다면 인심이 흉흉해지고 반드시 탈이 생기고 만다. 그래서 왕필은 "성인은 고집스러운 자기의 견해를 버리고 모든 것을 포용해야 한다. 그는 백성들에게 무엇을 하라거나 하지 말라거나 하지 않고, 자신의 마음을 천지와 융합시킴으로써 돈후하고 순박한 풍토를 조성해야 할 뿐이다."라고 말한다.

과거 한나라 초기에 청정무위淸淨無爲의 사상이 싹터서 글로 표현된 적 있었고, 동한東漢 대에 이르러서는 노자 사상에 입각한 황로정치黃老政治가 실시되기도 했다. 그러나 이때는 그러한 정치가 행해졌음에도 그것을 이론적으로 정립하지는 못했다. 그러다가 왕필이 노자 사상을 새롭게 해석함으로써 황로정치에 대한 사상적 기초가 마련되었던 것이다. 그러므로 왕필의 사상은 한나라 400년 동안에 있었던 황로정치의 결정체이자 이론적 기초라고 말할 수 있겠다.

대나무 숲에서 놀다

중국 진晉나라 대에 대나무 숲에서 청담으로 세월을 보냈던 사람들이 있었다. 이들은 대개 술을 좋아하고, 음악을 즐겼으며,

황로정치

무위자연의 도를 실천하는 정치. 황제黃帝와 노자를 시조로 하는 황노지학黃老之學을 그 기초로 하며, 유교와 다른 입장에서 정치에 접근한다. 노자의 사상에 권위를 부여하기 위해 전설에 불과한 황제가 노자의 스승으로 등장한다.

완적

阮籍, 210~263 | 삼국 시대 위나라의 문학가이자 사상가. 지금의 허난성 출신으로 술을 잘 마셨고 예법을 멸시했으며, 당시 집권하고 있던 사마씨 집단과 대립이 있었다.

노장老莊의 허무를 숭상하는 한편 유교의 예절을 멀리했다. 이들을 일컬어, 이른바 죽림칠현竹林七賢이라 하는데 하나하나 이름을 들어보면 완적ㆍ혜강ㆍ왕융ㆍ향수ㆍ완함ㆍ유영ㆍ산도 등 일곱 사람이다.

광달파曠達派에 속하는 이들 가운데 완적과 혜강은 당대의 명인이었지만, 정치를 피하기 위해 죽림 속에 누워 술로써 근심을 풀었다. 완적은 어려서부터 독서를 즐기고 자연을 좋아했는데, 어떤 때는 자기 집 뒤뜰의 죽림 속에서 거문고를 타고 노느라 잠자고 밥 먹는 것조차 잊어버렸다고 한다.

술은 나의 보호색

한번은 사마소가 그의 아들 사마염을 완적의 딸에게 장가보내려 했다. 이에 완적은 60일 동안 술에 취한 채 사마소가 입을 열지 못하게끔 했는데, 술은 그에게 일종의 보호색이었던 셈이다. 마음속으로 미워하는 권력자의 아들에게 자신의 딸을 시집보내는 일은 죽기보다 싫었지만, 그렇다고 해서 드러내놓고 거절하기도 어려웠을 것이다. 이에 혼사 제의의 기회를 원천적으로 막음으로써 고비를 넘겼던 것이다.

그러나 술은 결코 그의 마음속에 자리 잡은 고통까지 달래주지는 못했다. 가끔 말을 타고 힘껏 달려 길이 끝나는 곳까지 가서는 목 놓아 울었다고 하니, 그의 감정이 얼마나 격렬하고 마음의 고통이 얼마나 처절했는지를 알 수 있다.

완적은 틀에 박힌 형식과 마음에 없는 예법을 싫어했다. 그래서 예법에 얽매인 지식인이 찾아오면 탐탁지 않다는 듯 흰자위를 드러낸 눈으로 대했고, 거문고나 술을 들고 찾아오는 손님에게는 반가운 마음에 호의 어린 눈으로 대했다. 그의 이런 태도에서 '백안시白眼視'라는 말과

사마염

司馬炎, 236~290 | 사마의의 손자이자 사마소의 아들. 위나라 원제元帝를 압박하여 왕위를 물려받았으며, 뤄양에 수도를 정하여 나라 이름을 진晉이라 하고 스스로 무제武帝라 일컬었다. 280년에 오나라를 멸망시키고 천하를 통일했으며, 군국제도를 채택하고 점전법占田法(농민에게 일정한 토지를 분배함으로써 귀족의 토지 소유를 제한하려고 한 법령)을 시행했다.

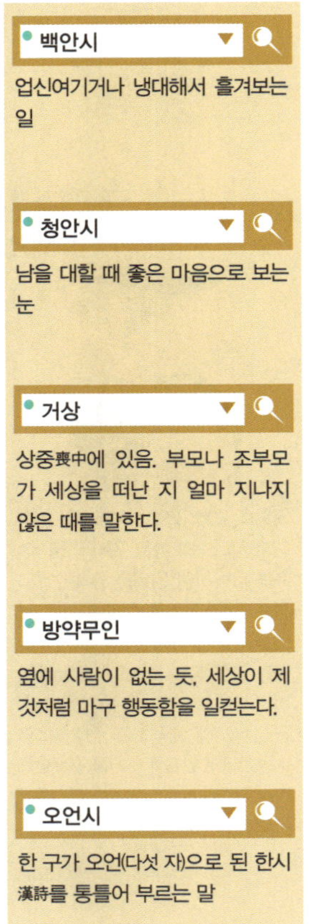

'청안시靑眼視'라는 말이 유래했다고 한다.

완적은 어려서부터 부친을 여의고 모친의 손에서 자랐는데, 그가 바둑을 두던 중 그의 모친마저 사망했다는 소식을 들었다. 그러나 완적은 그대로 바둑을 계속 두었다. 그리고 잠시 후, 술을 잔뜩 들이켜고는 큰소리로 울면서 붉은 피를 토해냈다고 한다.

또 거상居喪 중에는 술과 고기를 먹지 않는 것이 당시 규범이었으나 완적은 이에 구애받지 않았다. 친구인 배해裵楷가 조문을 왔을 때였다. 완적은 머리를 풀어헤친 채 산발을 하고서 고주망태가 되어 침상에 앉아 있다가 이상한 눈빛으로 그를 쳐다볼 뿐, 곡을 한다든가 슬픔을 표하는 등 조문객에 대한 예의를 전혀 차리지 않았다. 완적의 이런 모습을 본 배해는 하는 수 없이 혼자 땅에 돗자리를 깔고 곡을 한 다음 돌아갔다. 그 후 배해는 다른 사람들에게 이렇게 말했다.

"완적은 원래 유교의 예법에 얽매이는 사람이 아니어서, 우리같이 모든 것을 속세의 예법에 따라 진퇴進退하는 사람들과는 격이 다르다네."

이렇듯 완적은 유가의 관점에서 보면 매우 방약무인傍若無人한 인물이다. 하지만 실제로는 아주 성실하고 순박한 성품의 사람으로, 이런 참모습과 탁월한 사상, 그리고 심오한 내면세계는 그의 문학 작품 속에서 얼마든지 엿볼 수 있다. 완적은 특별히 오언시五言詩에 능했는데, 〈영회〉 80여 수는 어지러운 때에 태어나서 고심하고 방황하는 그의 심정을 잘 표현하고 있다. 또 이 가운데에는 당시 어두운 현실을 풍자한 내용이 많았으며, 비록 말은 짧고 간단하나 그 뜻은 심오하고 깊었다.

천지와 일치하려는 한 자연인으로서의 삶은 낡은 생각에 젖은 중국 전통사회에 커다란 파문을 던졌다. 세상 사람들의 이목과 빈껍데기뿐인 형식에 구애받지 않고 자신의 사상에 충실하게 살아왔던 그는 쉰세 살의

일기로 삶을 마감했다. 비록 당시 실력자와 팽팽한 긴장관계를 유지하긴
했으나 평상시의 완적은 공손한 사람이었고 또 남을 비방하는 일이 거의
없었으므로, 어지러운 때에 자기의 본성과 생명을 보전할 수 있었다.

지식인의 슬픈 운명

혜강*은 천부적 재능과 뛰어난 용모의 소유자로서 그가 깨어 있을
때는 마치 외로운 소나무가 홀로 우뚝 서 있는 듯한 기품이 서리고, 술에
취했을 때에는 옥산玉山*이 무너지려는 듯한 모습이었다고 한다. 그는 큰
키에 몸이 무척 말라서 걸을 때는 바람에 건들거리는 대나무 같았는데,
정작 자신은 자기의 외모에 조금도 신경을 쓰지 않았다. 죽림칠현과
교제하며 대나무 숲에서 술을 마시고 청담을 나누는가 하면, 종종 산으로
올라가서 약초를 캐고 단약을 먹으며 수명을 늘리는 일에 힘썼다. 그는
또 문학에 탁월했고 회화에도 능했으며, 특히 거문고를 좋아했다. 그의
거문고 솜씨에 대해서는 다음과 같은 이야기가 전해진다.

청년 시절에 낙서樂西로 유람을 가 있던 어느 날 밤, 혜강은 화양정
위에서 거문고를 타느라 시간 가는 줄 몰랐다. 이윽고 밤이 샐 무렵에야
거문고를 치우려 하는데, 얼마 전부터 꼿꼿한 자세로 조용히 거문고
소리에 귀를 기울이고 있는 한 노인을 발견했다. 그는 노인에게 물었다.

"제 솜씨가 어떻다고 생각하십니까?"

"기술은 아무 흠잡을 데가 없습니다만, 유감스럽게도 감정이 들어가
있지 않은 듯합니다."

뜻밖의 대답에 혜강은 즉시 무릎을 꿇고 한 곡조 타주십사 간절히
청했다. 노인은 잠시 묵상에 잠겨 있다가 이윽고 거문고를 타기
시작했다. 오동나무로 만들어진 거문고에서는 슬픈 곡조가 사람의

嵇康, 223~262 | 삼국 시대 위
魏나라의 문학가·사상가·음악가.
위나라의 종실宗室(임금의 친족)과
혼인하여 중산대부 벼슬을 지냈
으므로 세상에서는 그를 혜중산
이라 불렀다. 노장 사상을 숭상하
여 양생養生의 방법을 실천했다.
종회鍾會가 파놓은 함정에 빠져
사마소의 손에 죽었다.

미인美人이 술에 취하여 쓰러진 모
양을 비유하여 이르는 말

가슴을 찌르는 듯하다가 이내 즐거운 멜로디로 바뀌는가 하면, 곧이어 흐느끼는 여인의 소리로 변하곤 했다. 한껏 심취해 있다가 소리가 갑자기 딱 멈춘 뒤에야 정신이 든 혜강은 신기神技에 가까운 비법을 제발 가르쳐주십사 애원하기 시작했다. 그러자 노인은 다음과 같이 말했다.

"원래 이 곡은 광릉 일대에 전해 내려오는 곡으로서 〈광릉산廣陵散〉이라 불리고 있소. 의협심 많은 섭정攝政이 한나라의 간신 협루俠累를 찔러 죽인 고사가 이 곡의 주제이지요."

곡에 얽힌 이야기는 전국 시대로 거슬러 올라간다. 진나라가 다른 여섯 나라를 집어삼키고자 할 때, 맨 먼저 공격 대상으로 삼은 곳은 한나라였다. 그런데 한나라의 대신大臣인 협루는 진나라와 내통해 자신의 사리사욕을 위해 한나라를 팔아넘기려 했다. 그러자 대신 엄중자嚴仲子는 협루의 의견에 반대하다가 마침내 제나라로 망명하게 되었다. 그는 제나라에서 장사壯士인 섭정을 만나 사귀기에 이르렀다. 섭정은 본래 백정白丁이었으나 의협심이 매우 강한 대장부였다. 그는 엄중자의 간청을 받아들여 한나라로 가서 협루를 찔러 죽였다.

임무를 마친 섭정은 자기 얼굴을 알아보지 못하게 하기 위해 즉시 자신의 눈꺼풀과 코와 귀를 자르고 얼굴을 으깬 다음, 스스로 목을 찔러 자결하고 말았다. 한나라에서는 그의 시체를 길에 효수梟首●하고 현상금을 내걸어 그의 신원을 밝히려고 했다.

이때 섭정의 누이 섭보는 "한나라의 간신이 척살刺殺되었다."라는 소문을 듣고 '그를 없앤 자객은 분명 내 동생이었을 것이다.'라고 생각하던 참이었다. 그런데 뒤이어 "그 자객이 자신의 얼굴을 으깨고 죽었다."라는 소문을 듣자, "동생은 내가 사건에 연루될까봐 그랬구나!" 하면서 눈물을 흘렸다. 그러나 누이 역시 대의大義를 소중히 여기는 사람이었다. '나만의 안전을 위해 동생의 명예로운 이름을 세상에 알리지 못해서는 안 된다.'라는 생각이 들었다. 그래서 그녀는 의연히 동생의 시체 곁에 다가가 슬피 울면서 애도의 뜻을 표했고, 동생의 이름을 주변의 관중들에게 알렸다. 그리고 형리에게 체포되기 직전, 동생의 시체 곁에서 역시 자결하고 말았다.

이상과 같은 이야기를 듣고 있던 혜강은 그만 감격하여 할 말을 잊었다. 노인은 잠시 말을 멈췄다가 다시 이어갔다.

"거문고를 다룰 때는 단순히 손가락을 연습하는 것만으로는 부족합니다. 그 곡의 내용과 하소연하고자 하는 핵심을 파악하고, 곡 가운데 그 뜻을 옮겨 들여야 합니다."

노인의 설명에 귀를 기울이던 혜강은 다시 한번 노인의 모습을 쳐다보려고 했으나 어디론가 사라지고 없었다. 물론 이 전설적인 이야기는 당시 꾸며낸 것일 수도 있으나, 혜강이 거문고를 잘 탔던 것은 사실인 듯하다. 그는 자신의 〈금부琴賦〉에서 거문고의 연주법과 표현력에 대해 세밀하고 생동감이 넘치는 묘사를 하고 있다. 그는 단언하기를 "음악 그 자체는 슬프고 기쁜 것이 없다. 그러므로 같은 음악이라도 듣는 사람에 따라 얼마든지 서로 다른 감정을 일으킬 수 있다."라고 했다.

앞에서 말했듯이, 혜강은 노장 사상을 숭상하여 자연으로 돌아갈 것을 주장했고, 유교의 인위적이며 복잡한 각종 예절과 교육을 싫어했다. 성인으로 추앙받던 탕왕과 무왕을 공공연히 비난하는가 하면, 주공과

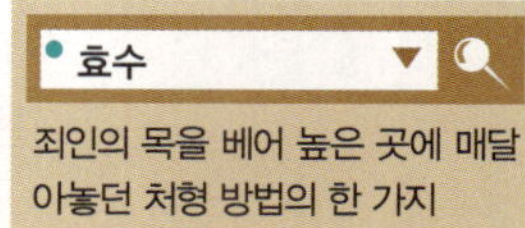

효수

죄인의 목을 베어 높은 곳에 매달아 놓던 처형 방법의 한 가지

공자를 깎아내리기도 했으며, 사마씨 정권에 대해서도 불만이 많아 늘 세상을 한탄했다. 사마씨 일파의 회유懷柔 술책에 의해 죽림칠현이 흩어지기에 이르렀으나, 혜강은 고집스럽게도 그 세력에 굴복하지 않았다. 사정이 이렇다 보니 그가 겪었을 고통이 가히 짐작이 가기도 하지만, 그는 그 정신적 고통을 달래기 위해 미친 듯 시를 짓고 그림을 그렸다. 그래도 울분이 풀리지 않으면 거문고를 타거나 쇠붙이를 힘껏 두들겨댔다.

한번은 사마씨의 심복인 종회鐘會가 혜강을 방문했다. 마침 혜강은 큰 나무 밑에서 쇠를 달구며 소일消日하고 있었는데, 그는 손님을 거들떠보지도 않았다. 이에 참다못한 종회가 화가 나서 돌아가려 하자, 차갑고 냉정한 말투로 "당신은 무슨 소리를 듣고 여기에 왔으며, 무엇을 보고서 여기를 떠나시오?" 했다. 이 물음에 더욱 화가 난 종회는 "나는 들은 것을 듣고 왔으며, 본 것을 보고 돌아갑니다." 하고 가버렸다. 이 일이 있은 다음, 종회는 혜강에 대해 앙심을 품고 있다가 혜강의 친구인 여안呂安이 죄를 짓자 사마소에게 그를 고해 바쳤다. 즉 혜강이 산도山濤에게 회답한 편지 가운데 사마소를 비방하는 내용이 있었다는 것이다. 결국 혜강은 죄인의 신분으로 형장에 끌려갔다.

그는 형장에서 거문고로 〈광릉산〉의 한 곡조를 타며 한나라의 간신을 죽인 섭정을 생각했다. 그리고 간신들을 없애기는커녕 도리어 그들의 술책에 걸려들고 만 자신의 신세에 통한의 눈물을 흘렸다. 이 세상과의 마지막 작별을 알리는 듯한 거문고의 비장한 멜로디가 울려 퍼지자 형장에 모여든 사람들은 모두 눈물을 흘렸다. 혜강은 마침내 거문고를 손에서 내려놓고 하늘을 우러러보며 탄식했다.

"내가 죽는 것은 하나도 억울하지 않다. 그러나 〈광릉산〉아! 너는 이후부터 세상에서 사라지게 되었으니 그것이 원통할 뿐이로다!"

⬆ **거문고를 타는 혜강의 모습**
혜강이 마치 〈광릉산〉 중 한 곡조를 타는 듯한 모습이다. 그의 슬픈 표정과 손놀림 등 사실적인 묘사는 가히 감탄을 자아내게 한다. 중국의 화가 선탄善彈의 작품이다.

이렇게 해서 혜강이 죽으니, 그의 나이 겨우 서른아홉이었다.[•] 그러나
그의 걱정은 기우였다. 다행히 〈광릉산〉은 사라지지 않고 현재까지
전해지고 있는 것이다. 다만 혜강처럼 온 생애의 정열을 모아 그 곡을 탈
줄 아는 사람은 아무도 없다는 사실이 아쉬울 뿐이다.

완적과 혜강은 모두 당대의 명인이었다. 그러나 한 사람은 술로써
보호막을 삼아 죽음을 면했고, 다른 한 사람은 분개한 나머지 권력자에게
대적하다가 죽음을 당했으니, 바로 이것이 당시 지식인의 슬픈 운명이라
할 수 있다. 지식인이 세상에 살아남기 위해 지조를 버리든지, 아니면
죽음을 택하든지 결정해야 한다는 것은 실로 비극이 아닐 수 없다.
자신의 사상을 자유롭게 발표하고 얼마든지 "노!"라고 말할 수 있는
사회가 진정 건강하다. 또한 반대 세력을 허허롭게 보듬을 수 있는 자가
참다운 권력자가 아닐까 싶다.

지식인의 이러한 비극을 본 광달파의 다른 사람들은 일부러 미쳐
날뛰며 세상을 멀리하고자 했다. 가령 칠현 중 한 사람인 유영劉伶은 술만
취하면 알몸이 되었는데, 사람들이 비웃으면 조금도 개의치 않고 오히려
이렇게 나무랐다.

"나는 천지로써 방을 삼고 방으로써 내의內衣를 삼는데, 당신네들은
어찌 나의 내의 속에 들어와 큰소리를 치는 거요?"

개처럼 소리 지르고
이웃집 여자를 희롱하다

광달파에 속하는 죽림칠현에 이어 동진東晉 시대에
나타난 팔달파八達派의 방탕한 행위는 더욱 도를 지나쳐 아예 이성을

[•] 여기에 비장한 고사가 얽혀 있
다. 바로 혜강이 형장의 이슬로 사
라지기 전에 거문고를 가져오게
하여 〈광릉산〉을 연주했다는 일
화다. 곧 다가올 자신의 처지를
예견하고도 태연히 거문고 줄을
뜯으며 죽음 앞에 초연했다는 점
과 오히려 자신보다 〈광릉산〉이
사라질 것을 걱정했다는 점에서
그는 진정 대단한 철학자였다고
할 수 있다.

잃어버렸다. 예컨대, 광일이란 사람은 옷을 모두 벗어던진 채 개집 속으로 기어 들어가 개처럼 크게 소리를 질렀고, 사곤이란 사람은 이웃집 여자를 희롱하다가 그 여자에게 몽둥이로 두들겨 맞아 이까지 부러졌다고 한다. 그런가 하면, 필탁이란 자는 이부랑의 벼슬에 있으면서도 술에 취한 채 남의 집에 들어가 몰래 또 술을 훔쳐 먹다가 붙들리기도 했다.

실로 도덕에 어긋나는 행위를 하면서도 부끄러워하지 않고, 도리어 이런 행위를 서로 드러내며 그것이 마치 유명한 사람들만이 행하는 예술적 권위나 어떤 특권인 양 여겼다. 이처럼 조정이나 재야를 막론하고 모두 청담만을 일삼고 나랏일을 보는 데에는 관심을 기울이지 않게 되자, 곧 '영가永嘉의 난亂'이 일어나고 말았다. 당시 노장 사상에 심취하여 하안과 왕필을 숭배하던 왕연王衍은 석인石靭에 의해 죽임을 당하게 되었는데, 그제야 이렇게 후회했다 한다.

"만일 우리가 허무를 숭상하지 않았다면, 이처럼 비참한 말로에 놓이지는 않았을 것이다."

중국 서진西晉 말엽인 영가 연간(307~312)에 일어난 흉노에 의한 난리. 후한 말엽 이후 흉노가 화북華北 지방으로 이주하고 있었는데, 여덟 명의 왕이 여기에 편승하여 304년 유연이 스스로 일어섰고, 311년 그의 아들 유총이 서진의 수도 뤄양을 공격했다. 그의 부하 석륵도 허난·산둥에서 진나라 군대를 격파했다. 그러나 316년 서진의 민제愍帝가 유요에게 항복함으로써 서진이 멸망하게 되었고, 다음 해에는 허난성에 동진이 건국되기에 이르렀다.

물론 그들이 청담을 즐긴 동기는 대부분 정치적인 박해를 피하기 위한 것이었다. 하지만 결과적으로 이들 명사들의 청담이 나랏일을 그르쳤던 것도 사실이다. 또한 청담의 본질이 본래 '철학적 현리를 탐색하는 것'이라는 점에 비춰봐서도, 기괴한 행동을 했던 일부 청담 사상가들의 행태에는 비판의 여지가 많다 하겠다.

신선이 되고자 하는 염원, 도교

청담 사상가들이 도가 사상을 말하고 있을 때, 지방에 살던 민간의 선비들은 신비스러운 교의를 퍼뜨려 도교가 형성되는 데 중요한 발판을 마련했다.

그들은 애매모호한 민간신앙을 가지고 도가의 영역에 종교적 색채를 보탬으로써 도가와 도교의 경계선마저 흐릿하게 만들고 말았다. 과연 어디까지가 도가이며, 어디서부터 도교라 부를 수 있을까?

가령 노자가 공자에게 가르침을 주었다는 전설과 숭고하게만 느껴지는 그의 지위, 그리고 생존 여부라든가 신원에 대한 기록이 확실치 않다는 점 등은 노자를 우상偶像으로 모시기에 충분한 조건이었다. 또한 오천 자에 이르는 《도덕경》은 매우 추상적이어서 어느 글에도 인용하기에 알맞았고, 그 책 속에 들어 있는 시적인 문장은 노랫가락처럼 낭독하기가 매우 쉬웠다. 그래서 도교를 믿는 사람들은 노자를 교주로 모시고, 《도덕경》을 일종의 종교적 경전으로 삼았던 것이다.

그러나 도교 신자들이 믿는 내용은 순수하지 못하며 혼잡스러웠다. 또한 신자 중에는 도사를 비롯한 점쟁이나 의사, 또는 향으로 귀신을 부르거나 부적으로 귀신을 쫓아내는 자, 정좌靜坐하여 양생하는 자, 점성술사, 풍수를 관측하는 자 등이 두루 들어 있었는데,

벽사를 탄 동인형
도사가 액막이인 벽사辟邪(사슴과 비슷하게 생긴 상상의 동물)를 타고 있는 동인형이다. 중국 한나라 때에 도술 활동이 왕성했음을 보여주는 작품이다.

🔴 **상류 계층인 사대부의 생활**
사士와 대부大夫를 아울러 가리킬 때
사대부라 부른다. 문서를 작성하는 한
사대부의 모습이 담겨 있다.

<table>
<tr><td>

부적 ▼ 🔍

불교나 도교를 믿는 집에서 기도
하기 위해 쓰는 부자符字를 적어
놓은 종이. 재앙을 방지하고 귀신
을 쫓아내기 위해 집·의복·신체
등에 지니고 다녔다.

방중술 ▼ 🔍

방사房事(남녀가 잠자리하는 일)의
방법과 기술

삼세인과론 ▼ 🔍

과거·현재·미래 등 삼세에 걸쳐 일
어나는 인과에 관한 불교의 이론

</td></tr>
</table>

이들의 사회적 지위는 잘해야 중류, 아니면 거의 하류에 속했다.

이제, 도교의 교리에 대해 알아보도록 하자. 도교의 교리에는 첫째, 신선이 되어 속세를 떠나고자 하는 이상이 들어 있고 둘째, 사람 속에 들어 있는 기氣를 이끌어내어 단련하는 공부가 속해 있으며 셋째, 기도와 부적符籍과 주문으로 치료하는 의료법이 있는가 하면 넷째, 정기를 끌어 모으는 방중술房中術도 포함되어 있다. 여기에 민간으로 전해져 내려오는 여러 가지 미신과 전설을 혼합하고 불교의 삼세인과론三世因果論까지 포함하는, 거의 모든 기담이설奇談異說과 신비적인 색채마저 모두 집대성되어 있었다. 사정이 이렇다 보니 도교의 경전인 《도장道藏》 역시 오천여 권에 이르는 온갖 잡다한 문헌을 모두 망라하여 명나라 대에야 비로소 완성되었다.

그렇다면, 도교에서는 과연 신을 어떻게 간주할까?

먼저, 신이란 인간의 운명을 좌지우지할 수 있는 일종의 절대자이다. 그래서 어리석고 미련한 백성들 사이에서는 신에게 복을 빌면서 기도하고 예배하는 여러 가지 의식과 미신이 생겨나게 되었다. 또한, 도교에서는 사람도 훈련을 통해 신과 같은 능력을 갖출 수 있다고 보았다.

여기에서 도인導引과 단정丹鼎과 양생養生 등에 대한 학술적 이론 및 방술이 생겨났다. 특히 이것은 사대부들 간의 수양과 훈련에 의해 꾸준히 발전함으로써, 중국의 의약과 위생 방면에 커다란 공헌을 했다.

쌀도적이라 불린
사이비 종교 단체

장도릉은 한나라 순제順帝 대의 사람으로 일찍이 불로장생의 법술을 배워 스물네 편의 저서를 남겼는데, 스스로 노자의 계시를 받아 쓴 것이라 주장하여 널리 백성들의 지지를 얻어냈다. 처음에 입교하는 자는 무조건 다섯 말의 쌀을 바쳐야 했으므로, 이들의 신앙을 두고 '오두미도五斗米道'라 부르기도 했다.

일종의 종교 단체라 할 수도 있는 이들은 각 단계마다 계급이 있는데, 가령 처음 도를 배우는 사람을 비졸卑卒이라 부른다. 그리고 이미 들어와 있는 신도는 간령姦令과 제주祭酒로 나누는데, 간령은 다른 사람을 대신하여 기도를 드려주는 사람이고 제주는 새로운 신자들에게 경전을 가르치는 사람이다. 경제적 측면에서는 무료 여관을 운영하고 쌀과 고기를 갖춰 무료로 소비하도록 하는 제도를 시행했다. 이들의 조직을 유지해준 것은 무엇보다 부적과 신에게 바치는 공물供物 및 주문呪文, 그리고 방중술 등이었다. 그들은 이러한 술법으로 어리석은 백성들의 재산을 착취했기 때문에, 쌀도적이라 불리기도 했다.

● 도장 ▼ 🔍

불교의 대장경을 흉내 내어 도교의 경전을 편집한 책

● 도인 ▼ 🔍

도가에서 행하는 양생법의 한 가지. 숨 쉬는 일과 운동으로 온몸의 관절을 조절하여 모든 병을 물리치는 일

● 단정 ▼ 🔍

단약(신선이 만든다고 하는 장생불사의 영약)을 반죽하는 기구. 약정藥鼎이라고도 한다.

● 장도릉 ▼ 🔍

張道陵, 85?~157? | 장릉張陵의 세속 이름. 중국 후한 말기의 도사. 도교의 개조로 알려져 있다. 병을 잘 치료한다고 하여 널리 이름을 떨쳤고, 많은 신자를 얻어 천사天師(하늘이 내린 스승)라 불렸다. 선인仙人이 되어 촉나라의 곡명산으로 숨었다고 하며, 그림 제목으로 자주 등장한다.

寇謙之, 363~448 | 중국 남북조 북위北魏 대의 도사. 불교의 영향을 받아 도교를 하나의 종교로 크게 성공하게 했다. 태 무제太 武帝가 이를 받아들이면서 도교는 국교가 되었다.

숭배하는 신의 모습을 나타낸 조각 또는 주물鑄物(쇠붙이를 녹인 쇳물을 일정한 거푸집에 부어서 굳혀 만든 물건), 그림 등을 일컫는다.

동진東晉의 도교이론가·의학자·연단술사. 본명은 갈홍이고, 포박자는 그의 호다. 화학 및 의학의 발전에도 상당한 공헌을 했다.

도교는 초창기에 하층민들 사이에서 널리 성행하다가 남북조의 구겸지●에 이르러 비로소 사이비 종교 단체라고 하는 오명에서 벗어날 수 있었다. 또한 이때에야 도원道院과 신상神像●이 처음 만들어져 종교로서의 체제를 갖췄으며, 중상층의 믿음도 얻어낼 수 있었다. 한때는 도교가 국교로까지 발전했다. 그러나 구겸지 등은 도교의 조직과 외적인 의식에만 몰두했을 뿐, 그 핵심이 되는 종교로서의 이론을 확립하지는 못했다.

결국 도교의 이론적 기초는 위백양魏伯陽의 《참동계參同契》와 갈홍葛洪의 《포박자抱朴子》가 세상에 나온 이후에야 마련될 수 있었다. 이 둘 가운데에 비록 시간상으로는 위백양이 앞서지만, 여기에서는 갈홍의 사상부터 먼저 고찰해보기로 한다.

도가에 유가의 방법을 적용하다

포박자抱朴子●라고 불리기도 하는 갈홍은 위나라 제왕齊王 대인 252년에 태어났는데, 그의 아버지가 태수의 벼슬을 지낸 명문 집안이었다. 그는 부모에게 효도했고, 형제간에 우애가 깊었으며, 매우 청렴했다고 한다. 그러나 열세 살 때에 부친이 세상을 떠나자 가난한 생활을 이어가야만 했다. 포박자는 너무나 가난하여 스승에게 배울 수가 없었는데, 밭을 갈고 씨를 뿌리는 농사일로 하루하루 보내면서도 자습으로 밤을 새우다시피 하며 《육경》과 《사서史書》, 그리고 제자백가의 글들을 읽어나갔다. 그는 사방으로 돌아다니면서 책을 빌려보았고, 또한 땔감을 판돈으로 붓과 종이와 묵을 샀다. 증조부인 갈현葛玄과 그 제자였던 정은鄭隱으로부터 도인과 연단의 방법을 배웠고, 장인인 포현鮑玄으로부터는 도참圖讖●의 예언학인 내학과 의술을 배웠다.

포박자는 도교의 일류급 인사들과 사귀면서 훗날 도교의 학술적 이론 방면에서 크게 성공할 수 있었다.

도교의 이름난 명사들이 속세를 벗어나 숨어 살며 가급적 밖으로의 출입을 삼가려고 했듯이, 포박자 역시 오직 자기의 타고난 성품과 생명을 온전히 지키려고만 했다. 그는 이웃들과의 왕래마저 끊고 문을 걸어 잠근 채, 모든 방문객을 사절했다. 그래서 모두 그를 이상한 사람으로 여겼지만, 그는 오히려 이를 즐거움으로 삼았다.

그런데 어느 날, 예외적인 일이 일어났다. 그가 쉰 살 되던 무렵, 반란군을 진압하고자 나라에서는 의군義軍을 조직했는데 평소 무예에 통달하던 포박자를 의군 도위都尉로 발탁했던 것이다. 결국 그의 군대가 반란군을 진압함으로써 전세가 역전되었고, 그는 복파伏波 장군으로 임명되는 한편, 관내후라는 벼슬을 하사받았다. 그러나 정치에 그다지 흥미를 느끼지 못한 그는 곧 벼슬에서 물러났으며, 이후 계속 도술만을 연구했다.

나중에 구루 지방의 현령 자리를 신청하여 부임지로 떠나갈 때, 등옥이란 사람이 간절히 청하여 하는 수 없이 뤄푸산羅浮山에 은거하면서 《포박자》와 《신선전》이라는 책을 저술했다. 그는 산에서 마지막 7년을 보내다가 여든한 살의 나이로 세상을 떠났다. 전하는 말에 따르면, 그는 잠자듯 단정히 앉아 숨을

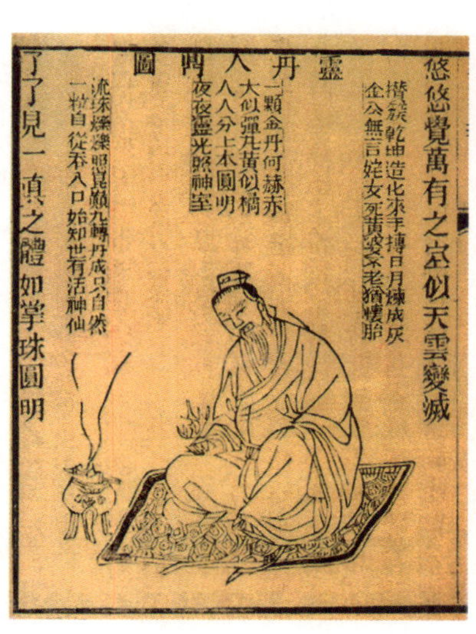

《사기史記》. 역사적 사실을 기록한 책. 고유명사로 사용될 때에는 중국 한나라 사마천이 황제黃帝로부터 한 무제 대까지 역대 왕조의 사적을 적은 역사책을 가리킨다.

미래의 길흉에 관하여 예언하는 술법이나 또는 그러한 내용이 적힌 책. 《미래기》《정감록》《도참기》 등이 있다.

한漢나라 대에 설치된 직책으로, 처음에는 단순히 황제가 타던 부마駙馬(부거副車의 말)를 맡아본 직책에 불과했다. 위魏·진晉 이후에 임금의 딸과 결혼한 사람에 한하여 이 직책으로 임명했으며, 이로써 임금의 사위를 부마 혹은 도위라 부르게 되었다.

갈홍의 저서 《주후방肘後方》 제목에서 알 수 있듯, 팔꿈치에 늘 차고 다닐 정도로 엄선된 내용을 실었다는 실용 의학서다. 영단靈丹을 솥에 넣는 그림이다.

거두었으며, 얼굴빛은 마치 살아 있는 듯했고, 신체는 부드럽기가 마치 텅 빈 옷을 입은 듯했다고 한다. 흔히 도교에서 말하듯 육체만 남기고, 혼백은 신선으로 변한 것이다.

포박자에 의하면, 인간의 지혜는 일정한 한계가 있는 데 반해 이 우주는 아주 미묘하게 얽혀 있어서 우리 인류가 모르는 일이 얼마든지 있을 수 있다. 그리고 신선이 되는 일은 인간의 머리로 이해할 수 없는 일이기는 하나, 그렇다고 해서 환상인 것은 아니며 실제로 얼마든지 가능한 일이다. 과연 신선이란 어떤 존재일까? 알고 보면 그 역시 인간과 같은 종류이며, 우리는 힘써 배움으로써 그러한 경지에 도달할 수 있다.

이와 관련하여, 포박자는 《사기》 가운데 있는 한 고사를 인용하고 있다. 어떤 사람이 어렸을 때 아무 생각 없이 거북을 책상 속에 넣어둔 채 잊어버렸다. 그런데 그 사람이 늙어 죽을 즈음에 집사람들이 우연히 그 거북을 발견했다. 그때까지 거북은 먹지도 마시지도 않았는데도, 숨을 쉬며 살아 있었던 것이다. 이로 보아 이 거북은 장생불사의 방법을 터득했음에 틀림없으며, 그러므로 만물의 영장인 인간도 그것을 배우기만 하면 얼마든지 가능하지 않겠느냐는 것이다. 다시 말해, 우리가 신선이 되는 일은 결코 불가능한 것이 아니며, 문제는 그 방법을 구했느냐 구하지 못했느냐에 달려 있는 것이다.

그렇다면, 어떻게 해야 신선이 될 수 있을까? 포박자는 세 가지를 행해야 한다고 하는데, 그 세 가지란 보정寶精과 행기行氣, 그리고 한 알의 대약大藥을 먹는 일이다.

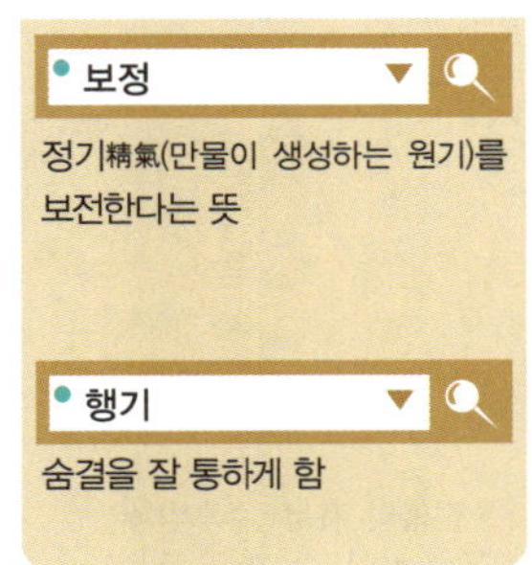

먼저, 보정이란 우리 인간의 정精을 가장 귀하게 써야 한다는 것으로, 이것을 순리적으로 쓰면 아들딸을 낳아 잘 기를 수 있지만, 함부로 쓰면 더욱 늙어버리거나 또는 어린아이로 되돌아오고 만다. 어떤

것은 상하고 잃어버린 것을 보충하는 데 쓰이고, 또 어떤 것은 질병을 치료하는 데, 그리고 어떤 것은 음陰을 취하여 양陽을 보충함으로써 해마다 수명을 늘려나가는 데 쓰인다. 그러나 여기에서 우리가 알아야 할 일은 어디까지나 보정의 주요 원리란 뇌를 보충하는 일에 에너지를 돌림으로써 우리의 정신을 수양하는 데 있다는 사실이다.

그렇다고 해서 포박자가 절대적인 금욕만을 주장하는 것은 아니다. 어느 정도 욕망을 누리되 그것을 적당히 절제하여 음양이 서로 조화되도록 우리의 타고난 원기를 보호하자는 것이 그의 생각이다.

다음으로, 행기란 곧 기氣를 운행하게 하는 것으로서, 여기서 말하는 기란 흔히 우리가 들이마시는 공기가 아니라, 선천적으로 혼합된 진정한 기를 말한다. 그렇다면 행기하는 방법은 무엇일까? 그것은 내뿜는 양을 들이마시는 양보다 적게 하는 것인데, 이렇게 천천히 하다 보면 숨 쉬는 데 감각이 없어져 어느 틈에 순수한 자연의 경지까지 도달하게 된다. 이때는 마치 어머니 뱃속에 있는 태아처럼 거의 코로 숨 쉴 필요가 없어지므로 이것을 태식胎息이라고 부른다. 태식의 효과는 질병을 치료하고, 수명을 연장시키며, 스스로 신통한 능력을 갖추게 되어 물과 불속을 마음대로 드나들 수 있을 뿐만 아니라, 심지어 칼에 맞아도 몸이 상하지 않게 된다고 한다.

그러나 지금까지 말한 보정이나 행기는 오직 수명을 연장시킬 뿐, 신선이 되는 길은 따로 대약을 먹는 데 있다. 그 약에도 다시 세 종류가 있는데, 하급의 약은 다만 병을 치료할 수 있을 뿐이고, 중급의 약은 양성養性할 수 있는 데 그친다. 오직 상급의 약에 의해서만 장생불사할 수 있는 것이다. 이에 대해 포박자는 "사람들이 먹는 보통의 약물은 풀과 나무로 만들어지는데, 풀과 나무 자체가 썩는 것이거늘 어찌 그것이

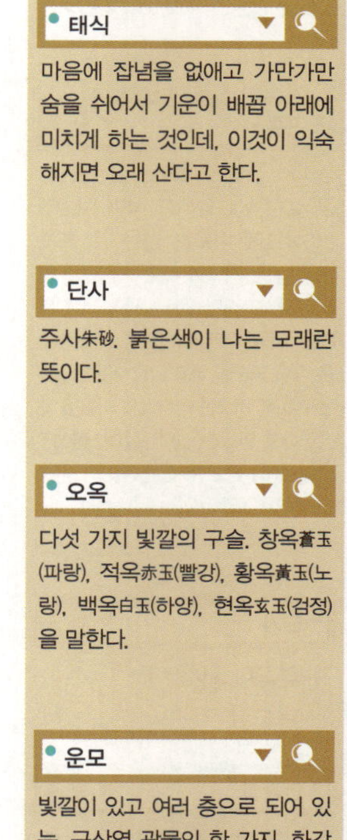

태식

마음에 잡념을 없애고 가만가만 숨을 쉬어서 기운이 배꼽 아래에 미치게 하는 것인데, 이것이 익숙해지면 오래 산다고 한다.

단사

주사朱砂. 붉은색이 나는 모래란 뜻이다.

오옥

다섯 가지 빛깔의 구슬. 창옥蒼玉(파랑), 적옥赤玉(빨강), 황옥黃玉(노랑), 백옥白玉(하양), 현옥玄玉(검정)을 말한다.

운모

빛깔이 있고 여러 층으로 되어 있는, 규산염 광물의 한 가지. 화강암 가운데에 많이 들어 있으며, 얇은 조각으로 잘 갈라지는 성질이 있다. 불에 견디는 힘과 탄력이 세고, 전기 절연체(통하지 않게 하는 것)나 유리 대신으로 널리 쓰인다.

사람을 오래 살게 할 수 있겠느냐?" 하고 묻는다.

그러므로 상약은 풀과 나무가 아니라 단사丹砂 · 황금黃金 · 백은白銀 · 오옥五玉 · 운모雲母 같은 광물질을 원료로 하며, 그 가운데서도 단사와 황금으로 만들어진 것이 제일 중하다. 왜냐하면, 이 두 가지는 열을 가하면 가할수록 더욱 이상야릇하게 변하며 불속에 넣고 거듭 단련해도 없어지지 않기 때문이다. 이것이 사람의 몸속에 들어가면 혈맥을 튼튼하게 해주므로, 금단金丹을 먹은 후에는 늙지도 죽지도 않는 신선이 된다는 것이다.

이렇게 해서 도달하는 신선에는 다시 세 종류가 있다. 가장 높은 자리에 있는 선인은 하늘로 올라가 천관天官이 되고, 그다음의 선인은 곤륜산崑崙山에 가서 불로장생하며, 세 번째의 선인은 영원히 인간세계에 남아 천 년이 넘도록 산다고 한다.

이상에서 살펴본 것처럼, 포박자는 인간이 얼마든지 신선이 될 수 있음을 이론적으로 증명함으로써 사람들에게 구도求道의 믿음을 불어넣어주었다. 그러나 그가 현실과 동떨어진 허황된 이론에만 매달린 것은 아니었다. 미신을 타파하기 위해 도기導氣와 연금설鍊金說을 제시하기도 했으며, 선인仙人은 반드시 착한 일을 행해야만 추구하는 경지에 도달할 수 있기 때문에 이것이 부족하면 아무리 선약을 많이 먹어도 효과가 없다고 주장했다. 그래서 모든 사람에게 착한 행위와 덕 쌓기를 권유한 포박자의 윤리 사상 가운데에는 도가의 방법과 기술 외에도 유가 사상이 보태져 있다고 볼 수 있다.

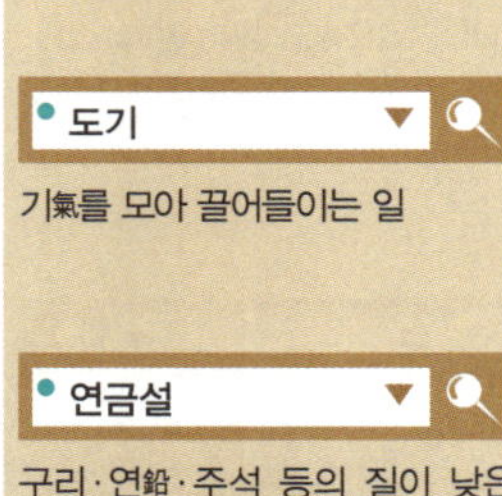

금단

신선이 만든다고 하는 장생불사의 영약靈藥. 또는 먹으면 신선이 된다고 하는 약. 단약丹藥 또는 선단仙丹이라고도 부른다.

천관

하늘을 다스리는 최고의 자리

곤륜산

중국의 전설에 나오는 신성한 산. 중국 서쪽에 있다고 하며 처음에는 하늘에 이르는 높은 산, 또는 아름다운 옥玉이 나는 산이라 알려졌다. 그러나 전국 시대 말기부터는 서왕모西王母(반절은 사람, 반절은 짐승 모습을 하고 파랑새가 챙겨주는 먹이를 먹으면서 사람의 죽음을 관장한다고 알려진 신)가 살며, 불사不死의 물이 흐르는 신선경이라 믿어졌다.

도기

기氣를 모아 끌어들이는 일

연금설

구리 · 연鉛 · 주석 등의 질이 낮은 금속으로부터 금이나 은 등 귀금속을 제조하고 나아가 불로장생의 약까지 만들어낸다고 하는 원시적인 화학 기술(연금술)에 대해 말하는 것

순응하면 사람,
거역하면 단丹

　　　　위백양魏伯陽은 동한東漢의 환제桓帝 대 사람으로 추측될 뿐, 자세한 내용은 거의 알려진 것이 없다. 그가 지은《참동계》는 갈홍이 쓴《포박자》에 비해 조직면이나 내용면에서 상당히 충실하며, 주로 신선이 되기 위한 수양과 연단 활동을 설명하고 있다. 이 책에 따르면, 우리가 신선이 되기 위해서는 하늘이 우리에게 내려준 선천적인 성품을 잘 계발해야 한다. 예부터 많은 사람들이 신선이 되고자 했지만, 사실 그 올바른 길을 아는 사람은 매우 적었다.

　예컨대 어떤 사람은 별자리를 보고 부적과 주문을 행하고, 어떤 사람은 방중술을 행하고, 또 어떤 사람은 기氣를 닦고, 또 다른 사람은 밤새워 잠도 자지 않은 채 정좌靜坐에만 몰두하고, 어떤 사람은 제단을 만들어 신에 절하면서 복을 구하는 등 그 기괴함이 천태만상이었다. 그러나 이것은 연목구어緣木求魚와 같은 행위라고 할 수밖에 없다. 참으로 신선이 되고자 한다면 하늘이 우리에게 내려준 적 있는, 우주와 서로 통하는 선천적인 기질과 성품을 잘 찾아내 길러야 한다. 물론 그것은 추상적이고 미묘한 것이기 때문에 찾아내기가 쉽지 않다. 다만 터득될 뿐 말로 전달할 수가 없는 것인데, 그럼에도 우리는 그러한 노력을 끝까지 기울이지 않으면 안 된다.

　위백양이 지은《참동계》는 중국에서 전통으로 내려오는 모든 음양팔괘八卦와 오행간지五行干支의 원리를 결합하여 새로운 계통을 세웠다. 복희씨가 만들었다고 하는 팔괘는 음양의 변화와 우주의 상호관계를 나타내는 부호이며, 앞서 나왔던 오행이란 금목수화토의 형이하학적인 물질로서, 우주 사이에 있는 다섯 가지의 상생상극相生相剋하는 힘을

위백양 ▼
《참동계》를 지은 사람으로만 알려졌을 뿐, 일생에 대해서는 알 수 없다. 노자와 동일한 사람이라는 설도 있지만, 이 역시 확실치 않다.

연목구어 ▼
'나무에 올라가서 물고기를 구한다'는 뜻으로, 도저히 실현될 수 없는 일을 굳이 하려 함을 일컫는다.

팔괘 ▼
고대 중국인들이 사용하던 여덟 가지의 괘卦.《주역》에서 자연세계와 인간세계에서 일어나는 모든 현상을 여덟 가지의 상像으로 음양을 겹쳐 나타낸 것. 복희씨가 지었다는 말도 있다. 고대 중국인들이 운명 판단의 기본 원리를 점쳐보는 데 사용하며 발전해온 것이다.

오행간지 ▼
오행이란 우주 만물을 형성하는 다섯 가지 원기, 즉 금목수화토金木水火土를 말하고, 간지란 천간天干과 지지地支로 나뉜다. 그리고 천간에는 갑을병정무기경신임계甲乙丙丁戊己庚辛壬癸 등의 십간이 있고, 지지에는 자축인묘진사오미신유술해子丑寅卯辰巳午未申酉戌亥 등 열두 개가 있다.

대표한다. 위백양은 이 둘을 결합하여 인간이 연단하고 수양하는 도리를 설명하고자 했다. 즉 팔괘의 원리를 인간의 신체 구조와 기능에 비유하고 오행의 작용으로 그 움직임을 설명했던 것이다.

그렇다면, 여기에서 다시 한번 도가와 도교에 대해 생각해보기로 하자. 도가가 자연의 명에 따라 담백하고 청정한 삶을 살도록 권유한다면, 도교는 약을 복용해가면서까지 신선이 되고자 한다. 그들의 논리에 따르면, 본래 자연은 인간의 수명을 몇 년 동안으로만 한정해놓았기 때문에 우리가 불로장생을 누리기 위해서는 할 수 없이 이를 거꾸로 거슬러 올라가 자연의 철칙을 쳐부수지 않으면 안 된다고 한다.

그런데 이러한 사상이 올바른 방향으로 나아갔더라면 과학 발전에 이바지했겠지만, 실상은 그렇지 못했다. 가령 사람은 원래 코로 숨을 쉬도록 되어 있는데, 그들은 어머니의 뱃속에 있는 태아의 호흡을 억지로 흉내 내려고 했다. 또 사람의 몸속에 있는 정액精液은 아기를 낳는 데 쓰이는데, 그들은 그것을 뇌로 돌리려고 했다. 음양을 바꾸고 오행을 서로 부딪치게 하는 일 등은, 이른바 순즉성인 역즉성단順則成人 逆則成丹●의 논법에 따른 것이다.

그러나 인간이 인간으로 되는 것은 자연의 순리이고 우리가 경험하듯이 순리대로 살아가는 것이 도리어 천명을 누리는 길인데, 그것을 거꾸로만 쓰려 하니 탈이 생길 수밖에 없지 않을까? 인간이 인간의 한계를 벗어나 다른 어떤 존재가

되고자 하는 것은 탐욕이 빚어낸 어리석음이 아닐까? 이 사실은 앞으로 아무리 과학이 발달해도, 또 어떤 다른 세상이 오더라도 변함없는 진리일 것이다.

어찌 보면 도교란 속된 세상을 떠나 신선이 된다는 것 이외에는 대부분 잡다한 학설에 지나지 않는다. 그들이 추구했던 모든 방법은 결국 추상적인 황홀경에 빠지게 했을 뿐만 아니라, 사람들 앞에서 신비의 베일을 둘러쓴 채 그것을 믿고 배우려는 사람들에게 쓸데없이 시간과 에너지를 낭비하도록 만들었다. 사람이 도를 이뤄 그대로 하늘로 올라간다는 것이나 몸을 튼튼히 하여 목숨을 연장시킨다는 것도 사실상 기대하기 어려운 일이 아닌가 생각된다.

제4장

제자 철학의 형성

규약의 엄격한 적용, 묵자

墨子, 기원전 470?~기원전 390? | 제자백가 중의 하나인 묵가墨家의 시조. 겸애설과 평화주의와 절용설을 주창했다. 노나라 사람으로, 이름은 적翟이다.

묵가의 시조인 묵자가 묵이라는 성을 갖게 된 것은, 죄인의 얼굴에 먹물로 문신을 만들었기 때문이라는 설과 묵자 자신의 피부가 대단히 검었기 때문이라는 설이 있다. 그는 처음에 공자의 유학을 공부했다. 그러나 그의 눈에 비친 유가란 '번거로운 예의를 가지고 백성들의 생산 활동을 방해하고 재물을 낭비함으로써 결국 백성을 가난하게 만들 뿐'이었다. 그래서 이후에 사치를 물리치고 검소한 생활을 꾸려나갔다고 전해지는 하나라의 우임금을 특별히 존경했다.

한번은 묵자가 많은 책을 가지고서 위나라로 여행을 떠났다. 이에 그의 제자가 물었다.

"선생님께서는 기술자가 되기 위해 세 가지, 즉 무게를 다는 저울, 곡선을 긋는 자, 직선을 긋는 먹줄만 있으면 충분하다고 말씀하셨는데, 이 어찌 된 일입니까?"

그러자 묵자는 다음과 같이 대답했다.

"예전에 주공周公은 매일 새벽 백 편의 글을 읽고 저녁에는 70여 명의 학사들을 불러들임으로써 그토록 높은 학식을 갖출 수 있었고, 따라서 천자를 잘 보좌하여 그의 공이 오늘날까지 이를 수 있었다. 지금 내가 나라 다스리는 일도 하지 않고 농사짓는 수고도 하지 않는다 하여 어찌 책 읽는 일마저 소홀히 할 수 있겠는가?”

묵자는 말년에 학원을 세우고 많은 학생들을 가르쳤는데, 이들은 묵가墨家의 이상을 실현하기 위해 철저한 규율로 조직을 다스려나갔다. 어찌나 명령 체계가 잘 세워졌던지, 진나라의 복돈이란 사람은 자신의 아들이 살인을 저질렀을 때, 왕의 사면 방침을 사양하면서까지 묵가의 규약을 들먹이며 아들을 사형에 처하도록 했다고 한다.

또 하나의 다른 예가 있다. 묵가 중에 맹승孟勝이란 자가 있었는데, 그는 당시 초나라의 양성군과 깊은 우정관계를 맺고 있었다. 그런데 어느 날, 양성군이 맹승에게 대신 성을 막아주도록 부탁하며 옥을 반절씩 잘라 약속의 증표로 삼았다. 그러다가 초나라의 여러 신하들이 초왕의 주검을 범하고자 한 탓에 형벌을 받게 되었고, 양성군 역시 그 가운데 끼게 되었다. 그러자 양성군은 자기의 성으로 돌아가지 않고 밤을 틈타 다른 지역으로 도망치고 말았다. 이에 초나라도 군대를 파병하여

'요·순·우·탕·문·무·주·공'으로 이어지는 계보에 포함돼 있으며, 중국 고대에 성인으로 불린 왕이다. 천하의 홍수를 다스리기 위해 정작 자기 가정은 돌보지 못했고 거친 정강이에는 털이 불어날 겨를이 없었으며, 늘 빗물로 목욕하고 바람으로 머리를 빗으면서도 백성들을 편안하게 다스렸다고 전해진다.

⬆ 땅의 형세에 따라 둑을 쌓다
당시 제방을 쌓아 물길을 만드는 백성들의 모습이다. 이렇듯 우임금은 치수治水에 능했다.

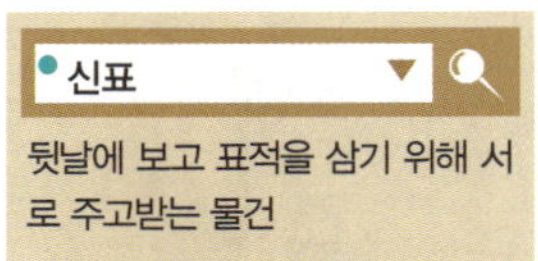

양성군의 봉읍을 몰수하고자 했다. 이때 성을 지키던 맹승이 군졸들에게 선포하기를, "나는 성을 지켜달라는 양성군의 부탁을 받아들이고 신표信標로써 약속했다. 그러나 초나라와는 약속의 증표가 없다. 그러니 우리는 죽음으로써 그들을 격퇴시켜야 한다."라고 했다.

이 말을 들은 그의 제자 서약徐弱이 "그러나 우리의 죽음은 양성군에게 아무런 도움도 되지 않을 것이니, 죽음을 헛되이 여겨서는 안 됩니다."라고 건의했다. 그러자 다시 맹승이 "우리가 지금 죽음을 무릅쓰는 것은 양성군을 위함이라기보다 묵자들의 의로운 용기를 지키기 위함이다. 우리가 이 약속을 지키지 못한다면, 이다음부터 그 누구도 우리 묵가의 신도들과 관계를 맺고 싶어 하지 않을 것이다."라고 대답했다.

이에 서약은 감격에 겨워 "과연 맹승다운 말씀이십니다. 그렇다면 제가 먼저 죽어 여러분의 앞길을 열고자 합니다."라고 말하고는 맹승이 보는 앞에서 자기의 목을 잘랐다. 이에 맹승은 의기충천한 제자들을 거느리고 나아가 장렬한 최후를 마쳤다.

또한 맹승으로부터 '전양자에게 임무를 전하라'는 명령을 받은 남은 제자 두 사람은 그에게 서찰을 전하고 곧 맹승과 함께 죽고자 했다. 그러자 전양자가 말리며 "너희들은 이제 나의 명령을 들으면 된다."라고 설득했다. 하지만 끝내 둘은 돌아가 자살하고 말았다.

이와 같은 고사故事들을 통해 우리는 묵가들이 얼마나 의로운 용기를 숭상하며, 또 얼마나 법을 굳게 지켰는지 알 수 있다.

나와 타인을 똑같이 사랑하라

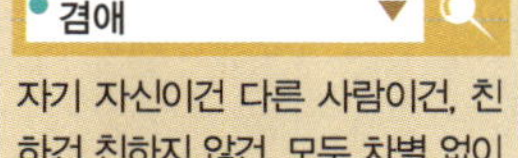

묵자 사상의 핵심은 겸애兼愛에 있다. 국가와 국가 사이에 일어나는 전쟁이나 개인과 개인 사이에 벌어지는 싸움은

모두 서로 사랑하지 않는 데 그 원인이 있다. 그래서 이를 바로잡기 위한 근본 대책으로 묵자는 겸애설을 주창했는데, 즉 "하늘이 모든 백성을 구별 없이 평등하게 사랑하는 것같이, 우리도 다른 사람을 차별 없이 사랑하자!"라는 것이다. 겸애란 자신을 사랑하듯 타인을 사랑하고, 자기의 어버이를 사랑하는 것처럼 다른 사람의 부모도 사랑하여 자타 사이에 조금도 차별을 두지 않는 것을 말한다.

　그러나 이에 대해 유교 쪽에서는 그것이 어떻게 실현될 수 있겠느냐고 비판한다. 과연 나는 나의 아내와 다른 사람의 아내를 아무 차별 없이 사랑할 수 있을까? 모두 똑같이 사랑한다는 것은 도리어 모두 사랑하지 않는다는 것과 같은 말이 아닐까? 또 나의 어버이를 다른 사람의 어버이와 구별하지 않고 대하는 것이 과연 도리일까? 이 역시 자기의 부모에 대한 불효를 오히려 정당화할 수 있는 것이 아닐까?

　이러한 맥락에서, 맹자는 묵자의 겸애설에 대해 '임금을 무시하고 아비를 업신여기는 짐승의 도'라고 비판한 바 있다. 다시 말해, 묵자는 겸애의 이로운 결과만을 보았을 뿐, 인간 사회에서 마땅히 지켜야 할 질서는 보지 못했다는 것이다.

전쟁은 절대로 안 된다

　　　　대부분의 중국 철학에서 그렇듯이, 묵자가 말하는 '하늘' 역시 우주 만물을 다스려나가고 인간의 길흉화복을 주관하는 의미에서의 하늘이다. 그러므로 하늘의 뜻이야말로 인간 도덕의 원천이 되어야 한다.

그런데 이 하늘은 정의를 원하고 불의를 싫어한다. 선한 사람을 사랑하고 악한 자를 미워한다. 하늘은 침략과 약육강식을 미워하는 대신, 남에게 은혜 베푸는 것을 원한다. 하늘은 천하의 사람들을 차별 없이 널리 사랑하고, 만물을 타고난 성품대로 자라게 하여 사람에게 이로움을 주고자 한다. 그러므로 어진 사람이 해야 할 일은 천하의 이익을 늘리고, 세상의 해로움과 독들을 없애는 것이다. 또한 모든 통치자들은 어떻게 해야 나라를 부유하고 강하게 만들 수 있는지, 또 어떻게 해야만 인구를 늘어나게 할 수 있는지에 온 정성을 기울여야 한다.

이런 점에서 보자면, 전쟁이야말로 재산의 낭비와 인구의 감소를 가져오는 가장 가증스러운 일이다. 전쟁은 많은 백성들에게 재산과 생명의 희생을 강요하고, 패배했을 경우에는 말할 것도 없지만, 설령 승리한다 하더라도 그 손실은 매우 크다고 할 수밖에 없다. 또한 평상시에도 전쟁을 대비하기 위해 훈련하는 군인과 무기로 국가의 재정 손실이 매우 크다. 이런 점에서 전쟁은 하늘의 뜻에 위배되며, 하늘이 바라지 않는 것이 된다. 그러므로 어떤 이유에서든 전쟁이 일어나게 해서는 안 된다.

이러한 통찰에 따라 심지어 군축론軍縮論까지 주장하는 묵자의 평화주의 사상은 "전체의 복지와 이익을 늘어나게 하고, 악을 없애라!"라는 일종의 공리주의 철학에 기초해 있다고 볼 수 있다. 오늘날 세계의 여러 곳에서 전쟁이 끊이질 않는다. 물론 각 나라마다 전쟁의 명분으로 삼는 것들이 있을 것이다. 그러나 전체 인류의 복지와 이익을 위해서는 어떠한 이유로도 전쟁이 일어나서는 안 된다. 모든 수단을 동원해서라도 전쟁만큼은 막아야 하는 것이다.

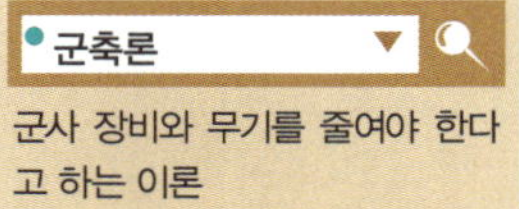

● 군축론
군사 장비와 무기를 줄여야 한다고 하는 이론

나무 솔개는
나무 수레만 못하다

지금까지의 묵자 사상을 정리하면 '하늘이 모든 사람을 똑같이 사랑하고 이롭게 하듯이, 사람 역시 그러해야 한다'는 것이다. 그리고 이에 대한 구체적 방법으로서, 묵자는 절용설節用說을 주장한다. 모든 면에서 아끼고 절약해야 한다는 뜻이다. 이를 위해 그는 장례 절차를 간소화하고 상례 역시 오래 끌지 않도록 제도를 바꿀 것을 주장하며, 나아가 음악도 절제할 것을 강조한다. 특히 왕후대신들이 음악에 도취되어 나랏일을 소홀히 하는 것은 그 나라를 위태롭게 할 뿐만 아니라, 백성의 세금 부담을 늘리는 일이 된다. 가령 생산 계급이 유흥에 탐닉하면 정작 노동에 게을러짐으로써 생산력이 떨어지게 되며, 생산력이 떨어지면 한 나라의 경제는 어려워질 수밖에 없는 것이다.

묵자에 따르면 옷이란 추위와 더위를 피할 수 있으면 되고, 음식은 체력을 유지할 수 있으면 되며, 가옥은 비바람을 막을 수 있으면 충분하다. 실제로 묵자는 가난하고 비천한 가정에서 태어나 평생 동안 머리를 박박 깎은 채 관을 쓰지 않았으며, 금욕주의 생활을 했다. 그가 사는 집의 높이는 석 자 남짓했고 거친 잡곡밥이나 명아죽, 콩잎죽을 먹었으며 여름에는 칡 베옷, 겨울에는 사슴 가죽옷을 입었다고 한다.

오늘날 사람들은 정신적인 가치보다도 물질적인 것과 육체적인 것에 너무 집착하는 경향이 있다. 그래서 말짱한 얼굴에도 많은 돈을 들여 성형수술을 하고, 기진맥진 땀을 흘리면서 몸매를 가꾸고, 값비싼 명품으로 온몸을 치장하고, 이른바 웰빙well-being 식품으로 건강을 챙긴다. 물론 어느 정도 이해해줄 수 있는 측면이 있긴 하나, 자신의 처지는 아랑곳하지 않은 채 남이 갖지 못한 것들을 가져야만 직성이 풀리는 사람들이 문제라는 뜻이다.

묵자는 그 스스로 분수에 넘치는 대우나 보수를 바라지도 않았다. 한번은 그의 제자인 공상과公尚過의 말을 듣고 월越나라 임금이 탄복하여 오십 승의 수레에 선물을 보내왔다. 그와 함께 오나라의 옛 땅에서 사방 오백 리를 떼어주겠다는 제의로 묵자를 초빙했다. 그러나 묵자는 그처럼 분에 넘치는 대우야말로 자기의 평소 신념과 어긋나는 것임을 지적하면서 임금의 제의를 정중히 거절했다.

또한 묵자는 뛰어난 기술자이기도 했다. 한번은 묵자가 3년 동안의 끈질긴 노력 끝에 나무로 한 마리의 솔개를 만들었으며, 그것을 하늘로 높이 날려 보냈다고 전해진다. 물론 과장이 섞여 있긴 하나 그가 절묘한 기술을 가졌던 것만은 사실인 듯하다.

그러나 그는 나무 솔개가 나무 수레만 못하다고 했다. 왜냐하면 수레는 다만 몇 토막의 나무와 하루 동안의 작업 시간만 투자하면 만들어질 수

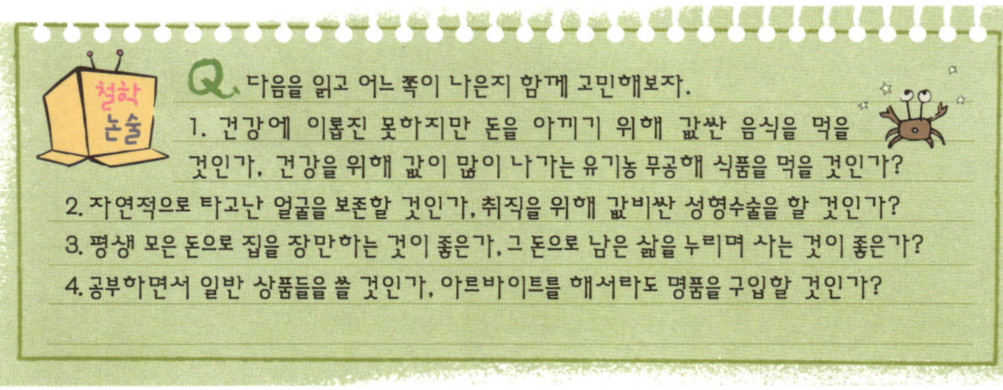

있고, 또 일단 만들어놓으면 삼십 석이나 되는 짐을 멀리까지 실어 나를 수 있는 효용성이 있다. 반면 나무 솔개는 만드는 데 시간이 오래 걸리는 데다, 실제 생활에는 아무 쓸모도 없는 완상품玩賞品●에 불과하기 때문이다.

묵자의 이러한 실용주의적 사고방식은 오랜 세월에 걸친 전쟁 난리와 위정자들의 잘못된 정치로 인해 점점 어려워져만 가는 백성들의 경제생활을 회복해보려는 간절한 소망에서 나온 것이기도 했다.

세상을 구원하는 일에
일로매진하다

공자와 마찬가지로 묵자도 얼마나 동분서주하며 세상을 구하기 위해 애썼는지를 증명하는 말 가운데, '공자의 앉은 자리가 따뜻해질 틈이 없고, 묵자의 연돌煙突(굴뚝)이 검게 그을릴 겨를이 없다'는 말이 있다. 한곳에 한시도 머물며 쉴 수 없었던 그들의 다급한 심정을 빗댄 표현이다.

그러나 두 사람 중에서도 공자의 인품이 다소 부드럽고 중용적이었다면, 묵자의 성품은 단순하고 명료하였으며, 그리하여 세상을 구원하고자 하는 한 가지 목표만을 향해 일로매진一路邁進●했다고 할 수 있다. 오직 천하에 이로움을 줄 수 있다면 어떤 일도 마다하지 않았는데, 심지어 '(자신의) 이마를 갈고 발뒤꿈치를 잘라내서라도' 세상을 이롭게 하는 일에 나서겠다고 한 것이다. 묵자가 외치는 구호는 애매하지 않고 분명하여 그 소리가 중국 전체에 울릴 만큼 우렁찼으며, 열정이 철철 넘쳐났다. 따르는 제자들 역시 스승의 명령에 철저히 복종함으로써 그 영향력이 한 세대를 풍미風靡●하고도 남았다.

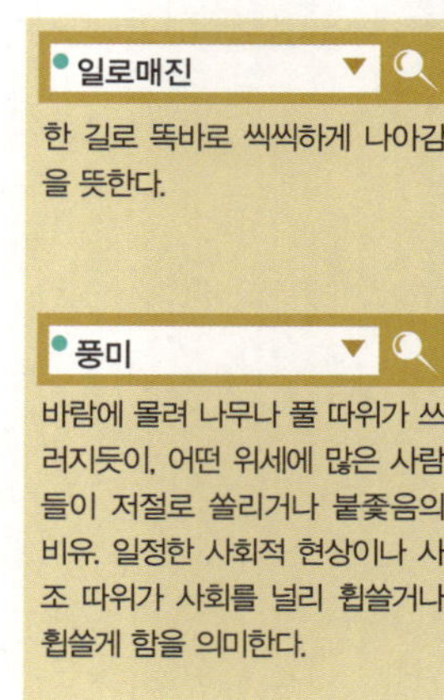

'다른 사람을 자신처럼 사랑하라'는 겸애사상이나 어떤 식으로든 전쟁을 막아야 한다는 평화주의, 그리고 절약을 강조하는 정신 등은 오늘날의 입장에서 보더라도 주목할 만한 사상이다. 묵자의 주장은 당시 사회 현실과 잘 맞지 않아 하나의 이상으로 끝나고 말았음에도, 유가 및 도가와 더불어 중국 3대 사상의 하나로 꾸준히 영향력을 행사해오고 있다.

개를 때리지 말라, 양자

양자

楊子, 기원전 440?~기원전 360? | 양주楊朱라고도 한다. 이기적 쾌락주의를 주장한 것으로 알려져 있다. 전국 시대 위衛나라 사람으로서 지금의 산시성에 해당하는 차오 제후국에서 태어났으며, 자는 자거子居다.

전하는 바에 따르면 양자는 매우 다정다감한 사람으로, 어느 날 이웃사람이 거리에서 양을 잡는 모습을 보고 하루 종일 우울하게 지낼 정도였다고 한다.

다음과 같은 에피소드가 있다. 양자의 동생 양포가 하루는 아침 일찍 흰옷 차림으로 물건을 사러 거리에 나갔다가, 갑자기 쏟아진 소나기 때문에 겉옷을 벗고 검은 속옷 차림으로 돌아왔다. 대문 앞에 이르렀을 때, 그가 기르던 커다란 개가 낯선 사람으로 잘못 알고 이빨을 드러내며 왕왕 짖어댔다. 그것을 본 양포는 노발대발하여 장작을 치켜들고 쫓아가 개를 때렸다. 집에서 뛰쳐나온 양자가 그 모양을 보고 이렇게 말했다.

"때리지 마라. 너는 왜 개를 이상하다고 생각하느냐? 입장을 바꿔놓고 생각해봐라. 개가 나갈 때는 분명히 흰 털이었는데 돌아올 때 검은 털로 변해 있었다면, 너라고 한들 이상하다고 생각하지 않겠느냐?"

어떤 면에서는 그가 '상대방의 입장에서 생각하라'는 주장을 펴고 있다고도 보이지만, 여기에서 중요한 것은 그가 개를 매우 사랑했다는 사실이다. 그러나 그가 어떤 사람이었는지에 대해서는 《사기》에서조차 한 마디 언급도 없기 때문에, 우리는 장자가 쓴 글을 통해 미뤄 짐작할 수 있을 뿐이다. 아마 양자는 노장 사상에 따르고자 했던 은자隱者가 아니었을까 생각된다.

장자의 〈소요유〉편에 보면 다음과 같은 내용이 나온다. 요임금이 천하를 허유許由라는 사람에게 물려주고 싶다고 하자, 허유는 펄쩍 뛰며 이렇게 말했다.

"뱁새가 넓은 숲속에 집을 짓고 살긴 하나 나뭇가지 하나로 만족하고, 두더지가 황하에서 물을 마실지라도 자기 배만 차면 그것으로 흡족하게 여긴다오. 그러니 돌아가시오. 내게 천하 따위는 필요 없소."

이 말과 더불어 그는 정중히 왕위를 거절했다. 이처럼 천하를 다스릴 만한 권세와 명예를 준다 해도 깨끗이 거절한 채, 자기의 분수를 지키며 인생의 즐거움을 누리는 허유 같은 사람이야말로 양자의 사상에 들어맞는 은자라 할 수 있다.

그렇다면 당시 왜 이러한 은자들이 많이 나타났을까? 왜 그들은 깊은 지혜를 갖고 있었음에도 세상을 등지고 살았을까? 첫째, 세상이 어지러운 때에는 아무리 애를 써봐도 세상을 구원하기 힘들다고 판단했던 것이고 둘째, 자칫 잘못하다가 억울하게 죽임을 당할 수도 있다는 두려움을 갖고 있었던 것 같다. 그런 그들에게, 억지로 세상을 구하려 하는 공자의 사상은 매우 어리석어 보였다. 하지만 그것보다 더욱 어리석게 보는 사람은 끝까지 강경 일변도로 나아가는 묵자였다.

머리털 하나도 뽑지 않다

양자의 저서는 일찍이 다 없어져버렸기 때문에 우리는 다른 사람들이 인용한 몇 개의 글귀에서 그 사상을 엿볼 수 있을 뿐이다.

첫째, 양자는 무엇보다 생명을 귀하게 여겼다. 다른 사람이나 동물의 생명뿐만 아니라 자기 자신의 생명이 세상의 어떤 것보다 귀중하다고 생각했다. 따라서 쓸데없이 세상일에 휘말려 헛되이 죽는 일을 끔찍이 싫어했다. 둘째, 생명을 보존하는 일이 지상 최대의 과제라면 시대적 환경에 따라, 혹은 그때그때 상황에 따라 스스로 맞춰나가는 일이 중요하다 여겼다. 셋째, 〈열자列子〉편에 보면, "양자는 자기 자신을 위하므로, 머리털 하나를 뽑으면 천하를 이롭게 할 수 있다 하더라도 그 일을 하지 않는다."(楊子取爲我 拔一毛而利天下 不爲也양자취위아 발일모이천하 불위야)라고 쓰여 있다.

그런데 이 마지막 조항을 두고 논란이 일어났는데, 그것은 바로 극단적인 이기주의라는 비판이다. 하지만 첫째, 한 터럭을 뽑아봐야 도저히 천하를 구제할 수 없다는 것이 양자의 생각이었다. 형편이 그러한데 현실을 무시하고 말로만, 입으로만 세상을 구제하겠다고 큰소리치는 사람들이 있다면 너무나 가소롭다는 것이다. 둘째, 양자는 비록 한 터럭일지언정 그 작은 것을 소홀히 하면 몸 전체를 소홀히 하는 것과 같다고 생각했다. 아무리 작고 미세한 터럭이라도 많이 모이게 되면 피부만큼이나 중요하고, 또한 피부를 많이 합쳐놓으면 사지四肢만큼 중요한데, 어찌 한 터럭이라고 해서 가벼이 여길 수 있는가 하는 것이다. 셋째, 양자는 세상을 구한다고 소리치고 다니는 사람들이 오히려 세상을 시끄럽게 만든다고 보았다. 그래서 양자는 "사람마다 털

하나라도 손해 보지 않고, 또 사람마다 굳이 천하를 이롭게 하려 달려들지 않으면 천하는 저절로 다스려진다."(人人不損一毫 人人不利天下 天下治矣인인불손일호 인인불리천하 천하치의)라고 주장했던 것이다.

이런 측면에서 본다면, 가령 천하에 크게 이로움을 주는 일에는 관심조차 갖지 않는 사람이 자기 자신을 위해 십 분지 일의 이로움인들 추구할까라는 의문이 든다. 하물며 그런 사람이 남을 해치고 세상에 재앙을 가져오는 일을 하려고 할까? 누구든지 조용하게 자기의 할 일만 하고 살아가다 보면 이 세상은 저절로 다스려진다는 뜻이다. 이러한 양자의 사상은 천하를 이롭게 한다는 구호로 혹세무민惑世誣民하는 겸애주의자들(대표적으로 묵자)과 떠들썩한 유가의 명분주의자들을 모두 비판한 것이라 볼 수 있다.

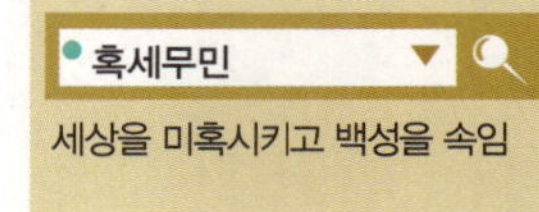

세상을 미혹시키고 백성을 속임

맘껏 먹고 마시고 즐기라

그러나 〈열자〉편이 위조되었다는 주장도 있는 만큼 이에 대한 세심한 주의가 요구된다. 어떻든 그 내용을 더 들여다보면 저급하고 속되기 짝이 없는데, 여기에서 양자는 마치 향락주의의 화신처럼 등장한다.

"우리는 왜 인생의 시기를 놓치지 말고 즐겨야 하는가? 그것은 우리의 인생이 너무나 짧기 때문이다. 백 살까지 사는 사람은 천에 하나가 있을까 말까 할 정도로 매우 드물거니와, 만일 백 살까지 산 사람이 있다면 누구든지 그에 대해 참 대단한 장수를 누렸다고 말할 것이다. 설령 백 살까지 산다 한들 이 가운데 어린 시절과 늙어버린 시절이 전체의 절반을 차지하고, 그 나머지 중에서도 밤잠과 낮잠이 또 절반을 차지하며, 거기다가 질병과 우환이 또 그것의 절반을 줄이고 만다. 그리고 나서 남는 것은 겨우 십여 년뿐인데, 이 가운데 소요자재하며 아무런 걱정 없이 지내는 시간이 얼마나 되겠는가?

생명이 이와 같이 짧은데 우리 인생에 도대체 무슨 의미가 있다는 말인가? 사업을 위해 사는가, 아니면 명예를 위해 사는가? 그러나 십 년을 살아도 한 번은 죽어야 하고, 백 년을 살아도 한 번은 죽어야 한다. 성인聖人도 한 번은 죽어야 하고, 바보·천치·멍텅구리도 한 번은 죽어야 한다. 살았을 때나 요순일 뿐, 죽고 나면 곧 말라빠진 뼈로 변하고 만다. 사람이 죽어 모두 마른 뼈로 변한 다음에야 그들 사이에 무엇이 서로 다르겠는가? 그러므로 우리는 살아 있을 때에 최대한 즐거움을 찾아야 하며, 죽은 후의 일에 대해서는 아예 걱정조차 하지 말아야 한다. 왜냐하면 죽은 후의 일들은 나와 아무런 관계가 없기 때문이다. 화장火葬을 당해도 좋고, 수장水葬을 당해도 좋고, 땅속에 그냥 묻혀도 좋고, 비단옷에 휘감겨 돌관 속에 놓여도 좋다. 죽으면 모든 것이 끝나고 모든 것이 공空이 되는데, 어찌하여 살아생전에 쾌락을 찾지 않고 스스로 고생을 사서 하려 드는가? 우리는 마땅히 세상의 아름다운 풍경이란 풍경, 미색美色이란 미색을 모두 구경하며 인생의 쾌락을 즐겨야 한다. 우리는 맛있는 음식도 실컷 먹어야 하되, 다만 너무 배가 불러 다른 맛있는 음식을 더 먹지 못할까봐 두려워해야 한다. 정욕도 즐길 수 있는 한 최대한 즐겨야 한다. 육체의 정력이 다하면 다시는 미색을 즐기지 못한다. 사정이 이렇거늘 자기의 명예를 생각할 시간이 어디에 있으며, 자기의 생명을 걱정할 새가 어디에 있는가?”

그렇다면 우리는 구체적으로 어떻게 즐겨야 할까? 여기에서 양자는 이상적인 인물로 두 사람을 그리고 있다. 그 하나는 술을 죽도록 즐긴 공손조公孫朝라는 사람이고, 다른 하나는 여색을 미친 듯이 좋아한 공손목公孫穆이라는 인물이다.

“공손조는 술을 자기 생명처럼 즐기는 자로, 그의 방 안에는 술을 담은 독이 일천 개나 쌓여 있고 술을 빚는 누룩은 골마루●에 가득 차 있다. 그래서 술 빚는 냄새는 문밖 십 리까지 코를 찌른다. 그가 술을 마실 때는 모든 것을 잊는다. 정치적으로 권세를 얻는지 잃는지, 요즘 사람들의 인심이 좋아지는지 나빠지는지, 친척들의 집에서 큰일이 벌어지는지 혹은 작은 일이 생기는지 등등 모든 것을 잊어버린다. 나아가 사람이 살고 죽는 데 따르는 슬픔이나 서러움, 심지어 사물이 자신의 눈앞에 있는지 없는지조차도 잊어버린다. 설령 그에게 찬물을 뒤집어씌우고 불로 지지고 칼로 찔러도 모르는 것이다. 밤이면 밤마다, 낮이면 낮마다 항상 술에 취한 채 세상의 고통을 외면하고 살아간다. 한편 공손목이란 자는 대단한 호색한好色漢●이다. 그는 뒤뜰에 몇십 개나 되는 골방을 만들어놓고 천하에 예쁘다는 아가씨들을 모두 가려 뽑아 그 방에 가득 채워 놓는다. 그리고 일단 여자들과 놀기 시작하면 뒷방에 누워 모든 방문객을 돌려보내며 밤낮을 가리지 않는데, 석 달에 한 번 정도나 문밖으로 나온다. 그러고서도 만족스럽지 못한 얼굴빛이다. 만약 어느 시골에 예쁜 여자가 있다는 소문이 들리면 돈을 주고 부르거나, 혹은 다른 어떤 수단을 동원해서라도 기어이 끌어오고야 만다. 그리고 자기 자신의 육체적 욕망이 채워질 때까지 절대로 멈추지 않는다. 이 두 사람은 글을 쓰거나 학설을 세우는 데에는 아무런 흥미가 없으며, 후세에 자신의 이름을 떨치는 데에도 관심이 없다. 그렇다고 해서 재물에 신경을 쓰는 것도 아니라서, 오히려 돈 보기를 마치 오물汚物● 처럼 여긴다. 심지어 자기의 생명마저 돌보지 않고 그저 낭비할 뿐이다. 그들은 정신적인 가치를 추구하거나 마음의 평안에 관심을 갖지도 않는다. 오직 육체적인 자극과 관능의 만족만을 추구할 뿐이다."

물론 지금까지 인용한 내용들이 진정한 양자의 사상과는 거리가

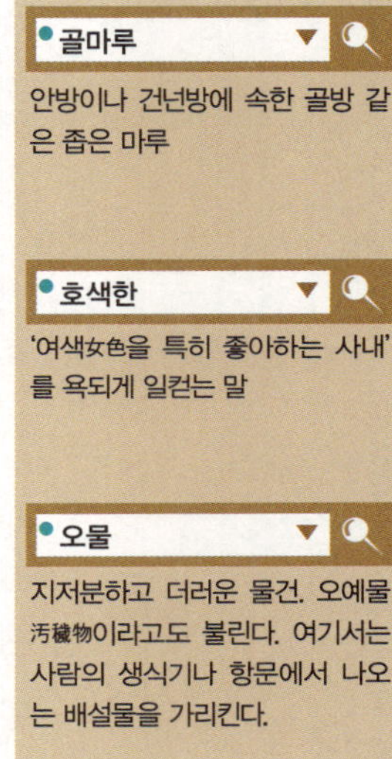

멀다고도 할 수 있다. 그에 대한 깊은 이해도 없이 마치 양자가 극단적인 이기주의와 비천한 향락주의에 빠진 것처럼 잘못 전하는 사람들이 있었다는 뜻이다.

유가는 인간에게 인의도덕을 제시하여 세상을 구한다는 이상을 제시했고, 묵가는 구체적으로 사회문제를 해결하는 방법을 제시했다. 그러나 양자는 세상으로부터 아예 문제가 일어나지 않기를 바라는 소극적인 자세에 머물렀다.

이러한 그의 태도는 염세주의에 빠져 있던 사람들에게 도리어 하나의 청량제가 되었으며, 그리하여 수많은 은자가 그의 사상을 따르고자 했다. 당시 양자의 영향력은 지대했던 것 같다. 일찍이 맹자가 "양자와 묵가의 도가 끝나지 않는 한, 공자의 도는 드러나지 않을 것이다."라고 한 말로 미뤄보아 양자의 세력이 얼마나 컸던가를 짐작할 수 있다.

허무맹랑한 궤변론자, 명가

여러 제자백가 가운데 명가名家는 흔히 '궤변론자詭辯論者'에 해당하는 사람들이라고 할 수 있다. 명가라는 말 자체가 본래 "이름과 실제가 일치해야 한다."라는 그들의 주장에서 나온 것이지만, 실제로는 허무맹랑한 궤변으로 흐르고 말았다. 과거부터 내려오는 전통적인 사상가들을 사거리 한복판에 서서 당당하게 복음을 전하는 '선교사'라고 부른다면, 여기에 등장하는 명가들은 마치 거리의 '마술사'처럼 부채를 들거나 담요를 두른 채 술잔을 빙빙 돌리면서 무언가를 열심히 중얼거리며 다니는 이상한 사람쯤으로 비유할 수 있겠다.

궤변은 즉 허위虛僞라고도 한다. 얼핏 들으면 옳은 것 같지만 실은 이치에 닿지 않는 말을 억지로 둘러대거 자기합리화하려는 허위적인 변론을 일컫는 말이다. 서양의 궤변학파는 본디 '지혜로운 사람(소피스트)'이라는 뜻으로 오늘날의 궤변을 뜻하지는 않았다. 그러던 것이 후세에 이르러 목적을 위해 논리적인 규범을 무시하고 아무렇게나 둘러대는 억지 주장으로 변질되어 버렸다. 동양에서는 대표적으로 공손룡의 백마비마론과 이견백론이 널리 알려져 있다.

그런데 사람들은 왜 그처럼 말 같지 않은 주장에 쉽게 넘어가는 것일까? 아마 맨 처음에는 그 누구의 귀에든 황당하게 들리다가도, 일단 그 설명을 다 듣고 나면 어쩐지 조리가 분명하게 느껴져 번번이 설득당하고 말기 때문이 아닐까?

이 말도 옳고 저 말도 옳다

공자의 청년 시대에 활동한 정치가 중 등석鄧析이란 사람이 있었다. 그런데 어느 날, 유수有水에 홍수가 나서 정나라의 부잣집 노인이 빠져 죽었는데, 그의 시체를 건진 사람은 거짓공갈을 쳐서 부잣집으로부터 많은 돈을 얻고자 했다. 이에 부잣집 노인의 집사람들이 먼저 등석을 찾아와 그에 대한 대책을 물었다. 그러자 등석은 이렇게 대답했다.

"당신네 집안에서 급하게 서두를 필요는 하나도 없습니다. 왜냐하면 시체를 건진 사람은 그 시체를 절대로 다른 사람에게 팔 수가 없을 것이기 때문입니다. 이 세상에 누가 다른 사람의 시체를 사려고 하겠습니까? 그러니 시간이 지나면 그는 결국 당신들에게 팔지 못할까봐 도리어 전전긍긍하게 될 것입니다."

등석의 계책을 들은 사람들은 그 말이 옳다 싶어 시치미를 딱 떼었다. 그리고 상대방이 시체 값을 부를 때마다 거절하여 되돌려 보내곤 했다. 일이 이렇게 돌아가자 이번에는 시체를 건진 사람 쪽에서 급해졌다. 썩어가는 시체를 집 안에 놓아두자니 보통 골치 아픈 일이 아니었기 때문이다. 그는 등석을 찾아와 역시 대책을 물었다. 그러자 이번에도 등석은 태연하게 이렇게 말하는 것이었다.

등석

지금의 허난성 신정현 사람. 정鄭나라의 정치가 정도로만 알려져 있다.

"당신 쪽에서도 급히 서두를 필요가 없습니다. 왜냐하면 부잣집에서는 절대로 다른 곳에서 그 시체를 살 수 없기 때문입니다. 그 시체가 또 어디 다른 곳에 있을 수 있겠습니까? 그러므로 때가 되면 반드시 당신을 다시 찾아오게 될 것입니다. 더구나 시체가 자꾸 썩어갈수록 마음이 더 급해질 것입니다."

이것이 이른바 양가지사兩可之辭인데, 명가의 사상가들은 이렇듯 변론술을 값싸게 팔아넘겼다. 그들의 겉핥기식 궤변은 옳고 그름을 분별하는 데 아무런 기준도 없었기 때문에, 누가 옳고 누가 그른지 알 수가 없었다. 그래서 자연히 백성들의 풍속은 흐려지고 말았다.

또한 등석은 정나라의 재상이던 자산子産이란 사람과 곧잘 다투었다고 한다. 당시 자산은 나라의 인습因習을 단호히 개혁하고 있었는데, 이에 반감을 갖고 있는 백성들이 익명匿名으로 된 표어를 곳곳에 붙여 개혁을 비웃는가 하면, 그 주동자인 자산을 욕하곤 했다. 그럴 때마다 자산은 표어를 떼어내고 다시는 붙이지 못하도록 하곤 했는데, 이때 등석은 자산을 비난하는 편지를 써서 익명으로 자산에게 보냈다. 이를 받아보고 화가 머리끝까지 오른 자산은 "앞으로는 절대로 보낸 사람의 이름이 없는 편지를 받지 말라!" 하며 엄명을 내렸다. 이를 전해 들은 등석이 이번에는 편지를 마치 예물禮物처럼 곱게 잘 싸서 자산에게 보내 또 한 번 골탕을 먹였다고 한다.

또 등석은 어떤 소송 사건을 부탁받을 때 만일 그것이 큰 사건이면 그에 대한 대가로 한 벌의 옷을 받고, 작은 사건이면 바지 하나를 받았다고 한다. 그리고 어떻게 해서든 기어이 소송을 이겨내는 것이었다. 요즘 말로 하면 수임료는 싼데 소송은 반드시 이겨내는 변호사가 등장한

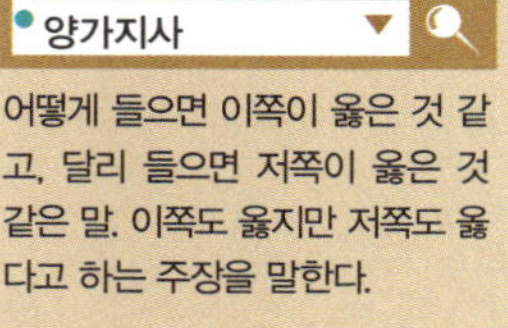

양가지사

어떻게 들으면 이쪽이 옳은 것 같고, 달리 들으면 저쪽이 옳은 것 같은 말. 이쪽도 옳지만 저쪽도 옳다고 하는 주장을 말한다.

인습

오래전부터 전해 내려와서 몸에 젖어버린 풍습

예물

어떤 일에 대한 감사의 뜻이나 무엇을 기념하기 위해 주는 물건

것이다. 이렇게 하다 보니 자연히 그의 이름이 알려졌고, 수많은 사람들이 손에 옷을 들고 찾아와서 그에게 소송의 기술을 가르쳐달라고 졸랐다.

　그러나 궤변이 영원히 통할 수는 없는 법. 전하는 말에 따르면, 결국 자산이 등석을 죽였다고도 하고, 또는 사전駟檔이란 사람이 정권을 잡아 그를 죽였다고도 한다. 어느 쪽이 맞든 결국 그는 스스로 늘어놓은 궤변으로 말미암아 죽임을 당했을 것이며, 아마 죄목은 '많은 사람들을 모아 사이비 단체를 만들고, 옳고 그름의 기준을 어지럽혔다'는 점이 아니었을까 짐작만 할 뿐이다.

하늘과 땅,
산과 연못은 똑같다

　　　　　앞에서 잠시 나왔지만, 혜시는 장자와 같은 시대의 사람으로서 송나라 출신이다. 양나라의 혜왕과 양왕 밑에서 재상을 지냈으며, 박학다식하여 그 저서가 다섯 수레에 찰 정도였다고 한다. 장자와는 매우 절친한 사이였으나, 서로 사상이 달라 논쟁이 그치지 않았다. 그러나 혜시가 죽은 후 장자는 그 무덤 앞을 지나면서 "나는 변론의 상대를 잃어버렸도다."라며 탄식했다고 한다.

　그렇다면 여기서 혜시의 철학에 대해 알아보기로 하자.

　혜시는 첫째, 공간상의 차별을 없애고자 했다. 공간에 대해 우리가 겉으로만 본다면 크고 작음과 높고 낮음, 멀고 가까움과 안과 밖, 엷고 두터움 등의 차별이 분명히 있다. 그러나 그 표면을 뚫고 본질을 들여다보면 모두 다 똑같다. 예컨대 아주 큰 것은 밖이 없고, 아주 작은 것은 안이 없으니, 비록 크고 작음의 차이가 있다 할지라도 무궁하다는 점에서는 똑같다. 또 하늘과 땅, 산과 연못은 맨땅 위에서 바라보면 엄청난 차이가 나는 것 같지만, 몇천 리나 되는 높은 공중 위에서 바라보면 똑같은 평면일 뿐이다. (天與地卑 山與澤平 천여지비 산여택평) 그리고 아무리 엷은 것일지라도 하나의 면을 가지고 있는 게 분명하므로 그것을 무한히 작은 것으로 쪼갤 수가 있는데, 그 길이를 이어놓는다면 천 리와 같을 것이다. 말하자면, 두껍다거나 엷다거나 하는 공간적인 차별도 없다는 것이다.

한번은 제나라 위왕이 양나라와의 사이에 맺어진 조약을 없었던 것으로 돌리자 혜왕은 군대를 일으켜 공격할 준비를 갖췄다. 혜시는 이 소식을 대진인이라고 하는 현자에게 전해주었다. 그러자 대진인은 양 혜왕에게 이렇게 물었다.

"임금께서는 달팽이라고 하는 작은 동물을 아십니까?"

"알지요."

"그 달팽이의 왼쪽 뿔에는 촉씨觸氏라고 하는 나라가 있고, 오른쪽 뿔에는 만씨蠻氏라고 하는 나라가 있습니다. 그런데 이 두 개의 조그마한 나라는 항상 땅을 놓고 전쟁을 하는 바람에 한꺼번에 수만 명씩 죽어갑니다."

"그것 참 우습네요. 근데 그건 아무 뜻도 없는 이야기겠지요?"

"그보다도 임금께서는 천지 사방과 위아래의 끝이 있다고 생각하십니까?"

"흠, 그야 끝이 없겠지요."

"그렇다면 지금 우리가 살고 있는 이 나라를 우주와 한번 비교해보십시오. 그렇게 본다면 이 나라도 사실 아무것도 아니지 않습니까?"

"그렇지요."

"그런데 우리 중국 가운데 위라고 하는 나라가 하나 있는데, 진나라에

梁 惠王 | 양 혜왕은 전국 시대의 7국 중 하나인 위魏나라 혜왕을 말한다. 그가 수도를 대량大梁으로 옮기면서 위나라를 양梁나라로 고쳤으므로 이후 양 혜왕이라 칭해졌다.

쫓겨 양으로 서울을 옮기고 다시 양나라로 이름을 고쳐 불렀습니다. 이 양나라의 임금이 달팽이의 오른쪽 뿔에 있는 만씨와 의견이 맞지 않아, 지금 전쟁을 일으키려 하고 있습니다."

대화가 여기까지 이르자 혜왕은 입을 다물고 말았다. 두 나라는 달팽이의 두 뿔과 같은 것이거늘, 작은 공간^땅을 놓고 서로 싸워본들 서로 간에 무슨 유익이 있겠느냐는 뜻이었다. 오늘날 영토를 늘리기 위해 전쟁을 벌이는 나라에서 참고해야 할 대목인 듯하다.

둘째, 혜시는 시간적인 차별도 없애고자 했다. 가령 오늘 내가 월나라로 떠났을지라도 거기 도착한 후에는, 내가 떠나던 그날(오늘)은 이미 옛날 일이 되고 만다.(今日適越而昔來금일적월이석래) 오늘(1일)의 시점에서 보면 내일(2일)은 장차 다가올 미래의 일이지만, 시간이 흘러 모레(3일)의 시점에서 봤을 때에는 내일(2일)은 이미 지나간 과거(어제)가 된다. 태양이 중천에 떠 있다가도 눈 깜짝할 새 서쪽으로 기울고, 모든 사물은 방금 낳아서 방금 죽는다. 우리는 시간상으로 과거와 미래를 구별하기 때문에 삶과 죽음도 차별하지만, 결국 시간이란 앞뒤의 구별이 없는 하나의 흐름이라는 것을 깨달아야 한다. 그랬을 때, 비로소 삶과 죽음 역시 시간의 흐름 위에서 움직이는 두 개의 점에 지나지 않는다는 사실도 알게 될 것이다.

그렇다면 우리의 마음속에 시공간상 차별이 생기는 이유는 무엇일까? 그것은 인간의 관념 그 자체에 차별이 있기 때문이다. 그러므로 혜시는 무엇보다 우선 우리 마음속에 있는 관념상의 차별을 쳐부숴야 한다고 주장한다. 우리는 관념상으로 같음과 다름^{同異}을 구별하고자 하는 경향이 있다. 하지만 실은 같음 속에 다름이 있고, 다름 속에 같음이 있다.

예컨대 너와 나는 서로 다르지만 모두 한국인이라는 점에서는 같으며, 아무리 같은 나뭇잎이라 할지라도 완전히 똑같은 두 개의 잎사귀는 이 세상 어디에도 있을 수 없다. 모든 인간은 인류라는 점에서 똑같지만, 이 지구상에 살고 있는 수많은 사람들 가운데 완전히 똑같은 경우는 없다.

또 우리 눈앞에 있는 둥근 고리가 현실적으로 풀어지지 않는다 할지라도, 우리의 관념상에서는 얼마든지 풀어질 수 있다. 이와 마찬가지로, 현상으로 드러나는 모든 사물에는 차별이 있을 수 있으나, 우리의 관념상으로는 그것들을 얼마든지 동일하게 만들 수 있다. 여기에 착안하여 우리가 모든 사물을 넓은 마음으로 사랑한다면 천지가 곧 한 몸이나 마찬가지라는 결론이 나온다.(汎愛萬物 天地一體也범애만물천지일체) 이 지구상에는 수많은 나라와 민족이 있다. 그들이 겉으로 볼 때에는 서로 다르지만, 전체 인류라고 하는 관점에서 본다면 모두 한 나라요, 같은 민족이다. 이러한 사상을 확대해나간다면 인류애 정신, 즉 사해동포주의四海同胞主義●에 도달할 수 있을 것이다.

혜시에 의하면, 이처럼 모든 사물에 대한 차별은 우리의 주관적인 관념상에서 일어나는 일일 뿐, 객관적인 눈으로 보면 모두 똑같다. 인생의 도리 역시 이와 같아서 우리가 나만을 생각하고 산다면 영원히 다른 사람을 이해하거나 동정할 수 없다. 하지만 내가 모두를 사랑하고 또 모두가 나를 사랑한다면, 이 세상이 평화로워지고 화목해질 것이다.

흰 말은 말이 아니다

공손룡●은 당시 유명한 변론자로 소문이 나 있었다. 언젠가 그가 국경을 통과할 때였다. 수비대가 "말은 통행이 금지되어 있습니다."라고 하자 "내 말은 희다. 그리고 흰 말은 말이 아니다."라고

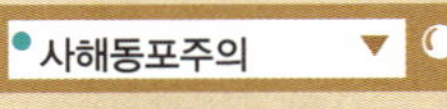

●사해동포주의 ▼

박애주의. 인종적 편견이나 국가적 이기심을 버리고 인류 전체의 복지 증진을 위해 모두 평등하게 서로 사랑해야 한다는 주의다.

●공손룡 ▼

公孫龍, 기원전 320?~기원전 250? | 趙조나라 사람으로서 명가에 속한다. 성은 공손公孫이고, 이름은 용龍이다.

대답하고는 그대로 국경을 넘어갔다고 한다.

혜시가 다름 속에서 같음을 찾은 데 대해, 공손룡은 같음 속에서 다름을 구했다. 특히 위에서 예로 든 그의 백마비마론白馬非馬論과 이견백론離堅白論이 유명하다.

첫째, 왜 백마는 말이 아닐까? 말馬은 형체모양를 가리키는 것이고, 희다白는 빛깔색을 가리킨다. 그러므로 백마라고 하는 것은 어떤 모양 위에 색깔을 덧칠한 것이므로, 원래 말과는 좀 다르다. 즉 말이라고 했을 때는 존재하는 말의 전체를 가리키는 반면, 백마라고 했을 때에는 일부분만을 가리키는 셈이 된다. 그리고 논리상 '부분은 전체와 같지 않음'이 분명하므로, 백마라고 하는 것은 순수한 의미의 말과는 엄연히 다르다. 쉽게 말하면, 그냥 말과 하얀 말은 그 뜻이 다르다는 것이다.

둘째, 왜 우리는 단단하고도 하얀 돌(堅白石)의 개념을 얻을 수 없을까? 한 덩어리의 견백석은 세 가지의 감각 개념으로 이뤄져 있다. 촉각으로서의 단단함과 시각으로서의 하얀색, 그리고 실체로서의 돌이 그것이다. 그런데 이 세 가지가 우리의 의식상에서는 한데 어울려 한 덩어리의 단단한 흰 돌로 보이는 것이다. 그러나 공손룡에 의하면, 우리의 눈으로 그 돌을 볼 때 하얀 색깔만 볼 뿐 단단함을 느낄 수 없고, 또 손으로 만질 때 단단함만 느낄 뿐 하얀 색깔을 볼 수가 없다. 즉 시각과 촉각은 우리의 뇌리로 동시에 들어오지 않기 때문에 단단함과 하양은 서로 분리되는 것이다. 그래서 우리는 단단한 돌이라거나 하얀 돌이라는 개념은 얻을 수 있지만, 단단하고도 하얀 돌의 개념을 동시에 얻을 수는 없다.

이와 같이 공손룡은 같음 속에서 다름을 구했는데, 즉 "비록 간과 쓸개처럼 가까운 위치에 있는 사물일지라도, 서로 다르다는 입장에서 보면 원수관계인 초나라와 월나라처럼 먼 곳으로 보인다."(自其異者視之 肝膽楚越也자기이자시지 간담초월야)라고 했다.

이러한 공손룡의 궤변에 대해 제나라의 추연鄒衍이란 사람은 그것이 아무 짝에도 쓸모가 없고 오직 큰 도리에 해가 될 뿐이라고 신랄하게 비난하고 나섰다. 즉 올바른 변론을 위해서는 첫째, 명사名詞의 뜻이 분명해야 하고 둘째, 모든 사물의 같음과 다름을 분명히 구별하여 혼란을 일으키지 말아야 하며 셋째, 진리를 명백히 밝혀 미혹되는 일이 없도록 해야 한다. 그런데도 공손룡은 이것을 모두 어겼다는 것이다. 이러한 추연의 말을 들은 평원군●은 두 번 다시 공손룡을 예절로써 대우하지 않았다고 한다.

날아가는 새의 그림자는 움직여본 적이 없다

명가들이 주장한 궤변 가운데 두 가지만 들어본다. 첫째는 "날아가는 새의 그림자는 일찍이 움직여본 적이 없다."●(飛鳥之影 未嘗 動也비조지영 미상동야)라는 것이다. 공중을 날아가는 새가 그림자를 드리울 때, 그 그림자가 비쳐진 모습을 아주 짧은 순간에 포착했을 경우 그림자는 정지한 모습이 될 것이다. 또한 다음 순간의 그림자를 포착했을 경우에도 사정은 이와 마찬가지이고, 이러한 사정은 그림자 전체의 움직임을 포착할 경우에도 마찬가지일 것이다. 그렇다면 전체 그림자를 이어보아도 역시 움직이지 않았다는 결론이 나온다.

둘째는 "한 자 되는 나무토막을 날마다 그 절반씩 잘라나가면 만세토록

● 서양 철학 중에서 엘레아학파의 제논이 든 예와 매우 비슷하다. 제논은 "날아가는 화살은 정지해 있다."라고 주장했다. 시위에서 떠난 화살은 날아간다고, 즉 움직인다고 흔히 생각한다. 하지만 날아가는 순간순간 하나씩 떼어서 관찰할 경우, 공간 내의 일정한 지점을 차지하고 있는 이 화살은 순간마다 정지해 있는 것으로 보인다. 그리고 정지해 있는 각 지점을 연결해보면 그것은 전체적으로 정지한 화살이 된다. 마치 움직이는 피사체를 카메라로 촬영할 때 수십만 분의 일 초라는 짧은 순간에 포착할 경우, 그 피사체가 정지된 모습으로 나타나는 것과 비슷하다고 해야 할 것이다.

잘라도 못다 자른다.”(一尺之錘 日取其半 萬世不竭일척지추 일취기반 만세불갈) 라는 것이다. 가령 처음에 나무토막의 절반을 잘랐다면 그다음에는 절반의 절반을 잘라야 하고, 다시 그 절반의 절반을 자르고 나면 이번에는 그 절반의, 절반의 절반을 잘라야 한다. 이런 식으로 나간다면 점점 작아지기는 하겠지만 그 절반은 있게 마련이고, 그 진행은 무한대까지 나아가고야 마는 것이다. 물론 이 논리에 대한 반박이 있으나, 여기서는 생략하기로 한다.

이처럼 말장난 같은 변론술에 몰두함으로써 명가들은 진실한 학술적 가치에 대해 너무 소홀한 것이 사실이다. 그러나 그들의 논리 속에 다만 사람을 속이기 위한 것만 있는 것은 아니며, 때로는 일리 있는 부분도 있다고 보인다. 그런 점에서 당시 사람들의 냉대와 무관심으로 인해 그 명맥이 이어지지 못한 점은 실로 아쉬운 일이 아닐 수 없다.

부국강병만이 살길이다, 법가

춘추전국 시대의 정치·사회적 혼란을 바로잡기 위해서 유가는 인의도덕을, 도가는 무위자연을, 묵가는 겸애절용을 제창했으나, 세상은 자꾸 어지러워져만 갔다. 여기에서 실제 나라를 통치하는 면에 주목하여 철학을 펴고자 한 학파가 있었으니, 그들이 바로 법가法家다. 이들의 특징은 오직 정치사상에만 집중하되 모든 이론을 군주의 관점에서 펼친다는 점에 있다. 법가의 직업은 대부분 군주의 참모들이었고, 따라서 그들이 해야 할 일은 나라를 부하게 하며 군대를 강화하는 일(富國强兵부국강병) 이었다. 그 임무를 달성하려고 극단적인 수단도 가리지 않았는데, 맹자가 공격한 패도정치霸道政治가 오히려 그들이 추구하는 이상정치였다.

패도정치

양심을 팔고서라도 부귀공명을 위해 무력이나 권모술수를 쓰는 정치. 이에 대칭되는 말은 '인의도덕에 의해 나라를 다스린다'는 뜻의 왕도정치다.

관포지교, 관중

管仲, ?~기원전 645 | 춘추 시대의 정치가. 법가의 한 사람이다. 공자보다 백여 년 정도가 앞선 사람으로서, 제나라의 영상 출신이다. 이름은 중仲이고, 자는 이오夷吾다.

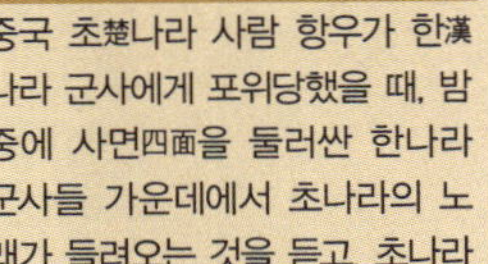

중국 초楚나라 사람 항우가 한漢나라 군사에게 포위당했을 때, 밤중에 사면四面을 둘러싼 한나라 군사들 가운데에서 초나라의 노래가 들려오는 것을 듣고, 초나라 백성이 이미 한나라에 항복한 줄 알고 놀랐다는 고사에서 온 말이다. 사면이 모두 적에게 포위된 상태를 일컫는다.

관중과 포숙의 우정이 매우 두텁다는 고사에서 유래한 말로, 매우 친한 친구 사이의 우정을 일컫는 말이다.

관중은 어려서부터 곤란한 환경 속에서 자랐고, 거의 반평생을 좌절 속에서 보냈다. 이러한 그의 신세를 두고, 맹자는 다음과 같이 말할 정도였다.

"하늘이 장차 이 사람에게 큰 임무를 내려주고자 하면, 먼저 반드시 그 마음을 괴롭히고, 뼛골을 수고롭게 하며, 배를 곯리고, 몸을 텅 비게 하여 행위를 어지럽히고, 심성을 억눌러 불가능한 일을 더욱 불가능하게 만든다."

하는 일마다 실패하여 사면초가四面楚歌에 몰린 관중에게 그나마 한 줄기 서광이 비치니 그가 바로 포숙鮑叔이다. 만일 그가 관포지교管鮑之交로 널리 알려져 있는 단 한 사람 포숙을 만나지 못했더라면 벼슬이나 공로는 말할 것도 없고, 그의 생활마저 버텨나가지 못했을 것이다.

관중은 어려서부터 포숙과 친했다. 포숙은 그를 매우 잘 이해해줬을 뿐만 아니라, 아끼고 사랑하며 나아가 존경하기까지 했다. 일찍이 둘은 남양에서 장사를 하여 목돈을 벌었다. 마땅히 똑같이 나눠가져야 하지만, 포숙은 관중이 자기보다 형편이 더 어렵다는 사실을 알고 그에게 더 많은 몫을 주었다. 물론 관중 역시 포숙을 위해 여러 차례 일을 도모했다. 그러나 어찌 된 영문인지 하는 일마다 모두 실패하고 말았다. 그럴 때마다 포숙은 "자네에게 운이 없어서 그런 것이지, 능력이 없어서 그런 것은 아닐세."라고 위로하곤 했다. 또 관중은 세 차례 벼슬을 했으나 모두 좌천되다시피 했고, 전쟁에 세 차례 참가했으나 모두 패배해 도망쳐야 했다. 이런 치욕적인 일로 인해 그는 세상 사람들로부터 거의 버림받다시피 했다. 그러나 포숙만은 그의 가슴속에 품은 큰 뜻과 웅대한 포부를 알고 있었기 때문에, 오히려 위로하며 용기를 북돋워주었다.

이처럼 극진한 우정에 대해 관중은 이후 이렇게 회상하며 감탄했다.

"일찍이 내가 가난할 적에 포숙과 함께 장사를 한 적이 있다. 이익을 나눌 때마다 내가 몫을 더 많이 가졌지만, 포숙은 나를 욕심 많다고 비난하지 않았다. 내가 가난한 것을 알고 있었기 때문이었다. 또 언젠가는 내가 어떤 일을 하다가 실패해 매우 어렵게 되었는데, 포숙은 나를 어리석다고 비난하지 않았다. 상황에 따라 일이 될 수도 있고 되지 않을 수도 있다는 것을 알았기 때문이다. 내가 세 번 벼슬길에 나갔다가 세 번 모두 임금에게 쫓겨나는 신세가 되었지만, 포숙은 나를 무능하다고 말하지 않았다. 내가 시대적 운을 만나지 못한 것을 알았기 때문이다. 그리고 내가 세 번을 싸워 세 번 모두 패하여 달아났지만, 포숙은 나를 겁쟁이라고 말하지 않았다. 나에게 늙으신 어머니가 있는 것을 알았기 때문이다. 이렇듯 나를 낳아준 이는 비록 부모지만, 나를 진정으로 알아주는 이는 포숙이다."

우리가 일생을 살아가면서 이런 친구를 한 사람이라도 만날 수 있다면, 그 자체로서 대단한 행운이라 해야 할 것이다.

비록 작은 일에는 곳곳에서 실패했을망정, 관중은 큰일에 대해 날카로운 통찰력과 깊은 책략을 지니고 있었다. 그는 당시 제나라의 양공襄公이 방약무도하게 행동하자 "장차 언젠가 이 나라에 큰 난리가 일어날 것이다."라고 예측하고는, 포숙과 함께 뒷날을 도모하고자 했다. 즉 두 사람은 공자公子 규糾와 소백小白을 따로따로 받들어 모시고, 나라

> ● **공자** ▼ 🔍
>
> 여기서는 '공公의 지위에 있는 사람의 자제'라는 뜻으로 해석된다. 규와 소백은 양공襄公의 동생들인데, 소백이 승리하여 훗날 제나라의 16대 임금 환공으로 등극한다.

밖으로 피난하여 기회를 엿보고 있었던 것이다.

과연 그 뒤 양공이 죽임을 당하고 나라가 크게 어지러워지면서 "새로운 임금을 모시자!"라는 분위기가 팽배해졌다. 이때 두 공자가 기회를 놓치지 않고 재빨리 귀국했는데, 그때부터 서로 왕위 자리를 놓고 다투기 시작하는 것이었다. 이에 관중은 규 공자 편에 서서 군대를 이끌고 전격적으로 소백 공자를 공격했다. 드디어 관중의 화살이 소백을 겨냥해 힘차게 날아갔다. 그러나 아슬아슬하게 소백의 혁대를 맞추게 되었고, 이로써 소백은 천우신조天佑神助로 어렵사리 위기를 벗어났다. 엎치락뒤치락하는 우여곡절 끝에 마침내 전쟁에서 포숙 쪽의 소백 공자가 승리하여 왕위에 오르게 되는데, 그가 바로 제나라의 환공이다.

환공은 그 즉시 정치적 라이벌인 규를 죽이고, 관중을 감옥에 처넣었다. 그러고는 지금까지 자기를 도운 포숙을 재상宰相 자리에 앉히려 했다. 누가 봐도 이는 당연한 처사였다. 그러나 포숙은 이렇게 간청하기 시작했다.

"비록 적의 편에 서서 이번 전쟁에서 패하긴 했지만, 관중이야말로 뛰어난 재주를 지닌 인물입니다. 제발 왕께서는 나라의 앞날을 위해 이번 일을 참으셔야 합니다. 화살 하나 때문에 맺어진 원수의 악감정을 씻어버리시고, 그를 재상으로 등용해주십시오."

결국 포숙의 도움으로 관중은 오히려 재상이 되었고, 이후 관중은 사십여 년 동안이나 환공을 극진히 도와 그가 대군주로 설 수 있도록 했다. 말하자면, 관중의 보좌 덕택에 환공은 제나라의 군주가 된 지 7년 만에 이름뿐인 주나라 왕실을 대신하여 중국 안에 있는 모든 제후들을 실질적으로 통솔하는 자리에 오르게 된 것이다.

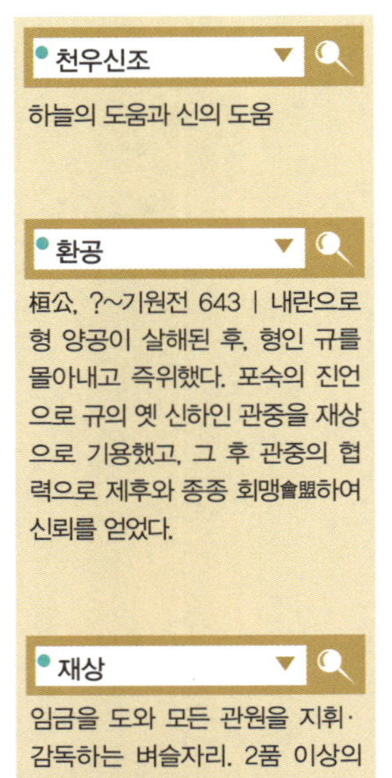

늙은 말과 개미에게서 배우다

어느 해 봄, 관중과 습붕濕朋이 환공을 따라 고죽국 정벌에 나섰을 때의 일이다. 질질 끌던 전쟁은 겨울이 되어서야 겨우 끝났다. 그런데 돌아가는 길에 큰 군대는 사막에서 그만 길을 잃고 말았다. 그때 관중이 말했다.

"늙은 말은 지혜가 많은 동물입니다. 늙은 말을 앞장세우십시오."

그래서 환공은 늙은 말 몇 필을 앞세우고 귀로에 올랐다. 그런데 한참을 가다 보니 이번에는 황량한 산이 눈앞에 나타났다. 산에 나무가 없어서 물도 나지 않았다. 여러 날이 지나도록 사람과 말이 마실 만한 물을 찾을 수가 없었다. 결국 병사들은 목이 말라 한 걸음도 움직일 수가 없게 되었다. 그때 습붕이 환공에게 말했다.

"개미의 경우 겨울에는 양달에 언덕을 쌓고, 여름에는 응달에 언덕을 쌓습니다. 그리고 개미의 굴은 언제나 물길 위에 있는 법입니다."

그 말에 개미굴을 파보았더니 정말로 물이 솟아나는 것이었다. 여기서 보듯, 동물이나 하찮은 미물들의 살아가는 방법에서 지혜를 배울 줄 아는 사람은 현명한 사람이다.

어떻든 관중은 포숙의 도움으로 어려운 나날을 극복하고 왕을 잘 모심으로써 후대 사람들의 찬사를 들을 수 있었다.

원래 환공의 경우, 자신의 힘으로 천하의 패자霸者가 될 정도의 인물은 아니었던 듯하다. 그럼에도 당시 중국의 거의 모든 영토에 해당하는 지역을 다스리게 된 것은 어디까지나 관중의 덕택이라고 해야 할 것이다. 사마천이 쓴 《사기》에도 "환공이 제후를 호령하여 천하의 도를 바로잡은 것은 관중의 계략에 의한 것이다."라는 구절이 나올 정도다.

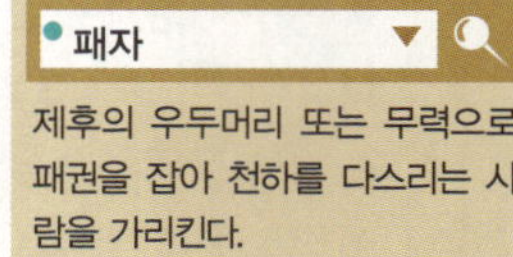

패자

제후의 우두머리 또는 무력으로 패권을 잡아 천하를 다스리는 사람을 가리킨다.

사람은 무엇으로 평가되는가

관중의 사람됨이나 사상에 대해서 그리 좋은 감정을 가지지 않았던 공자마저도 그가 정치적으로 이룩한 업적만큼은 인정하지 않을 수 없었다. 이와 관련하여《논어》에 보면 다음과 같은 이야기가 나온다.

"자공이 공자에게 말하기를, '관중은 인의仁義가 없는 사람입니다. 자기가 모시던 군주를 위해 순사殉死하지는 못할망정, 오히려 자기의 군주를 죽인 환공을 받들어 모시지 않았습니까?' 했다. 그러자 공자는 '관중은 환공을 도와 제후들을 지도하고 천하의 평화를 유지하게 했다. 우리 중국 백성들은 지금도 그 은혜를 입고 있다. 만일 관중이 없었다면, 그 옛날 우리 중국은 오랑캐에게 점령되어 지금쯤 아마 난발亂髮에 오랑캐 풍속을 강요당하며 살아가고 있을지도 모른다.'라고 답했다."

이 장면에서 우리는 과연 "사람이 무엇으로 평가되어야 하는가?"라는

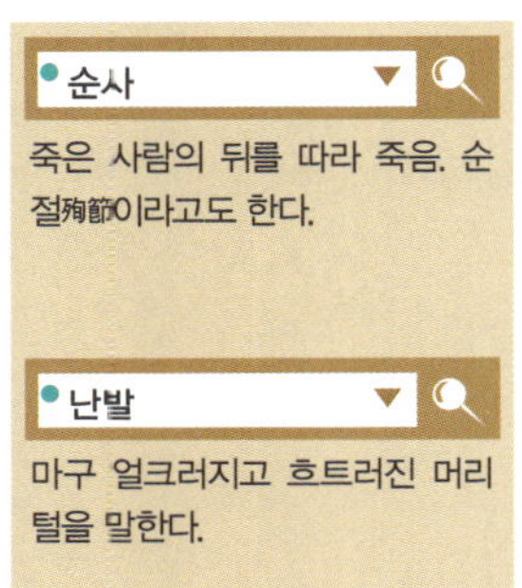

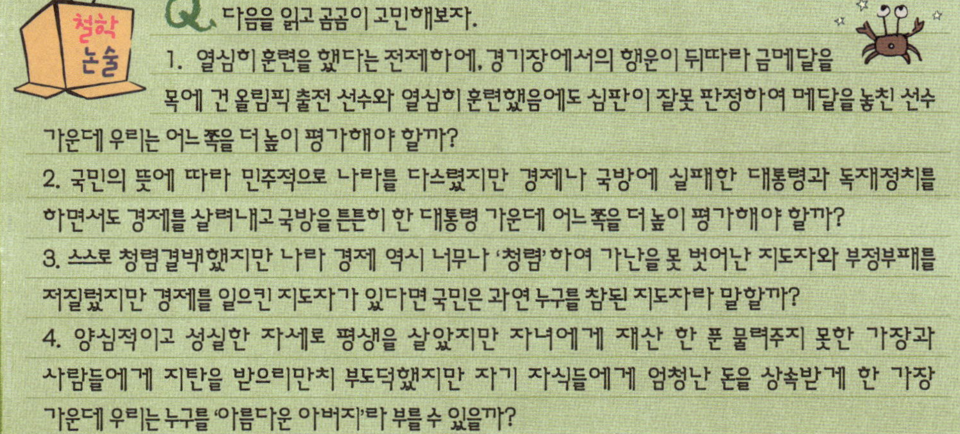

질문에 맞닥뜨리게 된다. 사람은 도덕성으로 평가되어야 할까, 아니면 그가 이룬 업적으로 평가되어야 할까?

군주에게 충성을 다하던 관중이 드디어 병으로 쓰러졌다. 환공 41년 때의 일이다. 이에 환공이 급히 문병을 갔는데, 이 자리에서도 그는 관중과 나랏일을 상의하고자 했다.

"만일 그대에게 무슨 일이 생기기라도 한다면, 장차 누구를 재상으로 삼는 것이 좋겠소?"

"그것은 폐하께서 더 잘 아실 줄 아옵니다만…."

그러자 환공이 미리 마음속에 점찍어둔 사람의 이름을 댔다.

"역아易牙가 어떻겠소?"

역아라는 사람은 원래 궁중에 머물며 환공에게 바칠 음식을 요리하는 사람이었다. 그런데 어느 날 환공이 사람 고기를 먹어본 일이 없다고 말하자, 끔찍하게도 자기 아들을 죽여 국을 끓인 다음, 환공에게 바쳤던 인물이다. 관중은 당연히 그를 반대했다.

"폐하! 역아란 자는 자기 아들을 죽이면서까지 폐하께 아첨한 인물이 아닙니까? 그것은 인륜을 저버린 행동입니다. 그러한 사람을 재상으로 삼으시면 절대로 안 됩니다."

이 말에 환공은 또 다른 인물의 이름을 꺼냈다.

"그럼 개방開方은 어떻소?"

"개방이란 자는 원래 위나라 공자면서도 자기 왕에게 잘 보이기 위해 가족을 버렸지 않습니까? 이는 인간으로서 도리에 어긋나는 일입니다. 가까이하지 않는 것이 좋을 줄 아옵니다."

"그렇다면 수조는 어떻겠소?"

수조는 호색가였던 환공의 마음을 얻기 위해 스스로 거세하여 환관宦官이

⊙ 청나라 마지막 환관의 모습
남자의 민감한 부위를 잘라내는 일이 치욕적이었을 것 같으나 최고 권력에 대한 욕망은 그렇게 간단히만 설명할 수는 없는 듯하다.

135

되었던 인물이다.

"수조는 스스로 거세하여 폐하께 아부한 인물입니다. 이 또한 인간으로서의 도리가 못 됩니다. 그를 믿어서는 안 됩니다."

드디어 관중이 세상을 떠났다. 그러나 환공은 관중의 충고를 무시한 채 그 세 사람을 높은 자리에 등용했으며, 결국 그들 셋은 자기들 마음대로 권력을 휘둘렀다. 임금을 무시하고 백성을 깔아뭉개며 자기 자신들의 잇속만을 챙기다 보니, 나라의 기강은 어지러워지고 사회는 혼란스러워져만 갔다.

어느 시대나 충신과 간신은 있게 마련이고, 어느 사회나 유익을 주는 자와 해를 끼치는 자가 나타나기 일쑤며, 어느 집안이나 효자와 불효자가 태어나게 되어 있다. 그런데 우리는 무엇으로 그의 사람됨을 판단할 수 있을까? 모름지기 지도자라면 사람의 중심을 볼 줄 알아야 한다. 사람의 타고난 성품을 꿰뚫어볼 줄 아는 통찰력이 있어야 한다는 뜻이다.

사람을 제대로 판단할 줄 알았던 명재상 관중이 죽자, 환공은 급속히 총기聰氣를 잃어갔으며, 이에 따라 제나라의 국력도 순식간에 무너지기 시작했다. 그리고 환공은 관중이 죽은 지 2년 만에 결국 세상을 떠나고 말았다.

그러자 그의 아들들인 다섯 명의 공자公子가 왕위 계승권을 놓고 서로 치고 박고 싸우기 시작했다. 싸움에 눈이 벌게진 공자들은 아버지의 시체를 67일 동안이나 내버려두었고, 이러한 모습을 《사기》는 "구더기가 우글거려 시체를 문밖으로 팽개쳤다."라고 기록했다.

관중은 나라의 전매사업인 어업과 염업을 통해 큰 이익을 얻게 하고, 그 이익으로 부국강병을 꾀했을 뿐만 아니라 "왕을 받들어 오랑캐를 쳐부수자!"라는 존왕양이尊王攘夷 구호를 높이 들어 군주인 환공의 위엄을 세우고자 했다. 당시 중국은 주나라가 수도를 뤄양으로 옮긴 후에 점점 쇠퇴함으로써 암흑과 같은 혼란기에 놓여 있었다. 그러나 관중의 정치 역량에 힘입어 민족끼리의 전쟁은 그쳐갔고, 오히려 서로 힘을 합쳐 야만족의 침입을 공동으로 막아내기에 이르렀다.

관중은 또한 "백성이란 창고가 가득 차야 예절을 알고, 의식衣食이 족해야 영욕榮辱을 안다."라고 하여, 나라를 다스리는 데에도 빈틈이 없도록 했다. 말하자면 대외적인 외교나 국방이든 내적으로 나라를 편안하게 다스리는 데 있어서든 모든 면에서 성공을 거두었던 것이다.

상 땅에 봉해진 공손앙

관중의 사상에 입각하여 준법정신을 강조한 상앙은 법가의 계통을 잇는 전국 시대의 정치가다. 본래 이름이 공손앙이었던 상앙은 위나라 왕의 첩에게서 태어났다. 그가 나중에 진나라에 등용되어 상商이라는 곳에 봉해졌기 때문에, 이후 상앙이라 불리게 되었다. 처음에 그는 위나라의 재상 공숙좌公叔座의 가신家臣으로 머물러 있었는데, 좀처럼 벼슬길이 열리지 않았다. 이에 공손앙의 뛰어난 재능을 잘 알고 있는 공숙좌는 그를 혜왕에게 천거했다. 하지만 혜왕은 그를 중용하지 않았다. 그러자 공숙좌는 죽기 얼마 전, 병이 들어 누운 자리에서 혜왕에게 이렇게 부탁했다.

"소신이 죽거든 제발 공손앙을 등용하십시오. 만일 정히 등용하지 않으시려거든, 그를 차라리 죽여 없애는 것이 좋습니다."

그리고 그는 자신이 왕에게 한 말을 공손앙에게 그대로 전하고는, 빨리 도망치라고 다그쳤다. 그러나 그의 말을 들은 공손앙은 빙그레 웃으며

영욕

영예와 치욕. 명예와 수치를 일컫는다.

상앙

商革央, ?~기원전 338 | 본명은 공손앙. 진秦나라 임금 효공의 신임을 받아 법령과 제도를 개혁하고 부국강병을 꾀했다.

가신

경卿이나 대부大夫의 집에 딸려 그들을 섬기고 받들던 사람

이렇게 말했다.

"어르신의 강력한 천거가 있었음에도 저를 중용하지 않은 사람이 어찌 어르신의 간언諫言을 듣고 저를 죽이겠습니까?"

과연 그의 말대로 혜왕은 공손앙을 죽이지 않았는데, 그에게는 놀라우리만치 두둑한 배짱과 더불어 사람을 보는 남다른 지혜까지 갖췄다 해야 할 것이다.

얼마 후, 공손앙은 위나라에서 진나라로 건너갔다. 당시 진나라는 국력을 잃은 채 이웃나라에게 오랑캐로 배척당하는, 아주 어려운 처지에 놓여 있었다. 이에 진나라의 임금 효공孝公은 마침 과거의 위대했던 전성시대를 다시 실현해보기 위해 널리 인재를 구하고 있었다. 이때 공손앙이 효공에게 다가가 이렇게 건의했다.

"진나라의 부국강병을 위해서는 먼저 낡은 법률과 제도부터 개혁해야 합니다."

물론 이에 대한 반대 의견들이 있었지만, 효공은 공손앙의 주장에 찬성했다. 그래서 그를 좌서장左庶長으로 삼아 법률 및 제도에 대한 개정 법안을 만들게 한 다음, 드디어 정치 개혁에 착수했다. 이때 공손앙이 만든 법의 내용은 엄벌주의, 연좌제連坐制, 밀고密告의 장려, 신상필벌 信賞必罰 등 법률지상주의였다. 모든 사항을 법으로 세밀하게 규정하여 백성의 일거수일투족에 이르기까지 법률의 적용을 받게 했던 것이다.

장대를 옮긴 자에게 황금을 주겠노라

법률을 만든 공손앙은 그것을 널리 발표하기 전에 우선 백성에게 '법령은 반드시 지켜져야 한다'는 정부의 굳센 의지를 보여줄 필요가 있다고 생각했다. 그래서 수도의 남쪽 문에 석 자 길이나 되는 높은

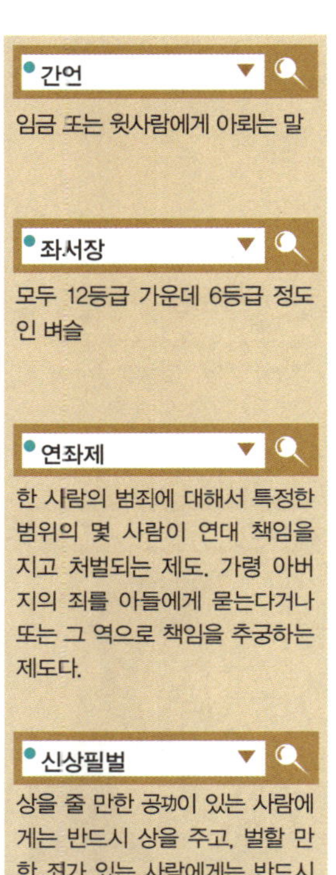

장대를 세우고는 이렇게 말했다.

"누구든지 이 장대를 북문으로 옮기는 자에게는 황금 열 덩이를 상으로 주겠노라!"

그러나 백성들은 이 황당한 말을 얼토당토않다 여겼으며, 아무도 옮기는 자가 없었다. 혹시 달려들었다가 뜻밖의 봉변을 당하지 않을까 서로 눈치만 보았다. 그러자 공손앙은 상금을 황금 오십 덩이로 올리겠다고 발표했다. 이에 호기심을 억누르지 못한 어떤 사람이 큰 용기를 내더니 장대를 북문으로 옮겨버렸다. 이때 공손앙은 그 자리에서 황금 오십 덩이를 상으로 주고는, '나라가 백성을 결코 속이지 않는다'는 사실을 몸소 보여주었다.

그 후 새로 바뀐 법률을 발표했다. 처음에는 제법 법이 지켜지는 것 같았다. 그러나 새로운 법이 시행된 지 겨우 일 년이 지나자, 수많은 사람들이 법률의 불편을 호소해왔다. 그러다가 태자太子가 법률을 위반하게 되었다. 이에 공손앙은 "나라에 법률이 제대로 시행되지 않는 까닭은 윗사람들부터 법을 어기기 때문입니다."라고 하며 태자를 법대로 처벌하려 했다. 그러나 태자는 임금의 뒤를 이을 사람인지라, 관례상 벌을 가할 수 없게 되어 있었다. 결국 태자를 대신해 그의 후견인인 공자 건虔을 처벌하고, 또 그의 스승인 공손가公孫賈에게는 얼굴을 불로 지지는 형벌을 내렸는데, 그때부터 진나라 사람들은 모두 벌벌 떨며 법령에 따르게 되었다.

바야흐로 새로운 법령이 시행된 지 십 년이 지나자, 진나라는 점점 질서가 잡혀갔다. 길에서 남의 물건을 주워 가져가는 사람도 없었고, 산에서 땔감을 베어 도둑질해가는 사람도 없어졌으며, 개인끼리의 싸움은 되도록 서로 피하되 나라를 위해 싸우는 전쟁에서는 모두

상앙의 극戟
갈고리 모양의 무기를 극이라 한다. 상앙이 제조한 것이며, 창과 흡사한 형태. 날이 위치한 부분은 길고 위쪽으로 약간 구부러졌으며, 위아래에 날이 있고 가운데 부분이 불룩하게 솟아 있다.

용감했다. 그렇게 해서 전국 방방곡곡이 잘 다스려졌다. 공손앙은 법에 반대하는 사람은 물론, 심지어 법을 찬양하는 사람마저 처벌을 가함으로써 법에 대한 논의 자체를 금지시켰다. 그저 아무 소리 말고 무조건 따라오라는 식이었다. 눈이 있어도 보지 못하게 하고, 귀가 있어도 듣지 못하게 하고, 입이 있어도 말하지 못하게 한 채 그저 숨만 쉬며 복종하기를 강요하는 체제였다.

나라가 부유해지고 군대가 강해질 즈음, 공손앙이 효공에게 건의했다.

"우리 진나라와 위나라는 서로 불편한 사이입니다. 결코 함께 존재할 수 없습니다. 오직 먹느냐 먹히느냐만 남아 있을 뿐입니다. 이대로 가만히 있다가는 우리가 먹히고 말 것입니다. 그러니 나라의 힘이 모아진 지금이야말로 위나라를 공격할 절호의 기회입니다."

효공은 이러한 공손앙의 말에 일리가 있다고 생각하고, 즉시 그를 장군으로 삼아 위나라를 공격하도록 했다. 이에 위나라는 공자 양良을 장군으로 세워 진나라에 맞섰다. 양쪽 군대가 서로 마주 보고 대치하자, 공손앙은 사람을 통해 양에게 한 통의 편지를 보냈다.

"내가 옛날 위나라에 있을 때 당신과 서로 친하게 지내던 사이인데, 이제 모두 두 나라의 장군이 되어 싸우게 되었구려. 그러나 옛정을 생각하면 차마 서로 공격하지 못할 처지가 아니오? 그래서 당신과 내가 서로 만나 화친의 조약을 맺고 기분 좋게 술을 마신 다음, 양쪽의 군사를 모두 거둠으로써 두 나라가 편안하게 지낼 수 있기를 바랄 뿐이오."

양은 공손앙의 말이 그럴듯하다 여겨 이에 찬성하고, 서로 만나

주연酒宴을 열기로 했다. 그러나 공손앙은 그 자리에 군사를 숨겨놓고 있다가 양을 사로잡아버렸다. 그리고 나서 위나라 군대를 공격하여 큰 승리를 거두었다. 이때 위나라 왕은 다음과 같이 탄식해 마지않았다.

"아! 내가 애초에 공숙좌의 의견을 듣지 않은 것이 한스럽구나!"

당시 공숙좌는 공손앙을 중용重用하거나 그렇지 않으면 차라리 죽이라고 건의했는데, 혜왕은 이 말을 비웃고 듣지 않았던 것이다. 한편 공손앙은 위나라를 격파한 공로에 의해 상商 땅에 봉해졌는데, 이때부터 그는 상앙 또는 상군商君이라 불리게 되었다.

그런데 태자를 대신하여 벌을 받았던 후견인 공자 건이 다시 법을 어기게 되었다. 그러자 이번에는 그의 코를 베어내는 형벌을 가했으니, 그는 집 안에서 한 발자국도 나가지 못하는 신세가 되고 말았다. 나아가 2차로 시행된 개혁에서는 부자와 형제가 한방에서 기거하는 것마저 금했으니,* 이것은 인간성에 도전하는 잔인하고 악독한 법이 아닐 수 없었다. 결국 상앙이 재상으로 있은 지 십여 년 동안에 그를 원망하는 사람은 점점 늘어만 갔다.

그럼에도 상앙이 오랫동안 재상으로 머무를 수 있었던 것은 그에 대한 효공의 신임이 두텁기 때문이었다. 이 말은 효공이 죽고 나면 그 역시 실각失脚하리라는 것이 너무나 뻔하다는 뜻이었다. 그런데 우연치 않게도 효공이 죽기 다섯 달 전, 조량趙良이란 사람이 상앙을 만났다. 그는 자신이 바른 말을 하더라도 문책問責하지 않겠다는 상앙의 다짐을 받고 나서 다음과 같이 권고했다.

"제가 생각건대 상군상앙의 위태로움이 아침이슬과도 같은데, 오히려 수명을 더 늘리려고만 하시니 참으로 안타까운 일입니다. 차라리 봉지封地로 받은 상商 땅의 열다섯 고을을 나라에 반납하고 시골로 돌아가

* 나라에 대한 불평불만이나 유언비어를 만들어내지 못하도록 하기 위함이었던 것 같다.

실각
본래의 의미는 발을 헛디딤을 뜻한다. 여기에서는 중요한 지위를 잃는다는 의미로 쓰인다.

봉지
제후를 봉하여 내어준 땅

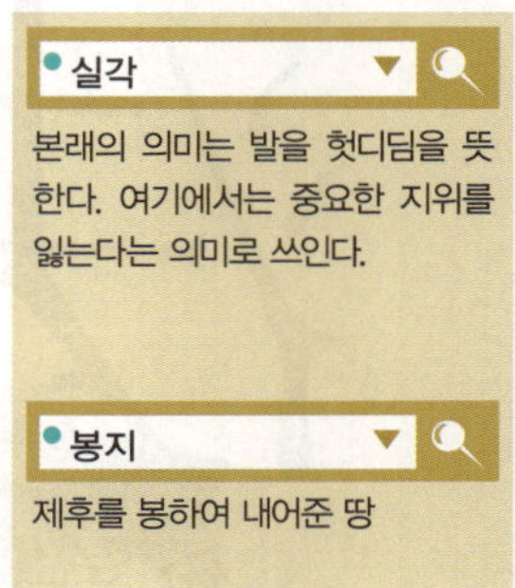

농사를 지으시는 것이 상책인가 하옵니다.”

조량의 말뜻은 ‘내가 객관적으로 보건대, 현재 당신의 목숨이 매우 위태로우니 나라로부터 받은 땅을 깨끗이 반납하고 농촌으로 돌아가 농사나 지으며 목숨을 보전하라’는 것이었다. 그러나 하늘 높은 줄 모르는 권세에 한껏 교만해진 상앙이 이 말을 들을 리 없었다. 그러고 나서 겨우 다섯 달 만에 효공이 죽고 태자가 왕위에 오르니, 그가 곧 진나라의 혜왕이었다.

상앙으로부터 너무나 혹독한 처벌을 받은 적 있는 공자 건과 그 무리들이 가만히 있을 리 없었다.

“모름지기 신하 된 자의 권력이 너무 크면 나라가 위태롭다고 했습니다. 지금 모든 백성들은 상앙의 법에 따라 나라가 다스려진다고 말합니다. 더욱이 그의 봉읍이 열다섯 개에 이르니, 그 권력이 막대해 후일 언젠가는 반드시 모반謀叛을 일으키고야 말 것입니다.”

그렇잖아도 태자 시절 자신의 잘못에 대한 책임을 물어 스승의 코를 베어버린 상앙에 대해 좋은 감정을 가졌을 리 없는 혜왕이었는데, ‘모반’이란 말까지 나오니 더 이상 두고 볼 수 없었다. 그는 마치 기다렸다는 듯 그를 관직에서 물러나게 했다. 그러나 상앙이 사직하고 상읍으로 돌아가는데 그의 행렬은 제후에 못지않으리만치 화려했고, 아직도 상앙의 세력을 두려워한 대신들이 그를 전송하기 위해 나가 있는 통에 조정이 텅 비다시피 했다. 혜왕은 이 기회에 아예 상앙을 제거해버려야겠다고 결심하고, 군대를 보내 그를 체포하도록 했다.

이 같은 사실을 전해 들은 상앙은 급한 마음으로 도망가다가 관하關下 지방의 객사客舍에 도착하여 하룻밤 자고 가기를 청했다. 그러나 객사의 관리들은 그가 상앙임을 알아채지 못하고 단칼에 거절했다.

"상앙이 제정한 법률에 보면, 여행권이 없는 자를 잠재우면 벌을 받도록 되어 있습니다."

이 말을 들은 상앙은 속으로 탄식했다.

'아, 내가 만든 법률의 폐단이 이 지경까지 이른 줄 미처 몰랐구나!'

자신이 만든 법률에 의해 죽다

상앙은 그 길로 위나라에 갔다. 그러나 그곳 사람들은 상앙이 자기 나라의 군사를 쳐부순 데 대해 원망하고 있던 터라, 그를 받아들이기는커녕 오히려 진나라로 추방하고 말았다. 다시 진나라로 쫓겨난 상앙은 상 땅으로 달아나, 그를 따르는 무리들과 함께 상 땅의 군사를 동원하여 북쪽의 정나라를 공격했다. 이 와중에 진나라가 군대를 출동시켜 상앙을 체포하기에 이르렀다.

혜왕은 상앙을 '두 대의 우마차에 나누어 묶어놓고 각각 반대 방향으로 말을 몰아 몸을 찢어 죽이는', 이른바 차열車裂이라는 무시무시한 형벌로 처형하고는, 그 시신을 여러 사람에게 돌리면서 보여주었다. 또 상앙의 일가족까지 모두 몰살시키고 말았다. 사람들은 상앙에 대해 '자신이 만든 법률에 의해 죽은 자'라고 놀리며 조롱했다.

성경에도 "심은 대로 거둔다."라는 말이 있지만, 콩 심은 데 콩 나고 팥 심은 데 팥 나는 것이 세상의 이치다. 선을 심으면 선이 나고, 악을 심으면 악이 난다. 상앙이 나라의 기강을 세우고 법이 지켜지도록 시행한 일이야 나무랄 데 없으나, 인간성에 어긋나는 일을 강요하고 잔인한 형벌을 가하는 일은 피했어야 한다.

한편 진나라는 상앙이 쌓아올린 부국강병의 기반 위에서 더욱

> **차열**
>
> 거열車裂 혹은 오마분시五馬分屍(다섯 마리의 소나 말이 서로 다른 방향으로 당겨 찢어 죽이는 형벌)와 동일. 능지처참凌遲處斬(죽을 때까지 산 채로 살을 회뜨는 형벌. 경사가 완만한 구릉지를 오르듯, 사람을 천천히 고통스럽게 죽이는 형벌)과는 다르다. 우리나라에는 중국에서 들어와 고려 공민왕 이후 조선 초기까지 행해졌으나, 고종 31년에 완전히 폐지되었다.

강성해졌다. 상앙은 비록 비참하게 죽었으나, 그가 새로 고쳐 제정해놓은 법과 제도는 결국 나중에 진나라의 시황제에게 중국 역사상 최초로 통일국가를 세우게 한 힘의 원천이 되었다.

그밖에 법가로는 정鄭나라의 신불해申不害와 직하의 신도愼到가 있다. 보통 법가의 3파라면 신불해의 술術과 신도의 세勢, 그리고 상앙의 법法을 든다. 신불해는 한나라 소후昭候의 재상으로서 제나라와 초나라 등의 강대국 사이에서 한나라의 힘을 팽팽하게 유지하도록 했다. 그러나 법치상에서는 별로 큰 공을 세우지 못했다. 그가 주장하는 '술'이란 임금이 신하를 조종하는 데 반드시 음모와 권모술수와 계산적인 생각이 있어야 하며, 또한 변하지 않는 얼굴빛과 근엄한 태도를 유지하는 것이 필수적이라는 주장 등을 담고 있다.

한편 신도가 주장하는 '세'란 군주가 권위를 갖고 백성들을 다스림으로써 가히 공포의 대상이 되어야 한다는 것이다. 물론 이러한 주장은 기지거기 棄知去己라고 하는 도가 사상과는 너무나 거리가 먼 것이다. 이렇게 볼 때, 결국 법가를 집대성한 인물은 한비자라고 할 수 있다.

친구의 손에 죽다, 한비자

전국 시대 말기의 법치주의자인 한비는 한나라에서 명문 귀족의 후예로 태어났는데, 그의 본래 이름은 전해지지 않고 있다. 그냥 한자韓子라고 불리다가 당나라의 한유韓愈와 구별하기 위해, 한비자韓非子로 고쳐 불리게 되었다. 그는 비록 귀족의 가문에서 태어나긴 했지만, 날 때부터 말더듬이여서 주위 사람들과 어울리지 못하고 외롭게 성장했다. 그의 문장 속에서 느껴지는 울분이나 냉혹한 법가 사상은

기지거기
지식을 버리고 자기를 떠나는 일

한비

韓非, 기원전 280?~기원전 233 | 법가의 논법으로 유가 사상을 받아들인 한비는 스승인 순자가 성악설을 기초로 예치禮治를 주장한 것과 같은 맥락으로, 인성이기설 人性利己說을 바탕으로 법치法治를 주장했다.

이러한 영향 때문이 아닌가 생각된다.

그는 소년 시절, 이사와 함께 대유학자인 순자에게서 배웠다. 스승인 순자가 성악설을 주장한 것과 같은 맥락으로, 그는 '사람의 본성 가운데 들어 있는 사사로움을 찾아내어 법으로써 엄히 다스려야 한다.'라고 생각했다.

당시 한나라는 진나라에게 많은 땅을 빼앗기고 거의 멸망 위기에 놓여 있었다. 이에 마음이 답답해진 한비는 임금에게 편지를 띄워, 나라를 잘 다스릴 수 있는 방법에 대해 건의했다. 그러나 임금은 그의 뜨거운 충정에도 아무런 대답이 없었다. 성격이 괴벽怪癖한 그는 화가 치밀어 올랐다. 이제는 글로써 자신의 울분을 풀겠다는 생각에서 《고분孤憤》 《세란說難》 등 십만여 자나 되는 책을 썼는데, 이것이 바로 《한비자》다. 그러나 왕은 그 책을 눈여겨보지도 않을뿐더러, 한비자가 말더듬이라는 이유로 그를 등용하지도 않았다.

그런데 어떤 사람이 이 책을 가지고 진나라의 시황제에게로 갔다. 진시황은 그것을 읽어보고 이렇게 말했다.

"야! 참 대단한 사람이구나. 내가 이 사람을 만나 함께 이야기할 수 있다면, 정말 죽어도 여한이 없겠다."

이 말을 듣고 있던 이사가 자랑스럽게 아뢰었다.

"이것은 틀림없이 한비의 저술인데, 저는 이 사람과 함께 공부한 적이 있습니다.

李斯, ?～기원전 208 | 진나라의 유명한 정치가·문학가. 그는 진시황이 분봉제를 폐지하고 군현제를 추진하도록 도왔다. 그리고 분서갱유를 제의했다. 이후 조고의 모함으로 요참(죄인의 허리를 베어 죽이던 형벌)에 처해졌다.

한비자가 쓴 책의 제목. 그 뜻은 '유세로 인해 당하게 되는 어려움', 다시 말하면 '임금에게 잘못 아뢰어 화를 당하게 됨'을 의미한다.

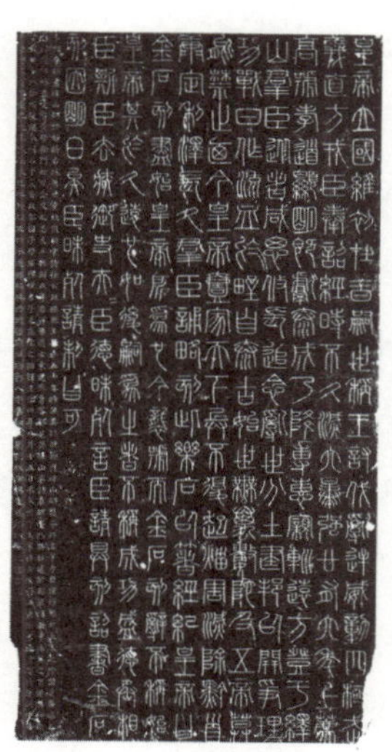

역산각석비
이사가 진시황의 공적을 기록한 것이다.

한나라에 가면 반드시 그를 찾을 수 있을 것입니다.”

이에 진시황은 한비자를 만나볼 욕심으로 한나라를 바로 공격하도록 명령했다. 시황의 군대가 국경을 넘어오자 그 목적을 알아차린 한나라 왕이 즉시 한비자를 진나라로 보냈고, 이로써 전란의 화를 벗어날 수 있었다. 그 후 시황 앞에 나아간 한비자는 다음과 같은 글로 조국한나라의 안녕을 도모했다.

“지금 진이 한을 치는 것은 나라의 이익에 전혀 도움이 안 됩니다.”

한비를 직접 만나본 시황은 그의 탁월한 견해를 높이 평가했으며, 또한 크게 환대했다. 그러나 친구인 이사는 학생 시절에 자신이 한비보다 못한 것을 이미 알고 있던 데다, 그가 시황의 총애까지 받게 되자 심한 질투심을 느꼈다. 그래서 요가姚賈와 함께 언젠가 기회를 보아 한비를 해치우기로 모의했다. 어느 날 이사는 시황 앞에 나아가 참소讒訴●하여 말했다.

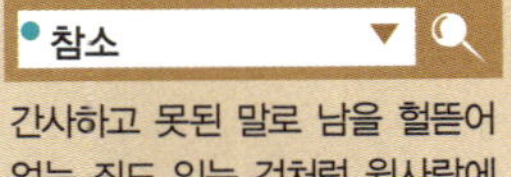

간사하고 못된 말로 남을 헐뜯어 없는 죄도 있는 것처럼 윗사람에게 꾸며 고해바치는 일

“아시다시피 한비는 한나라의 공자公子입니다. 그는 자기의 조국 한나라를 위해 이곳에 왔습니다. 결국 앞으로도 진나라를 위하는 일은 절대 하지 않을 것입니다. 지금 임금께서 그를 등용하지도 않고 붙들어두었다가 돌려보낸다면, 중국 천하를 통일하는 데 후환을 남기는 일이 될 것입니다. 그는 우리의 사정을 잘 알기 때문에 우리에게 반드시 불리하게 행동할 것인즉, 그에게 죄명을 씌워 죽이는 것이 좋을 것입니다.”

그러나 이렇게 한비자를 모함하고 있는 이사 자신도 따지고 보면 초나라 사람으로서, 진나라가 조국이 아닌 것은 마찬가지였다. 그런데 미련하기 짝이 없는 시황은 이사의 간교한 말만 믿고 한비를 감옥에 가두었다. 그렇지만 그를 죽일 생각까지는 없었다. 이에 조바심이 난

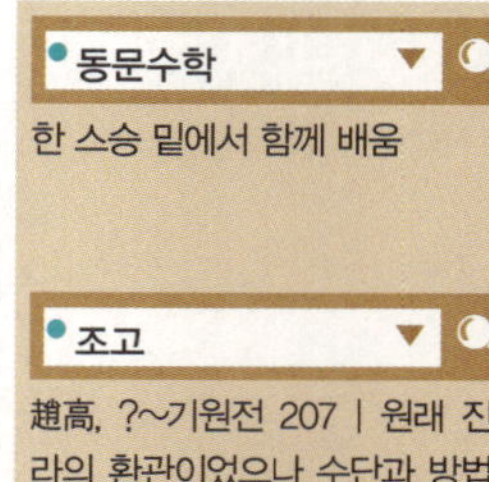

🔴 **분서갱유의 현장**
이사는 통일 후 진시황이 무리한 정책을 남발하게 함으로써 자신의 삶에 큰 오점을 남겼다. 사진은 분서갱유가 행해진 '갱유곡'이라는 곳이다.

이사는 시황의 마음이 변하기 전에 몰래 하수인의 손에 독약을 들려 보내 한비자가 스스로 자살하도록 명령했다. 이에 한비는 이사의 모함을 눈치 채고 여러 차례 시황에게 상소를 올렸다. 그러나 끝내 기회를 얻지 못한 채 죽고 말았다. 결국 그의 억울한 죽음은 동문수학同門受學한 친구의 손에 의해 이뤄진 셈이다.

그러나 친구를 죽음으로 몰아넣은 이사 역시 조고의 참소로 처형당하고 말았다. 나중에야 모든 것을 깨달은 시황이 사람을 보내 한비의 죄를 벗겨주었다. 그러나 그때는 이미 한비의 몸이 백골로 변한 뒤였다.

군주의 잘못을 지적하지 말라

한비는 유세遊說의 곤란함에 대해 다음과 같이 말한 적이 있었다.
"유세하는 일은 쉽지 않다. 상대편의 마음을 잘 알고 거기에 내가 말하고자 하는 바를 끼워 맞추는 일이란 쉽지 않기 때문이다. 상대편이 명예욕에 사로잡혀 있을 때 재물의 이익을 말하면 속물이라 하여 갈보고, 반대로 그가 재물의 이익을 바라고 있을 때 명예를 이야기하면 세상일에 어둡다고 욕한다. 군주가 겉으로는 그렇지 않은 척하면서 비열한 짓을 하려 할 때, 유세하는 자가 그것을 아는 체하면 목숨이 위태롭다. 임금에게 도저히 불가능한 일을 강요하거나 도저히 중지할 수 없는 일을 그치도록 권유해도 생명이 위험하다. 군주와 함께 어진 임금의 이야기를 하면 군주 자신을 비방하는 것이라 의심받고, 말을 꾸미지 않고 표현하면 무식한 자라 업신여기고, 여러 학설을 끌어다 해박하게 말하면 말이 많다고 흉본다. 여기서 몇 가지 예를 들어보자. 송나라에 부자가 살았는데, 어느 날 큰비가 와서 집의 담장이 무너졌다. 그러자 그의 아들이 이렇게 말했다. '아버님, 담을 고쳐 쌓지 않으면 도둑이 들지 않을까 걱정됩니다.' 그때 이웃에 사는 한 사람도 집주인을 만난 자리에서 역시 똑같은 말을 하는 것이었다. 그날 밤, 과연 그 집에 도둑이 들어 재산을 크게 잃게 되었는데, 그 집주인의 행태는 뜻밖이었다. 자기 아들에 대해서는 참으로 현명하다고 칭찬하면서, 똑같은 충고를 했던 이웃사람에 대해서는 도리어 의심을 품는 것이었다. 또 한번은 옛날에 미자하彌子瑕라는 아름다운 소년이 있었는데, 위나라 임금의 총애를 받고 있었다. 위나라의 법은 군주의 수레를 몰래 타는 자에게 발꿈치를 베는 형벌을 내리게 되어 있었다. 어느 날 미자하의 어머니가 앓아눕게 되자, 한 사람이 미자하에게 그 병세를 알렸다. 그러자 미자하는 바삐 어머니에게 가기 위해 임금의 수레를 타고 집으로 향했다. 나중에 임금이 이 말을 듣고 그를 칭찬하면서 '참으로 보기 드문 효자로구나. 어머니의 병을 더 염려하여 자신의 발꿈치가 베어지는 것쯤은 대수롭지 않게 여기다니.'라고 했다. 그리고 얼마 후, 미자하는 임금과 함께 과수원에 행차하게 되었다. 그가 열려 있는 복숭아 하나를 따서 먹어보니 너무나 맞이 좋은 것이 아닌가! 이에 미자하는 자기가 먹던 복숭아를 임금께 올렸다. 이에 임금은 '아! 이 얼마나 임금을 생각하는 정이 깊은가. 제가 먹던 것이라는 사실조차 까마득히 잊을 정도로 나만을 생각하다니.' 하는 것이었다. 그 뒤 미자하가 늙어 그를 향한 임금의 사랑도 식게 되었다. 그리고 미자하가 잘못을 저지르게 되자 임금은 이제 이렇게 말하는 것이었다. '미자하는 일찍이 나 몰래 내 수레를 훔쳐 탔으며, 제가 먹다 남긴 복숭아를 나에게 주던 놈이다. 참으로 괘씸한 놈이로구나!'

미자하의 행동은 처음이나 나중이나 변함없었지만, 예전에는 훌륭하다 칭찬을 받았고 나중에는 벌을 받게 되었다. 이것은 결국 사랑하고 미워하는 군주의 마음에 그 원인이 있다고 해야 할 것이다. 그러므로 유세하는 요령은 군주의 긍지심을 만족시켜주되, 그의 수치심을 건드리지 않는 데 있다. 군주의 결점을 추궁하지 말 것이며, 그에게 항거하여 분노케 하지 마라! 오랜 시일이 지나서 임금의 은정이 두터워지면 깊이 자기의 뜻을 추진해도 의심받지 않을 것이며, 임금에게 간언하더라도 죄를 입지 않을 것이며, 오히려 자기의 몸을 비단으로 장식하게 될 것이다."

그러나 한비는 이러한 일이 《세란》처럼 실제로 자신에게 닥칠 줄은 꿈에도 생각지 못했을 것이다. 결국 그는 유세의 어려움을 스스로 후세에 널리 알린 셈이 되었다.

앞서 언급한 것처럼, 한비자는 소년 시절부터 이사와 함께 순자의

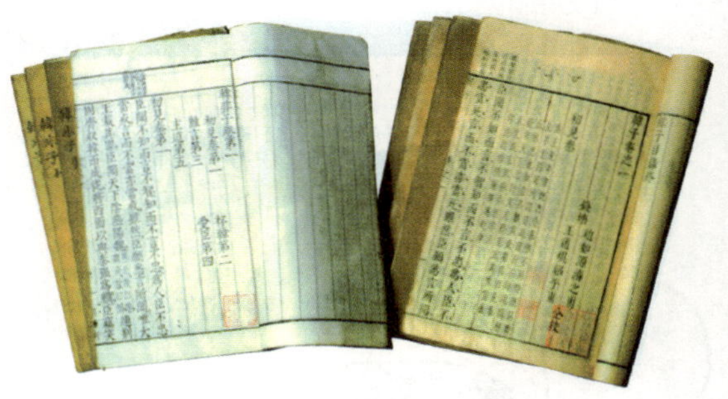

⬆ 《한비자》
한비는 법치와 유가의 덕치를 대립시키면서 사람에게는 '은혜와 사랑'의 마음이 전혀 존재하지 않는다고 역설했을 뿐만 아니라, 인의도덕은 현실 상황과 맞지 않다고 비웃으며 그 허구성을 폭로했다.

사상을 배웠지만 유가의 범위를 뛰어넘어 법가 사상을 종합했다. 법가 사상은 한비에 와서 완성되었는데, 그는 법가의 논법으로 유가 사상을 받아들였다. 스승인 순자가 성악설에 기초하여 "예절로써 욕망을 절제시켜야 한다."라고 주장한 것과 같은 맥락으로 제자인 한비는 "사람의 본성 속에서 사사로움을 발견하여 법으로써 다스려야 한다."라고 했다. 즉 순자가 비록 인간의 본성은 악하지만 후천적 노력에 의해 얼마든지 선해질 수 있다고 하여 '위爲'를 강조한 반면, 한비자는 본성 자체에 깔려 있는 이기심에 주목했던 것이다. 그는 인간이란 모두 자기를 위해 계산하는 이기심을 가지고 있으며, 그것에 의해 인간의 모든 감정과 행위가 결정된다고 보았다. 천부적으로 타고난다는 인의충효 등과 같은 도덕관념은 본래 존재하지 않으며 사람들은 모두 자기에게 이익이 되는지를 따지는 이기심만을 가지고 있다고 본 것이다. 한비자는 이처럼 인간이 이기심을 갖고 있다는 것을 전제한 다음, 자신의 이론을 펴나갔다.

의사는 사람들이 모두 아프기를 바란다

어떤 부모는 자기가 낳았으면서도 아들일 경우에는 좋아하지만, 딸일 경우에는 좋아하지 않을뿐더러 심지어 죽이기까지 한다. 왜 이런 일이 일어날까? 그것은 부모 자신의 앞날과 장차 갖게 될 이익을 먼저 생각하기 때문이다. 농경사회에서 자식은 매우 귀중한 재산이다. 자식 가운데 아들은 자라서 노동력을 제공하는 일손이 되고 또 다른 집의 며느리를 데려오지만, 딸은 커서 다른 집에 시집을 가므로 노동력 손실이 일어난다. 한비자는 부모까지도 자식과의 관계에서 이런 이해타산적인 계산을 하고, 그에 따라 아들과 딸을 서로 다르게 대한다고 보았다.

　자신의 이기심 때문에 고대의 정부인^{鄭夫人}은 자기 아들에게 왕의 자리를 물려주기 위해 남편을 독살했고, 여희^{驪姬}라는 여자 역시 그 아들을 태자로 삼기 위해 본래 태자인 신생^{申生}을 독살했다. 이런 일들은 모든 인간이 사리사욕을 위해 어떤 일도 할 수 있음을 보여준다. 가령 의사들은 사람들이 모두 아프기를 바라고, 장례업자는 사람들이 죽지 않을까봐 염려한다. 또 수레를 만드는 사람은 모든 사람들이 부귀해져서

Q 다음 질문을 읽고 나서 선택하고 왜 그러한지 답해보자.

1. 오늘날 우리나라 신혼부부들이 아이를 되도록 적게 가지려 하는 이유가 무엇일까?
　① 양육비와 교육비가 너무 많이 들어서　② 태어난 자녀를 고생시키기 싫어서

2. 일단 자녀를 낳게 되면, 모든 것을 희생해서라도 남보다 잘 가르치려 드는 까닭은 무엇일까?
　① 부모 자신의 만족이나 또는 언젠가 찾게 될 이익을 생각해서　② 아이의 장래 행복을 위해서

3. 유치원 시절부터 여러 개의 학원을 다니게 하고 많은 돈을 들여 과외공부를 시키고, 이른바 '기러기 아빠' 신세를 각오하면서까지 외국으로 유학을 보내는 것이 진정 자녀를 사랑하기 때문일까?
　① 그렇다　② 아니다

4. 진정 자녀를 사랑한다면 어린 시절이나 청소년기를 막론하고, 자유롭고 행복하게 생활할 수 있도록 해줘야 하지 않을까?
　① 그렇다　② 아니다

5. 왜 선진국 청소년들은 맘껏 뛰어놀며 자유롭게 살아가면서도 나라의 힘은 더 커지고 경제는 더 발전하는 걸까?
　① 다른 요인이 더 있다　② 교육이 올바르기 때문이다

6. 우리는 왜 모든 국민이 교육에 '올인' 하면서도 노벨상 하나 타기가 그렇게 힘들고, 또 거리에는 대학을 졸업한 실업자들이 넘쳐나는 걸까?
　① 아직 그럴 만한 단계가 아니어서　② 교육 방식이 잘못되어서

수레를 탈 수 있기를 바라고, 관을 짜는 기술자는 사람들이 일찍 죽기만을 기다린다. 그렇다고 해서 수레를 만드는 사람의 본래 타고난 성품이 다른 사람들보다 착하다거나, 관을 만드는 사람의 성품이 본래 악해서 그런 것은 아니다. 그들이 그렇게 생각하는 것은 사람들이 부자가 되지 않으면 수레가 팔리지 않고, 사람들이 죽지 않으면 관이 팔리지 않기 때문이다. 한비자에 따르면, 사람은 자기가 종사하는 직업에 따라 이익과 손해가 서로 다르며, 이러한 이해관계 때문에 결과적으로 사람이 선하게 행동할 수도, 악하게 행동할 수도 있다는 것이다.

또한 한 나라의 군주와 신하, 한 집안에서의 주인과 하인의 관계 역시 서로 이기적인 것으로 파악했다. 예컨대 군주가 신하에게 높은 관직과 봉급을 주는 것은 그렇게 해야 그들이 군주 자신을 위해 일하고 군주 자신에게 이익이 되기 때문이다. 신하가 군주를 위해 힘을 다하고 전쟁을 견뎌내는 일 역시 그렇게 해야만 높은 관직과 후한 봉록을 받을 수 있다는 것을 그들이 잘 알고 있기 때문일 뿐, 어떤 추상적인 도덕관념에서 우러나와 그렇게 하는 것은 아니다. 또한 하인이 열심히 일을 하는 것도 주인에 대한 충성심에서 비롯된 것이 아니라, 일에 대한 보수를 바라는 마음 때문이다. 이와 마찬가지로 주인이 하인을 잘 대우하는 것 역시 친절해서가 아니라, 그렇게 해서 하인을 더 많이 부려먹기 위함이다. 이처럼 주인이나 하인이나 모두 서로를 향한 이용 가치에 마음이 쏠려 있으며, 결과적으로 각자 자기의 이익만을 도모한다고 말할 수 있다. 이처럼 인성은 악하고 이기적이므로 선한 일에 상을 주고 악한 일에 벌을 주어 이에 대응해야 하는데, 여기서 가장 믿을 만한 특효약이 법이라는 것, 이것이 바로 한비자의 생각이다.

한비에 의하면, 과거 유가 사상가들이 제시한 방법으로는 천하를 다스릴 수 없다. 긴박한 사회 상황에 당면했을 때 통치자가 인의도덕에 의존하여 무기력한 정치를 편다면, 마치 그것은 고삐나 채찍도 없이 사나운 말을 모는 것과 같아 매우 위험하다. 특히 인구가 급속히 늘어나는 상황에서 사람들의 마음이 이기적으로 되는 것은 자기의 생존을 위해 어쩔 수 없는 일이기도 하다. 그러므로 이것을 합리적으로 다루기 위해 통치자는 공평무사하고 엄정냉혹한 법에 의존해야 하는 것이다.

말보다 회초리의 위력이 더 세다

그렇다면 법으로 다스리는 일이 얼마만큼 중요할까? 이에 대해 한비자는 다음과 같은 예를 들어 설명한다.

옛날 어느 마을에 일은 하지 않은 채 말썽만 피우고 다니는 청년이 하나 있었다. 그는 부모가 아무리 타일러도 자신의 행실을 고치지 않았고, 마을의 위엄 있는 어른이 권고해도 막무가내였으며, 스승이 가르쳐도 역시 마이동풍이었다. 그런데 어느 날 관청에서 무장을 한 채 법에 따라 범인을 체포하는 포졸을 보고는 뒤탈이 두려워 자신의 행실을 고쳤다는 것이다.

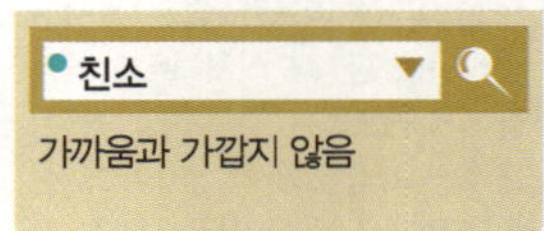

순자가 강조한 예禮가 귀천을 구별하고 친소親疎를 밝히는 것이라면, 한비자의 법法은 귀함과 천함을 타파하고 가까움과 가깝지 않음을 구별하지 않는 평등의 정신이다. 누구를 막론하고 살인자는 법에 따라 처형되어야 한다. 물론 살인자를 죽인다고 해서 피해자가 다시 살아난다거나, 또 그 살인자에게 뉘우칠 기회를 주는 것은 아니다.

그러나 하나를 죽여서 백 사람에게 죄에 대한 경계심을 줄 수는 있다. 백성들에게 선을 권하는 직접적인 방법이 상賞이라면, 그 간접적인 방법에 해당하는 것이 벌罰이다. 상과 벌은 본래 임금의 권한이지만, 그것은 분명한 조건에 근거해야 하며 애매모호해서는 안 된다. 한비자는 법의 집행 과정에서 상과 벌을 엄하게 줄 것을 주장했다. 가령 정승이라고 해도 죄를 저지르면 결코 벌을 벗어날 수 없도록 하며, 평민이라고 해도 잘하면 상을 받는 데 어김이 없도록 해야 한다.

나라에서 만든 법이 잘 지켜지기 위해서는 무엇보다 군주의 권위가 바로 서야 한다. 군주는 절대적 권위를 가지고 신하를 종처럼 부릴 줄 알아야 한다. 심지어 명령 하나로 뜨거운 물이나 타는 불을 맨발로 지나갈 수 있도록 해야만 비로소 안심하고 법을 운용할 수가 있는 것이다. 한비자는 신도의 '세勢' 개념을 받아들여 법치가 인치人治보다 우수하다는 점과 '법'과 '세'가 서로 보완해줄 수 있음을 주장했다. 한비자는 군주의 '세'를 호랑이의 날카로운 이빨과 표범의 발톱에 비유했는데, '세'가 없는 군주는 이빨 빠진 호랑이처럼 힘이 없다고 보았다. 그는 '세'가 군주의 인격이나 도덕성에서 나오는 것이 아니라, 군주의 지위에서 나오는 것이라고 했다.

한비자는 노자의 '무위하지만 결국 행하지 않는 바가 없는 도(無爲而無不爲무위이무불)'의 원리를 군주의 절대권력론과 신하조종술에서 실용화했다. 말하자면 법을 공포하여 백성들이 군주에게 절대로 복종하게 하고, 술術로써 신하들의 직무책임제를 확고히 하는 한편, 신상필벌의 세로써 임금이 신하와 백성들 위에 군림하는 체제를 만들어낸 것이다.

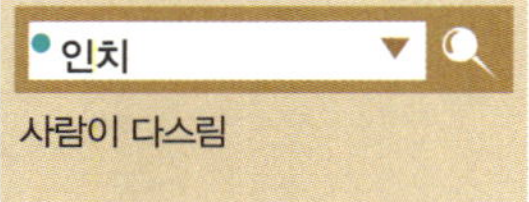

한비자에 따르면, 법은 문서로 편찬하여 관청에 비치해두고 백성들에게 공포하는 것이지만, 술術은 군주의 가슴속에 꼭 묻어두고 신하의 말과 행동 등 많은 정보를 수집·검토하여 아무도 모르는 중에 많은 신하들을 지배하는 것이다. 이런 술 개념 때문에 법가 사상은 권모술수에 치우친 이론이라고 하는 비판도 받는데, 한비자는 '술'로 신하를 다스려야만 '법'을 온 세상에 실제로 적용시킬 수 있다고 보았다.

토끼가 부딪쳐 죽기를 기다리다

옛날 송나라에 한 농부가 있었다. 그의 밭 가운데 나무 그루터기가 하나 있었는데, 어느 날 토끼 한 마리가 달려오다가 그 그루터기에 부딪쳐 죽고 말았다. 가만히 앉아서 '횡재'를 한 농부는 아예 쟁기를 버린 채 토끼가 또 와서 부딪쳐 죽기를 기대하며, 날마다 나무 아래에서 기다렸다. 이른바 '수주대토守株待兎'라고 하는 유명한 고사인데, 마치 '감나무 아래에서 감이 떨어지기를 기다린다'는 속담을 떠올리게 한다.

이 이야기의 끝에 한비자는 "우리가 옛날 통치 방식만 고집하며 백성을 다스리려 한다면, 이 농부처럼 비웃음거리가 될 것이다."라고 덧붙인다. 선현들이 가르친 것을 보면, 가령 유가는 요순을 본받으라 하고, 도가는 황제黃帝를 모범으로 내세우며, 묵가는 우임금을 이상적인 인물로 제시한다. 그렇다고 해서 오늘날 우리의 현실을 무시한 채, 무턱대고 옛 선현들의 충고에만 매달리라고 강요해서는 안 된다는 것이다.

간혹 정치가나 학자가 어떤 원칙에 매달리다가 눈앞에 벌어지는 현실을 도외시하는 경우가 있다. 다음과 같은 일화가 있다. 정나라의 어떤 사람이 신발을 사러 장에 가기 전에 미리 볏짚으로 자신의 발 치수를 재어두었다. 그런데 깜박 잊고 볏짚을 놔둔 채 장에 갔다. 신발 가게의 점원이 치수를 묻자 그 사람이 하는 말, "집에 가서 미리 재어둔 그 볏짚을 가져와야 한다."라는 것이었다. 말을 마치고 집으로 돌아간 그는 다시 볏짚을 들고 장으로 달려갔는데, 이때는 이미 장이 파한 뒤였다. 이 말을 들은 한 사람이 "신발을 고르는 동안 가게에서 직접

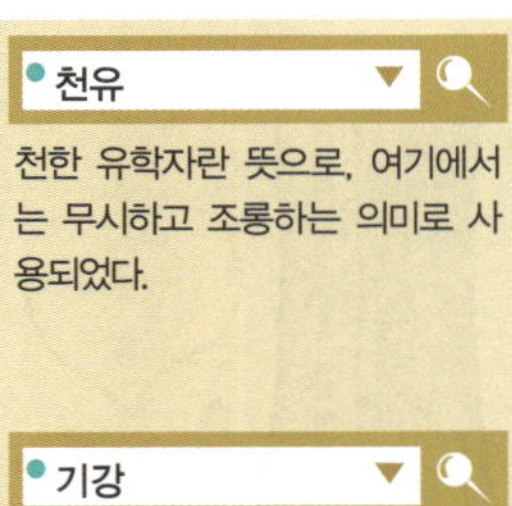

재어보면 되지, 뭐 하러 집에 돌아갔느냐?"라고 핀잔하자, 그 사람 하는 말이 "나는 치수는 믿어도 내 발은 믿을 수 없소."라고 하는 것이었다. 오늘날 흔히 학자들이 글로 써진 이론은 잘 믿으면서도 실제로 눈앞에 펼쳐지는 현실은 외면해버리는 데 대한 통렬한 비평인 것이다.

순자가 당시의 유가를 천유賤儒라 부르면서 비웃었는데, 한비는 이보다 더욱 심하게 비난하고 나섰다. 한비에 의하면, 유가는 화려한 옷이나 갓을 걸친 채, 쓸데없는 도 따위나 이야기하고, 백성의 마음을 미혹시키는 사람들이다. 또한 묵가는 어떤 기강紀綱이나 법률도 없는 집단을 만들고 나서 군주가 녹봉으로 우대해주기를 바라기만 한다. 그러므로 나라에서 모든 암癌과 맹장을 도려내고 세 가지 기관器官만을 남겨놓아야 하는데, 여기서 세 계급이란 군주에게 개처럼 충성을 다하는 '신하'와 군주에게 절대 복종하는 '군인', 그리고 이들에게 식량을 공급하는 '농민'이다.

한비자는 이상적인 국가로 발전하기 위해서 다음과 같은 일들이 필요하다고 보았다. 첫째로 백성의 부를 늘려나가기 위해 농사를 장려하고 새로운 토지를 개간해야 하며, 둘째로 부패한 사람을 다스리기 위한 형벌을 강력히 시행해야 하고, 셋째로 군대를 먹여 살리고 나라의 곳간을 채우기 위해 세금을 철저히 매기고 거둬야 하며, 넷째로 나라를 외부의 침략자로부터

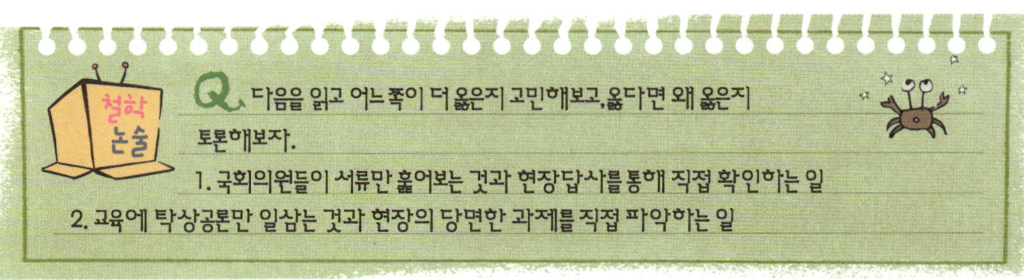

지키기 위해 강한 군사 훈련을 시켜야 한다고 보았다.

이러한 배경 속에서 진시황이 분서갱유●를 일으킨 듯하다. 학자들은 괜히 쓸데없는 이론과 말에만 치중할 뿐, 나랏일에 전혀 도움이 안 된다고 판단한 것이다. 그러나 그러한 야만적인 군주가 다스리는 나라가 오래갈 리 없었으니, 시황은 무식한 폭군이라는 이미지만 남긴 채 역사의 저편으로 사라지고 말았다. 우리의 과거사에도 보면 세종대왕처럼 학문을 장려한 임금은 백성들에게 태평세월을 선사했을 뿐만 아니라 역사에 길이 남는 성군이 되었지만, 학자들을 거추장스럽게 여긴 통치자들은 그 치세가 오래가지 못했을뿐더러 역사에 폭군으로 기록되었다.

물론 진시황은 한비를 중책에 쓰지는 않았다. 그러나 그의 견해에는 칭송을 보냈는데, 이에 친구인 이사는 시기심이 발동하여 그를 수없이 모함했다. 한비는 친구의 모략을 알아차리고 왕에게 여러 차례 상소를 올렸다. 그럼에도 기회를 얻지 못한 채 끝내 죽고 말았으니, 참으로 통탄할 일이 아닐 수 없다.

분서갱유

진나라 시황은 처음에 학자들의 건의를 받아들여 정책에 응용하기 위해 많은 건의문과 상소를 읽었다. 그러나 날이 갈수록 번잡스럽기만 할 뿐 이득이 없다고 판단하고 있을 즈음, 승상 이사의 건의를 받아들여 책들을 불사르고 유생들을 땅속에 생매장해버린, 역사상 전에도 없었고 앞으로도 있을 수 없는 사건을 저질렀다.

인간미를 잃어버린 학설

이제 한비에 대해 평가해보고자 한다. 그가 인간의 본성 가운데 악한 면이 있다고 본 것은 일리가 있다. 어떤 부모는 자식보다 자기 자신을 먼저 생각하고, 어떤 신하는 살아남기 위해 신의를 배반하기도 하며, 어떤 군주는 자기의 권력을 유지하기 위해 신하들을 이용하기도 한다. 그러나 모두 그런 것은 아니다. 인간의 본성에 악한 면이 있는 것은 사실이지만, 우리의 인성 가운데는 아직도 도덕적인 관념이 남아 있기도 하다. 그렇기 때문에 어떤 부모는 자식을 위해 생명을 버리기도 하고, 어떤 이는 명예를 위해 수양산에서 굶어 죽기도 하며, 어떤 통치자는 백성을 위해 밤잠을 설치기도 하는 것이다. 그런데도 한비는 인간의 좋지 않은 사사로움만 보고 사랑을 보지 못했다. 따라서 그의 학설은 각박하다 못해 인간미를 잃고 말았는데, 그가 처방한 치료약 역시 끝내 보약이 되지는 못했다.

한비의 엄격한 법치주의는 인간의 존엄성을 잃어버린 백성들에게 감히 법을 범하지 못하도록 위협할 수는 있었지만, 백성 스스로 법을 지켜나가도록 하지는 못했다. 한비가 법을 운용하는 방식이란 누구든지 법망을 피하기만 하면 어떠한 부끄러움도 느끼지 않을, 그러한 것에 불과했다. 오직 법으로만 다스리려 했던 당시 법가들은 자연히 도덕을 가볍게 여겼는데, 《사기》에 보면 이런 내용이 나온다. 즉 관중은 항상 포숙을 속였고, 상앙은 타고난 인품이 각박했으며, 이사는 친구인 한비를 모함하여 죽게 했다는 것이다.

그렇다면 우리는 여기서 무엇을 배울 수 있을까? 모름지기 한쪽으로만 치우친 사상을 제거하고, 본성의 존엄성을 회복해야 한다. 그래야만 비로소 세상에서 일어나는 크고 작은 비극을 방지하고, 우리가 꿈꾸는 이상적인 세계에 다다를 수 있을 것이다.

유가의 전통

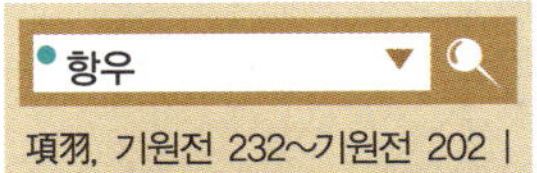

項羽, 기원전 232~기원전 202 |
진秦나라 말기에 유방과 천하를 놓고 다툰 무장. 이후 해하에서 유방에게 포위되어 자살했다.

임금에게 직언한 대유학자, 동중서

분서갱유의 대재난을 겪으면서 진나라는 철학사상

 **유방이 머물던 왕궁**
그가 지금의 산시성 서남쪽에 있는 한중漢中에 머물 때 지내던 왕궁의 전면 모습이다. 유방의 근거지로 유명하다.

오랫동안 동면기에 들어갔다. 진나라가 멸망한 다음에도 초나라와 한나라의 전쟁으로 인해 지식인들은 마음 놓고 학문에 정진할 수가 없었다. 더구나 초나라의 패왕霸王 항우●의 횃불로 인해 진나라의 국립도서관마저 불에 타서 없어져버린 상태였다.

그 후 유방●이 천하를 통일함으로써 정치는 어느 정도 안정되었지만, 유방 역시 한갓 무인武人에 불과했다. 그는 유생들을 만나면 갓을 빼앗아 오줌을 싸는 등 별의 별짓을 다했다. 그의 신하들도 마찬가지로 술에 취하면 알몸으로 칼을 빼들고 황제인 유방의 이름을 고함쳐 부르는 등 온갖 추태를 다 부렸다. 또 문제文帝 대에는 임금과 신하 모두 황로黃老●에 취해 있었다.

특별히 황후인 두竇씨가 황로를 사랑했는데, 한번은 황후가 한 유생에게 노자의 책에 대해 물었다. 그러자 유생은 그 책을 별로 좋지 않게 평했고, 이에 황후는 그를 외양간 속에 처넣고 짐승처럼 다루며 벌을 주었다. 또 이런 일도 있었다. 황후의 총애를 받고 있던 왕생王生이란 사람이 회의석상에서 갑자기 양말을 벗어들더니 당대 최고의 법관인 장석지張釋之라는 사람에게 직접 깁도록 명령을 내렸다. 이에 장석지는 아무 소리도 하지 못한 채, 정성을 다해 양말을 기웠다. 다 마무리되자 왕생은 "이

유방

劉邦, 기원전 247?~기원전 195 | 한漢나라를 세운 황제 고조高祖의 본명이다. 그는 중국 최초로 '베옷을 입고 3척짜리 검으로 천하를 얻은 황제'다. 항우를 물리친 뒤 황제의 자리에 올랐다.

황로

도가의 창시자로서, 전설상의 인물에 불과한 황제黃帝를 노자老子와 짝 지어서 함께 숭배했기에 붙여진 이름이다.

漢 武帝, 기원전 141~기원전 87 | 한 무제의 치세는 중국 역사상 가장 빛나는 시대로 서양 역사의 로마 제국 전성기에 해당한다.

董仲舒, 기원전 176?~기원전 104? | 서한西漢의 유학자. 한 무제에게 유교를 국교로 삼도록 설득했다. 그는 자신의 수십 편의 저서를 통해 《춘추》의 잘잘못을 논했고, 후에 이런 학설을 엮은 것이 《춘추번로春秋繁露》다.

시대의 이름난 신하에게 내 양말을 깁도록 한 것은 이 일 외에 당신을 중하게 쓸 곳이 없기 때문이오."라고 말하며 조롱했다. 이처럼 유학의 권위는 땅에 떨어졌고, 유학자들은 철저히 무시를 당했다.

이러한 상황이 이어지던 가운데, 상업이 발달하고 논밭이 확장되어 인구가 늘어나자 이제 소극적인 황로정치를 가지고는 도저히 현실에 적응해나갈 수가 없게 되었다. 이 무렵 등장한 무제●는 왕위에 오른 다음 해에 이렇게 명령했다.

"어질고 바르며 또 임금에게도 직언으로 아뢸 수 있는 선비를 추천하여 조정에서 주관하는 시험에 응하도록 하라."

이때 이른바 천인삼책天人三策을 올린 대유학자가 나타났으니, 그가 바로 동중서●다. 천인삼책의 내용 가운데 일부를 뽑아보면 다음과 같다.

"요즈음 사람들은 신기한 것이나 드러내려 하고 외도外道만 배우고 있으니, 모든 학문에 공통된 목표가 사라져버렸습니다. 나라의 법과 규정도 일정하지 않으니 백성들이 갈팡질팡합니다. 그러므로 이제 유가의 육예六藝 안에서 모든 것을 다스려나가되, 이외의 학설들을 금지시켜 더 이상 확장되지 않도록 해야 합니다."

이 상소를 옳다 여긴 무제가 그대로 시행했고, 비로소 중국의 정치가 바람직한 방향으로 나아가게 되었다.

스승의 얼굴을 보지 못한 제자들

동중서는 현재 허베이성河北省의 광천현 출신으로 한나라 고조의 말년에 태어나 경제● 대에 박사가 되었다. 학문에 대한 그의 고매한 자세는 일찍이 선비들 사이에 널리 알려져 있었는데, 특히 다음과 같은 이야기가 전해져 내려온다. 그는 서재에서 연구하는 3년 동안 단 한 번

문밖에 있는 꽃밭조차도 나온 적이 없었다고 한다. 학생들을 가르칠 경우에도 스스로 서재 안에 박혀 강의를 했기 때문에, 그의 문하생들 가운데에는 스승의 얼굴을 보지 못한 사람이 많았다고 한다.

그는 부지런히 공부하는 학자였을 뿐만 아니라 몸소 행하는 것을 중요하게 여기는 실천가이기도 했다. 그의 일거수일투족은 모두 유가의 예절에 들어맞았기 때문에, 같은 나이 또래의 학자들마저 그를 스승처럼 존경했다. 마침내 그의 높은 덕망이 세상에 알려져, 무제는 그를 강도왕江都王의 재상으로 임명했다. 그런데 강도왕 유비劉非는 무제의 이복형異腹兄으로서 교만하고 무례하기 짝이 없었다. 그럼에도 동중서는 그를 덕으로써 감화시키고 간언을 계속하여 마침내 강도왕의 존경을 받아낼 수 있었다.

동중서는 재상으로서 왕도정치의 이상에 따라 나라를 다스려나가는 한편, 새로운 사상 연구에도 몰두했다. 당시에는 음양가의 학설이 유행했는데, 그 역시 이에 영향을 받았다. 그는 특히 《춘추春秋》 연구로 유명했는데, 여기에 나오는 많은 재난災難 사건에 주목하여 음양오행의 학설을 보태었다. 일설에 의하면, 그는 그 학설을 이용하여 비를 오게도 하고 그치게도 했으며, 모든 것을 마음먹은 대로 할 수 있었다. 물론 조금 과장된 소리긴 하겠지만, 그가 미신적인 방법으로 세상의 일을 풀이해나갔음을 짐작할 수 있다.

경제

景帝, 기원전 188~기원전 141 | 경제는 모략가였던 조조를 지지하고 그의 역할을 인정했던 왕이었다. 하지만 끝까지 그를 지켜주지는 못했다.

중대부

우리나라 고려 대로 말하면, 종4품 아래의 문관 벼슬이다.

요동고묘

요동 지역에 있었던 것으로 보이는 한나라 무덤

🔼 혜성이 기록되어 있는 《춘추》

표시해둔 곳을 보면 "가을 7월, 북두에 성패가 있었다."라는 기록이 있다. 즉 천체를 관측하여 기록했다는 것이다.

한나라 무제武帝 대의 신하. 남의 비밀을 폭로하기 좋아하므로 대신들이 두려워하여 뇌물을 바쳤으며, 뒤에 제왕帝王이 그의 누이와 간음하는 것을 말했다가 멸족되었다고 한다.

뜻밖의 재해를 입음을 뜻한다. 이재罹災와 같은 말이다. 한편 재이災異는 재앙이 되는 이상야릇한 일을 말한다.

본래 삼공三公(영의정·좌의정·우의정)과 구경九卿을 가리키나, 여기서는 고관대작高官大爵 자리를 상징적으로 나타낸 말이다. 이때 구경이란 중국의 벼슬 명칭을 가리키며, 조선 시대에는 의정부議政府 좌우참찬·육조판서·한성판윤 등의 아홉 대신을 총칭하는 말이었다.

나중에 동중서는 중대부中大夫의 벼슬을 받게 되었고, 이때부터 남몰래 《재이기災異記》라는 책을 썼다. 이것은 요동고묘와 장릉 원전이 불에 타버린 데 대해 그 의의를 해석한 것이다. 본래 그 책은 임금에게 아뢸 예정이었으나 첫 번째 원고 교정을 마친 뒤 고칠 곳이 많아 바로 올리지 못했다. 이때 공교롭게도 같은 일에 종사하는 주부언主父偃이 그의 집을 방문하여 우연히 훔쳐보게 되었다. 주부언은 본래 동중서의 재능을 시기하고 있던 터라, 그 책을 주인 몰래 가져다가 임금인 무제에게 바치고 말았다. 이에 무제는 일반 유생들을 불러 이 책에 대한 의견을 말하도록 했다. 이때 동중서의 제자인 여보서呂步舒가 그 책의 저자가 스승인 줄도 모르고 이렇게 혹평했다.

"그것은 책으로서의 아무런 가치도 없습니다. 그처럼 황당무계한 글을 쓴 사람은 형편없는 멍청이임에 틀림없을 것입니다."

이 말을 듣고 무제는 동중서를 법정의 심판대로 넘겨 사형을 받도록 했다. 그러나 얼마 후, 무제는 동중서의 덕망과 업적을 생각하여 특사로 풀어주었다. 이런 일이 있은 후로 동중서는 이재異災에 대해서 일체 입을 다물고 말았다.

현재 《재이기》는 불에 타 없어졌기 때문에 우리가 그 내용을 알 수는 없으나, 추측컨대 그냥 평범하게 재이를 논한 것만은 아니고 어쩌면 조정에 대한 강력한 비판을 담고 있는 것이 아닌가 생각된다. 즉 "하늘은 사람의 일을 꿰뚫고 있기 때문에, 재앙은 우연히 내려지는 것이 아니다. 군주가 교만하고 음탕하면 위아래의 질서가 문란해져서 요사스런 일이 일어나니, 이것이 곧 재난의 원인이 아니겠는가?"라는 내용이 들어 있을 수 있고, 만일 그것이 사실이라면 그런 것들이 자칫 당시 조정에 대한 비판으로 해석될 여지가 있었을 것이라는 말이다.

한편 당시 공손홍公孫弘도 《춘추》를 연구했으나 그는 교활한 말로 군주를 꾀어 공경公卿 자리까지 올랐다. 이러한 그를 두고 동중서는 '권세에 영합하여 유학자로서의 품위를 땅에 떨어뜨린 자'라며 신랄하게 비판했다. 이에 앙심을 품은 공손홍은 무제 앞에 나아가 이렇게 아뢰었다.

"재주가 많은 동중서가 교서왕膠西王의 폭행을 능히 막아낼 수 있을 것입니다."

그러나 이것은 동중서를 높이기 위함이 아닌, 오히려 궁지에 빠뜨리기 위한 교묘한 술책이었다. 그래서 동중서는 위험한 임무를 띤 차사差使로 파견되기에 이르렀다.

그러나 교서왕의 손에 목숨을 잃을 것이라는 공손홍의 예상과는 달리, 동중서는 오만방자한 교서왕을 덕으로 가르침으로써 오히려 그로부터 신임과 환대를 받았다. 그렇기 때문에 그 자리에 눌러앉아 오래도록 영화를 누릴 만도 했으나 교서왕의 원래 성품을 잘 아는 동중서인지라, 얼마 후 신병身病을 핑계 삼아 사직을 청하고 말았다. 그 후로 지옥의 아귀다툼 같은 정치에 환멸을 느낀 그는 일체 문을 걸어 잠그고 연구와 저술에만 몰두했다.

그러나 조정에서는 나라에 어려움이나 큰일이 닥칠 때 반드시 그에게 사람을 보내 가르침을 받아오곤 했다. 그때마다 동중서는 새롭거나 이상한 것을 내세우지 않고, 오로지 유학 경전에 바탕을 둔 충언을 해주었다. 이후 동중서는 유교가 중국의 국교로 자리 잡기까지 기반을 마련한 인물로 평가되었다. 진시황 대의 승상 이사는 한 장의 상소문으로 일찍이 볼 수 없었던 파괴적 결과분서갱유를 가져왔지만, 무제 대의 동중서는 이처럼 생산적이고도 창조적인 성과를 가져오게 했다. 우리가 어떤 사람을 평가할 때, 과연 그가 어떤 결과를 맺게 했는지를 보는 것은

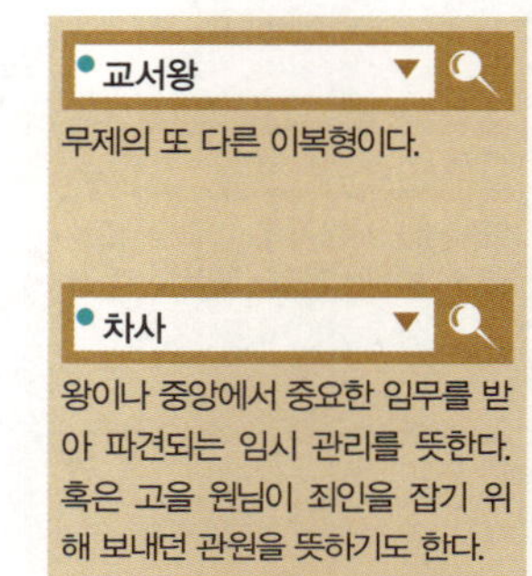

바로 이 때문이다. 잠시잠깐 사람의 눈을 속일 수는 있으나, 영원히 모든 것을 덮을 수는 없는 것이다.

사람은 소우주, 작은 하늘이다

그렇다면 이제 동중서의 사상을 살펴보도록 하자. 그 사상의 특징은 먼저 음양학설로 인사人事를 해석했다는 점과 유가의 전통 정신을 이어받았다는 점, 이 두 가지를 들 수 있다. 그는 하늘과 사람의 관계를 이렇게 해석했다.

"국가가 장차 망하고자 하면 하늘은 반드시 먼저 재해로써 그들을 깨우치고, 그래도 깨닫지 못하면 다시 괴이한 사건들을 내리어 놀라게 하고 두렵게 만든다. 그래도 잘못을 고치지 않으면, 스스로 멸망의 길을 갈 뿐이다. 이런 형편을 보건대, 하늘은 인류를 건지기 위해 가능한 한 많은 애를 쓰고 있다."

그렇다면 하늘은 왜 인간을 사랑하고 또 인간의 일에 간섭하려 하는 것일까? 그 이유는 하늘과 인간의 오묘한 관계에서 찾아야 한다. 하늘과 사람은 본래 그 구조가 같다. 사람은 작은 하늘로서, 가령 우리 몸속에 있는 366개의 작은 뼈들은 365일의 날짜 수와 같고, 열두 개의 큰 뼈들은 열두 달과 같으며, 오장五臟은 그것들의 작용에 오행五行이 있는 것과 같고, 사지四肢는 그 임무가 사시四時와 배합되는 것과 같으며, 눈을 한번 뜨고 감는 것은 마치 낮밤이 뒤바뀌는 것과 같다.

또한 사람의 감정에는 희로애락이 있는데 그것은 마치 봄날의 유쾌함, (喜) 가을날의 소슬함, (怒) 겨울날의 서글픔, (哀) 여름날의 환락(樂)과 같은 것이다. 이렇게 볼 때 아마도 하늘은 그 작용으로써 사람을 만들었으며, 결국 사람의 활동은 자연히 하늘과 관계가 있는 것이다. 또한 그렇기

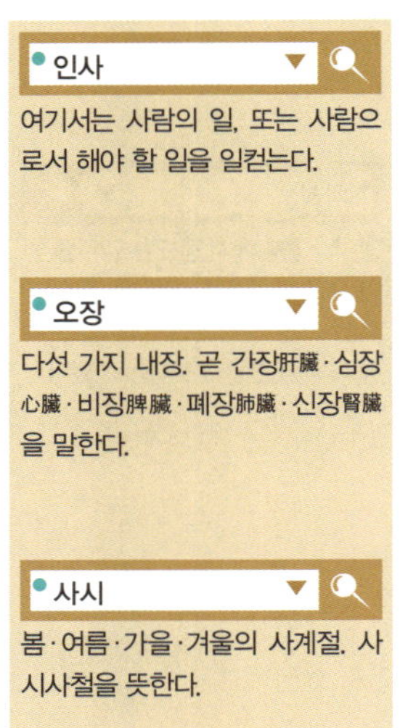

여기서는 사람의 일, 또는 사람으로서 해야 할 일을 일컫는다.

다섯 가지 내장. 곧 간장肝臟·심장心臟·비장脾臟·폐장肺臟·신장腎臟을 말한다.

봄·여름·가을·겨울의 사계절. 사시사철을 뜻한다.

때문에 하늘은 능히 높은 곳에서 사람의 일을 지배할 수
있다. 따라서 하늘은 덕이 있는 자를 군주로 삼는데, 그
방법은 오묘한 암시에 의한다. 가령 주나라 무왕은 일찍이
하늘의 부름을 받았는데, 하루는 배 위에 있을 때 고기 한
마리가 그의 배 안으로 뛰어 들어왔다. 또 집에 앉아 있을 때에는
타오르는 불이 그 옥상을 덮었다.

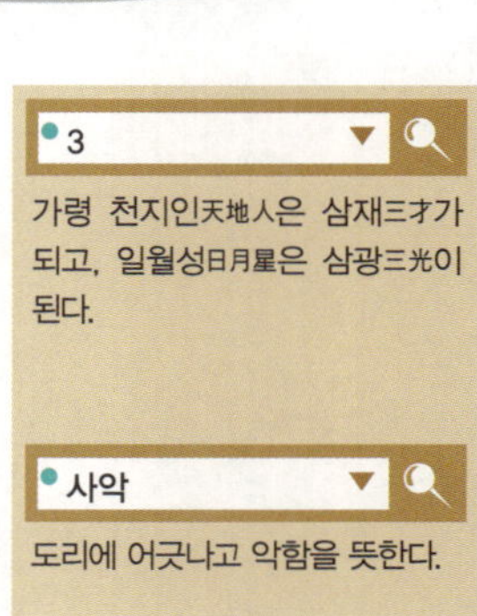

그러므로 군주가 정치를 할 때에는 하늘의 운행을 모범으로 삼아
적용을 잘해야 하는데, 하늘의 숫자가 3●과 12인 것처럼, 정부에도
반드시 3공公을 두고 1공마다 3경卿을, 1경마다 3대부大夫를,
대부마다 그 아래에 3사士를 두어야 한다. 그리고 이들
공경대부사는 각 층마다 네 계급으로 나누어야 한다. 물론
동중서의 이러한 주장은 당시 음양학설의 영향을 받은 것으로 보인다.

한편 그는 유가의 정신 또한 잃지 않았다. 가령 하늘이 복과 화를 줄
수 있으되, 그 원인을 제공하는 쪽은 어디까지나 사람이라고 주장한다.
자칫 숙명론에 빠지는 것을 경계하고 인간의 도덕적 노력을 강조한
측면으로 보이는데, 예컨대 군주가 교만하고 음탕하면 제후들이 그를
배반해 무고한 사람을 죽이고 서로 영토를 빼앗느라 혈안이 된다.
이렇게 되면 덕의 가르침이 무색해지고 형벌이 문란해지며, 형벌이
문란해지면 곧 사악邪惡●한 기운들이 일어나고, 이런 일들이 계속
쌓이면 위아래가 화목하지 못하여 음양이 서로 어긋나고 만다. 이렇게
해서 요사스런 일, 즉 재난과 이상야릇한 일들(災異)이 발생하고야 마는
것이다. 결국 하늘이 내리는 재앙이란 것도 따지고 보면 사람의 행위에
달려 있다고 했으니, 여기서 우리는 도덕성을 강조하는 동중서의 유교
정신을 엿볼 수 있는 것이다.

> **3** ▼ 🔍
> 가령 천지인天地人은 삼재三才가
> 되고, 일월성日月星은 삼광三光이
> 된다.

> **사악** ▼ 🔍
> 도리에 어긋나고 악함을 뜻한다.

유가에는 공자 이후 두 개의 지류가 있었으니, 하나는 맹자의 흐름이었고 다른 하나는 순자로부터의 흐름이었다. 그런데 맹자가 죽은 후 그의 제자들이 스승처럼 탁월하지 못했기 때문에 그들보다 순자의 학파가 앞서게 되었다. 한비와 이사가 당대의 명인으로서 순자의 학문을 크게 유행시켰던 것이다. 그러나 이들 순자의 제자들은 예법만을 중시하고 유학의 정신에 대해서는 소홀히 했으므로, 이에 동중서는 천하의 유학을 통일함으로써 유가의 전통을 이은 것이다. 또 동중서는 부자와 가난한 자 사이에 놓인 엄청난 부의 격차를 목격하면서 계급적 모순에 많은 관심을 나타냈으며 태학과 같은 교육기관의 건립을 주장하기도 했다.

유학 부흥의 외로운 기수, 한유

동중서 대에 잠깐 타올랐던 유학의 불길은 점점 사그라져 불교가 성행하기 시작했고, 세월이 흘러 불교는 중국 당나라 대에 이르러 최고봉에 달했다. 이때에는 군주를 비롯하여 문인, 백성들 할 것 없이 모두 도취되어 집집마다 불교를 믿고 방마다 향을 피우다시피 했다. 여기서 새로운 문제가 발생했는데, 백성들은 극락세계를 운운하며 내세에만 의지하여 현실을 도피했으며, 군주들은 선불禪佛에 도취되어 나라의 정치가 완전히 마비되어버릴 지경이었다. 만약 백성들이 속세와 왕래를 끊어버린 채 절간에만 파묻혀 산다면 어떻게 될까? 현실의 삶을 헤쳐나갈 만한 개인의 의지가 매우 약해질 뿐만 아니라, 사회에 활기를 불어넣을 힘도 사라지지 않을까? 더욱이 한 나라의 임금이 백성들의 의견에 귀를 기울이기보다 나랏일을 귀신에게 물어보며, 왕관을 버리고 절간으로 도망쳐 온종일 염불이나 하고 있다면, 민생은 핍절乏絕해지고 내우외환內憂外患이 잦아질 것 아닌가 말이다.

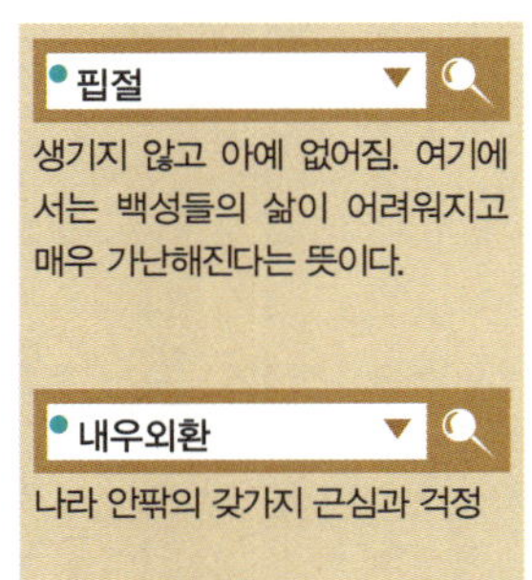

이에 몇 사람의 유생들이 이 문제를 깊이 생각하기 시작했고, 과거에 수많은 불교 탄압이 있었음에도 문제가 근본적으로 해결되지 않은 점에 주목했다. 그래서 불교의 폐단을 줄이는 일은 다른 무엇보다 불교를 대신하여 유학을 부흥시키는 것이 급선무라고 결론지었다. 말하자면, 유학을 부흥시키면 굳이 불교를 공격하지 않아도 자연스럽게 폐해가 없어질 것이라 여겼던 것이다.

가장 먼저 이 점에 착안한 사람이 수나라 사람 왕통●이다. 그는 유가의 경전을 흉내 내어 새로운 책을 써내는가 하면, 공자의 위대한 업적을 이어받고자 했다. 그러나 왕통은 서른네 살이라는 젊은 나이에 요절하고 말았다. 왕통이 붙여놓은 유학 부흥의 불꽃은 백 년 후인 한유● 대에 이르러 마침내 불교 배척과 유학 기풍의 진작운동으로 훨훨 타올랐다.

한유의 섬세하고도 세련된 문장은 호탕한 기개를 함께 실어서 우리의 심금을 조이게 한다. 그러나 문장 뒤에 숨어 있는 그의 피와 눈물을 누가 짐작이나 할 수 있을까? 호탕한 기개 가운데에는 다른 사람들이 짐작하기 어려운 탄식이 스며 있는데, 모든 명예와 찬사는 원한 맺힌 그의 일생이 끝난 후에야 얻어진 것이었다.

한유는 허난성의 남양 사람으로 당나라 대에 태어났다. 세 살 때에 아버지를 잃고 형을 따라 영남으로 내려갔다. 그러나 형마저 죽자 어머니, 조카와 함께 다시 강남江南으로 집을 옮겼다. 그런데 세상은 고아와 과부가 살아가기에 너무나 고달팠다. 그는 조카에게 이렇게 말했다.

"내 위로 세 분의 형님들이 있었으나 모두 일찍 돌아가셨기에 조상의 혈통을 이어받은 사람이 아들 항렬에서는 나 하나이고, 손자 대열에서는 너 하나뿐이로구나. 두 대에 각각 한 사람씩만 남았으니, 너와 나의 신세가 참으로 외롭고 고독하구나!"

왕통

王通, 584~617 | 수나라 하분河汾의 대유학자. 유교를 찬양했을 뿐 아니라 불교에 대항하는 것을 목표로 삼았다. 그러나 유교의 경서를 모방하는 것에 그쳤던 데다 젊은 나이에 요절하여, 큰 뜻을 성취하지는 못했다.

한유

韓愈, 769~824 | 당나라의 문학가·유학자. 사상적으로 유가를 존중하고 불교를 배척했다. 문학 방면에서 그의 산문은 선진先秦과 양한兩漢의 고문에 기초했고, 이에 발전을 거듭하여 기세가 웅장해졌으므로 '당송팔대가' 가운데 으뜸으로 평가되었다. 또 그의 시는 신기한 것을 많이 추구하여 때로는 괴이한 면까지 있었긴 했으나, 송나라 시절의 시에 많은 영향을 끼쳤다.

그러나 이 조카마저 곧 죽고 말았다.

이토록 고독하고 곤궁한 생활 가운데서도 한유는 공부를 게을리하지 않았다. 유명한 스승이 지도해주거나 좋은 친구들이 다듬어주지는 않았으나, 스스로 자습하여 제자백가를 완전히 읽어냈다. 고통을 이겨내는 향학열과 성실함으로 인해 그는 진사시험에 합격했고, 이어서 감찰어사까지 승진했다. 그러나 불공정한 것을 참지 못하고 바른 말을 잘하는 그의 성격 탓에 수많은 고통과 좌절을 겪었다.

먼저 그가 감찰어사로 있을 때, 옳고 그름을 가차 없이 비판함으로써 마침내 덕종德宗의 노여움을 사고 말았다. 이 일로 인해 그는 광둥성 양산현으로 귀양을 가게 되었는데, 이것이 벼슬길에서 처음 당하는 고난이었다. 그 후 양산현에서의 업적이 뛰어나 조정에서는 다시 그를 국자박사國子博士로 임명하여 불러들였으며, 몇 차례 계속해서 승진을 거듭했다. 그러나 여전히 바른 말을 잘하여 많은 사람들로부터 미움을 사다가 다시 국자박사로 내려앉고 말았는데, 이것이 두 번째 좌절이었다. 그러나 이러한 좌절은 '찻잔 속의 태풍'에 지나지 않았다.

부처의 썩은 뼈 한 조각

어느 날 헌종憲宗은 신하 서른 명에게 명령하여 봉상鳳翔 법문사法門寺에 있는 석가문불釋迦文佛의 손가락뼈 한 조각을 영접하여 궁 안으로 들여왔다. 그러고는 삼일 동안 제사를 지낸 다음, 다시 절로 돌려보내도록 했다. 황제가 이러하니 관리와 백성들은 말할 필요조차 없었다. 서로 뒤질세라 앞을 다투어 그 뼈마디에 제사지내느라 정신이 없었고, 이 일로 인해 수도 전체가 떠들썩했다. 어떤 사람은 이를 위해 심지어 재산과 직업을 포기하기까지 했다.

이토록 썩은 뼈 한 조각 때문에 온 나라가 미쳐 날뛰는 것을 보고 한유는 크게 통탄해 마지않았다. 그리고 마침내 헌종에게 뼈를 논하는 한 편의 글을 올렸다.

그 가운데에는 "동한東漢의 군주들이 불교를 열심히 믿은 다음부터 모두 일찍 죽고 말았다."라는 내용이 들어 있었다. 헌종이 이 글을 보고 노여움을 참지 못하고 말했다.

"한유가 나더러 불교를 믿는 일이 좀 지나치다고 한 것은 이해할 수 있다. 그러나 동한의 군주들이 불교를 믿은 다음부터 모두 단명했다는 말은 너무 황당하고 무례한 것이다. 그가 신하로서 감히 이처럼 방자하니 도저히 용서할 수 없다."

그리고 그를 사형에 처하고자 했다. 이에 모든 신하들이 식은땀을 흘리며 어찌할 바를 몰랐다. 그 후 여러 사람들이 목숨만은 살려줄 것을 요청하자 헌종은 특별히 은혜를 베풀어 그를 차오저우潮州에 칙사勅使로 보냈다. 그때 한유 의 나이 쉰 살이었다.

그러나 너무 열심히 책을 읽어 머리를 많이 쓴 데다 평생 동안 뜻을 이루지 못해 근심이

칙사
임금의 어명을 받은 사신使臣

법문사의 전경
현재 산시성 부풍현의 북쪽에 있다. 당대의 유명 한 사원이다.

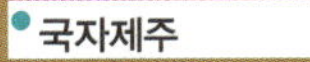

국자감에서 제사를 맡아보는 관리로 추측된다.

군사에 관한 부서에서 상서尚書(판서 혹은 장관급) 다음으로, 오늘날의 차관급에 해당하는 벼슬자리를 말한다.

조선 시대로 말하면 이조판서의 바로 아랫자리. 차관급. 이부는 육부 가운데 인사 문제와 훈장추서의 일을 맡아보는 자리였다.

수가 적은 외로운 군대가 강한 적을 맞아 용감히 잘 싸움. 약한 힘으로 벅찬 일을 대견스럽게 잘해냄을 일컫는 말이다.

꽤 쌓여 있었던 듯하다. 그의 고백에 따르면 "마흔 살 때부터 이미 눈은 아물아물하고, 머리는 백발이 되었으며, 치아는 흔들렸다."라고 한다. 게다가 생사를 예측하기 어려울 만큼 커다란 마음의 고통을 다시 겪게 되어, 그의 큰 뜻은 거의 다 사라지고 말았다. 더구나 차오저우는 광둥성의 변두리 바닷가 지방의 처량하고 황폐한 땅이었다.

그러나 한유는 차오저우에서 정치를 잘하여 국자제주國子祭酒가 되었고, 이어서 병부시랑兵符侍郎으로 임명되었다. 그때 몇몇 병사들이 왕정주를 추대하고 반란을 일으켰는데, 이에 목종穆宗은 즉시 한유를 파견했다. 그러자 주변의 모든 사람들이 그를 위해 염려하지 않을 수 없었다. 왜냐하면 반란병들은 법을 지키지 않고 시시때때로 난리를 일으켰기 때문이다. 그의 좋은 친구 원진도 '한유의 이번 행차에는 반드시 생명의 위험이 따를 것이다.'라고 생각하여 매우 애석하게 여기고 있었다. 나중에는 목종까지 후회하기에 이르렀으나, 이미 내려진 명령이라 거둬들일 수도 없었다. 그러나 이미 생사를 초월한 한유는 조금도 두려워하지 않고 왕정주의 무리들을 꾸짖었다.

"나라를 상대로 반란을 일으키다니! 너희는 모두 역적들이니 빨리 조정에 가서 죄를 회개하도록 하라!"

한유의 말이 올바른 데다 그의 음성과 표정이 장엄하여 모든 반란병들은 감동하기에 이르렀고, 마침내 반란이 진압되고 말았다. 목종이 이 소식을 듣고 매우 기뻐하여 한유를 이부시랑吏部侍郎으로 승진시켰다.

그러나 그에게 현재의 불행과 미래의 영광을 동시에 가져다준 사건이 있었는데, 그가 일으킨 고문古文운동이 바로 그것이었다. 그에 따르면, 문장이란 어디까지나 도道를 전하는 데 쓰이는 것이기 때문에, 반드시 뜻이 있어야 한다는 것이다. 그래서 한유는 말만 번지르르할 뿐, 뜻이 들어 있지 않은 당시 문체를 반대했고, 한나라 이전의 고문을 회복시키고자 했다. 이러한 주장으로 인해 그는 비록 살아생전에 많은 좌절을 겪었으나, 죽은 후에는 문단의 기풍을 변화시킬 수 있었으며 스스로 문학사에서 대문호의 자리를 차지하게 되었다.

그러나 한유가 일생 동안 고군분투孤軍奮鬪하여 밀고 간 것은 배불排佛 운동이었으며, 이것이 그를 철학사 가운데 중요한 위치로 끌어올렸다. 그에 의하면, 불교에서 말하는 명심견성明心見性이나 도교에서 주장하는 허무청정虛無淸淨의 경지가 비록 고상하긴 하나, 결과적으로 개인들이 모두 자아의 해탈에만 집착하게 됨으로써 인륜人倫사회에는 전혀 도움을 주지 못한다. 가령 불교를 믿는 신자들이 각자의 도를 닦는 데만 몰두하고, 도교의 도사들이 신선놀음에만 빠져든다면, 시시때때로 문제가 발생하고 사람들 사이에 다툼이 생겨 혼란스럽기만 한 이 사회는 과연 누가 돌볼 것인가 말이다.

반면 유가에서 말하는 수양에는 인간의 본능적인 욕망을 억제하고 내적인 자아를 단련함과 동시에 다른 사람들을 돕고 세상을 깨끗하게 하는 힘이 있다. 《대학》에서 말하는 것처럼 '수신제가치국평천하'가 유가 사상가들이 강조하는 교훈이다. 진정으로 이상적인 인격이란 홀로 떨어져 있는 산속에서가 아니라, 사회와 세상 가운데 직접 뛰어 들어가 함께 더불어 숨 쉬고 살아가며 구제하는 중에 형성되는 법이다. 이 세상의 모든 철학이 마치 허공을 치듯이, 뜬구름 잡기식이 되면 안 된다.

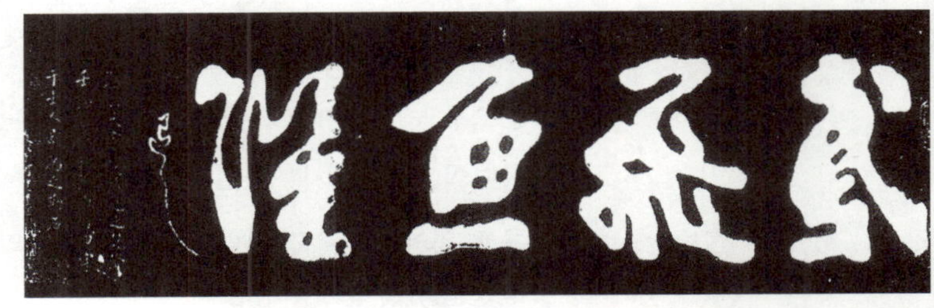

한유의 글씨 〈연비어약鳶飛魚躍〉
연비어약은 '하늘에 솔개가 날고 물 속에 고기가 뛰어노는 것'이 자연스럽다는 뜻. 만물이 저마다 법칙에 따라 자연스럽게 살아가면, 천지의 조화를 이루게 된다는 의미 《시경 대아》〈한록편〉에 나옴

● 명심견성
마음을 깨끗이 하여 사물의 본성을 알아차리는 일

● 허무청정
마음을 비워 깨끗이 하는 일

왜냐하면 그러한 것들은 자칫 공리공론으로 흘러 무익하게 될 뿐만 아니라, 심지어 이 사회에 해를 끼칠 수도 있기 때문이다.

한유의 외로운 외침은 불교 사상이 풍미하던 당시에 철학 사조면에서 큰 반향을 일으켰다. 그래서 유가 사상은 수백 년 동안의 잠에서 깨어나 새로운 도약을 준비할 수 있었던 것이다.

불교의 방법으로
불교를 물리치다, 이고

불교가 성행하여 많은 폐단이 생겨나던 시절, 수많은 유학자들이 불교를 억누르기 위해 이러저러한 노력을 다 기울였다. 그런데 왜 그러한 노력들이 실패로 돌아갔으며, 반면 왜 한유는 그 일에 성공할 수 있었을까?

그것은 한유가 무조건 불교를 비난하거나 배척하는 데에 머문 것이 아니라, 그것을 대신할 만한 유가 사상을 들고 나왔기 때문이다. 그리고 또 하나 지나칠 수 없는 것은 그에게 이고⦁라고 하는 좋은 제자가 있었다는 점이다. 이고는 불교 사상의 정수精髓⦁를 받아들이되, 유가의 이론으로 무장하여 불교에 대항하고자 했다.

이고의 자는 습지習之이고 조군(현재의 허베이성 조현 경계) 사람으로서, 비록 한유의 제자이긴 하나 유학뿐만 아니라 불교에도 능통하여 오히려 스승을 능가하는 면이 있었다.

한번은 그가 고승高僧⦁ 약산藥山에게 물었다.

"도가 무엇입니까?"

이에 약산은 다음과 같이 대답했다.

"구름은 푸른 하늘에 있고, 물은 병 속에 있습니다."

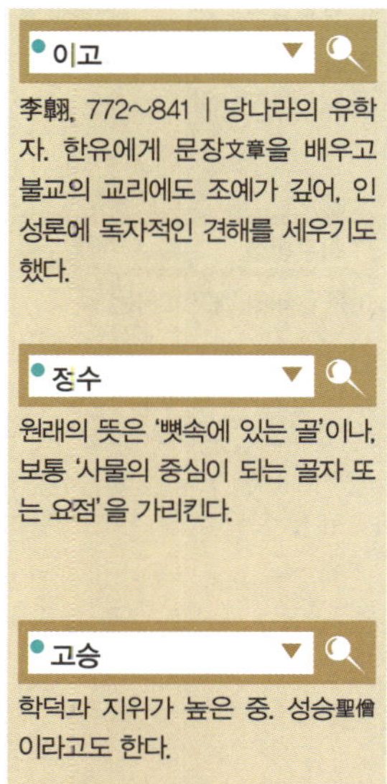

이 게어偈語가 나타내는 뜻은 '도는 곧 움직이기도 하고 머물러 있기도 하는, 마치 본체와 같은 것'이라는 의미였다. 그러나 사실 이는 불교의 한 종파인 선종禪宗에서 도달하고자 하는 어떤 경지일 뿐, 유교의 철학은 아니었다. 그럼에도 이고는 이 말에 도취되어 하루 종일 입으로 중얼거리며 다녔다. 그가 선禪의 오묘한 맛을 충분히 음미했음을 알려주는 일화다.

이고는 한유처럼 유가의 입장에서 불교를 공격한 것이 아니라, 선종의 방법을 이용하여 자연스럽게 유가의 도통으로 돌아오도록 했다. 그는 처음에 불교의 선종 사상을 이용하여 "마음속에 들어 있는 육체적인 정情을 없애고 사람의 본성을 되찾자!"라고 주장했다. 인간의 마음속에 들어 있는 정이란 육체적인 집착일 뿐이고, 따라서 모든 고통의 원인이 되기 때문에 마땅히 없어져야 한다는 것이다. 그래야 비로소 우리는 마음의 깨끗함을 회복하여 본성인 자연으로 돌아갈 수 있다고 한다.

그렇다면 과연 우리는 어떻게 해야 이 정을 없앨 수 있을까? 그는 여기에서 선종의 방법 대신 유교의 방법을 이용하여 '완전히 사상의 흐름을 끊어 불생불멸의 경지에 도달할 것'을 주장한다. 특히 유가의 성즉명誠則明이라는 이론을 들고 나오는데, 즉 우리가 모든 일에 지극히 성심성의를 다한다면 그야말로 밝은 정신의 상태에 도달할 수 있다는 것이다.

이상과 같은 이고의 주장을 정리해보면, '정즉선 동즉유靜則禪 動則儒'가 된다. 가만히 멈춰서 고요에 이르면 선불교이 되고, 뭔가를 향해 움직이며 행동하면 유교가 된다는 의미인데, 사실 이러한 구호 역시 일종의 배불排佛운동이라 할 수 있다. 다만 이고는 불교를 처음부터 원천적으로 제거하려 든다기보다, 불교의 의의를 인정해주며 유교와 서로 부드럽게 절충했다. 그리고 끝내는 유교에 도달하도록 만들기 때문에, 어떤

게어

불교에서 제자들에게 불법을 전할 때 여러 말을 하기보다, 간단 명확한 몇 마디로 뜻을 전달하고자 했는데, 이 몇 마디 말을 가리켜 게어라고 부른다.

선종

부처의 설교보다 좌선坐禪(조용히 앉아 마음을 한곳에 집중함으로써 무념무상의 상태로 들어가고자 하는 수행 방법의 하나)을 중시하는 불교의 한 종파. 520년 달마대사에 의해 전해졌다.

정즉선 동즉유

'제자리에 가만히 멈춰 있으면 선禪이 되고, 움직이면 유儒가 된다'는 뜻이다.

의미에서 가장 효과적으로 유교를 전했다고 평가할 수도 있겠다.

이고가 이처럼 간접적인 방법을 사용한 데에는 아마 스승의 실패가 교훈이 되지 않았나 싶다. 그의 스승 한유는 너무 격렬하게 불교 사상을 무시하고 아예 이해하려고도 하지 않았다. 이러한 태도가 당시의 시대 상황과 들어맞지 않았기 때문에 그의 생애 자체가 그토록 고난으로 이어졌는지도 모른다. 반면, 이고는 부드럽고 자연스럽게 유가의 전통을 되살리려 했다. 겉으로는 조화를 이룬다 하면서도 내면적으로는 불학의 혼탁해진 피를 버리고 유학의 건강한 피를 받아들이도록 한 것이다.

이후 유학자들은 한편으로 한유의 정통적인 도통 사상을 계승하면서, 또 한편으로 이고의 새로운 길을 따라서 '정즉선 동즉유'의 경지를 추구했다. 이에 따라 불교에서 말하는 인생의 해탈과 더불어 유교에서 강조하는 사회적 실천을 서로 조화시킴으로써, 마침내 송·명대의 이학理學을 형성해나갈 수 있었던 것이다.

한유와 이고는 수·당나라 사상의 변천사에서, 불교에서 유교로 물꼬의 방향을 틀어버릴 수 있는 두 개의 커다란 이정표가 되었다. 물론 두 사람의 방법은 서로 달랐지만, 이 두 사람으로 인해 송나라와 명나라 대의 이학이 활짝 꽃을 피울 수 있었던 것이다.

신유가는 도학자다

한유의 경우에는 타협의 여지가 전혀 없다. "내가 도라고 말하는 것은 도가나 불가에서 말하던 그런 도가 아니다. 그것은 요·순·우·탕·문·무·주·공으로, 다시 공자와 맹자로 전해졌다. 그러나 맹자가 세상을 떠난 후에는 더 이상 전해지지 못했다.”라고 말한다.

반면 이고는 다소 타협적이다. “옛날의 성인_{유학자 계통}은 이 도를 안자에게 전했고, 공자의 손자인 자사는 할아버지의 도를 《중용》에 기록하여 맹자에게 전했다. 그런데 본성과 천명을 다룬 저서들이 남아 있었음에도, 학자들은 그것을 밝히지 못했다. 나는 오랫동안 끊어지다시피 한 도가 세상에 전해질 수 있기를 바랄 뿐이다.”라고 말한다.

여기에서 ‘전해지다’는 표현은 아마도 불타가 사용한 이심전심의 비법이, 홍인대사와 혜능대사까지 그 의발이 전해졌다고 하는 선종 사상에서 힌트를 얻은 것으로 보인다. 말하자면, 이고의 사상 가운데에는 불교적인 요소가 들어 있었던 것이다.

이처럼 이고의 신유가_{新儒家}는 원시 유학의 의리적인 측면을 이어받았으며, 특히 맹자의 신비주의적인 경향●을 계승하고 있다. 그렇기 때문에 신유가는 ‘도학자’로 통하고, 그들의 철학을 ‘도학’이라고까지 부르게 되었다. 즉 신유가란 도학을 서양식으로 표현한 것에 지나지 않는다.

요약하면, 신유가의 사상적 원천에는 세 가지가 있다. 첫째는 유가 그 자체이고, 둘째는 불가, 셋째는 선을 매개로 한 도가다. 특히 우주론의 경우, 음양가에 대한 도교의 우주론적 해석이 중요한 요소가 되었다.

사실 이 세 가지 요소는 서로 그 맥이 다를 뿐만 아니라, 심지어 서로 모순되는 점도 많다. 이에 따라 그것들이 동질적인 체계를 이뤄 하나가 되는 데에는 그만큼 오랜 시간이 걸렸고, 그 고난에 찬 열매로서 송나라 시대의 이학이 등장했던 것이다.

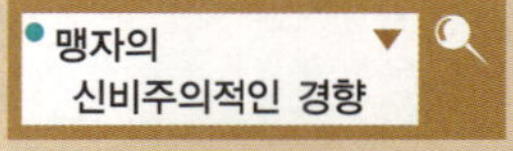

● 맹자의
　　신비주의적인 경향

즉 정전법井田法 실시와 왕도정치 구현이라는 맹자의 주장은 그의 철학이 다소 이상적이고 신비주의적이라는 인상을 풍긴다.

제5장

중국 불학의 건립

불교의 전래와 발전

중국에서 불교가 일어나기 시작한 것은 인도의 석가모니가 도를 깨달아 부처가 된 지 거의 6세기의 세월이 흐른 후인 기원후 1세기 무렵이 아니었을까 짐작된다. 이후 불교는 끈질기게 전파되어 점진적인 발전의 과정을 거쳤다. 문헌에 의하면, 2~3세기에 이르러 중국의 불교는 음양가의 비술秘術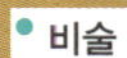이나 도가와 크게 차이가 없는 신비한 종교로 간주되었던 듯하다. 그래서 어떤 사람들은 노자가 서쪽 인도로 가서 불타석가모니와 인도 사람들을 가르쳤으며, 그 제자가 스물아홉 명이나 된다는 이야기를 꾸며내기도 했다.

우리는 여기에서 '중국 불교'와 '중국 안의 불교' 라는 용어를 구분할 필요가 있다. 예컨대, 인도에서 불법을 연구하고 돌아온 현장이 소개한 종파를 '중국 안의 불교' 라 부른다면, 이미 중국 안에 들어와 중국의 철학적 전통과 함께 발전한 불교를 '중국 불교' 라 부를 수 있다. 불교와 도가가 서로 융합하여 선종이 발생했는데, 선종은 좌선坐禪에 의해 진리를 규명하려는 불교의 한 종파다. 또한 불교에는 대승大乘과 소승小乘이 있다. 그런데 이 가운데 중국 불교에 남을 수 있는 쪽은 대승이었다.

심장을 물에 씻다, 불도징

불교는 기원후 1세기인 한나라 명제● 대에, 이미 중국에 소개되었다. 그러나 당시는 나라가 강하고 부유했기 때문에, 사람들이 종교의 필요성을 크게 느끼지 못했다. 그러다가 위진魏晋 시대에 이르러 불교는 정치사회의 혼란을 타고 비로소 널리 전파되었다.

당시 불교 사상의 전파자는 절간 안에 조용히 머물며 연구에 몰두하던 불학자들이었다. 그들은 자기 한 몸의 안락을 포기하고 고통에 허덕이는 중생들을 위해 구세救世의 횃불을 높이 치켜들었다. 그리고 그들 가운데 최초로 불법을 크게 일으켜 조정과 재야에 두루 이름을 떨쳤던 인물이 바로 구자국 사람 불도징●이었다.

불도징의 본래 성은 백帛이었지만, 불교에 귀의하고자 불佛로 바꾸었다. 그는 키가 8척이나 되었으며, 예의가 바른 인물이었고 태도 또한 매우 침착한 귀족풍의 사람이었다. 그는 계율을 철저히 지키고 개인적인 욕심이 없는 출가자였기 때문에, 일만여 명에 가까운 문도門徒를 거느릴 수 있었다. 또한 지방을 돌아다니며 많은 불교 사원을 건립했다.

불도징이 일흔 살 되던 무렵, 중국이 전쟁과 난리에 의해 피폐해져서 백성들은 더 이상 생업에 매달릴 수 없다는 소문을 듣게 되었다. 그는 곧 제자들과 함께 중국에 부처의 복음을 전하기로 결심했다. 310년, 중국 뤄양에 도착한 그는 곧 백마사白馬寺에 자리를 잡았다.

때는 마침 흉노족 유요劉曜가 자기 아래의 부하 석륵石勒에게 명령하여 남쪽으로 공격하려던 찰나였다. 그런데 석륵이란 자는 어렸을 때 일찍이 노예로

명제

明帝, 28~75 | 중국 후한의 2대 황제(재위 57~75). 광무제의 아들. 흉노를 토벌하고 반초를 파견하여 또다시 서역을 지배했다. 유교를 숭상하고, 안으로 나라를 잘 다스리는 한편 밖으로 외국을 정벌하여 영토를 넓혀나가는 내치외정內治外征에 힘썼다.

불도징

佛圖澄, 232~348 | 오늘날의 신장성新疆省 고차현 출신으로 불교를 보급시키기 위해 중국에 들어온 전도승이다.

⬆ 흉노의 고분벽화
중국 고대부터 있었던 놀이인 잡기雜技를 엿볼 수 있는 장면이다. 한대 이후 실크로드를 따라 대거 유입되었다.

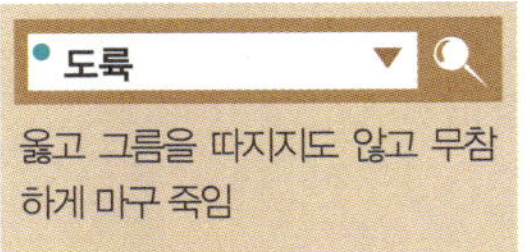

옳고 그름을 따지지도 않고 무참하게 마구 죽임

팔렸다가 도망을 친 후 강도질로 세월을 보냈기 때문에, 성격이 잔인하고 난폭하여 사람 죽이는 것쯤은 예삿일로 알았다. 그가 지나가는 곳마다 살인·방화·약탈이 자행되었으며, 때로는 수만 명씩 무참히 도륙屠戮●되어 시체가 산을 이루고 핏물로 강을 이루기도 했다. 그는 갈파 지역을 점령하고 이제 강남으로 진격하여 또다시 한바탕 도살 행위를 저지르려고 준비하고 있었다.

불도징은 석륵의 미친 행위가 계속된다면 강남江南 사람들이 전무후무前無後無한 대재앙을 입으리라고 생각했다. 그래서 위험을 무릅쓰고 갈파에 가서 석륵을 타일러보기로 결심했다. 하지만 그의 제자들은 한사코 말렸다. 석륵을 전도하러 가는 것은 마치 호랑이 굴속에 뛰어드는 것처럼 무모한 짓이라는 것이었다. 그러나 불도징은 웃음을 머금은 채 말했다.

"그가 과연 나를 죽일 수 있을까? 그래. 설령 그가 나를 죽인다 하더라도, 많은 사람을 살리기 위해 내 한 목숨 희생한다면 그 또한 보람 있는 일이 되겠지."

이미 불도징은 석륵의 부하 가운데 곽흑략郭黑略이라는 일원대장이 불교를 믿는 신도임을 알고 있었다. 그는 먼저 곽흑략의 막사를 찾아갔다. 때마침 병사들이 하천에서 물놀이를 하고 있었다. 불도징은 대뜸 강의 하류에 주저앉아 옷을 훨훨 벗어젖혔다. 그러자 오른쪽 젖가슴으로부터 네 치쯤 아래에 배꼽만 한 작은 구멍이 나타났다. 그가 이 구멍을 가볍게 잡아당기자 구멍은 곧 접시만큼 크게 늘어났다. 그는 그 속으로 손을 집어넣어 심장과 간과 쓸개를 하나씩 끄집어내어 강물에다 깨끗이 씻기 시작했다. 이를 본 병사들은 크게 놀라 물었다.

"선생님, 도대체 왜 그러십니까?"

이에 그가 웃으면서 대답했다.

"내가 심장과 간을 씻는 것은 자네들이 몸을 씻는 것과 마찬가지라네. 심장과 간을 깨끗이 해야만 우리의 행위가 더렵혀지지 않는 것일세!"

이 일을 전해 들은 곽흑략은 곧 불도징을 군영軍營으로 청해 들였다.

인간 백정을 감화시키다

며칠 후, 불도징은 곽흑략의 주선으로 비로소 석륵을 만나게 되었다. 그러나 석륵은 불법을 믿지 않았으며, 불도징이 그러한 신통력을 갖고 있으리라고는 더더욱 믿지 않았다. 결국 석륵은 다음과 같이 요구했다.

"정 그러시면, 나에게 기적을 한 가지 보여주시오."

불도징은 그가 무지몽매한 촌뜨기라는 것, 따라서 그에게 심오한 철학을 강의한다는 것은 '쇠귀에 경 읽기'라는 사실을 잘 알고 있었다. 그래서 다른 방법을 사용하기로 맘먹었다. 곧 한 개의 항아리를 들고, 그 속에 물을 가득히 부었다. 그리고는 향과 초에 불을 댕기고, 입으로 몇 마디 주문을 외웠다. 그러자 갑자기 항아리 속에서 한 떨기 푸른 연꽃이 피어올랐다. 이 기적을 직접 눈앞에서 본 석륵은 몹시 놀라 황망히 무릎을 꿇고 머리를 조아렸다. 그리고 그를 국사國師로 모시게 되었다.

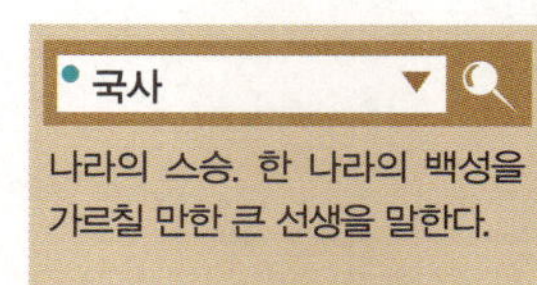

불도징은 국사가 된 다음에도 시시때때로 석륵을 감화시켜 그에게 다시는 죄 없는 목숨을 죽이지 못하도록 했다. 그러나 후일 석륵은 반란을 일으켜 전조前趙를 멸망시키고 스스로 황제가 되었다.

> **● 국사**
>
> 나라의 스승. 한 나라의 백성을 가르칠 만한 큰 선생을 말한다.

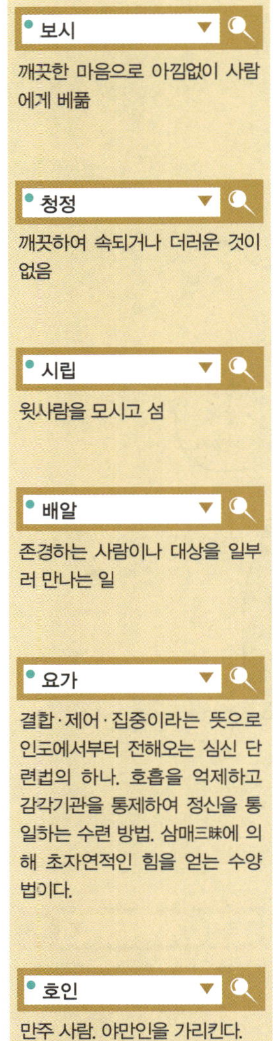

그가 죽고 난 후에 석호石虎가 왕위를 물려받았는데, 그 역시 불도징에게 높은 예의를 갖춰 모셨다. 불도징은 석호에게 '살생을 금하고 특히 죄 없는 사람을 죽이지 말 것' '포악한 행동을 피하고 자비심을 갖고 보시布施할 것' 등을 가르쳤다. 또한 부처를 섬기는 데는 청정淸淨과 무욕과 자긍심으로써 해야 한다고 주장했다. 그의 강의는 단지 불교 경전을 문자 그대로 전하는 것이 아니라, 그 글 가운데 숨어 있는 깊은 뜻을 자세하게 풀이하는 것이었다.

이에 석호는 전국에 명령을 내려 불도징을 '나라의 보배'로 대우했고, 그에게는 비단옷과 제후가 타는 수레를 공급했다. 불도징이 대궐로 들어올 때는 태자를 비롯한 모든 신하들이 시립侍立해야 했다. 또한 사공司空과 이농李農을 특별히 파견하여 매일 아침저녁으로 그에게 문안 인사를 드리게 했고, 태자와 모든 신하들에게 닷새마다 한 번씩 그를 배알拜謁하도록 했다.

그렇다면 불도징이 석륵 앞에서 보여준 신통력이 사실일까? 그것은 알 수 없으며, 또 굳이 확인할 필요도 없을 것이다. 다만 사람의 몸이 특수한 단련을 쌓으면 보통 사람으로서는 불가능한 어떤 힘을 발휘하리라는 것은 얼마든지 생각할 수 있다. 오늘날 인도에서 시작된 '요가Yoga'는 스스로 최면을 걸어 며칠씩 음식을 먹지 않거나, 뜨거운 물에 들어가고 불 위를 걸어가도 몸이 상하지 않게 한다고 한다. 짐작컨대 불도징의 신통이라는 것도 틀림없이 이러한 술법을 쓴 것이 아닌가 싶다. 그렇다면, 불학자인 불도징이 정정당당히 불법을 전하는 대신, 왜 이처럼 잡스러운 기술을 써야 했을까?

당시 권력을 쥔 호인胡人들은 군사적인 힘에 의지할 뿐, 머릿속에 든 지혜라곤 눈곱만큼도 없었다. 이들에게 오랜 시간 동안 지루한 불법을 강의한다는 것은 무리였다. 그들에게 감동을 주기 위해서는 당장 눈앞에서 어떤 신통력을 보여주어야 했다. 그래서 불도징은 법술의 신통력을 이용해 그들 위에 군림할 수 있었으며, 이를 바탕으로 팔백여 개의 사찰을 세우고, 수많은 신도들을 받아들여 불교 전파의 기초를 튼튼히 닦았던 것이다. 그는 단 한 권의 불교 경전도 번역하지 않았고 불교 학문에 관한 단 한 편의 논문도 쓰지 않았지만, 깊고 오묘한 원리를 제자들에게 전해준 인물이었다. 또한 그에게는 도안道安과 혜원慧遠 이라는 뛰어난 두 후계자가 있었다.

못생긴 천재 소년, 도안

도안의 원래 성은 위衞씨였고, 오늘날의 허베이성 원씨현 서북인 상산 부근에서 태어났다. 그의 집안은 명문이었으나 부친은 '영가의 난'을 만나 유요의 군대에 의해 죽고 말았다. 그 충격으로 어머니마저 세상을 떠나자 네 살 난 도안은 하루아침에 고아가 되어 사촌형님에게 얹혀사는 신세가 되고 말았다. 그는 천성적으로 영리하여 이미 일곱 살 때 서당 선생을 놀라게 했다고 한다. 그가 열두 살 되던 해에 조정은 전국에서 천재 아동들을 선발하여 승려로 키우고자 했는데, 도안은 여기에 뽑혀 불교에 입문했다.

도안
道安, 314~385 | 중국 동진 전진前秦 시대의 고승·번역가. 초기 중국 불교의 기초를 닦은 대표적 학승學僧이다. 최초의 경전목록인 《종리중경목록綜理衆經目錄》을 지었다.

그런데 그의 못생긴 얼굴을 본 스승은 그를 무시했고, 공부할 시간도 주지 않은 채 날마다 밭일만 시켰다. 그러나 도안은 이에 낙심하지 않고 열심히 일하는 한편, 꾸준히 불교의 경전들을 읽어나갔다. 그래서 3년 후에는 적지 않은 경서를 혼자 힘으로 읽어내기에 이르렀는데, 그제야 비로소 스승은 그의 재능을 인정했다고 한다.

스무 살을 전후하여 도안은 불도징의 이름을 듣고 그를 스승으로 모셨다. 당시 석호의 국사로 있던 불도징은 제자 도안을 무척 아꼈고, 결국 도안은 스승이 입적入寂할 때까지 십수 년 동안 그 옆에서 불학의 깊고 오묘한 가르침을 받을 수 있었다. 나중에 도안은 병란兵亂에 쫓겨 여러 곳으로 떠돌아다녔으며, 아홉 차례에 걸쳐 이사를 했다.

제자 등 오백여 명을 거느리고 마지막으로 자리를 잡은 곳은 후베이성의 양양襄陽이었다. 그는 이 근처에 단계사라는 절을 세우고, 15년간에 걸쳐 불교 경전을 번역하며 제자들에게 강의했다. 도안의 일생 사업 가운데 가장 빛나는 업적이 있다면, 바로 불교 경전에 주해註解를 단 일이었다. 지금까지의 경서들은 간단하게 번역되어 그 뜻을 이해하기가 어려웠기 때문에, 일반인들이 쉽게 다가갈 수가 없었다. 평소 이러한 폐단을 잘 알고 있던 도안은 되도록 쉬운 문구로 풀어 해석했다. 그리고 마침내 불경을 해석하는 일에는 중국의 제1인자가 되었고, 또한 중국과 인도의 사상을 융합한 최초의 선구자가 되었다.

만고에 길이 남을 절묘한 대화

십여 년 동안의 노력으로 도안의 이름은 동진東晋에 떨쳐지게 되었다. 당시 수많은 명사들이 온갖 예절을 갖춰 그를 초대했지만, 그는 완곡하게 거절하곤 했다. 그런데 어느 날, 문장과 인품이 뛰어난 습착치習鑿齒가 그를 찾아왔다. 도안은 습착치가 절문에 들어설 때, 누구냐고 물었다. 이때 습착치는 이렇게 대답했다.

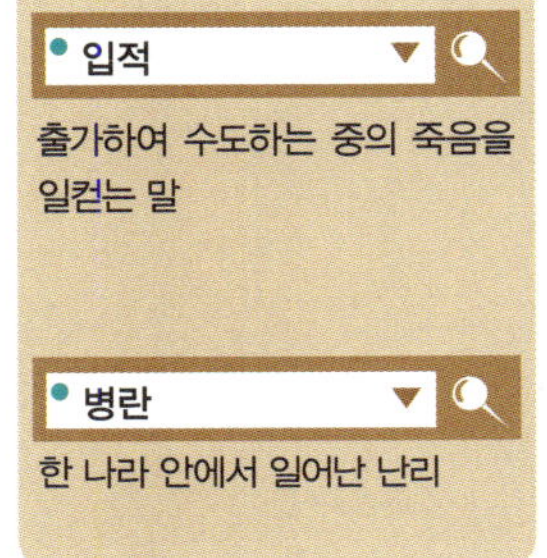

“사해습착치四海習鑿齒.”

뜻밖의 말을 들은 도안은 침착하게 응대했다.

“미천석도안彌天釋道安.”

두 사람의 이러한 일문일답은 만고萬古에 길이 남을 만큼 절묘했다. 그렇다면 이들의 대화 내용은 무엇이었을까? 당시 무료하기 짝이 없는 청담淸談에 대해 큰 불만을 품고 있던 습착치는 겉으로는 ‘사해四海를 마음대로 노니는 습착치’라고 자신을 소개했으나, 그 속뜻은 당시 ‘천하 사람들이 모두 이빨이나 닳게 하는(鑿齒) 청담에 습관되어 있다’는 것을 통렬히 비판하는 것이었다. 세상 모든 사람들이 쓸데없는 청담에만 빠져 이빨이나 닳게 하고 있다며 자기 이름을 빗대어 표현했으니, 이보다 더 신랄한 비판이 어디 있을까?

이에 대해 도안은 자신의 이름을 ‘불법 미천의 화상 도안’이라고 소개했다. 하지만 사실 이 말은 오히려 불교를 선전한다고 볼 수 있다. 즉 전쟁과 난리가 그칠 새 없었던 당시로서는 ‘오직 불법을 널리 포교하는 길만이 사람들을 편안하게 만들 수 있다.’(道安)라고 그는 생각했다. 결국 습착치와 도안은 비록 신분이 다를지언정, 쓸데없는 청담은 전쟁만큼이나 해로운 것이라고 본 점에서 서로 뜻이 맞아 의기가 투합했던 것이다.

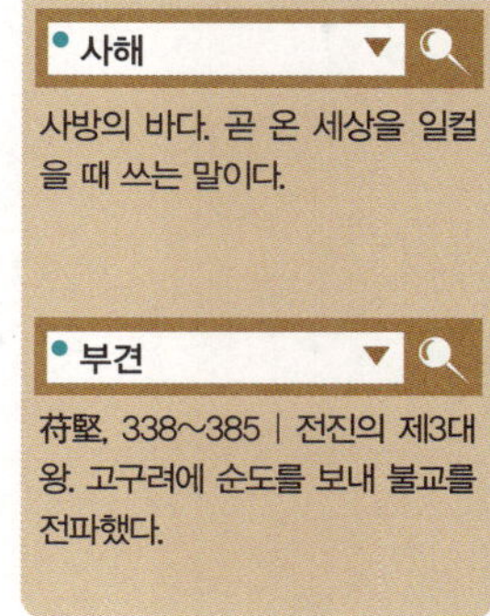

동방의 성인

도안의 이름은 동진의 국경을 넘어 전진前秦의 부견에게까지 알려졌다. 부견의 세력은 당시 16국 가운데 가장 강했다. 도안에 대한 그의 존경심은 마침내 십만 대군을 양양으로 출동하게 만들었고, 이에 도안과 습착치는 인질이 되고 말았다. 부견은 다시 자신의 군대를 철수시키고, 지극한 예절을 갖춰 그들을 맞아들였다.

장안에 들어온 도안은 부견에게 불법을 강의하는 것 이외에 대규모의 불경 번역 작업에 착수했다. 그는 번역장을 설치하고, 수많은 학자들에게 공동으로 번역을 하도록 했다. 결국 그의 생애 마지막 7~8년 동안에 모두 이백여 권 이상의 불교 경서를 번역해냈는데, 여간해서는 이뤄질 수 없는 사업이 도안에 의해 이뤄진 것이다.

또한 도안은 불교의 계율을 확립했으며, 모든 승려는 석釋씨를 성으로 삼아야 한다고 주장하여 후세에도 그대로 지켜지게 했다. 도안은 초기 불교계의 탁월한 인물로서, 중국 불교는 그에 의해 실로 바탕을 확고하게 다질 수 있었다. 그는 당시까지만 해도 민간의 미신 수준에 머물렀던 중국 불교를 사림士林(유림) 차원의 철학으로 끌어올렸다는 평가를 받고 있다. 후일에 구마라습은 그를 '동방의 성인'이라고 부르기도 했다.

염불의 창시자, 혜원

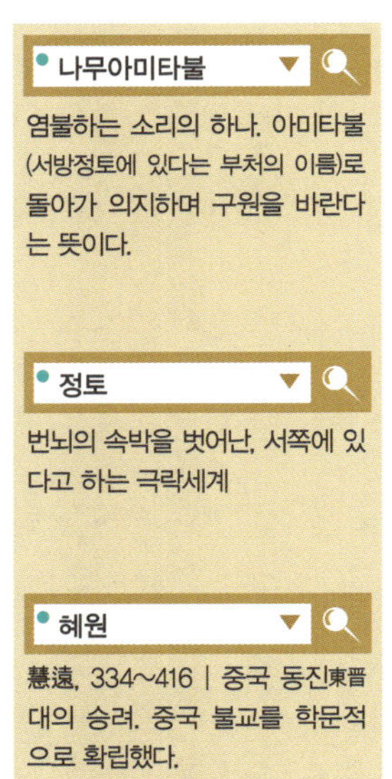

보통 불교 신자들은 손에 염주를 세며 '나무아미타불'을 왼다. 이것이 불교를 믿지 않는 사람들에게는 다소 우습게 들리기도 하지만, 분명 그 나름대로 뜻이 있다. 민가에 가장 보편적으로 유행하는 그들 정토종淨土宗의 신도들은 "누구든지 정성을 들여 끊임없이 부처의 이름을 부르면 마음이 모아져서 극락의 정토淨土에 들어설 수 있다."라고 믿는다. 그리고 이 염불의 방법은 백련사白蓮社 염불회의 창시자인 혜원에 의해 처음 만들어졌다.

혜원의 성은 가賈였다. 그는 오늘날 산시성 곽현의 동쪽인 안문의 누번에서 태어났다. 열세 살 되던 해, 그는 그곳에 몰아닥친 전란에

시달리다 못해 동생과 함께 외삼촌을 따라 뤄양으로 갔다. 혜원은 어렸을
적부터 유교의 육경六經●에 통달했고, 특히 노장 사상에 심취해 있었다.

　그때 태행산에 절을 세우고 불교 경전을 강의하는 도안의 명성이 귀에
들려왔다. 혜원으로서는 아직 불교 학문에 대해 아는 바가 전혀 없었다.
따라서 그에게는 "왜 임금이 도안을 그토록 중요시하고, 왜 사람들이
그렇게 불교 학문에 취해 있을까? 과연 불학이 노장보다 더 재미있는
것일까?" 하는 의문이 생겼다. 그는 이 호기심을 누를 수 없어, 곧 자신의
동생과 함께 천 리 길도 마다하지 않고 태행산으로 달려갔다.

　이에 도안은 혜원 형제를 맞이하여, 도가와 유가 사상을 인용하며 불학을
자세하게 강의해주었다. 이 첫 번째의 만남을 통해 혜원은 도안에게
완전히 감복하고 말았다. 그는 감탄을 금치 못하며 이렇게 말했다.

　"과연 도안법사님이야말로 진실로 존경할 만한 스승이시다. 이제 내가
불학을 알고 나서 유가와 도가, 기타 잡술을 바라보니 모두 한 줌의 겨에
불과하구나."

　그렇게 해서 혜원은 동생과 함께
중이 되어 도안을 스승으로 모셨다.
그러나 어느 날 태행산 일대에 반란이
일어나자 혜원 형제는 도안을 따라
이곳저곳으로 떠돌아다니게 되었다.
한 푼의 수입마저 없어지고 보니
생활은 어려울 수밖에 없었다. 북방
지방에 몰아치는 혹독한 추위 속에서
그들 형제는 오직 한 개의 짚 멍석과
얇은 이불로 잠자리를 마련해야만

중국 춘추 시대의 여섯 가지 유학
경전. 《역경》《서경》《시경》《춘
추》《예기》《악경樂經》을 말한다.

⬆ 정토종의 진정한 창립자 선도善導대사
정토종은 중국에서 지금까지 줄곧 내려오
고 있다. 선도 이후 정토종은 계속 퍼져서
역대로 유명한 승려들을 배출해냈다.

했다. 이러한 어려움 속에서도 그들은 손에서 책을 놓지 않았다. 저녁이 되어 등불이 없으면 석양빛을 이용하여 책 읽는 시간을 늘리곤 했다. 이것을 보고 사람들은 혜원에게 이렇게 권했다.

"생활이 어려운데, 굳이 독서하는 일에 그리 애쓸 필요가 있습니까?"

그러나 이에 대해 그는 도리어 다음과 같이 말했다.

"석가세존께서는 동굴 속에서 정좌靜坐하여 매일 보리 한 톨, 마麻 한 뿌리만을 드시면서 6년을 견디셨소. 지금의 내 생활을 부처님과 비교하면 얼마나 편한지 모르오. 오늘날 우리의 생활이 고생스러운 것은 모두 전란 때문이 아니오? 그러므로 어찌 됐건 불법佛法으로 그 전란의 원인을 없애야만 하오."

이처럼 뼈를 깎는 노력은 스물네 살의 혜원을 마침내 불학에서 놀라운 성과를 이룰 수 있도록 만들었다.

무상이 실상이다

언젠가 큰 법회가 열린 적이 있었다. 원래는 스승인 도안이 강의하기로 되어 있었는데, 그가 갑자기 병으로 쓰러지고 말았다. 그래서 혜원은 그를 대신하여 《열반경涅槃經》 가운데 실상實相에 관한 강의를 하게 되었다. 불법의 오묘한 이치를 불과 이십 대의 청년이 강의한다는 데 대해 청중들은 매우 의아해하는 눈치였다. 드디어 그가 운을 뗐다.

"무상無相의 상을 이름하여 실상이라 합니다."

그러자 강단 밑에 있던 한 사람이 대뜸 물었다.

"법사께서는 어찌하여 무상을 실상이라고 말씀하십니까?"

혜원은 이에 대해 나름대로 해석을 해주기 시작했지만, 대부분

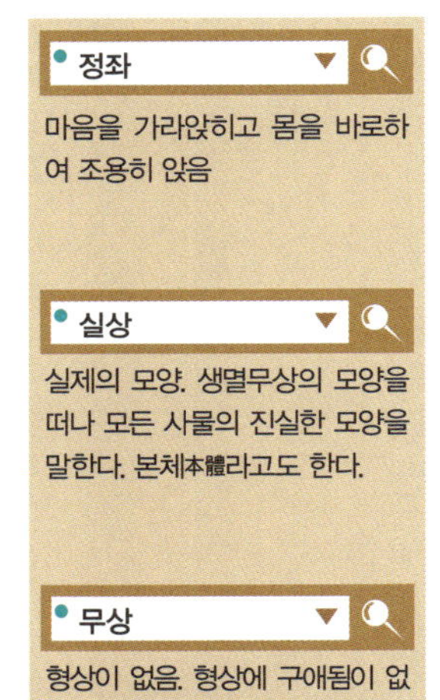

청중들은 납득하지 못하는 눈치였다. 이에 그는 번득이는 기지를 발휘하여 다음과 같이 설명을 이어나갔다.

"가령 우리가 하나의 목재를 나누어 기구器具를 만든다고 할 때, 그 목재로 볼 때에는 베어지고 쪼개어졌으니 당연히 나눠진 것입니다. 그러나 기구의 입장에서 보자면 새로 만들어졌으니 당연히 이뤄진 것입니다. 그러나 또 물질 전체로 보자면 많아지지도 적어지지도 않았습니다. 이와 같이 생겨나거나 없어지는 현상이 없는 모습을 모든 사물의 진정한 본체라고 할 수 있습니다. 즉 무상이 실상인 것입니다."

혜원은 어려운 문제에 대해 이처럼 쉽고도 간결하게 설명하여 사람들을 놀라게 했다. 도안은 이 소식을 전해 듣고 감탄을 금치 못했다.

'장래에 불법을 동쪽으로 전할 수 있는 이는 오직 혜원뿐이겠구나.'

여러 곳으로 유랑하던 일행이 양양으로 옮겨온 뒤로 상황이 점점 나아지기 시작했다. 그래서 이곳에 자리 잡은 15년 동안 혜원의 불학은 높은 경지까지 다다를 수 있었다. 훗날 부견이 십만 대군을 동원하여 도안을 인질로 잡아가자 혜원은 독자적으로 살길을 찾기 시작했다.

그는 풍경이 아름다운 루산盧山을 택하여, 동산東山 위에 역사적으로 유명한 동림사를 건축했다. 그리고 절 안에 특별히 한 칸의 방을 마련하여 염불念佛을 할 수 있도록 배려했다. 그는 제자들에게 직접 염불을 지도했을 뿐만 아니라, 이름난 학자 123인을 소집하여 백련사를 조직했다. 그러고는 그들을 전적으로 염불에 종사하게 하니, 이로써 불교 역사상 최초로 염불운동이 창시된 것이다.

혜원이 루산에서 불법을 널리 전하자 그의 이름은 강남江南을 진동시켰다. 그래서 도연명과 같은 명사들이 불원천리不遠千里하고 그를 찾아왔다. 후일 나라에 모반을 꾀한 환현桓玄이 일찍부터 혜원을

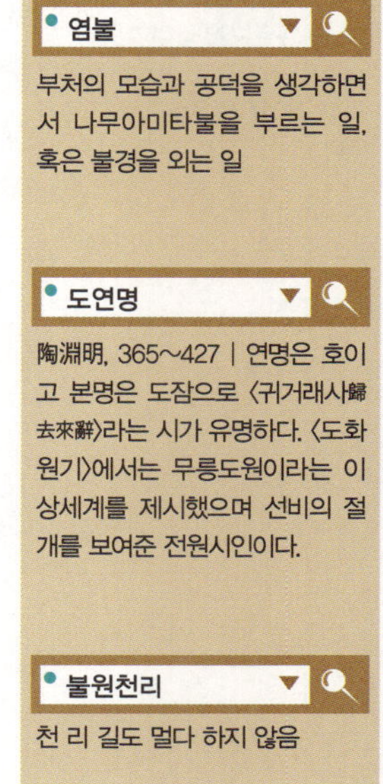

염불
부처의 모습과 공덕을 생각하면서 나무아미타불을 부르는 일, 혹은 불경을 외는 일

도연명
陶淵明, 365~427 | 연명은 호이고 본명은 도잠으로 〈귀거래사歸去來辭〉라는 시가 유명하다. 〈도화원기〉에서는 무릉도원이라는 이상세계를 제시했으며 선비의 절개를 보여준 전원시인이다.

불원천리
천 리 길도 멀다 하지 않음

존경했고 흠모했지만, 불교에 대해서는 별로 달갑게 생각하지 않았다. 그래서 그는 왕위를 빼앗아 앉은 다음, 이런 명령을 내렸다.

"모든 사문沙門은 마땅히 왕에게 무릎을 꿇고 큰 절을 올려야 한다."

이 소식을 전해 들은 혜원은 곧 환현에게 한 통의 편지를 보냈다. 그 내용은 "불가의 문에 들어온 사람들은 이미 속세를 떠났기 때문에 정치와 아무런 관계가 없으며, 그러기에 왕에게 절할 수가 없습니다."라는 것이었다. 이 일로 인해 왕은 잔뜩 화가 났지만, 결국 자신의 명령을 거둬들일 수밖에 없었다.

그러나 환현은 나중에 또다시 심사가 뒤틀려, 전국의 화상和尚들을 모두 없애버리려 했다. 그렇지만 혜원에 대해서는 감히 경거망동을 하지 못했는데, 그의 명령 가운데에는 이런 말이 들어 있었다.

"다만 루산은 도덕성을 갖춘 까닭에 수색에서 제외하도록 한다."

혜원의 비중을 넉넉히 짐작하게 해주는 대목이라 하겠다.

삼십 년 동안 지켜온 계율

혜원은 속세와 단절하기 위해 37년 동안 한 걸음도 루산廬山을 벗어난 적이 없었다. 설령 손님을 배웅할 때에도 항상 호계虎溪의 언덕배기까지가 고작이었다. 이와 관련하여 다음과 같은 이야기가 전해진다.

도연명이 팽택彭澤에서 현장으로 있을 때였다. 어느 날 혜원을 찾아간 도연명은 오랫동안 대화를 나누었다. 그러나 공무公務 때문에 더 이상 머물 수가 없어, 마침내 자리를 파한 다음 혜원이 그를 배웅하게 되었다. 도란도란 이야기를 나누며 호계에 도달하자, 혜원은 여느 때와 마찬가지로 걸음을 멈췄다. 그러자 도연명이 말했다.

"조금만 더 배웅해주지 그러나? 나는 국가의 관리이기 때문에 행동이 그리 자유스럽지 못하네. 그러나 자네는 속세를 떠난 사람이니 마음대로 갈 수도 있고, 머물 수도 있지 않은가?"

이에 혜원이 대답했다.

"안 되지, 안 돼! 마음이 내키는 대로 할 수도 없고, 욕망이 솟는 대로 내버려둘 수도 없지. 내 마음과 욕망은 자네를 좀더 바래다주고 싶지만, 호계가 이 앞에 놓였으니 여기서 발걸음을 멈출 수밖에!"

그러자 도연명은 섭섭하다는 듯 다시 물었다.

"설마하니, 호계를 잠깐 건너는 것마저 안 된단 말인가?"

"안 되네! 나는 삼십 년 동안 호계를 한 발자국도 건넌 적이 없거든."

"설마 그것을 계율이라 말할 참인가?"

"맞아, 계율이지. 바로 내 자신의 계율이야."

"그런 계율이 자네에게 무슨 의미가 있단 말인가?"

"의미가 있고 없고의 문제가 아닐세. '선한 일이 비록 작다 해도 행하지 않아서는 안 되고, 악한 일이 비록 작아도 행하여서는 안 된다.'라는 유가의 말도 있지 않은가? 무릇 일이란 작은 것에서부터 시작하는 것일세. 내가 만일 이렇게 작은 일마저 시종일관할 수 없다면, 큰일에는 더욱 그러할 것 아닌가?"

그의 설명을 듣자 도연명은 몇 번이고 고개를 끄덕였다. 그리고 혼자 돌아오는 길에, '다섯 말의 녹봉 때문에 윗사람에게 머리를 숙이고, 오랜만에 만난 고승과 뜻에 맞는 대화마저 마음 놓고 나눌 수 없는'자신의 진나라의 도연명이 팽택의 현령이 되었을 때, 군郡의 장관이 "속대束帶(관을 쓰고 띠를 맴. 즉 예복을 입음)하고 배알하라."라고 명령한 데 대해 분개하여 "내 오두미의 봉급 때문에 허리를 굽히고, 향리의 소인배에게 절을 해야 하느냐?"라고 하면서, 그날로 관직을 사임하고 고향으로 돌아간 것을 적은 글. 육조六朝 제1의 명문이라 일컬어진다.

술을 거르거나 짜는 틀을 말하는데, 술주자라고도 한다.

불교 신자들이 지켜야 할 다섯 가지 금지사항. 즉 중생을 죽이지 말 것, 훔치지 말 것, 음행하지 말 것, 거짓말하지 말 것, 술 마시지 말 것 등이다.

입쌀이나 좁쌀에 물을 넉넉하게 붓고 푹 끓여 체에 받아낸 걸쭉한 음식. 흔히 환자나 어린아이들이 먹는다.

처지를 통감했다. 그래서 돌아오는 즉시, 현장의 감투를 벗어던지고 역사에 길이 남을 그 유명한 〈귀거래사歸去來辭〉를 썼던 것이다.

여든세 살이 되던 8월 초, 혜원은 갑자기 병으로 쓰러지고 말았다. 병의 증상은 매우 위태롭고 중했다. 제자들과 수많은 인사들이 그의 옆에 둘러앉았다. 의사가 고주鼓酒로 만든 탕약을 그에게 마시도록 하자, 그는 냄새를 맡아보고는 입을 뗀 채 말했다.

"주기酒氣가 있는 걸 보니, 술이로군. 그렇다면 난 마실 수 없네."

이에 그의 제자들은 무릎을 꿇고 간절히 말했다.

"선생님, 이것은 술이 아니라 약입니다. 한 사발만 드시지요."

그러나 혜원은 고개를 저으며 신음하듯 대답했다.

"술은 오계五戒 가운데 하나인데, 내가 어찌 거스를 수 있겠는가?"

의사는 딱한 마음에 어찌할 바를 모르다가 이렇게 권했다.

"그럼 미음米飮으로 고주를 대신하는 것이 좋을 것 같습니다."

하지만 혜원은 여전히 머리를 가로저었다. 의사는 재차 다그쳤다.

"그렇다면 밀즙蜜汁에 물을 타면 어떨까요?"

주위 사람들도 간곡히 권했다. 그는 한참 신음하던 끝에 마지막으로 입을 열었다.

"좋아. 자네들은 계율을 찾아보고 마실 수 있는지 한번 알아보게나."

그러나 제자들이 계율을 채 절반도 찾아보기 전에, 혜원은 조용히 눈을 감아버렸다.

그는 화북에서 활약하던 도안에게 배우고 강남으로 내려와 구마라습의 교학적 흐름을 이으면서, 당시의 불교와 중국적 전통이 서로 맞부딪치는 여러 가지 주제들과도 대결해나갔다. 가령 승려가 왕에게 예절을 갖춰 경배해야 하는지, 영혼이 불멸하는지 하는 문제들이 바로 그것이었다. 말하자면, 혜원은 중국 불교 역사상 대전환기에 활약했던 인물이었다.

지금까지 우리는 중국 불학의 발전사에서 중요한 역할을 한 세 사람을 살펴보았다. 먼저 불도징의 경우, 그의 종교식 전도 방법은 비록 미신迷信의 색채를 강하게 띠었다 할지라도, 초창기에는 어느 정도 필요한 부분이었다고 보인다. 그러나 사람들이 불교를 보편적으로 받아들이면서부터 인생의 고통과 해탈을 신도 스스로 깨닫게 하는 불교 자체의 이론이 필요하게 되었다. 이에 도안은 불교를 종교에서 학술로 전환시켰던 것이다.

그러나 불교 경전을 번역하고 그 지식만을 받아들인다고 해서 진정한 문화 교류가 이뤄지는 것은 아니었다. 여기에서 혜원에 의한 두 번째 전환이 이뤄졌다. 그는 종교적 전도와 이론적 주석을 다시 해석하고 다듬어 자신만의 독창적인 체계를 형성했다. 이를 위해 그는 부지런히 연구하되, 권력자에게 아부하는 일은 하지 않았다. 정의를 위해서라면 바른 말을 서슴지 않았고, 삼십 년 동안 호계를 넘지 않았던 데에서 알 수 있듯 숨이 넘어가는 순간까지 추호의 타협도 하지 않았다.

> **미신**
>
> 마음이 무엇에 홀려서 망령되게 믿음. 조직적인 교리를 갖지 못한 채 점복·금기·굿 등 주술적 요소가 강한 단편적 신앙이다.

> **구마라습**
>
> 鳩摩羅什, 344~413 | 현장과 더불어 중국 불교의 3대 번역가로 불리며, 삼론종三論宗의 개조다. 역서에 《법화경》 등이 있다.

중국 불교의 3대 번역가, 구마라습

도안을 소개할 때 말했듯이, 그는 부견에게 억지로 끌리다시피 하여 장안에 도착했다. 그래서 한참 불법을 강의하고 또한 전도하고 있을 때, 한번은 그가 부견에게 구마라습을 초청하도록 제의했다. 부견이 그것을 옳다 여겨 사람을 보내 나습을 영접하고자 했으나, 당시 구자국龜玆國의 왕이 이를 가로막았다. 이에 부견은 군사들을 동원하여 강제로라도 나습을 데려오고자 했다. 그러나 그 와중에 정치적으로 많은 변화가 일어나 십수 년이 지나서야 나습은 장안에 오게 되었다.

구마라습의 아버지 구마라염鳩摩羅炎은 본래 인도 재상의 아들이었다. 법규대로 하자면 아버지의 직위를 이어받아야 했지만, 나염은 아버지의 허락을 받아 구자국 나라에 가서 그곳 왕의 여동생을 아내로 맞이했고, 이 두 사람 사이에서 태어난 아들들이 바로 나습 형제였다.

그런데 그 후 어느 날, 나습의 어머니는 세월의 무상함을 느꼈고, 그러던 차에 우연히 무덤 사이를 비집고 나온 하얀 뼈들을 보게 되었다. 도대체 인간이 산다는 것은 무엇이고, 또 왜 죽어야만 하는 것일까? 죽은 다음에는 어디로 가는 것일까? 수많은 번뇌 가운데에서 고민하다가 그녀는 결국 출가를 결심했다. 당연히 남편은 반대했는데, 이때 그녀는 단식으로 대항하기 시작했다. 곧 끝나리라 여겼던 단식은 엿새 동안이나 이어졌고, 결국 나습의 아버지는 출가를 허락할 수밖에 없었다. 이때 일곱 살이었던 나습은 출가하는 어머니를 따라 집을 나섰는데, 이로부터 두 모자는 구자국을 떠나 주변의 작은 나라들을 떠돌아다녔다.

나습이 가장 먼저 읽은 책은 《아비담경阿毘曇經》 이었으며, 전하는 말에 따르면 그는 매일 삼만 이천 자씩 외우기 시작하여 어렸을 때 이미 사백만 자를 암기했다고 한다. 여러 나라를 다니면서 성대한 법회를 열었고 또 그에게 강연도 해달라고 청했는데, 여기에는 다음과 같은 고사가 전해진다.

오만한 자의 무릎을 꿇리다

　　　　　당시 구자국의 북쪽인 온숙국溫宿國에 괴론사라고 하는 사람이 있었다. 어느 날 오만불손한 그가 큰북을 두드리며 "누구든지 나의 변론을 이기는 자가 있으면, 나는 즉시 머리통을 쪼개어 사죄하겠노라!"라고 큰소리를 쳤다. 이때 마침 나습이 그의 오만함을 듣고 맞서게 되었는데, 결국은 치열한 변론 끝에 그를 굴복시키고 말았다. 이에 괴론사는 나습의 발아래 엎드려 빌며, 자신을 제자로 삼아주도록 간절히 요청했다. 이때 나습의 나이 겨우 스무 살이었다.

　나습의 명성은 멀리 중국까지 전해졌다. 앞에서 잠깐 나온 대로, 부견의 명령을 받아 구자국으로 나습을 모시러 왔던 여광呂光은 구자국을 패퇴시킨 후, 그와 함께 귀로에 올랐다. 그러나 부견이 피살되고 전진前秦이 멸망했다는 소식을 듣고, 돌아갈 나라를 잃어버린 여광은 양주凉州에서 따로 독립하여 나라를 세웠다.

　이 여광이 나습의 젊음을 보고 구자국의 공주를 그의 배필로 삼고자 했다. 물론 나습은 단호히 거절했다. 그러나 여광은 그에게 술을 권하여 흠뻑 취하게 한 다음, 공주와 함께 밀실에 가둬 강제로 결혼을 시켜버렸다. 이러저러한 곡절 끝에 나습은 이곳에서 15년 동안 붙잡혀 있었고, 머무는 동안 중국어를 유창하게 말할 수 있게 되었으며, 또한 중국에 대한 지식과 경험도 얻을 수 있었다.

　그러나 오랫동안 나습의 명성을 흠모해오던 후진의 왕 요흥姚興은 역시 부견이 했던 것처럼 군사를 동원하여 그를 모셔왔다. 그러고는 국사의 예우로 대접하고 불경을 번역해주도록

전진의 왕 부견은 구마라습의 명성을 듣고 장군 여광에게 명령하여 그를 데려오라고 한다. 이에 여광은 서역의 여러 나라를 정복하면서 구자국에도 쳐들어간다. 이때 구자국은 칠십만 명이었고, 여광은 칠만 명뿐이었는데, 여광은 이 전투를 승리로 이끈다. 그런데 382년, 개선한 여광 일행이 양주에 이르렀을 때, 부견이 비수錦水의 싸움에서 패한 뒤 부하 요장姚萇에게 살해되었다는 소식을 듣자 귀국을 포기한 채 그는 양주에서 후양국後凉國을 세우게 된다.

🔺 **구자국에서 태어난 구마라습**
구마라습은 구자국(쿠차 왕국)을 침략한 전진의 여광 장군에 의해 파계승이 되었다.

요청했다. 게다가 온 힘을 다해 나습의 번역 작업을 돕는 한편, 거처를 편안하게 해주었다. 결국 나습은 승려를 비롯한 팔백여 명의 협력자에 힘입어 많은 경전을 번역했을 뿐만 아니라, 이미 번역된 경전의 잘못된 부분까지 바로잡았다. 나습이 불경의 원본을 들고 유창한 중국어로 불러주면 중국의 승려가 받아 적는 방식으로 작업은 진행되었다.

또한 요흥은 "나습과 같이 총명한 사람이 후대에 손을 남기지 못하면 인류에게 큰 손실이다."라고 여겨, 그를 술에 잔뜩 취하게 하고는 기생 열 명을 뽑아서 강제로 그를 받아들이도록 했다. 그러나 나습은 왕이나 제후와 같은 편안한 생활이 구도자求道者에게 흠이 될지언정 덕은 되지 못할 것이라 생각했다. 더욱이 여색女色은 크나큰 오점이라며 스스로 강론해오던 터였다.

"여색은 냄새나는 시궁창 속에서 피어나는 연꽃과 같으니, 누구든지 연꽃을 꺾겠다고 시궁창에 들어가서는 안 된다."

그럼에도 나습의 향기로운 연꽃은 우여곡절 끝에 정착한 장안 생활에서 피어났다. 이때 그는 삼백여 권의 불교 경전을 번역해냈는데, 이는 중국 역사상 당나라 시대의 현장*을 제외하고는 가장 많이 이뤄진 번역 작업이었다. 또한 그 문장은 대단히 화려하여 중국 문학사상 하나의 독특한 문체를 형성했다.

玄奘, 602~664 | 삼장법사로 널리 알려진 중국 당나라 대의 승려·불교학자·여행가. 불경 원전을 연구하기 위해 육로로 서역을 거쳐 인도로 갔다.

소승에서 대승으로

나습에 대한 역사적 평가 가운데 가장 중요한 것은 소승불교에서 대승불교로의 전환이다. 그가 소승에서 대승으로 옮아갈 무렵, 재미있는 일화가 있다. 불학을 강의할 때였다. 젊은 시절의 스승이었던 포달다가 물었다.

"그대는 대승법 가운데서 어떤 묘리를 발견했소?"

이에 나습은 다음과 같이 대답했다.

"소승의 법은 좁고 소극적인 데 반해, 대승의 법은 그 범위가 크고 넓으며 정밀하여 스스로 구제할 수 있을 뿐만 아니라 세상도 구제할 만합니다."

그러자 다시 포달다가 말했다.

⬆ 구마라습의 동상
많은 산스크리트어의 불경을 한문으로 번역해내어 중국 불교계에 큰 영향을 끼쳤다.

"옛날에 어떤 사람이 직공에게 실을 짜도록 시키면서, 가늘면 가늘수록 더 좋다고 했다네. 이에 그 직공이 온 힘을 다하여 실을 짜냈으나, 어쩐 일인지 주인은 불만족스러운 표정이었다네. 그러자 화가 난 직공이 공중을 가리키며 '이것이 가장 가느다란 실입니다!'라고 고함쳤네. 주인이 놀라서 '그렇다면 왜 나의 눈에는 보이지 않는단 말인가?'라고 물었고, 이에 직공은 '최고급 기술자인 나에게도 보이지 않는데, 하물며 당신에게 보이겠소?'라고 대답했다네. 이 말에 세상에서 가장 가는 실을 얻게 되었다고 여긴 주인은 아주 기분이 좋아져서, 그 직공에게 상으로 황금을 주었다네. 지금 그대가 말끝마다 공空을 이야기하는데, 바로 이것은 아무것도 없는 허공 가운데 가는 실이 있다고 믿는 어리석은 그 주인과 다를 바 없지 않은가? 즉 자네가 말한 내용 가운데에는 결국 아무 뜻도 없는 것 아닌가 말일세."

이에 대해 나습이 대답했다.

"그 주인의 마음속에는 항상 유有가 들어 있었던 것 같습니다. 먼저 굵고 가늘다는 구별이 있었으니 이는 첫 번째 유이며, 가장 가느다란 실을 요구했으니 그것이 두 번째 유이며, 마지막까지 공의 관념이 있었으니 이것이 세 번째 유입니다. 그는 한 번도 공이 되어본 적이 없거늘, 어찌 공을 설명할 수 있겠습니까?"

僧肇, 384~414 | 장안 부근의 사람. 노자와 장자를 공부하고, 이후 구마라습의 제자가 되었다.

道生, 372~434 | 동진의 승려이자 불교학자. 사람마다 본래 불성佛性을 다 가지고 있다고 보았으며, 그의 돈오성불頓悟成佛(자신이 부처임을 한꺼번에 깨달음) 학설은 남북조 시대 초기를 한때 풍미했다.

대승불교의 공空 사상을 중심으로 하는 불교의 한 종파로서, 삼론三論에 의지한다. 여기에서 삼론이란 삼론종의 근본 경전이 되는 세 가지 책을 말하는데, 곧 용수보살이 지은 《중론中論》과 《십이문론十二門論》, 그리고 그 제자 제바·提婆가 지은 《백론百論》을 가리킨다.

어떠한 것도 진리라 말할 수 없는 상태에서 그저 말을 잊은 채 침묵을 지킬 수밖에 없다는 뜻

소승에서 대승으로 이르는 얕고 깊은 차례를 거치지 않고, 처음부터 바로 대승의 묘한 교리를 듣고 단번에 깨달음을 말한다.

소승의 법은 항상 유에 얽매이고 인간에게 천당·지옥과 인과응보를 권유하니, 거기에는 벌써 자기 이익을 추구하고자 하는 어떤 관념이 들어 있다. 반면에 대승의 불법은 공을 설명할 때 우리 자신의 자아관념마저 부정하여 보살의 자유로운 마음을 발휘하도록 만든다. 그러므로 여기에서 말하는 공은 아무것도 소유하지 않은 공이 아니라, 유를 포함한 차원 높은 공으로서, 실질적으로 우리의 사상을 더 높은 경지로 끌어올린다.

구마라습은 쉰여덟에 장안으로 들어와서 약 35부, 삼백여 권의 중경重經을 번역했으며, 그 제자가 삼천 명이나 되었다고 한다. 또한 그 안에는 관내사성關內四聖이라 불리는 승조·승예·도생·도융이 포함돼 있다. 그는 인도 사상을 체계적으로 중국에 소개한 최초의 인물이었고, 대승 종파의 경전을 가장 먼저 소개하기도 했다. 또한 성실종의 창시자로서 그가 번역한 《성실론》은 성실종의 경전이 되었으며, 또한 삼론종三論宗의 창시자이기도 했다.

침묵 가운데 홀연히 깨닫다, 승조

인도 사상을 중국에 직접 소개한 것이 구마라습의 업적이었다면, 그 불교 학문을 빌어 노장 사상을 발휘하게 한 사람은 승조와 도생이었다. 모두 경전을 번역하는 데 몰두하고 있을 무렵, 승조는 홀연히 망언忘言을 부르짖었고, 모두 열심히 수도에 전념하고 있을 때 갑자기 돈오頓悟를 외쳤다.

승조는 경조(지금의 장안현 서쪽) 사람으로, 어렸을 때 집안이 가난하여

책을 사보는 대신, 글을 베끼는 것으로 많은 경서를 접할 수 있었다. 이때 열심히 노장을 읽다가, 노자의 도가 비록 깊을지라도 그 현묘함이 부족하다고 느꼈다. 그런데 이후 불교 경전을 읽었을 때, 크게 감동을 받고 즉시 출가하여 불법을 드높이기로 맘먹었다.

그는 스무 살 무렵에 자신의 이름을 떨쳤다. 많은 학자들이 그를 찾아와 변론하고자 했으나 모두 실패하고 돌아갔다. 그는 구마라습의 경전 번역을 돕다가 겨우 서른한 살에 장안에서 세상을 떠났다. 그가 쓴 《사론四論》은 천고의 절창絶唱이 되었고, 그가 이천여 단어로 된 《반야무지론般若無知論》을 썼을 때, 구마라습은 칭찬을 아끼지 않았으며 혜원은 감탄하여 "지금까지 내가 본 적이 없는 기문奇文이다."라고 했다.

진정한 지혜란 거울과 같다

승조는 여기에서 반야의 작용을 하나의 거울에 비유했다. 본래 반야般若란 말은 산스크리트어의 음역으로, 그 뜻은 '지혜'다. 그런데 진정한 지혜는 하나의 거울과 같고, 따라서 그것은 무지나 마찬가지다. 왜 그러할까? 이 세상의 여러 가지 모습들이 거울의 앞면에 나타나 우리가 볼 수 있는 반면에, 거울 자체는 아무것도 가진 것이 없는 공空이다. 그러므로 거울 속에는 고정된 모양이 없고 거울 본연의 모습을 비쳐볼 수도 없다. 성인聖人의 지혜 역시 이와 같아서 아무것도 아는 것이 없기에 도리어 모르는 것이 없게 되는 것인데, 그의 마음은 항상 텅 비어 있다. 오직 자기를 주장하지 않는 허虛만이 모든 것을 포용할 수 있으니, 이러한 이치는 마치 거울과 같다는 뜻이다.

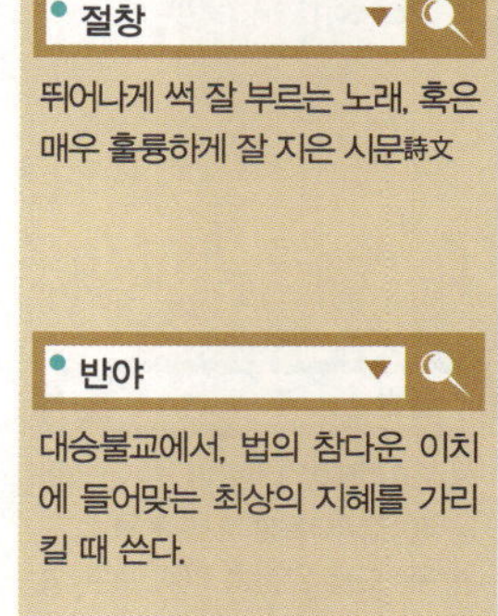

> **절창**
> 뛰어나게 썩 잘 부르는 노래, 혹은 매우 훌륭하게 잘 지은 시문詩文

> **반야**
> 대승불교에서, 법의 참다운 이치에 들어맞는 최상의 지혜를 가리킬 때 쓴다.

옛것은 옛날에 스스로 있었을 뿐, 오늘날의 것을 의존하여 옛날에 이르지 않았다. 또 오늘의 것은 오늘에 있을 뿐, 옛것을 의지하여 오늘날에 이른 것은 아니다. 즉 모든 사물은 끊임없이 변하고 있는 것이다.

범지梵志라는 사람이 어렸을 때, 집을 나갔다가 백발이 되어 돌아왔다. 오랜만에 만난 그를 보고 이웃사람들이 반갑게 말했다.

"옛 모습이 남아 있네요."

그러자 범지는 다음과 같이 대답했다.

"옛 모습과 비슷하게 보일지라도, 나는 옛날의 내가 아닙니다."

이처럼 모든 것은 시시각각 변할 뿐, 고정되어 있지 않다는 뜻이다. 사물이 유도 무도 아니고, 고요함도 움직임도 아니라고 하는 것이 진정한 깨달음에 해당한다.

승조는 또 열반涅槃이란 다만 현묘한 경지일 뿐임을 강조한다. 인간의 수양이 최고 수준에 도달하면, 그의 마음은 거울처럼 되어 바로 이러한 경지에 들어간다는 것이다. 그리고 이러한 최고 경지는 우리가 말로 표현할 수 없다.

최고의 지식은 지식이 아니다

승조에 의하면, 성인의 지혜에 해당하는 최고의 지식, 즉 반야지般若知는 지식이 아니다. 왜냐하면 반야지란 무無를 똑바로 바라보는 데서 성립하기 때문이다. 그런데 이 무는 형상을 초월하여 아무런 모양도 갖추지 않는다. 그러므로 무는 우리 지식의 대상일 수 없다. 정작 무가 무엇인지를 알려면 무와 하나가 되어야 한다. 그리고 이처럼 무와 하나가 되는 상태를 흔히 우리는 열반이라고 부른다.

열반과 반야는 원래 같은 하나며, 또한 동일한 상태의 양면이다.

이 대목에서 서양의 철학자 헤라클레이토스의 '만물유전萬物流轉'의 사상을 떠올리게 된다. 즉 모든 것은 흐르고 변할 뿐, 고정된 것은 없다는 사상이다.

산스크리트어 니르바나Nirvana의 음역어로서 '(욕망의) 불꽃을 끄다'는 뜻. 도를 완전히 이뤄 모든 고통과 번뇌가 끊어진 해탈의 경지를 말한다.

열반이 보통 사람들에게 알려질 수 없는 어떤 경지인 것처럼, 반야는 '무지의 지'다. 따라서 제3차원의 경지에서는 어떤 것도 말할 수 없는 상태로 침묵을 지킬 수밖에 없다. 바로 이것이 승조가 말한 망언의 의미다.

승조의 무지와 무명에 대한 이론은 노장 사상에서 유래했다고 보인다. 예컨대 노자는 "지극히 큰 지혜를 가진 사람은 마치 어리석은 사람처럼 보인다."(大智若 대지약우)라고 말한 바 있고, 장자는 "지인至人의 마음 씀씀이는 거울과 같다."(至人之用心若鏡지인지용심약경)라고 말한 적 있다. 그런데 이러한 경지는 불학에서 말하는 공의 의미와 서로 통할 수 있기 때문에, 승조는 노장 사상을 불교에 받아들였던 것이다.

특히 승조가 주장한 망언은 당시 불교 경전을 번역하는 사람들이 단어를 이리 찢고 저리 갈기어 그 뜻을 뒤죽박죽으로 만들어버린 데 대한 통렬한 비판이 아니었나 싶다. 경전에 담긴 말이 무슨 뜻인지도 모르면서 함부로 해석하려 드는 자만심을 경고한 셈이다.

누구든지 부처가 될 수 있다, 도생

승조 외에 불교학을 통해 노장 사상을 발휘한 사람이 도생이다. 도생의 속성俗姓은 위魏씨이고, 지금의 허베이성 평향현인 거록鉅鹿 사람이다. 그는 타고난 품성이 총명하여, 일곱 살 때에 도안의 문하제자인 고승 법태法汰를 따라 출가했다. 열네 살 때에는 강단에 올라 불법을 강의하면서 많은 고승 명사들을 변론으로 굴복시켰다. 스승인

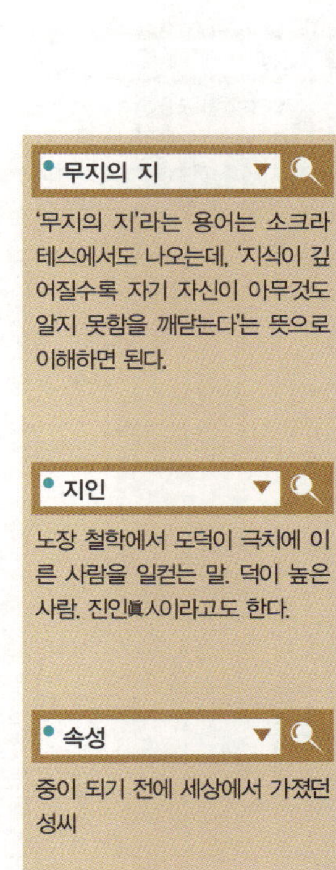

법태가 세상을 떠나자, 이번에는 루산으로 가서 혜원대사에게 배웠다. 그러나 루산에서 7년 동안 불학을 연구한 도생은 마침내 불교의 엄격한 계율에 지치고 말았다.

그는 곧 서역의 고승인 구마라습이 전도한다는 소식을 듣고 장안으로 뛰쳐나왔다. 그러나 학문에 대해 깊이 사색하는 것을 좋아하는 그로서는 경전을 지루하게 번역하는 일에도 곧 싫증을 내고 말았다. 게다가 승려인지 세속인인지 모를 정도로 호화로운 생활을 하는 것을 보고 마음속에 반감이 일었다. 결국 5년 만에 다시 루산으로 돌아오고 말았는데, 그의 나이 서른네 살 되던 때였다.

한번은 송나라 무제가 성대한 잔치를 열고 난징의 모든 승려들을 초청했다. 그런데 연회가 자꾸 늦어지다가 결국 정오가 지나서야 식사가 시작되었다. 이때 어느 고승이 갑자기 소리를 질렀다.

"인도에서 전해져 온 우리 불교인들의 규율에 보면, 정오가 지나서는 밥을 먹지 않는다는 것이 있습니다!"

이 이야기를 들은 많은 승려들이 그를 따라 젓가락을 놓아버렸다. 송 무제의 대신들도 모두 젓가락을 놓았다. 그야말로 아주 난처한 상황이 아닐 수 없었다. 이때 송 무제가 큰소리로 말했다.

"여러분들! 보시오. 태양이 중천에 떠 있으니 아직 정오가 지나지 않았습니다."

그러나 아무도 동조하는 사람이 없었다. 그러자 도생이 벌떡 일어나 모두에게 외쳤다.

"태양이 아직도 중천에 있거늘, 왜 정오가 지났다고 말씀하십니까?"

그리고 나서 그는 단숨에 밥을 먹어버렸다. 이에 다른 사람들도 젓가락을 들고 식사하면서 난처한 상황이 가실 수 있었다.

난징
=남경南京. 한나라, 송나라, 명나라 때의 수도. 양쯔강 삼각주 지역에 자리를 잡고 있다. 강남江南에서 가장 큰 정치적·군사적 중심지다.

도생의 행동이 왕의 비위를 맞추려는 것으로 보일 수도 있겠지만, 왕의 마음은 흡족했을 것이라 예상할 수 있다. 그러나 이 일로 인해 죽음을 무릅쓰고라도 인도의 계율을 지키고자 애썼던 승려들은 자연히 도생에 대해 앙심을 품게 되었다.

바윗돌들이 고개를 끄덕이다

그로부터 2년 후, 도생은 결국 승려들의 서슬 퍼런 텃세를 견뎌내지 못한 채 난징으로부터 쫓겨나다시피 하며, 비틀거리는 발걸음으로 호구산에 이르렀다. 산 위의 암자에 있는 커다란 돌을 향해, 그는 울먹이면서 자신의 처지를 호소했다.

"돌들아! 말해다오, 천제闡提● 또한 사람이기에 불성도 있을 것이며 마땅히 부처가 될 수 있다고. 말해다오, 천제의 사람도 모두 성불成佛● 할 수 있다고."

여기서 천제란 범어梵語●에서 나온 말로, '세속적 쾌락만을 추구하고 불교의 가르침을 비방하여 성불의 가능성이 전혀 없어 보이는 사람' 을 말한다. 도생은 이 논쟁에서 "천제도 성불할 수 있다."라는 입장을 견지했고, 이것이 많은 승려들로부터 배척받게 된 주요 원인이기도 했다.

너무 감정이 북받친 탓인지 눈물 젖은 눈으로 바라보니, 크고 작은 바위들이 모두 그렇다고 고개를 끄덕이는 것처럼 보였다. 그러자 도생은 웃으면서 말했다.

"바윗돌들이 모두 나의

천제 ▼ 🔍
부처가 될 여지가 전혀 없는 사람을 가리킨다.

성불 ▼ 🔍
모든 번뇌를 벗어나 부처가 됨

범어 ▼ 🔍
고대부터 현재에 이르기까지 전체 인도에서 쓰이는 고급 문장어. 산스크리트어라고도 한다.

견해에 찬성하니, 나의 말은 증명되었도다."

그로부터 3년 후, 인도로부터 건너온 《대열반경》에는 "천제든 지인이든 모두 성불할 수 있다."라고 분명히 밝혀져 있었다. 도생의 견해를 뒷받침해준 것이다. 이때부터 그에게 사람들이 몰려들었다. 예순 살의 그가 루산의 동림사에서 불법을 강의할 때는 온 산이 사람들로 뒤덮일 정도였고, 수많은 고승들이 그의 앞에 무릎을 꿇고 절했다.

다시 2년이 지난 어느 겨울, 여전히 그는 루산의 동림사에서 강의하고 있었다. 그러다가 《열반경》의 강해가 막 끝나갈 무렵, 그의 손안에 들려 있던 사슴 꼬리가 땅에 떨어졌다. 모두 깜짝 놀라 달려갔을 때는 시대를 대표하는 고승이 이미 세상을 떠난 뒤였다.

그의 죽음은 중국을 진동시켰다. 일반 명사와 고승들은 말할 것도 없고, 지난날 그를 몰아냈던 혜의慧義도 와서 정중히 애도를 표했다.

부처가 되는 것은 한순간이다

보통 점오성불론漸悟成佛論에 따르면, 주어진 각 단계마다 학습과 실천을 점진적으로 꾸준히 쌓아가야만 비로소 부처의 경지에 도달할 수 있다. 그러나 학습과 실천이라고 하는 '준비 작업'만으로 성불에 이를 수는 없다고 하는 것이 이른바 도생의 돈오성불론頓悟成佛論이다. 도생에 의하면, 성불이란 멀리 떨어져 있는 두 바위 사이를 발딱 뛰어넘는 것처럼, 순간적으로 일어나야 한다. 두 바위 사이에는 중간 단계가 전혀 없기 때문에, 그것을 한꺼번에 뛰어넘지 못하면 절벽 아래로 곤두박질칠 뿐이라는 것이다.

이처럼 우리가 아무리 오래 수양을 쌓아도 어느 순간 홀연히 깨달음에 도달하지 못한다면 '십년공부 도로 나무아미타불'이라는 말처럼

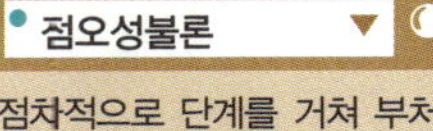

점차적으로 단계를 거쳐 부처에 이를 수 있다고 주장하는 이론

어느 순간, 갑자기 부처의 경지에 도달할 수 있다는 것. 여기에서 '돈오'란 소승에서 대승으로 이르는 얕고 깊은 차례를 거치지 않고, 처음부터 바로 대승의 깊고 오묘한 교리를 듣고 단번에 깨닫는다는 뜻이다.

하루아침에 물거품이 되고 만다. '공든 탑이 무너지는 것'처럼, 지금까지 닦아왔던 모든 것이 와르르 무너지고, 우리는 여전히 과거의 상태로 남아 있을 뿐이다.

그렇다면 도생이 왜 이런 주장을 하는 걸까? 그에 의하면, 불성佛性이란 나누어지거나 쪼개어질 수 없는 어떤 것이다. 그렇기 때문에 불성을 전체로 보거나 전혀 보지 못하거나 둘 중에 하나다. 도생은 불교 신자들이 추구하는 열반의 상태 역시 우리가 보통 경험하는 현상세계와 전혀 다른 어떤 세계가 아니라고 말한다. 그러므로 일단 우리가 홀연히 깨닫기만 하면, 우리 눈에 보이는 현상계가 바로 부처의 성품이 실제로 구현된 것이나 다름없다. "부처(도를 깨우친 자)에게는 정토와 다른 세계가 따로 있을 수 없다."라고 하는 것이 도생의 사상이다.

여기에서 우리는 오悟와 돈오頓悟가 서로 같지 않음을 알아야 한다. 고대의 유교와 지금까지의 불교에서는 가령 '노련한 소가 마차를 부수는 식'의 수양 방법을 강조했다. 그러나 도생이 생각할 때, 이럴 경우 많은 책을 읽어 대학자는 될 수 있을지 몰라도 대사상가는 될 수 없다고 보았다. 오悟라고 하는 과정 가운데에는 어느 순간 홀연히 깨닫는 시점이 반드시 있어야 한다. 그것은 어떤 철학을 차근차근 공부해서 얻는 것이 아니라, 차라리 지금까지 공부한 사상들을 모두 내버릴 때 비로소 얻어지는 것이다.

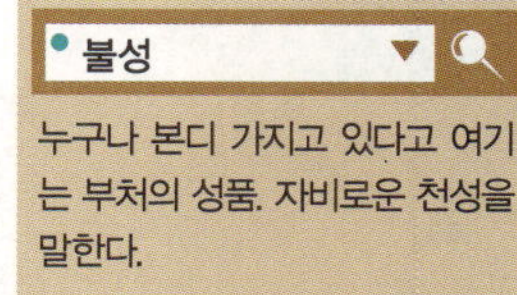

서로 다른 업적을 남긴
중국의 불학자들

지금까지 등장한 중국 불학자들을 비교해보기로 하자.

먼저, 불도징과 나습은 모두 외부에서 들어온 고승인데, 불도징은 불법을 전도하는 일에 치중했고, 구마라습은 역경譯經하는 일에 중점을 두었다. 한 사람은 입을 사용했고, 한 사람은 붓을 사용한 셈이다. 인도의 것을 중국에 소개함으로써 영향력을 끼쳤다는 점에서는 동일하다.

두 번째로, 도안과 승조다. 도안은 노장 사상에 입각하여 불교 경전의 주석을 달아 해석하고자 했고, 승조는 노장 사상으로 불학을 세상에 떨치고자 했다. 다만 그들은 중국 사상과 인도 사상을 서로 융화시키는 일에만 힘을 쏟았기 때문에, 어느 하나의 종파를 이루지는 못했다.

그러다가 마침내 도생에 이르러 중국 위진 시대 불교 학문의 최고봉에 도달했는데, 그는 나습의 제자이자 혜원의 문하생이기도 했다. 그러나 그는 스승들의 수준을 훨씬 뛰어넘어 인도의 사상을 새롭게 비평했고, 불교의 제도를 개혁하여 중국식의 불교를 정착하도록 만들었다.

●역경
주로 산스크리트어로 쓰여진 불교의 경전(경經 · 율律 · 논論 등)을 한문으로 번역하기 시작한 데서 비롯되었다.

천태종 사상의 완성자, 지의

중국 불학의 발전에서 경전을 번역하는 쪽에서는 현장이 중심이고, 이론을 전개하는 방면에서는 천태종과 화엄종이 주축을 이뤘다. 여기에서 천태종 사상의 완성자는 지의●이고, 화엄종 사상의 완성자는 법장●이다.

먼저 지의의 성은 진陳씨로 양나라 무제 대에 태어났다. 그의 눈은 동자가 두 개여서 집안사람들은 모두 제왕의 모습이라 했고, 장래에 반드시 위인이 될 것이라 믿었다. 실제로 그는 위대한 경지에 이르렀는데, 그의 성공은 세속적인 공로에서보다 불법을 빛낸 데서 찾을 수 있겠다.

지의는 일곱 살 때에 불교와 인연을 맺고 부근에 있는 큰 절간을 찾아가 불상에 참배했다. 절 안의 스님들은 그가 지혜로운 심성을 갖췄다고 칭찬하며, 항상 그에게 많은 불교의 지식을 가르쳐주고자 했다.

그러나 열일곱 살 되던 해 남쪽 지방이 매우 혼란해지자, 지의는 양친兩親의 분부를 받고 북방의 외숙 댁으로 피난을 갔다. 그러나 그는 그곳에 머물러 있지 않고, 혼자서 남몰래 상주湘州의 과원사果願寺로 달려가 중이 되었다.

그 후 그는 탁발托鉢하는 승도 생활을 했다. 그가 대소산大蘇山의 절에 머물던 8년 동안은 길고도 단조로운 세월이었으며, 오직 한 가지 일과는 문을 닫고 들어앉아

지의

智顗, 538~597 | 중국 수나라 대의 승려로서 천태종의 개조다. 존호尊號는 지자대사智者大師이며, 통칭 천태대사天台大師라고 한다.

법장

法藏, 643~712 | 당나라 대의 승려로서 화엄종의 창시자다. 성은 강康이고, 그 조상은 지금의 서역에 해당하는 강거康居 사람들로, 조부 대에 이르러서야 중국에 귀화했다.

⬆ 도금한 동銅불상
지금까지 중국에서 발견된 불상 가운데 가장 확실한 연도가 새겨진 첫 번째 불상이다.

불경을 외는 일뿐이었다. 그는 천성이 영민靈敏하여 다른 사람이 반년의 세월을 들여야만 읽을 수 있는 경서를 겨우 이십 일 동안에 외웠다고 한다.

천 년 전의 불교 집회에 참여하다

한번은 그가 절 안에 머무는 동안 경전을 읽으며 법화삼매法華三昧●에 빠져들었다. 사흘째 밤이 되던 날,《법화경法華經》●의 경문을 중간쯤 읽었을 때 자기 자신이 어떤 깨달음에 도달했음을 느꼈다. 그는 곧 눈을 감고 다시 한번 깨달아보고자 했다. 이때 그의 눈앞에 신기한 광경이 나타났다. 석가가 대중을 향해 설법하는 광경이 전개되고 있었던 것이다. 이상하다고 여기며 그는 말했다.

"아! 저분은 불타가 아니신가?"

그는 또 혜사선사가 거기에서 설법을 듣고 있는 장면을 보고, 자기도 모르게 외쳤다.

"또 저분은 혜사선사가 아니신가?"

바로 이때 혜사선사가 달려오더니 물었다.

"너, 혹시 입정入定●했느냐? 그러면 어떤 장면을 보았느냐?"

그러자 그가 대답했다.

"선생님! 선생님께서도 오셨습니까? 여기는 인도입니다. 우리는 함께 부처의《법화경》강해를 듣고 있습니다. 이제 우리는 어떻게 돌아가야 합니까?"

이때 그는 자기가 천 년 전의 불교 집회에 참여하고 있다는 사실을 알아채지 못했다. 이에 혜사선사가 말했다.

법화삼매

자기 자신의 죄를 참회하며 《법화경》을 한결같은 마음으로 읽어 그 묘한 원리를 깨닫는 일을 말한다.

법화경

《묘법법화경妙法蓮華經》이라고도 한다. 가야성에서 도를 이룬 부처가 세상에 나온 본뜻을 기록한 것으로서, 대승경전의 하나. 중국의 나습이 번역했다.

입정

선정禪定, 혹은 선나바라밀禪那派羅密이라고도 한다. 육바라밀六派羅密의 하나. 진리를 올바로 사유하며 조용히 생각하고 마음을 한곳에 모으는 일을 일컫는다.

"너는 지금 이미 일천 년 후의 대소산에 있는 것이다."

이 말을 듣고 지의는 마치 꿈속에서 깨어난 것처럼 절과 혜사를 바라보았다. 그러자 혜사가 웃으면서 말했다.

"네가 만일 몸소 체험하지 않았다면, 지금 이러한 경지를 감히 이해하지 못했으리라. 또한 만약 내가 이 사실을 보증하지 않았다면, 네가 이러한 경지에 들어왔음을 다른 사람에게 증명하지 못했으리라."

이처럼 과거와 현재를 함께 융합하는 것이 바로 법화삼매의 힘이다. 이것은 몽유夢遊하는 것과 다소 비슷한 점이 있지만, 결코 꿈이 아니라 일종의 심령상의 신통神通이다.

지의는 스물여덟이 되던 해에 대소산을 떠나 난징의 와관사瓦官寺로 달려가 포교하기 시작했는데, 이곳에서 꼬박 8년을 머물렀다. 이 기간에 그는 이미 두각을 나타내어 그 이름을 널리 알렸고, 따라서 사회의 저명인사들은 그를 지극히 존중했다.

얼마 후 그는 이와 같은 강학講學 생활을 잠시 멈추고, 조용한 지방을 찾아가 수행하고자 했다. 그래서 그는 이십여 명의 제자들과 함께 톈타이산天臺山 위에 집 한 채를 지어 수선사修禪寺라 부르고, 고생스런 수행을 쌓아갔다.

지의는 이 톈타이산 위에서 꼭 십 년을 정거靜居했는데, 이 기간 동안 그의 사상적 체계가 완성되었다. 나중에 이것이 발전하여 하나의 종파가 형성되었는데, 그 이론이 모두 톈타이산에서 깨달은 것들이었기 때문에 천태종이라고 부른다.

그런데 538년, 진陳나라 후주後主가 막 왕위에 올라 지의에게 강의해줄 것을 요청했다. 그가 평계를 대며 사양했지만, 후주는 계속해서 일곱 번이나 초청장을 보냈다. 지의는 하는 수 없이 톈타이산을 떠나 금릉金陵으로 갔다.

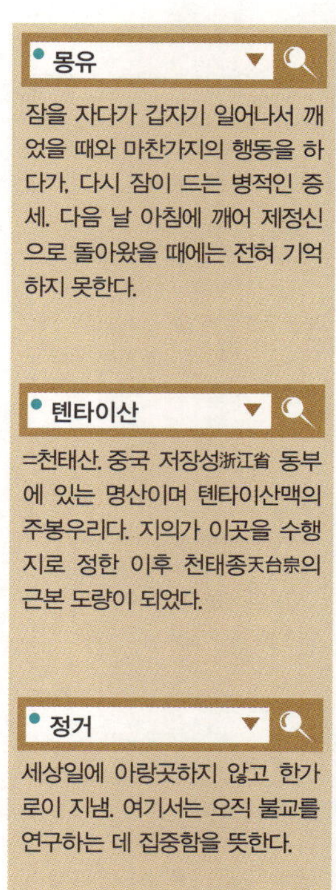

양제

煬帝, 569~618 | 수나라의 제2대 황제. 성은 양楊, 이름은 광廣이다. 부친을 살해하고 황제가 되었다.

정사

'정련행자精鍊行者(정진하며 수련을 쌓는 사람)의 옥사屋舍'라는 뜻으로, 중이 불교의 도리를 닦는 곳이다.

지옥

중생들이 현세에서 지은 죄로 인해 죽어서 간다고 하는 곳. 첨부주(상상 속의 큰 나무가 무성한 땅이라는 뜻)의 땅 밑 오백 유순由旬(고대 인도에서 거리를 나타내는 단위, 즉 보통 리里를 표현하는 단위)의 거리에 있다고 한다. 나락奈落이라고도 부른다.

아귀

굶주린 귀신. 목구멍이 바늘구멍 같아 음식을 먹을 수 없어서 몸이 앙상하게 말랐다고 한다.

수라

아수라阿修羅와 동의어. 원래 고대 인도의 착한 신이었으나, 나중에 제석천帝釋天(불교의 법을 지키는 신)과 싸우는 귀신으로 변한다. 싸움을 잘하는 용맹스러운 귀신의 이름이다.

그러나 그곳에 머무르는 동안, 진나라가 멸망하고 수나라가 일어섰다. 그러자 이번에는 수나라의 양제가 지의를 불교 법회에 초청했다. 이에 지의는 "내가 늙으면 톈타이산으로 다시 돌아갈 수 있도록 해달라."라는 조건을 걸고, 그의 초청에 응했다. 법회에서 양광은 지의를 특별히 받드는 한편, 대중 앞에서 그를 지자智者대사라 불러주었다.

한번은 형주 홍관인 의양공 왕적이 옥천산 정사精舍에 이르러 지의를 배알했다. 그런데 그가 지의를 만나는 순간, 온몸이 부들부들 떨리고 머리에서부터 발끝까지 땀이 줄줄 흘러내렸다. 겨우 정신을 차린 왕적은 황급히 밖으로 나가 흐르는 땀을 씻으며 말했다.

"내가 지금까지 수많은 전쟁을 겪어봤지만, 한 번도 두려워해본 적이 없다. 그러나 오늘 지자대사를 만나보니 부끄러운 땀이 흐르는 것을 주체할 수 없구나!"

무력이나 완력 때문이 아닐 것이다. 아마도 대사가 터득한 진리가 마음 깊숙이 감춰진 죄악까지 거울처럼 적나라하게 비춤으로써, 마치 목을 옥죄어오는 듯 그의 마음이 오그라든 결과가 아닐까 싶다.

지의는 죽을 때까지 톈타이산 위에 머물며 끊임없이 저술하는 일에 몰두했다. 그렇다면 왜 그는 마지막까지 온 힘을 다하여 그 일을 행했을까? 이에 대해 그의 말을 들어보자.

"장사꾼이 타향에서 죽으면 반드시 그의 남아 있는 돈을 본집에 부치는 법이다. 또 의사는 죽기 전에 반드시 비방秘方을 후대에 남겨두는 법이지. 내 비록 타고난 천품이 어리석고 미련하나, 무지몽매한 중생들의 슬프고 가련함을 바라보노라니 차마 이대로 갈 수가 없도다. 이제 마지막 남은 나의 정력을 다하여 얼마간이나마 후세인들에게 도움을 주고자 하노라!"

삼제원융의 경지

지의에 따르면, 이 세상은 세 부분으로 나눌 수 있다. 먼저 무생물에 해당하는 '국토세간^{國土世間}', 다음으로 생물에 해당하는 '중생세간^{衆生世間}', 그리고 색^色(육체)·수^受(감각)·상^想(상상)·행^行(마음의 작용)·식^識(의식)이라는 오온^{五蘊}이 세계를 구성하는 '오온세간^{五蘊世間}'인데, 특히 마지막 오온세간은 물질과 마음이 서로 교차하는 곳이기도 하다. 그리고 여기에는 다시 열 가지 종류의 구별이 있다. 즉 지옥^{地獄}·아귀^{餓鬼}·축생^{畜生}·수라^{修羅}·인간·천상·성문^{聲聞}·연각^{緣覺}·보살^{菩薩}·불^佛 등으로, 이를 십계^{十界}라 부른다.

그러나 이 십계는 완전히 서로 다른 어떤 구별이 아니고 서로 연결되어 통하는 것이기도 하다. 예컨대 지옥 가운데에도 얼마든지 최고의 경지인 불의 인자가 있을 수 있다. 다만 잔인무도한 백정의 칼을 버리기만 하면 누구든지 불이 될 수 있다. 하지만 아무리 불의 경지에 속해 있다 할지라도, 마음 한번 잘못 먹으면 곧 지옥으로 떨어지고 만다.

또한 이 십계를 펼쳐보면 백계^{百界}가 있는데, 각 계마다 열 개의 여시^{如是}가 있어서 이를 모두 곱하면 일천 개의 여시가 있는 셈이고, 이를 다시 3대 세간에 곱해보면 삼천세계가 된다. 그리고 바로 이 삼천세계가 현세에 나타나 있는 모든 삼라만상과 변화의 원인인 것이다. 그러나 이 삼천세계는 밖에 있는 것이 아니라, 바로 우리 마음속에 있다.

그렇다면 우리의 마음은 어떻게 보살의 경지까지 다다를 수 있을까? 우리 마음속에는 삼관^{三觀}이 있다. 공관^{空觀}으로부터 물질에 대한 욕망을 타파하여 일체계공^{一切皆空}의 도리를 깨닫고, 가관^{假觀}으로부터 모든 사물에서의 차별을 타파하고, 중관^{中觀}으로부터 마음속에 있는 무명의 고통을 도려내어 해탈을 이룬다. 그러나 지의는 이 세 가지를

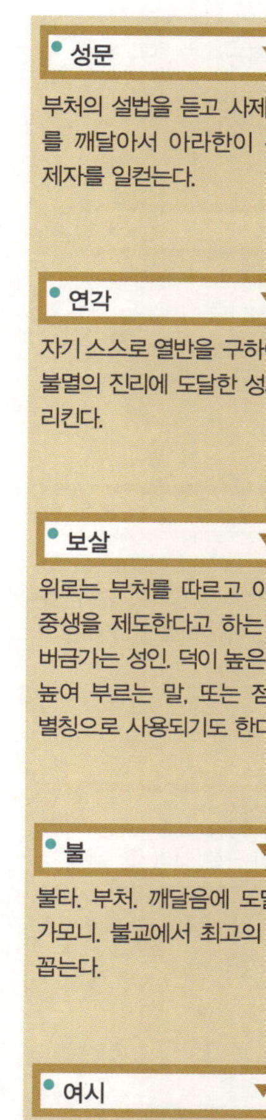

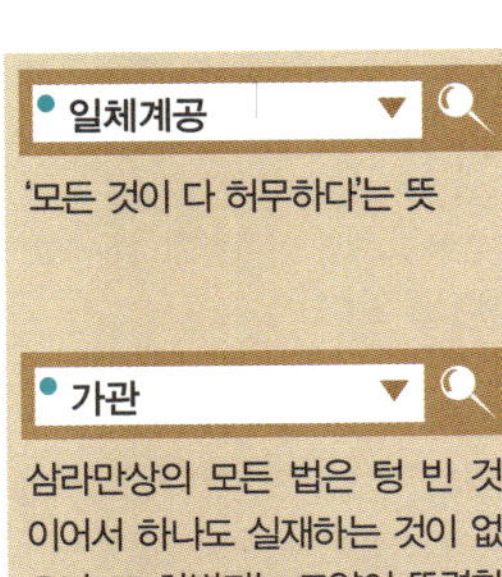

모두 조화시켜, 삼제가 원만하게 융화된 경계를 달성시켰다.

일념삼천一念三千으로부터 삼제원융三帝圓融으로 들어갔으니, 여기에서 천태종은 모든 불법이 삼관을 거쳐 한 마음一心에 모이게 했다.

《서유기》에 등장한 삼장법사, 현장

인도로부터 중국에 들어온 불교 사상은 위진 시대를 거쳐 수당 시대에 이르러 그 전성기를 구가했다. 그에 따라 여러 가지 종파가 생겨났는데, 가장 유력했던 종파는 법상종·화엄종·천태종 등 불학의 정통 교파다. 여기에서 말하고자 하는 현장은 바로 법상종의 창시자로서, 일반인들에게도 《서유기西游記》를 통해 널리 알려져 있는 인물이다. 물론 《서유기》는 믿을 수 없는 환상소설이지만, 적어도 현장이 불경을 구하기 위해 인도로 여행했다는 것만큼은 사실이다. 이제 소설 속의 현장이 아니라, 학술 사상 속에 나타난 진정한 현장을 만나보기로 하자.

현장의 성은 진陣씨다. 그는 지금의 중국 허난성 뤄양 사람으로 수隋 문제 대에 태어났다. 집안은 대대로 내려오는 선비 집안이었다. 조부는 국학박사를 지냈고, 부친은 수나라 대에 강릉 현장을 지내다가 수나라가 망하자 관직을 버리고 고향에 돌아와 은거했다.

현장은 어려서부터 독서와 사색을 즐길 뿐, 아이들과 어울려 놀기를 그다지 좋아하지 않았다. 그가 열 살 되던 해에 부친이 죽자 둘째 형 장첩법사를 따라 뤄양의 정토사淨土寺로 옮겨 살게 되었다. 이때부터 그는 불교의 영향을 받기 시작했고, 몇 년이 지나자 사미승沙彌僧이 되어 불법을 넓히는 데 힘을 쏟았다.

그러나 지식욕이 왕성했던 현장은 어느 한 종파에 만족하지 못하고, 여러 곳으로 다니며 시야를 넓히고자 했다. 현장은 중국을 돌아다니는 동안, 불경이 턱없이 부족하고 사상적 계통 역시 서 있지 않음을 뼈저리게 느꼈다. 경전의 번역에서는 더더욱 무질서했다. 번역자들이 직접 인도에 가보지 못했을 뿐만 아니라 불경에 쓰인 범문梵文의 뜻을 잘 몰랐기 때문에, 불법의 해석이 사람마다 구구했다. 이에 현장은 생각했다.

'불법의 본래 뜻이 과연 이런 것일까? 혹시 우리는 장님 코끼리 만지는 식으로, 전체를 보지 못하고 어느 한쪽만 보고 있는 것은 아닐까? 그렇다면 어떻게 해야 코끼리의 전체 모양을 알 수 있을까? 그렇다! 오직 한 가지 방법은 직접 인도에 가서 알아보는 것뿐이다!'

그러나 당시에 인도로 여행하는 일이란, 하늘에 오르는 것만큼이나 어렵고도 험했다. 두 발에만 의지하여 맹수가 우글거리는 고산준령을 넘어야 하고, 불볕이 내리쬐는 끝없는 사막을 건너야 했다.

'그러나 내가 지옥에 들어가지 않으면 누가 들어갈 것인가? 내가 여기서 물러서서는 안 된다. 하물며 법현法顯도 인도에 다녀왔는데…'

여기까지 생각이 이르자 현장은 크게 외치며 맹세했다.

"나 현장은 목숨을 걸고 인도에 갈 것이며, 그곳에서 불법을 배워 중국의 백성을 깨우치겠노라!"

목숨 걸고 인도로 향하다

당시 중국은 이제 막 당나라가 건국되어 매우 불안정한 시대인지라, 나라에서는 백성들이 국경을 넘지 못하도록 엄격히 통제하고 있었다. 그런데 방법을 찾던 그에게 마침내 기회가

저술하는 법현의 모습

일망무제

한눈에 다 바라볼 수 없을 정도로 아득하게 멀고 넓어서 끝이 없음

왔다. 당 태종 3년에 여러 차례의 서리로 농작물에 큰 피해가 오자, 정부는 백성들에게 넓은 지역으로 흩어지도록 명령한 것이다. 현장은 이때를 틈타 난민 속에 끼어 있다가 몰래 관문을 넘었다. 이때부터 현장의 모험이 시작되었다.

정부에서는 그가 몰래 출관했음을 알고 체포령을 내렸다. 뒤에서 쫓아오는 추격병 때문에 낮에는 숨고, 밤에만 길을 걸어야 했다. 현장은 진주秦州를 거쳐 양주로 갔다. 중국의 가장 끝자락 도시 과주瓜州(둔황)부터는 추격병을 걱정할 필요가 없었다. 하지만 이번에는 일망무제一望無際의 끝없는 사막이 그를 가로막고 있었다. 마을이나 사람은 물론 오아시스도 없는 곳, 그곳에는 오직 하얀 뼈만이 뒹굴고 있었다. 그러나 현장은 두려움 없이 걸었다. 당시 그가 가지고 있는 것이라고는 늙고 여윈 말 한 필과 말 등에 실은 물 한 통, 그리고 얼마 남지 않은 식량뿐이었다. 사막에서 수없이 많은 회오리바람을 만났으며, 물과 양식이 떨어져 모랫바닥에 쓰러진 적도 한두 번이 아니었다.

현장은 서역의 여러 작은 나라에 한동안 머물렀다. 그 가운데서도 고창국高昌國의 왕 국문태麴文泰는 본래 경건한 불교 신자였다. 그는 태자였을 당시 중국의 장안과 뤄양에서 한동안 머무른 적이 있었기 때문에, 당나라의 문물을 누구보다 흠모했다. 그래서 여러 신하를 데리고 현장이 지나가는 길목에서 기다리고 있다가, 억지로 성안으로 모셔 들어왔다.

현장은 이곳에 머물며 경전을 강의했고, 떠날 때가 되자 왕은 그에게 많은 마필馬匹*과 법의法衣*와 여비를 주고, 전국의 대신과 고승들과 함께 십여 리를 쫓아오며 눈물로 배웅했다.

일여 년의 시간을 서역에서 보내고, 630년 겨울에야 비로소 현장은 인도에 첫발을 내딛게 되었다. 그는 먼저 여러 곳의 성지를 참배하고 마지막으로 석가가 수도하던 곳에 이르렀다. 그는 높이가 다섯 장丈이 조금 넘는 보리수 아래에 섰다. 천 년 전에 성인이 중생을 위해 홀로 적막한 황혼을 무수히 보냈음을 생각하니, 넘치는 감개를 억누를 길 없어 목 놓아 울어버렸다. 현장은 '앞서 간 사람들을 볼 수 없고, 뒤따라 올 사람을 만날 수 없음에 슬퍼하고, 또 불법이 점점 쇠퇴해가는 것을 안타까워하며 통곡했다. 현장은 이 성스러운 곳에 아흐레 동안 머물다가 열흘째 되는 날, 비로소 목적지인 나란타那爛陀 사원으로 향했다.

현장은 이곳에서 계현戒賢(시라바드라)법사에게 유가론瑜伽論*을 배웠다. 당시 계현법사는 백여섯 살의 고령으로, 심한 풍토병을 앓고 있었다. 극심한 고통을 견디지 못하고 몇 번이나 자살로 해탈을 구하려 했다. 그러나 온갖 위험을 무릅쓰고 불법을 구하러 찾아온 현장에게 감동되어 정신을 가다듬었다. 이때부터 자신의 고통을 잊고 현장을 위해 불경을 해설하기 시작하여 5년이나 넘겼다.

현장은 나란타 사원에서 최고급의 대우를 받았다. 조용한 방에 머물면서 당시

현장의 서행西行
그는 천축(인도의 옛 이름)으로 갈 결심을 했고, 이에 여러 이론을 총결한 《유가사지론瑜伽師地論》을 구할 수 있었다.

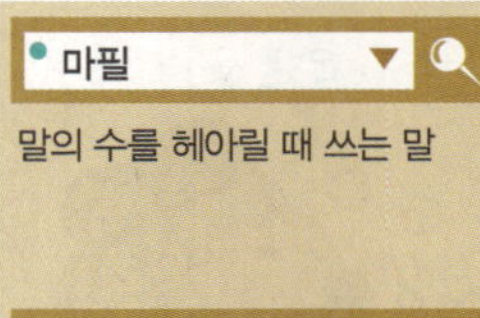

마필
말의 수를 헤아릴 때 쓰는 말

법의
중이 입는 옷. 곧 가사袈裟(위의 왼쪽 어깨에서부터 오른쪽 겨드랑이 밑으로 걸치는, 네모로 된 긴 천)와 장삼長衫(검은 베로 길이가 길고 품과 소매가 넓은 중의 웃옷)을 가리킨다.

유가론
요가론yoga論이라고도 한다. 요가란 인도에서부터 전해오는 심신 단련법의 하나로서 호흡을 억제하고, 감각기관을 제어하며, 정신 통일과 삼매三昧에 의해 초자연적인 힘을 얻는 수행법을 말한다. 이는 불교 및 자이나교에 의해서도 채용되었으며, 특히 불교에서는 선종을 낳게 했다.

고승·귀족·국왕만이 먹을 수 있는 특산 쌀을 받았으며, 외출할 때는 코끼리 가마를 탔다. 나란타 사원에 머무는 5년 동안 현장은 불교에 대해 깊고 넓은 기초를 닦았다. 그후 인도의 모든 지역을 돌아다니며 명승名勝을 찾았다. 그리고 5년 후에 다시 나란타 사원으로 돌아와 불학을 강의하기 시작했다.

그의 이름은 인도 전역에 알려졌고, 이름난 승려들이 앞 다투어 찾아와 그와 변론을 벌였다. 그러나 모두 그의 언변과 학문에 감탄을 금치 못했다. 그러다가 현장은 갑자기 중국으로 돌아갈 결심을 하게 되었다. 그런데 뜻밖에 엉뚱한 일이 생기고 말았다. 당시 인도에는 많은 나라가 있었는데, 그 가운데에서도 계일왕戒日王(하르샤바르다나)의 세력이 가장 컸다. 일찍이 그는 현장을 초청했고, 그래서 현장은 돌아가는 길에 그곳에 들르기로 했었다. 그러나 바로 이때 구마라 왕도 사자를 보내 현장을 초청했다. 계현법사는 "현장에게 선약先約이 있다."라는 이유로 구마라 왕의 요청을 거절했다. 그러자 이에 화가 난 구마라 왕이 최후통첩을 보냈는데, 그 내용은 "법사를 만약 오지 못하게 한다면, 나란타 사원을 쳐서 평지로 만들어버리겠다."라는 것이었다.

계현법사가 현장과 의논한 끝에 결국 구마라 왕에게 먼저 가기로 했다. 그러나 이번에는 이 소식을 접한 계일왕이 크게 화를 내며 사자를 구마라로 보내 현장을 데려오도록 했다. 구마라 왕은 이에 회답을 보냈다. "내 목을 자를 수는 있을지언정, 현장은 절대 돌려보내지 못하겠소." 이 편지를 본 계일왕은 분을 못 참고 다시 사자를 보냈다.

> **계일왕** ▼ 🔍
>
> 590?~647? | 중국 문헌에서는 '계일왕'이라 번역되었다. 굽타 왕조가 쇠퇴한 후 세워진 하르샤 왕조의 창시자다.

"왕의 머리를 내게 준다고 했기에, 지금 사자를 보내오. 이 사람 편에 왕의 머리를 보내주기 바라오."

하는 수 없이 구마라 왕은 이만 명의 코끼리 부대와 삼만 척의 배를 이끌고 갠지스 강기슭에 임시로 행영行營●을 지었다. 그리고 친히 계일왕에게 나아가 백배 사죄를 했다. 계일왕은 만조의 대신들을 거느린 채, 양편에 횃불을 늘여 세웠다. 그러고는 한 걸음마다 쇠북을 울리며 기세도 당당하게 현장을 맞이했다. 현장이 가까이 오자, 계일왕은 즉시 무릎을 꿇고 경의를 표했다.

다음 날 계일왕은 현장을 궁중으로 모셔와 불경을 강독하게 하는 한편, 무수한 사자를 인도 각지로 보내 명승과 학자들을 곡녀성曲女城에 모이도록 명령했다. 이들은 코끼리를 타거나 가마를 타고, 혹은 걸어서 몰려와 수십 리 길을 꽉 메웠다. 개회일이 되자 현장은 보좌에 올라 불법을 베풀었다. 현장의 불법 강론이 끝난 후, 왕은 그 불법을 베껴서 회장 입구에 걸어놓았다. 그리고 그 위에 다음과 같이 썼다.

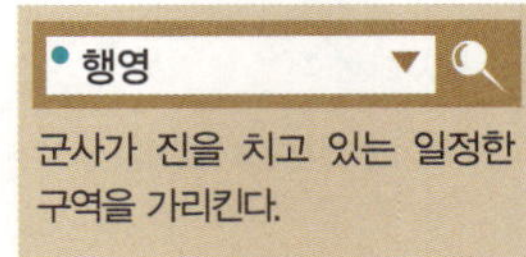

군사가 진을 치고 있는 일정한 구역을 가리킨다.

◐ 장안으로 돌아오는 현장

현장이 경전을 구하여 장안에 도착했을 때, 열렬히 환영하는 사람들의 모습이다. 당시 성대한 환영을 받는 장면을 생동감 있게 묘사해내고 있다.

"누구든지 이 글 가운데서 한 자라도 진리에 맞지 않는 말을 지적해내는 사람이 있다면, 현장의 목을 베어 사죄하겠다."

이렇게 18일 동안 걸어놓았으나, 어느 누구도 감히 지적하는 사람이 없었다. 그 후 왕은 다시 발라야가 성에서 75일간의 보시布施대회●를 열어 현장을 환송했다. 이 대회에 참가한 승려와 민중이 약 오십만 명에 달했다고 하니 이것으로 대회의 성황을 짐작할 수 있을 정도인데, 일개 유학생의 몸으로 외국에서 이러한 존경과 숭앙을 받은 경우는 아마 현장 한 사람뿐일 것이다.

이어서 현장은 곧 귀국 준비를 서둘렀다. 그가 16년 전 겨우 말 한 필을 타고 몰래 빠져나오던 때와는 딴판이었다. 불교 경전을 실은 말만 해도 22필이었다. 당 태종은 현장의 귀국 소식을 듣고 너무 기뻐서, 길에 인접한 작은 나라들에 명을 내려 그를 호송하도록 했다.

드디어 장안에 도착한 현장은 십팔만 자에 달하는 《대당서역기大唐西域記》를 쓰는 한편, 본격적으로 불경을 번역하는 일에 착수했다. 이 일의 규모는 정말 역사상 가장 웅대하고 위대한 일임에 틀림없었다. 현장은 계획한 진도만큼 다 마치지 못하면 저녁 삼경三更●까지 계속했다. 잠시 눈을 붙이고 오경쯤에 다시 일어나, 범문梵文의 불경을 붉은 글씨로 구두점을 찍어 번역의 준비를 했다. 그리고 날이 밝으면 곧바로 번역을 시작했다. 그의 번역 방식은 직역이 많았고, 필법 역시 근엄했다.

그러나 어려서부터 공부하면서 몸을 돌보지 않은 데다 불경을 구하기

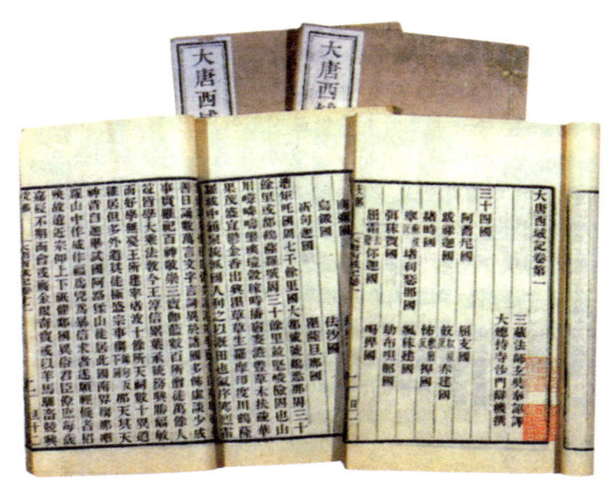

⬆ 《대당서역기》의 표지와 본문
현장이 인도 및 중앙아시아를 여행하고 나서 쓴 견문록이다.

위해 인도로 가는 도중 많은 풍상風霜●을 겪은지라, 현장은 냉병을 얻어 고생했다. 더욱이 고된 경전 번역 작업으로 인해 병세는 날로 위독해졌다. 그래도 그는 병든 몸을 의연히 이끌면서 《반야경》을 완전히 번역했고, 계속해서 《대보적경》을 번역하려 했다. 그러나 몇 줄 번역하지 못한 채, 영영 다시 일어나지 못하고 말았으니, 그의 나이 예순여섯이었다.

현장은 불경을 번역하는 일 외에도 외교상 커다란 공을 세웠다. 그의 뛰어난 변론과 해박한 지식은 인도 전역을 흔들어놓았다. 계일왕은 그의 불법 강의를 들은 후부터 사신을 장안으로 보내 조공朝貢●을 바칠 정도였는데, 이것은 중국과 인도 간에 이뤄진 외교관계의 시작일 뿐만 아니라, 일개 유학생으로서 이러한 성과를 올린 경우는 아마 동서고금을 통틀어 그 예를 찾아보기 힘들 것이다.

나아가 그의 여행 견문기인 《대당서역기》는 인도 · 네팔 · 파키스탄 · 방글라데시 등지의 고대 역사와 지리와 고고학을 연구하는 데 귀중한 자료가 되었다. 또한 그의 업적이 탁월했기 때문에 민간에는 그에 관한 고사가 널리 퍼졌는데, 예컨대 명나라 대에 오승은이 쓴 《서유기》 같은 소설은 그의 고사를 발전시킨 작품이다.

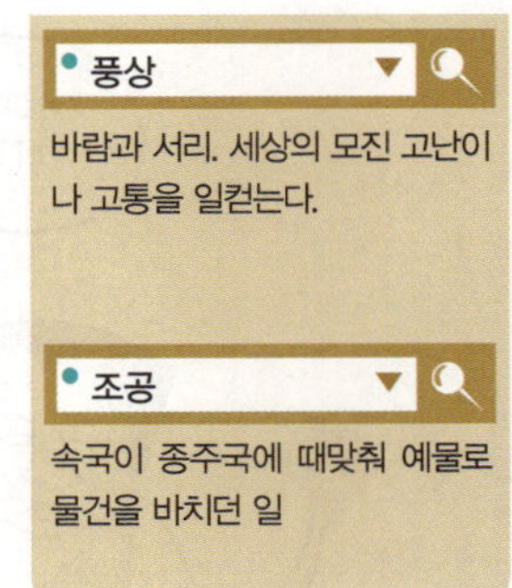

부처의 경지란
모든 선악을 초월하는 것

이 세상의 모든 존재는 우리의 인식 작용이 있어서 존재하며, 모든 변화는 우리의 마음이 변해서 생기게 된다. 이에 대해 좀더 알아보기로 하자.

유식론唯識論에서 말하는 전5식前五識이란 것이 있는데 이것은 눈시각 · 귀청각 · 코후각 · 혀미각 · 피부촉각 등의 감각기관을 가리킨다. 우리는 이

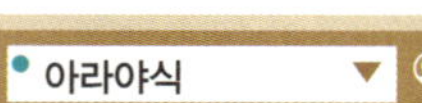

기관을 통해 밖의 세계를 인식하게 되며, 밖의 존재는 이것들을 통해 우리 마음 가운데로 전해진다. 그런데 바로 이 '마음'을 제6식第六識이라 부른다. 만약 우리에게 마음이 없다면, 밖의 사물들을 받아들일 수가 없다. 그러나 제6식은 밖의 사물을 받아들이는 외에 사상·감정·환상 등의 정신 작용도 함께 수행한다. 그렇기 때문에 우리는 물리적·객관적 사태에 대해 우리 나름의 감정을 가지고 대한다. 예컨대, 무심히 타고 있는 촛불을 바라보며 "이별이 서러워 눈물짓는다."라고 말하는 경우다. 그렇다면 무정無情의 사물에 우리의 감정을 개입하는 이유는 무엇일까?

여기에서 제7식第七識이 등장한다. 7식은 곧 자아의 정신 의식을 가리킨다. 모든 의식에 구별이 있는 까닭은 그 가운데 자아의 인격이 자리하고 있기 때문이다. 결국 우리가 사물을 구별하는 작용은 '말나식末那識'에서 이뤄진다. 그러나 분석을 주로 행하는 이 단계는 아직도 과학이나 철학의 범주를 벗어나지 못하고 있다.

그리고 마지막 단계인 제8식에 도달하는데, 이곳에서는 그 경계가 완전히 달라진다. 아라야식阿羅耶識이라 불리는 이 단계에서는 만물의 근원에 도달하여 종교의 경지로 들어가게 된다. 시공간을 초월한 커다란 창고처럼 그 속에는 여러 가지 씨앗들이 들어 있으며, 이 씨앗들이 모든 삼라만상의 근본이 되고 심령의 본체가 된다. 그러나 이것은 고정불변의 것이 아니고, 마치 사람의 유전인자와 마찬가지로 과거의 모든 행위로부터 영향을 받아 미래를 형성한다. 그것은 시공간을 초월한다.

그러면 우리는 어떻게 해야 과연 부처의 경지에 도달할 수 있을까? 먼저 우리의 마음은 선과 악, 그리고 그 중간 상태인 무기無記의 인자를

> **아라야식**
>
> 안으로는 온갖 물건의 씨를 갈무리 하며, 만법연기萬法緣起의 근본이 되는 것이다. 8식 가운데 하나다.

포함하고 있는데, 이 세 가지 인자가 아식我識*을 통과하여 나타난 것이 나我의 인격이다. 즉 선을 나타내면 선인이 되고, 악을 나타내면 악인이 된다. 하지만 선인과 악인은 보통 사람에 불과한데, 이에 대해 부처의 경지란 모든 선악을 초월하는 진여眞如*의 경지다. 그러므로 우리는 우리 가운데 있는 선악의 인자를 없애야만 진여의 경지에 들어갈 수 있다.*

다만 선종에서 말하는 돈오가 장식藏識* 단계에서 갑자기 이 씨앗을 변화시켜 부처의 경지로 들어갈 수 있다고 하는 데 반해, 유식론에서는 불교도들의 점진적인 수양에 의해서 이 단계까지 올라갈 수 있다고 주장한다. 우리가 악의 인자를 점점 없애가다 보면 우리 속에 선의 인자만 남게 되고, 다시 이 선의 인자까지 없애나가다 보면 마침내 부처의 경지로 들어간다는 것이다.

알다시피, 대승불교는 인도에서 중국으로 전해졌다. 그러나 이를 연구한 현장은 거꾸로 인도까지 건너가 대승불법을 전했는데, 말하자면 전도의 역전관계가 일어난 것이다. 이다음부터 세계 여러 곳에서 대승불법을 배우기 위해 인도 대신 중국을 찾게 되었으니, 이는 외래문화를 받아들인 쪽도 얼마든지 더 우월할 수 있음을 보여준 좋은 사례라 하겠다.

측천무후를 설득하다, 법장

법장은 중국 장안에서 태어났으며, 이미 스무 살을 전후하여 현장의 불경 번역 사업에 참가했다. 그러나 이때 자신의 독창적인 견해에 입각하여 현장이 주장하는 법상종에 불만을 표시하고는, 분연히 번역장을 뛰쳐나와 버렸다. 국제적인 불학의 권위자인 현장에게

아식

물질은 오관五官에 의해 우리의 의식에 들어오는데, 다시 그 의식을 거쳐 도달하게 되는 단계. 물질과 정신의 세계가 서로 교류하며 나타나는 단계다.

진여

대승불교에서 말하는 이상 개념의 하나. 우주 만물의 실체로서 지극히 현실적이고도 평등무차별한 절대적 진리를 말한다. 끊임없이 변화하는 '현상'과 대칭되는 용어다.

* 이 부분은 니체의 초인超人(선악의 계보에서 자유롭게 벗어난 자) 개념을 연상시킨다. 니체는 기독교가 설정해놓은 약한 자 편의 도덕, 이른바 노예도덕을 타파하고 군주도덕이 실현되도록 해야 한다고 주장했다. 그러나 초인은 우리의 삶 가운데 일어나는 모든 일들이 순결하고 정당하다는 것을 아는 사람이었고, 그러므로 '우리는 우리에게 주어진 운명을 사랑해야 한다.'라고 하는 운명애運命愛 사상으로 나아갔다.

장식

물질의 씨앗. 가장 저차원의 단계를 말한다.

◐ 측천무후의 행차도
원래 궁녀였다가 고종의 총애를 받아 황후가 되었으며, 재색을 겸비했다고 한다. 690년 스스로 제위에 올라 나라 이름을 주周로 고쳤다. 권력투쟁의 과정에서 자신의 전생이 미륵불이었다고 주장하는 등 불교를 교묘하게 정치에 이용했다. 중국 역사상 단 한 사람의 여자 황제였으며, 재위 기간은 16년이었다. 이후 재상 장간지 등에 의해 폐위되었다.

사상적으로 반기를 든 것이다. 그 후 법장은 지엄을 스승으로 삼아 그로부터 《화엄경》의 사상을 물려받았다.

언젠가 한번은 법장이 측천황후則天皇后(624~705)를 위해 《화엄경》을 풀이해주었다. 그녀는 고종°이 사망하자 권력을 장악한 다음, 자신의 아들들(중종과 예종)을 차례로 즉위시킨 뒤 다시 폐위하고 스스로 황제의 자리에 올랐던 여걸女傑이었다. 그리고 자신의 집권을 부처의 가르침으로 합리화하기 위해 관제官製 사찰을 건립하기도 했다.

금사자의 비유

그런데 법장이 《화엄경》을 강론할 때, 황후는 그 뜻을 잘 모르는 것 같았다. 이에 법장은 궁궐 문 앞의 금사자를 가리키며

◉ 고종

高宗, 628~683 | 중국 당나라의 제3대 황제. 서돌궐을 쳐부수고 월남과 남해南海를 복속시켰으며, 고구려와 백제를 공략하여 안동 도호부를 설치했다. 그러나 말년 에는 중풍에 걸려 황후 측천무 후가 정무를 대신 맡아보게 되었 고, 이는 거칠고 사나운 정치로 이어지게 되었다.

설명했다.

"이 금사자의 본체는 금이라고 하는 질료이고, 사자의 모습은 우리 눈에 보이는 현상에 불과합니다. 그런데 금사자의 모양은 허무하여 실제가 없고 늘 바뀝니다. 진실로 존재하는 것은 한 무더기의 금뿐입니다. 왜냐하면, 우리는 똑같은 한 무더기의 금으로 고양이나 개, 호랑이의 형상을 만들 수도 있기 때문이지요. 이것은 바로 오늘의 홍안紅顏●이 내일의 백발白髮로 되어버림을 우리가 보는 것과 같습니다. 그러나 지수화풍地水火風 등 네 개의 본질은 변하지 않습니다. 현상으로서의 사건은 비록 변할지언정, 본질로서의 원리는 변하지 않는 것이지요. 사자의 모습이 다른 동물로 변할지언정 금은 그대로 금일 따름이며, 인간의 모습이 늙어갈지라도 그 본질은 바뀌지 않습니다. 그러나 모든 사물의 본질이란 것도 결국은 그 현상을 통해 우리 앞에 드러나기 마련입니다. 마치 금사자의 모양이 없다면 그 존재마저도 알 수 없음과 같지요. 마찬가지로 육체라고 하는 껍데기가 없다면, 인간의 본질이라 할 정신 또한 발휘될 수 없습니다. 그러므로 모든 일과 그 원리는 상호 의존하고 보완되어 이뤄지는 것뿐이지요."

이 설명을 듣고 나서 비로소 연기설緣起說●을 이해하게 된 측천무후는 《화엄경》에 나오는 현수보살의 이름을 본떠 법장에게 '현수보살계사'라고 하는 칭호를 내려주었다. 이러한 설법은 법장 자신의 사상을 드러낼 뿐만 아니라, 화엄종●의 철학을 대표하기도 한다.

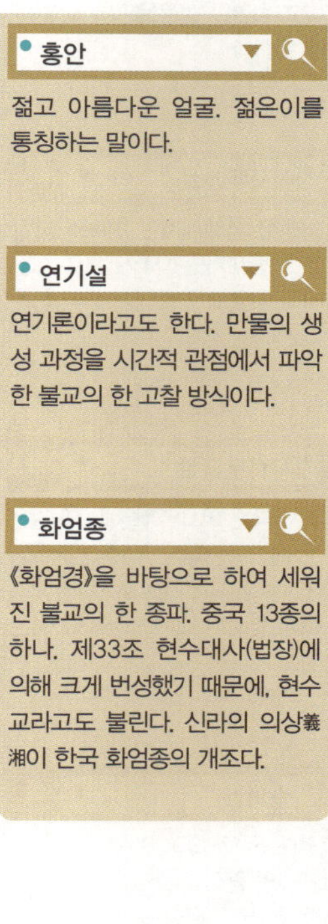

<table>
<tr><td>

●홍안 ▼ 🔍

젊고 아름다운 얼굴. 젊은이를 통칭하는 말이다.

</td></tr>
<tr><td>

●연기설 ▼ 🔍

연기론이라고도 한다. 만물의 생성 과정을 시간적 관점에서 파악한 불교의 한 고찰 방식이다.

</td></tr>
<tr><td>

●화엄종 ▼ 🔍

《화엄경》을 바탕으로 하여 세워진 불교의 한 종파. 중국 13종의 하나. 제33조 현수대사(법장)에 의해 크게 번성했기 때문에, 현수교라고도 불린다. 신라의 의상義湘이 한국 화엄종의 개조다.

</td></tr>
</table>

겨자씨에 수미산이 들어가다

법장에 따르면, 불성佛性은 모든 사람의 본성 안에 들어 있는 것이어서, 일단 누구든지 깨닫기만 하면 자성청정원명체自性淸淨圓明體가 곧 드러나기 때문에 우리는 세속 생활을 벗어나지 않고서도 얼마든지 부처가 될 수 있다. 달리 말하면, 우리가 이상향으로 추구하는, 이른바 피안세계가 따로 있지 않다. 이 세속 생활 가운데서도 누구든지 깨닫기만 하면 이곳에 곧 불국토가 세워질 수 있다고 하는 뜻이다.

현장이 주장한 유식종의 교리에서는 이쪽의 세속과 저쪽의 극락이 뚜렷하게 구분되어 있었으나, 법장은 이 두 가지 세계를 이사무애설理事無碍說을 갖고서 하나로 통합했다. 이 논리에 따르면, 가령 "우리가 몸으로 이 땅에서 부귀영화를 누리면서도 그것이 공空이라는 사실을 깨닫기만 하면 곧 누구든지 보살이 될 수 있다."라는 것이다. 그러므로 이 주장은 당시 세상적인 복을 누리면서도 어딘가 마음속에 꺼림칙한 부분을 늘 갖고 살아가야 했던 귀족들에게 매우 큰 환영을 받았다.

이사무애설에서 한 걸음 더 나아가면 사사무애설事事無碍說에 도달하는데, 이는 각각의 사물은 곧 모든 사물이고 모든 사물은 각각의 사물이라고 하는 이론이다. 즉 서로 간에 차별이 없어서, 가령 "겨자씨에 수미산須彌山이 들어가고, 털구멍 하나에 바닷물이 들어간다."라는 말이 가능하다. 이 말의 뜻은 눈에 잘 보이지 않을 만큼 작은 씨앗 속에 어마어마하게 큰 산이 들어갈 수도 있고, 보일락 말락 하는 미세한 털구멍 하나 속에 엄청난 양의 바닷물이 들어갈 수도 있다는 것이다. 즉 우리가 도를 깨닫기만 하면 하찮은 티끌 하나에도 불국토가 존재할 수 있기 때문에 각자 자신이 처한 위치에서 얼마든지

자성청정원명체

본래부터 깨끗하고 맑고 둥글고 밝고 원만한 성품을 갖추고 있음을 뜻한다.

이사무애설

청정한 본체세계인 이理와 다양한 현상세계인 사事가 서로 포용하여 서로에게 방해가 되지 않는다고 하는 설이다.

사사무애설

앞서 나온 이사무애설에서와 같은 논리로, 이번에는 다양한 현상세계인 사事와 사가 서로 포용하여 서로에게 방해가 되지 않는다고 하는 설이다.

수미산

고대 인도 불교의 우주관에서, 세계의 중심에 솟아 있다는 상상의 산이다. 황금·은·유리·수정으로 이루어져 있으며 산의 중턱에는 사천왕四天王, 정상에는 제석천帝釋天이 있다고 한다.

부처의 경지에 도달할 수 있다는 뜻이다. 가령 노예나 농민이 이 도리만 깨닫는다면 자신이 사는 곳이 곧 불국토이기 때문에, 몸은 비록 착취를 당하더라도 마음만은 고통을 느끼지 않을 수 있다. 그러므로 법장의 이론은 결국 종교 신학 안에서의 계급 조화론이라 할 수 있으며, 바로 이것이 당나라의 지배 계급이 화엄종을 높이 받든 이유 가운데 하나다.

지배 계급의 입장에서 보면, 피지배 계급들이 현재 자신들의 놓인 처지와 신세를 불평불만하지 않고 묵묵히 견뎌내는 데 이보다 더 좋은 교리는 없을 것이라 여겼고, 그에 따라 불만 세력에 의한 사회불안 요소들이 제거될 수 있다고 생각했다. 이것은 마치 중세 유럽 사회에서 기독교가 "저 하늘나라를 바라보며 현실세계에서의 핍박과 고통을 잘 이겨내야 한다."라고 가르침으로써, 당시 피지배 계층에게 순종과 인내를 강요하고, 결과적으로 당시 기득권 세력에게는 보호막 역할을 했던 것과 비슷하다고 해야 할 것이다.

중국에서 불교 철학의 발전은 대략 3단계를 거쳐왔다. 제1단계는 위진 시대로서, 이때에는 불교 경전을 번역하여 소개하는 수준이었다. 제2단계는 수당 시대로서, 중국의 불교 학도들이 인도 불교를 초보 수준에서 배워나가는 단계였다. 그리고 제3단계는 중국의 유교·도가 등의 전통 철학과 불교가 서로 융합하여 불교의 중국화가

🔺 **적산법화원의 정문**
당나라 목종 4년(824년)에 장보고에 의해 창건되었다가 845년 회창 법난에 의해 파손되었다. 회창 법난이란 842년부터 4년간에 걸친 당 무종 대의 불교 탄압을 말한다. 이때 4만 사원이 폐쇄되고 26만 명의 승려가 환속했다. 그 이후 영성현에서 엔닌이 저술한 《입당구법순례행기入唐求法巡禮行記》의 내용을 근거로 1988년 7월에 법화원을 중건했고 오늘에 이르렀다. 법화원은 1년에 쌀 500섬을 소출할 수 있을 정도의 큰 규모였으며, 전문 경영인과 승려가 30명이 상주했던, 산둥에서 규모가 가장 큰 불교 사찰이었다고 한다. 이곳에서 불교 의식인 강경회講經會를 정기적으로 개최했으며 여름에는 《금광명경金光明經》, 겨울에는 《묘법연화경妙法蓮華經》 등을 강론했다.

이뤄진 단계인데, 이는 바로 법장으로부터 출발한 것이다.

법장은 699년 불수기사에서 화엄을 강론했는데, 그의 설법을 듣는 청중이 수천 명에 이르렀다. 법장이 화엄종에서 차지하는 지위는 마치 지의가 천태종에서 차지하는 지위와 같았다. 화엄종은 한때 크게 번성하다가 당 무종武宗이 불교를 탄압한 이후에 쇠락의 길을 걸었다. 무종은 불교를 금지하는 칙령을 전국에 내려 크고 작은 절들을 허물어버리고 이십육만 명에 이르는 승려들을 속세로 돌려보냈으며, 절의 노비 십오만 명을 해방시켰다. 불교계에서는 이를 두고 '회창법난會昌 法難'이라 부르는데, 이후 화엄종은 중국 불교의 주도적 지위를 선종에게 내주고 말았다. 그러나 화엄종은 중국뿐만 아니라 한국·일본·동남아시아의 여러 나라까지 그 영향을 미쳤다.

지금까지 말한 불교학자들은 너무나 많은 설명을 해왔지만, 그 뜻이 복잡하고 심오하여 이해하기가 어려웠다. 그래서 사람들은 더욱 간단소박하고 이해하기 쉬운 불학 사상을 찾아 나서게 되었는데, 당나라와 송나라 대에 이르러 이러한 기대가 충족되어 세상에 드러났으니, 그것이 바로 선종禪宗이었다.

선은 누구나 할 수 있다

중국 선종의 창시자, 보리달마

석가가 인도의 영산회靈山會에서 전도를 하고 있을 때였다. 한번은 그가 지금까지 전도하던 방법과는 달리, 아무 말 없이

⬆ 보리달마가 강을 건너는 모습이 새겨진 비석

꽃 한 송이를 들어 여러 사람들에게 보였다. 당시 그 자리에 모여 있던 여러 신자들이 서로 얼굴만 쳐다볼 뿐, 석가의 뜻을 이해하지 못했다. 이때 마하가섭摩訶迦葉●이라는 제자가 석가에게 이해한다는 의미로 웃음을 보냈다. 이를 보고 석가가 말했다.

"내 마음속에 있는 정법과 원리가 이미 가섭에게 전달되었다."

이른바 '염화시중의 미소'●다.

이처럼 신비로움이 가득 찬 설법이 바로 선종의 이심전심以心傳心이다. 석가는 경전 이외에 "마음에서 마음으로 전하라. 문자에 의존하지 말라."(以心傳心 不立文字이심전심 불립문자)라는 비법으로 자신의 사상을 전수했다고 한다. 이 비법은 그의 제자 가운데 한 사람 가섭에게 전수되고, 또 석가의 사촌동생이자 열 제자 중 하나인 아란阿難에게 전달된 이후 차례로 이어져, 제28대조인 보리달마●까지 내려왔다. 그리고 520년부터 526년 사이에, 이 보리달마에 의해 비로소 선종이 중국에 전해졌다.

처음으로 선종을 중국에 가져온 달마대사는 소림사小林寺로 들어가서 절간의 벽을 마주하고 9년 동안 정좌한 끝에 도를 깨우쳤으며, 마침내 전법傳法의 제자 혜가를 찾아내게 되었다. 그 후로 달마는 곧 행적을 감춰버렸기 때문에 그에 대한 역사적 고증이 불가능한 실정이다.

● 염화시중의 미소

석가모니가 영산회에서 법좌法座에 올라 참연꽃 한 송이를 대중에게 보이자, 마하가섭만 그 뜻을 깨닫고 미소를 지었다. 이에 석가가 그에게만 불교의 진리를 주었다고 하는 유명한 고사에서 유래한 말이다. 마음에서 마음으로 전하는 일, 즉 이심전심을 일컬을 때 쓴다.

● 보리달마

菩提達磨, ?~534? | 중국 선종의 시조. 남인도 향지국香至國의 셋째 왕자. 반야다라로부터 불법을 배우고, 양나라의 무제 대에 중국으로 건너와 왕의 존경을 받았다. 달마 또는 달마대사로 불린다.

선종의 제2대조, 혜가

중국에 들어온 보리달마는 혜가●에게 의발衣鉢●을 전했고, 그 후 혜가는 중국 선종의 제2대조가 되었다. 제4대조까지는 인도에서처럼 전법을 말로 하거나 글로 남기지 않았기 때문에, 자세히 알 수가 없다. 제5대조인 홍인弘忍(605~675) 대에 이르러서야 비로소 제자들에게 전법을 가르치기 시작하여 문하에 천오백여 명이나 모여들었다. 그런데 마땅히 그중에서도 가장 명망 있는 수재에게 의발이 전해져야 할 텐데, 뜻밖에 글도 모르는 방앗간 소공小工에게 전법되었다. 어찌하다 글도 모르는 소공이 선종의 의발을 얻게 되었을까? 이에 대해서는 잠시 후에 다시 언급하기로 하자.

중국의 선종은 홍인의 두 제자에 이르러 남과 북 두 개의 종으로 나누어지게 되었는데, 북종의 창시자는 신수神秀(606~706)였고 남종의 창시자는 혜능慧能이었다. 이후로 남종이 북종을 능가했기 때문에, 혜능이 홍인의 의발을 받아 선종의 제6대조가 되었다.

'염화시중의 미소'라는 예에서 보듯이, 이들이 불법을 전하는 데에는 매우 특이한 점이 있었다. 그들은 결코 몇 권의 경전을 후대에 전한다든지, 수천만 마디의 말로 큰 도리를 설파하지 않았

혜가

慧可, 487~593 | 중국 선종의 제2대조. 남북조 시대의 북위北魏 사람. 뤄양 출신. 보리달마에게 의발을 받고 밀교密敎에 정진하여 삼조三朝의 국사로 숭상을 받다가 사람들의 마음을 받아 처형되었다. 제자에 제3대조 승찬僧璨이 있다.

의발

중들이 입는 가사袈裟(법의)와 바리때(중이 쓰는 밥그릇. 나무로 대접처럼 안팎에 칠을 하여 만듦. 옹기)로서, 달마대사가 제자에게 이 두 가지 물건을 전한 고사에서 전법을 받는다는 뜻으로 쓰인다.

🔺 **도금한 동銅석가모니상**
귓바퀴가 크면서 아래로 처진 귀는 북위 시기 불상의 뚜렷한 특징을 그대로 담고 있다. 결가부좌하고 설법하는 모습이다.

다. 다만 간단 명확한 몇 마디 말로 제자들에게 불법을 전했는데, 이 몇 마디를 이른바 게어라고 한다. 이 게어는 마음에서 마음으로 전하기 때문에, 사람마다 각기 다르다. 만일 아무도 상대방의 말을 알아차릴 수 없다면, 의발은 더 이상 전해질 수 없다.

선禪의 원래 명칭은 선나禪那로서, 그 어원은 산스크리트어의 Dhyana를 발음에 따라 번역한 데서 비롯된다. 영어로는 흔히 meditation(깊고 조용한 생각, 묵상)이라 번역한다.

선종의 대가들은 말이 아니라, 어디까지나 개인적인 접촉을 통해 몸소 제자들을 가르친다. 말로 표현할 수 있는 것보다 표현할 수 없는 것이 더 많음을 깨달은 것이다. 가령 학생이 불교의 근본 원리에 대해 물으면, 엉뚱한 대답을 하거나 심지어 몽둥이로 때리기도 했다고 한다. 그리고 그 목적은 단지 질문에 대한 답이 불가능하다는 사실을 알려주기 위함이었다고 한다.

다음은 혜능의 제자인 마조馬祖와 승려 방거사•의 문답이다. 방거사가 먼저 물었다.

"만법萬法과 아무 관계도 없는 사람은 어떤 사람입니까?"

그러자 마조는 대답했다.

"네가 단숨에 서강西江의 물을 다 삼켜버릴 때까지 기다려라. 그러면 그때 말해주겠다."

이를 일종의 선문답禪問答•이라고 한다.

선문답은 결국 '문자에 의존하지 말라'고 하는 선종의 기본 원칙을 나타내는 것이며, 그들은 대부분 침묵을 강조한다. 이러한 주장 속에는 "부처가 되고 해탈을 얻기 위해서는 자신의 모든 것육체·생각·말 등을 없애야 한다."라고 하는 믿음이 들어 있다.

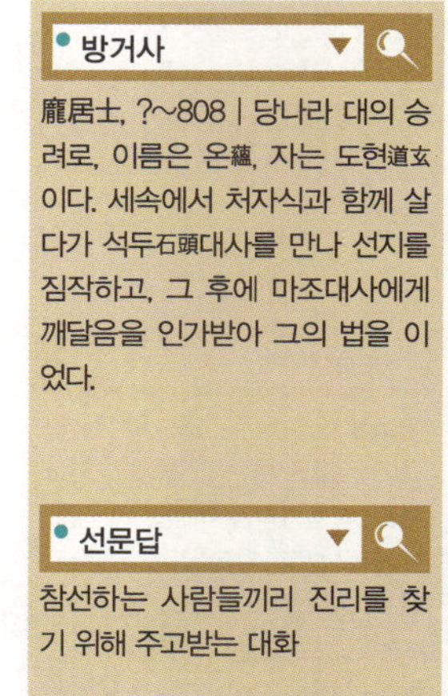

방거사

龐居士, ?~808 | 당나라 대의 승려로, 이름은 온蘊, 자는 도현道玄이다. 세속에서 처자식과 함께 살다가 석두石頭대사를 만나 선지를 짐작하고, 그 후에 마조대사에게 깨달음을 인가받아 그의 법을 이었다.

선문답

참선하는 사람들끼리 진리를 찾기 위해 주고받는 대화

선종의 우두머리가 된
방앗간 소공, 혜능

홍인선사의 의발이 왜 아무것도 모르는 방앗간 소공에게 전해져야만 했을까? 여기에는 모든 사람들을 감동시킬 만한 이야기가 전해져 내려온다.

한번은 홍인선사가 황매산의 동선사東禪寺에서 설법을 하고 있을 때였다. 지혜가 가장 뛰어난 제자에게 의발을 전해줘야 했던 그는 매우 고민스러웠다. 인재를 어떻게 선발하느냐가 가장 어려운 문제였기 때문이다.

어느 날, 선사는 하나의 묘법을 생각해내고 모든 제자들을 불러 모았다. 그러고는 각자 자기의 생각대로 한 수의 게어를 짓도록 지시했다. 그러나 제자들은 아무도 감히 쓸 엄두를 내지 못하고 있었다. 왜냐하면 자신들이 신수법사만 못하다는 것을 잘 알았기 때문인데, 그때에 그는 이미 절 안에서 선생 노릇을 하고 있었던 것이다. 신수법사는 즉시 게어를 지어 스승인 홍인선사에게 자신의 지혜를 알리고 싶었으나, 다른 사람의 눈에 의발을 탐내고 있는 것으로 비춰질까봐 두려워서 쓸 수가 없었다. 망설이던 그는 아무도 몰래 써두었던 게어를 선사의 방 앞에 있는 벽에 붙여놓았다. 그 내용은 다음과 같았다.

"몸은 보리수菩提樹요, 마음은 명경대明鏡臺와 같도다. 때때로 부지런히 마음을 갈고 닦아, 티끌이 일어나지 않도록 하자꾸나."

다음 날 아침에 홍인선사가 이를 보더니, 제자들에게 그 게어를 향해 향을 피우고 절을 올리도록 명하는 한편, 시시때때로 머릿속에 외우도록 분부했다. 그러나 그날 저녁에 신수를 따로 방 안으로 불러들여서 이렇게 말했다.

"다른 사람에게는 말할 수 없으나, 내가 보기에 아직도 이 게어는 선의

● 보리수

보리나무. 석가가 그 아래에 앉아서 도를 깨달아 정각正覺을 이뤘다고 하는 나무다. 한편 독일의 슈베르트가 작곡한 가곡 이름이기도 하다. 1827년에 지은 〈겨울 나그네〉 가운데 제5곡인데, 연인에게 버림받은 젊은이가 보리수 아래에서 사랑을 구하는 심정을 노래한다.

● 명경대

불교에서 말하는, 저승의 길 입구에 있다고 하는 거울이다. 지나가는 사람마다 살아생전에 행했던 착한 일과 악한 일을 있는 그대로 비춰준다고 한다. 업경대業鏡臺라고도 불린다. 본문에서는 흐리지 않은, 아주 맑은 거울처럼 깨끗한 마음을 가리키는 것으로 보인다.

최고 경지까지 도달하지 못했다."

　게어가 홍인선사의 마음에 꼭 들지는 않았으나, 달리 방법도 없어 그는 절 안의 모든 사람들에게 그것을 암송하고 다니도록 했던 것이었다.

　그때 마침 절 안의 방앗간 쪽에서 걸어오던 한 소공이 여러 사람들의 낭송하는 소리를 듣고, 자기도 느낀 바를 표현하고자 했다. 그러나 그는 글을 알지 못했기 때문에, 다른 사람에게 자기의 생각을 대신 쓰게 하여 그것을 벽에 붙여 놓았다. 그 내용은 다음과 같았다.

　"보리는 본래 나무가 아니고 명경 또한 집이 아니며 처음부터 아무것도 없으니, 어디서 티끌이 생길 것인가?"

　이때 여러 사람이 와서 보고는 '글을 제대로 알지도 못하는 방앗간의 일개 소공이 어떻게 이 정도의 게어를 쓸 수 있었을까?' 하고 매우 이상하게 생각했다. 홍인선사 역시 이 글을 보고, 마음속의 놀라움과 기쁨을 억누를 수 없었다. 왜 그랬을까? 그것은 홍인의 마음속에 '이것은 분명히 도를 깨달은 말이다.'라는 확신이 섰기 때문이다.

　여기에서 한 가지 짚고 넘어갈 것이 있는데, 선종에서 흔히 말하는 두 문구가 있다. 그 하나는 "그 마음이 바로 곧 부처다."(卽心卽佛즉심즉불)이며, 다른 하나는 "아무런 마음도 없고 아무런 부처도 없다."(無心無佛무심무불)라는 것이다. 신수의 입장이 '불성'을 강조한 것이라면, 소공의 입장은 '무'를 강조한 것이 된다. 말하자면 선사가 봤을 때, 도리어 일개 방앗간 소공이 더욱 뛰어난 게어를 쓴 것이다.

　그러나 홍인에게는 '그렇다고 해서 이 자리에서 당장 그를 인정하면

혜능

慧能, 638~713 | 중국 당나라 대의 승려. 선종의 제6대조. 황매산의 제5대조 홍인선사에게서 배우고, 선종의 법통을 이어받았다. 동문인 신수의 종풍 북점北漸에 대립하여 남돈南頓 선풍을 떨쳤다. 그렇기 때문에 그의 일파는 남종이라 불리며, 아주 광범위하게 전승되어 선종의 정통 계보를 형성했다.

당 태종

唐 太宗, 598~649 | 이름은 이세민이다. 중국 당나라의 제2대 황제이며 당 고조 이연의 차남이다. 당 초기, 사회경제의 회복과 발전에 큰 영향을 끼쳤다.

많은 사람들이 의발을 둘러싸고 서로 싸우는 결과가 될 것이다.'라는 생각이 머리를 스쳐갔다. 그래서 일부러 신발을 벗어들어 곧 그 게어를 지워버린 다음, 여러 사람에게 말했다.

"이것은 아무 뜻도 없는 말이다."

그러자 그 자리에 있던 신도들은 모두 실망한 채 흩어져버렸다.

이튿날 저녁, 홍인선사는 그 방앗간의 소공을 불러 비밀리에 많은 선종 법문을 전해주었다. 그러고는 의발을 건네주고 한 수의 게어를 읽어주었다. 모든 것을 깨끗이 물려준 선사는 마지막으로 말했다.

"오늘부터 당신은 중국 선종의 제6대조가 되었소. 본래 우리는 마음과 마음으로 뜻을 전달하는 것이며, 이 의발은 일종의 상징에 불과하오. 그러나 불행히도 이것 때문에 사람들 사이에 많은 싸움이 일어나니, 이후부터는 당신도 의발을 전해서는 안 되오. 이제 당신은 빨리 이곳을 떠나서, 때가 될 때까지 기다리시오. 그리고 때가 차면 비로소 여러 사람 앞에서 법을 전하시오. 만일 그 전에 법을 전하고자 하면, 누군가가 와서 당신이 가지고 있는 의발을 빼앗아가고 말 것이오."

글자를 알지 못했던 방앗간의 소공이 바로 중국 불교학 역사상 가장 유명한 제6대조 혜능이다. 그렇다면 혜능은 어떻게 해서 절의 방앗간 일까지 보았던 것일까?

그는 당나라 태종 대에 태어났다. 그의 부친은 지금의 허베이성 평방산 일대에 해당하는 범양 사람으로, 조정의 관리였다가 나중에 광둥의 신저우新州로 옮겨와서 일반 백성이 되었다. 혜능이 세 살 때에 부친이 병으로 세상을 떠나자, 그는 모친에 의해 양육되었다. 생계를 도모하기 위해 신저우에서 다시 난하이南海 유역으로 옮겨 살았는데, 고아와 과부뿐인 가정은 매우 가난하고도 쓸쓸했다. 다 자랄 때까지

날마다 산에 가서 나무를 해다 판 것으로 어머니를 모셔야 했던 혜능은
책 읽을 돈이 없어 글자를 알지 못했다.

그러나 스물네 살 되던 해에 혜능의 생애에
하나의 전환이 이뤄진다. 어느 날 자신의
나무를 사주는 지체 높은 집에서 《금강경》
읽는 소리를 들은 것이다. 조용히 듣고
있던 그는 마음속에 깊이 느낀 바가 있어 그
방으로 뛰어 들어가 물었다.

"그것이 무슨 책입니까? 어디에서 온
것입니까?"

갑자기 당한 일이라 잠시 어리둥절해 있던 그 집주인은 황망 중에도
친절하게 대답했다.

"이것은 《금강경》 가운데 일부인데, 홍인선사가 지금 황매산의
동선사에서 이 경전을 강해하고 있다네."

"저도 그것을 무척 배우고 싶지만, 불행하게도 저를 대신하여 늙은
어머니를 봉양할 사람이 없습니다."

"자네가 정 그러하다면, 내가 자네의 노모를 봉양하겠네."

혜능의 향학열과 효성에 감동 받은 그 사람은 뜻밖의 도움을 베풀었고,
이에 혜능은 곧 동선사로 달려갔다. 혜능이 다짜고짜 자신을 제자로
받아들여 달라고 하자 홍인대사가 물었다.

"너는 도대체 어디 사람인데 이 산까지 와서 나를 찾는 것이며, 나에게
구하는 것이 대체 무엇이냐?"

"저는 영남嶺南 신저우 사람으로서, 오직 부처가 되는 법을 구할
따름입니다."

이에 홍인대사가 다시 물었다.

"영남은 오랑캐가 사는 곳이거늘, 그곳 사람이 어찌 부처가 될 수 있겠느냐?"

그러자 혜능이 대답했다.

"사람에게는 남북이 있으나, 부처의 성품에는 남북이 있을 리 없습니다. 비록 오랑캐의 몸은 스님의 몸과 같지 않사오나, 부처의 성품에야 무슨 차별이 있겠습니까?"

이에 홍인대사는 그가 큰 그릇임을 알아차리고 곧 행자行者로 그를 받아들였다. 결국 혜능은 선사의 분부대로 조방朝房에서 나무를 쪼개고 방아 찧는 일을 맡아오다가 8개월 만에 마침내 그 도를 깨달은 게어로 인해 제6대조의 의발을 얻게 되었다.

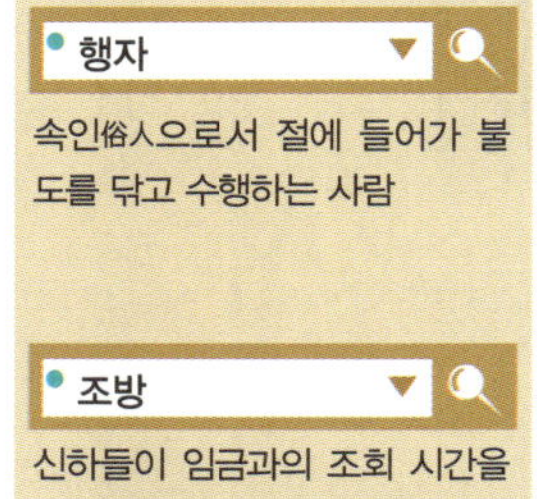

도망치는 6대조

의발을 받은 혜능은 즉시 동선사를 떠나 계속 남쪽으로 도망했다. 이때 동선사에 있던 홍인선사는 다시 단 위에 오르지도, 불법을 설교하지도 않았을 뿐만 아니라, 또 의발이 이미 다른 사람에게 전달되었음을 알리지도 않았다. 다만 머릿속으로 혜능의 행적을 계산하며 그가 빨리 위험한 지경에서 벗어나기만 바라고 있었다. 그러나 며칠이 지나자 신도들이 눈치 채고 말았다. 그들은 글도 모르는 그 방앗간 소공이 의발을 가지고 달아났다는 사실을 알고는, 수백 명이 힘을 합쳐 그를 뒤쫓기 시작했다. 밤낮을 가리지 않고 달아나던 혜능은 대유령大庾嶺에서 진혜명陣惠明이라고 하는 중에게 잡히고 말았다. 이에 혜능은 의발을 돌 위에 꺼내놓고 단호하게 말했다.

"이 의발은 마음속에서나 일어나는 믿음의 상징이다. 어찌 네가 육체의 힘으로 감히 빼앗아갈 수 있겠는가?"

그러자 혜명은 자신의 불합리한 행동을 깨닫고 대답했다.

"내가 여기에 온 것은 의발을 구하기 위한 것이 아니라, 법을 구하기 위한 것입니다."

"네가 진정 법을 구하러 왔다면, 모든 생각과 욕심을 버려라. 그리하면 내가 너를 위해 가르침을 주겠다."

이렇게 해서 혜명은 혜능의 강론을 듣게 되었는데, 다 듣고 나자 그가 물었다.

"당신이 지금까지 말한 것 이외에 다른 비법은 없습니까?"

"만일 네가 자신을 돌아볼 수 있기만 한다면, 그 비법은 바로 네 마음속에 있다."

이 대답에 혜명은 크게 감격하여 말했다.

"나는 황매에서 법을 열심히 배웠으나, 지금까지 나 자신의 모습조차 알지 못했습니다! 이제 나는 사람이 물을 마시고 밥을 먹고, 또 차고 더운 것을 저절로 아는 것처럼, 참으로 많은 것을 배웠습니다."

마침내 혜능은 진혜명을 설복하게 되었고, 오히려 그의 도움을 받아 뒤쫓아오는 추적병을 따돌릴 수 있었다.

그리고 얼마 후 그는 조계曹溪에 이르렀는데, 역시 그곳에서도 사람들의 신임을 얻었다. 사람들은 스스로 돈을 마련하여 보림사寶林寺를 새로 고치고 나서, 혜능에게 주지住持 자리를 맡아달라고 간절히 청했다. 그는 곧 거기에서 불경을 강독하기 시작했다.

그러나 9개월이 채 못 되어 동림사의 중들이 쫓아와 산을 불태우고 말았다. 혜능은 황급히 조계를 떠나면서 비로소 홍인선사의 당부를 기억해냈는데, 그것은 바로 "조급하게 불법을 전하지 말고, 때가 무르익을 때까지 기다려야 한다!"라는 것이었다.

그는 곧 지방으로 달려가 사냥꾼들 틈에 숨어살았다. 그는 비록 사냥꾼들과 함께 생활하고 있었지만, 동물성 음식을 먹지 않았고 살아 있는 것을 죽이지 않았다. 늘 그물의 한쪽을 열어두어 들짐승을 놓아주었다.

이러한 환경 속에서 혜능은 15년이라는 길고도 긴 세월을 보냈다. 비록 본격적으로 수양할 만한 조건은 못 되었으나 오히려 마음을 굳건히 하며 말없이 도에 정진할 수 있었는데, 이때가 그 일생 가운데 불학 사상이 최고조로 무르익었던 시기라고 말할 수 있다. 그 후 사냥꾼들의 곁을 떠날 무렵에는 이미 과거의 그가 아니었다. 글을 모르는 방앗간의 일개 소공이 아니라, 지혜가 누구보다 뛰어난 불학 사상가로 변해 있었다.

움직이는 것은 마음이다

먼저 그는 광저우의 법성사法性寺로 돌아왔다. 이때 법성사의 주지인 인종印宗법사가 강단을 설치하고 《열반경》을 강해하고 있었다. 마침 여러 사람이 앉아 인종법사가 단에 오르기를 기다리는데, 갑자기 한바탕의 바람이 불었다. 강단 밖에서 긴 깃발이 펄럭이자 한 중이 보고 말했다.

"밖에 바람이 물건을 움직이게 하는구나!"

그러자 다른 중이 반박했다.

"누가 바람이 저것을 움직이게 한다고 했는가? 분명히 깃발이 펄

왕자의 옷을 벗어던졌을 뿐만 아니라 삭발까지 했다는 사실에서 그 결심이 매우 굳었음을 볼 수 있다. 이처럼 머리카락은 불가에서 번뇌煩惱를 상징하므로 고승은 삭발을 감행한다고 한다.

력이고 있는데."

이렇게 해서 곧 두 중이 한창 변론을 하기 시작하는데, 한쪽이 "바람이 없다면 깃발이 어떻게 움직이겠는가?"라고 하면, 다른 한쪽은 "당신이 본 것은 깃발의 움직임이거늘, 어떻게 바람이 깃발을 움직이게 했다고 굳이 말할 수 있는가?" 하는 것이었다.

이를 참다못해 혜능이 큰소리로 말했다.

"바람이 움직이게 한 것도, 또 깃발이 움직인 것도 아니오! 당신들의 마음이 움직이고 있는 것이오!"

이 말에 두 중은 아연히 입을 다물었고, 주위의 모든 청중들도 놀라지 않을 수 없었다. 이 간단한 말은 완전한 선종의 경지에서 우러나온 것이기 때문이다. 혜능의 비범한 말을 들은 인종법사는 곧 그가 동림사에서 남하한 육조六祖인 것을 알아차렸다. 그래서 즉시 청중에게 선포했다.

"육조께서 등단하셨으니 모든 승려들의 예배를 받으리라."

이어서 혜능이 의발을 꺼내서 불전에 놓고, 간단하면서도 융성한

거사

출가出家하지 않은 사람으로서, 불교의 법명法名을 가진 사람. 처사處士라고도 한다.

당 현종

唐 玄宗, 685~762 | 성은 이李, 이름은 융기隆基다. 태종 이세민이 이룩한 태평성세에 버금가는 치세를 하여 후세 사람들은 이를 당시의 연호인 개원開元을 따 '개원의 치治'로 부른다. 하지만 양귀비의 등장으로 당의 집권이 흔들리기 시작하고, 결국 안사安史의 난亂(755년 안녹산과 사사명이 일으킨 반란)을 초래하고 만다. 당의 번영과 쇠퇴를 모두 이끈 왕으로 불린다.

의식을 거행했다. 이 일이 있기 전의 혜능은 아직도 삭발을 하지 않은 일개 거사居士에 불과했지만, 인종법사가 내리는 계율의 말씀을 받은 지금 비로소 그는 정식으로 고승이 되었다. 이때 그의 나이 서른아홉이었다.

법성사에서 강좌를 연 지 일 년이 지난 어느 날, 혜능은 불현듯 총총히 떠나온 조계 보림사가 생각났다. 그래서 다시 그곳으로 돌아가 절을 고치고는 단을 마련했다.

혜능이 제자들을 가르치기 시작하자 그 명성이 멀리까지 알려져 문하생들이 수천 명으로 불어났다. 여기에서 그는 모두 37년 동안이나 불법을 설교하며 자신의 사상을 완성했을 뿐만 아니라, 선종 불교의 기초를 다져놓았다. 당나라 현종 대인 713년, 마침내 그는 무거운 짐을 벗고 파란만장한 일생을 마치니, 향년 일흔다섯의 나이였다.

하층민의 호응을 얻다

신수법사는 혜능이 선종의 정식 후계자로 이어지는 것을 반대했다. 이로써 중국의 선종은 결국 북과 남으로 갈리게 되었다. 북종선의 신수는 일찍이 국사로 받들어졌으며, 당나라 왕실과 귀족들의 열렬한 환영을 받았다. 반면에 남종선은 초창기에 북종으로부터 많은 핍박과 방해를 받았다. 하지만 당나라 숙종 대부터는 도리어 남종이 조정의 적극적인 지지를 받기 시작했고, 이후 중국 선종을 대표하게 되었다.

혜능에 의하면, 부처는 모든 인간의 본성 속에 있으므로 누구나 부처가 될 수 있다. 나아가 인성 자체가 곧 불성이어서, 부처란 곧 인간 자신의 본성에 지나지 않는다. 또한 모든 법이 자기의 본성 안에 있다. 따라서 우리가 자신의 본성 가운데 모든 법이 나타나도록 노력한다면,

바로 그 순간 부처가 되는 것이다. 부처는 멀리 떨어진 피안세계에 있는 것이 아니라, 사람들 각자의 마음속에 있다. 이를 깨닫지 못하면 종일 불경을 읽고 예불을 올리며 좌선을 해도 정신이 혼미할 뿐이다. 이러한 입장에서 혜능은 당시 유행하던 정토신앙을 비판한다.

정토신앙이란, 아미타불阿彌陀佛을 염송念誦하여 서쪽에 있는 극락정토에서 태어나기를 바라는 것을 말한다. 혜능은 이러한 사람을 어리석다고 보았으며, 참으로 현명한 사람은 오히려 자신의 마음을 스스로 깨끗이 한다고 보았다. 그리고 이것이 바로 그의 '돈오성불론'의 출발점이 되는 것이다.

지금까지 중국 불교에서는 부처가 되기 위해 불교 경전을 벗어나서는 안 되며, 끊임없는 수련을 통해 여러 단계를 거쳐야 한다고 주장되었다. 신수가 이끄는 북종선 역시 이와 궤도를 같이했다.

그러나 혜능의 남종선에서는 복잡다단한 종교 의식이나 불경을 읽는 일, 부처를 경배하는 일 등에 대해 말하지 않았다. 혜능은 경전을 연구하지도 않았으며, 오랜 세월에 걸쳐 따로 수행을 해야 한다고도 하지 않았고, 부처 앞에 재물을 드리거나 또 세상에 재물을 베푸는 일 등에 대해서도 찬성하지 않았다. 그는 순간적인 깨달음에 의해 누구든지 부처의 경지에 오를 수 있음을 강조한 것이다.

그렇다면 남종선이 왜 나타나게 되었을까? 이는 당시 시대의 사회상이 반영된 것이라 볼 수도 있다. 당시 균전제均田制가 무너지고 한꺼번에 토지를 많이 가진 사람이 늘어나자 땅을 잃은 채 파산하다시피 한 농민들은 절에 몰려들었고, 승려 귀족들은 그들의 노동력을 착취하기에 바빴다. 이에 따라 사회에서는 각 계층 사이에 토지와 노동력 확보를 위한 치열한 싸움이 펼쳐졌다.

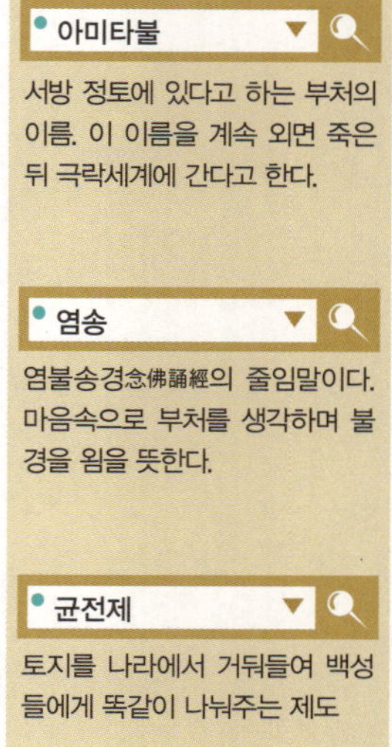

그런데 앞에서 말했다시피, 혜능은 본래 미천한 출신이었던 데다 그의 가르침 역시 성불成佛 문제에서 귀족들의 특권 의식과는 들어맞지 않는 것이었다. 예컨대 많은 재물을 절에 바쳐야만 부처가 될 가능성이 커진다고 한다면, 귀족과 지주 계급이 가장 먼저 성불할 것이고 가난한 농민이나 하층 계급의 사람들은 성불할 가능성이 거의 없다. 또한 불교 경전에 대한 접근은 당시 사원경제寺院經濟를 이끌어가던 귀족들만이 가질 수 있는 일종의 특권이어서, 하층 계급의 입장에서는 경전을 만져볼 기회조차 없었다. 이때에 "순간적인 깨달음으로 누구든지 부처가 될 수 있다."라고 하는 혜능의 가르침은 감옥과 같은 현실을 벗어나고자 하는 많은 서민들에게 큰 위로가 되었다. 그래서 그들의 호응에 따라 중국 불교의 대중화가 촉진되는 계기가 되기도 했다.

그러나 이러한 혜능의 주장은 '승려가 되지 않아도 부처가 될 수 있다.'라는 생각으로 이어져, 굳이 출가를 강조하는 전통 불교에 크나큰 타격을 가했다. 심지어 "본성이 곧 부처다."라는 말을 왜곡하고 오해하여, 승려 가운데에는 겉모습에 집착하지 않은 채 술을 마시고 고기를 먹는 사람도 나타났다. 당시 향락적이고 부패한 생활에 찌들어 있던 귀족 계급들에게 "아무리 나쁜 짓을 하더라도 한순간에 깨달으면 부처가 될 수 있다."라고 하는 혜능의 돈오성불론은 모든 죄를 사해주는 면죄부 역할을 했던 것이다.

또한 지주 계급의 입장에서 보면, 혜능의 사상은 민중들의 저항

의지를 꺾어버리는 도구이기도 했다. 가령 어떤 착취와 압박을 당하더라도 그것을 개혁할 필요 없이 그저 스스로 깨닫기만 하면 되기 때문이다. 이에 따라 속세에 머무는 지주 가운데에서 재가보살在家菩薩*이 나타나기도 했다. 이렇듯 그의 영향에 의해 불교 경전의 신성한 지위가 낮춰지고 깎이는가 하면, 승려들의 일상과 원칙들이 파괴되었다.

그렇다면 왜 혜능의 선종이 일종의 센세이션을 일으켰던 것일까? 일단 인도 불교에 선종이 없었다는 점을 들 수 있다. 그만큼 중국에서 일어난 혜능의 선종은, 대단히 혁신적일 수 있었다는 뜻이다. 이러한 상황 속에서 엄청난 파괴력을 가질 수 있었으며, 마침내 중국 불교의 주류로 성장하게 되었다.

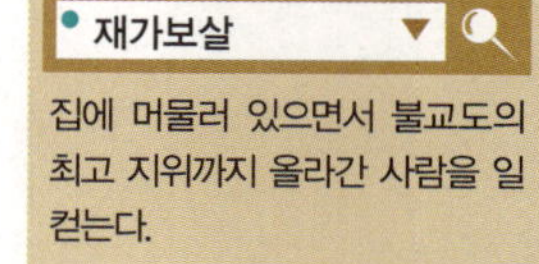

끝내 유언을 거절한 안락 선생, 소강절

소강절

邵康節, 1011~1077 | 북송의 철학자. 이연지에게서 선천상수학을 이어받았다. 이것은 유가와 도가의 사상을 융합한 새로운 학문으로서, 소강절의 가장 중요한 업적이다. 다른 한편으로 그는 자연과 인사人事 간의 상호 영향을 말하면서, 이것이 급기야 역사의 변화와 왕조의 흥망까지 결정한다고 주장하기도 했다.

선천상수학

소강절의 우주관으로 《주역》에 기초를 두고 있는데, 즉 《주역》의 도학圖學과 수학數學을 합한 것이다.

소강절의 이름은 옹雍이며, 자는 요부堯夫로서 송나라 사람이다. 그는 어려서부터 소문산蘇門山의 백원사百源寺에 머무는 동안 많은 고생을 했지만, 그 와중에서도 힘써 배웠다고 한다. 나중에 그는 견문을 넓히기 위해 이곳저곳 여행을 하며 명산대천名山大川을 두루 살펴봤을 뿐만 아니라, 적지 않은 친구도 사귀었다. 더욱이 북해의 이연지를 만나 선천상수학先天象數學을 이어받음으로써 자신의 학문적 기초로 삼았다.

소강절은 뤄양 부근에서 삼십여 년을 거주하면서 사마광·부필·장횡거·정명도·정이천과 사귈 수 있었다. 비록 가정환경이 넉넉지는 못했지만, 자칭 안락선생安樂先生이라 부르며 스스로 즐거움을 누렸다. 매일 서너 잔의 술을 마시고 취흥醉興이 오르면 시를 한 수 읊곤 했다. 세상사나 정치에 전혀 관여하지 않는, 맑고 깨끗한 마음으로 자유로이 소요하는 경지 속에서 일생을 보냈다.

이에 관한 일화가 있다. 언젠가 정명도·정이천 형제가 아버지를 따라 그를 방문했을 때였다. 술을 마시고 이야기를 나누던 중에, 소강절은 평생 동안 쌓아온 자신의 학술 사상에 대해 요점을 말했다.

그리고 이튿날, 정명도가 우연히 친구를 만나 말했다.

"나는 어제 강절 선생과 같이 이야기하며 놀았네. 그의 의견을 듣자 하니, 정말 이전에 보지 못한 호걸이었다네. 그러나 애석하게도 세상을 구하는 데 쓰이지는 못하겠더군!"

그러자 그 친구가 명도에게 물었다.

"선생은 궁극적으로 무엇을 이야기하던가?"

명도는 대답했다.

"한마디로 내성외왕지도內聖外王之道를 말했네."

여기서 소강절이 말하는 내성외왕지도란, '학술과 덕행을 완전히 겸비한 통치자가 덕으로 나라를 다스림으로써 태평성세를 이루는 도리'를 뜻한다. 그러나 이것은 하나의 이상일 뿐, 현실세계에서 실현하기란 매우 어려운 일이다. 그래서 고매한 인격과 더불어 높은 이상을 제시한 소강절의 사상은 정명도의 지적에서처럼 세상을 구하는 데 쓰이기는 어려웠을 것으로 짐작된다.

소강절이 병으로 거의 임종이 가까웠을 무렵, 장횡거와 정이천이 문병을 했다. 정이천이 그에게 몇 마디 유언을 청했으나, 그는 아무 말도 없이 두 손을 앞으로 내밀어 저었다. 이천이 그의 뜻을 이해할 수 없어 쳐다보자 그는 온 힘을 다해 말했다.

"우리 앞에 있는 길은 넓고도 좁으이. 자기 자신조차 발을 딛고 서기가 어려운데, 어떻게 다른 사람들을 가르칠 수 있겠는가?"

그러고는 끝내 유언을 거절했다.

또한 소강절은 자신의 철학으로

왕안석

王安石, 1021~1086 | 중국 북송北宋의 정치가. 신법당新法黨의 지도자. 1070년 재상이 되어 '왕안석의 개혁'을 실시했다. 이 부국강병의 개혁은 전통적인 특권 계급(구법당)의 맹렬한 반대에 부딪혔으나, 황제 신종의 신임이 두터워 그 지지를 바탕으로 실행에 옮겨졌다. 시문詩文에도 능하여 당송唐宋 팔대가의 한 사람으로 꼽힌다.

청묘법

농민에게 낮은 이자로 돈을 빌려주는 나라의 금융 정책으로, 대지주의 고리대금업으로부터 가난한 농민을 구제하는 한편, 적정한 가격으로 나라에서 필요한 물자를 구입한다는 명분으로 왕안석이 만들었다. 그러나 나라에서 일종의 이자 놀이를 하여 국가 재정을 늘리려는 불순한 의도가 있었을 뿐만 아니라, 반대파의 저항 역시 만만치 않아 결국 실패로 돌아갔다.

장래의 일에 대해 예언하기도 했다고 한다. 그는 톈진교天津橋 위에 서서 뻐꾹새가 우는 소리를 듣고 "남쪽 사람이 조정에 등용되어 세상 천하에 이런저런 일이 많아질 것이다."라고 했는데, 과연 왕안석●이 조정에 들어와 재상이 되더니 청묘법青苗法●을 시행함으로써 나라에 큰 해를 끼쳤다고 한다.

소강절은 4라는 숫자를 가지고 우주 만물을 헤아리고자 했던 것으로 보여진다. 예를 들자면 원元·회會·운運·세世라든지, 세歲·월月·일日·진辰 등이 그것이다. 즉 진辰을 시간의 가장 작은 단위로 삼아 12진을 하루一日라 하고, 30일日을 1개월月로 하며, 12개월을 한 해歲로 한다. 이렇게 본다면 한 해는 12개월, 360일, 4,320진이 된다. 이와 같은 시간의 계산은 우리의 일상생활에서 흔히 경험할 수 있는 계산법이다.

그러나 소강절은 우리의 일상적인 경험을 넘어 우주 만물의 변화 진행까지도 측정할 수 있다고 보았다. 즉 그는 우리가 경험하는 진·일·월·세란 우주 만물의 변화 진행에서 아주 짧은 기간이라 할 수 있으나, 이를 넘어 변화 진행의 긴 기간으로서 원·회·운·세를 말한 것이다. 바꿔 말하면, 세·월·일·진을 땅의 네 유維라 부르고, 원·회·운·세를 하늘의 네 시時라 한 것이다. 그래서 그는 원·회·운·세를 세·월·일·진의 순환하는 과정과 같은 비례로 추산하여 30세歲(연수)를 한 세世로 하고, 12세를 한 운運으로 하며, 30운을 한 회會로 하고, 12회를 한 원元이라 한 것이다. 그러므로 한 원은 12회, 360운, 4,320세가 된다고 하겠다.

이처럼 진(가장 짧은 찰나)으로부터 원(4,320×30년)에 이르기까지를 하늘과 땅이 한차례 새롭게 되는 과정이라 한다면, 일 년 사이에 한차례 새롭게 되는 물건들은 저 하나의 원에 이르기까지 129,600회의 새롭게 됨을 거쳐야 한다. 이러한 법칙을 적용해본다면 좀더 많은 '새롭게 됨'이 얼마든지 일어날 수 있으리라고 추측해볼 수 있을 것이다.

이 한 번의 원이 되기까지 새롭게 되는 기간이 너무나 길고 유구한 것처럼 느껴지지만, 전체 대우주의 조화 가운데에서 생각해본다면 우리 인간들이 느끼는 일 년과 마찬가지가 된다. 즉 인간이 일 년에 한 차례 새롭게 되는 것과 똑같은 이치로, 한 번의 원 기간 안에 우주 만물이 새롭게 되는 것이다.

이와 같은 소강절의 사상은 대연력大衍曆●에 근거한 것으로 보인다. 대연력이란 당나라 승려 일행이 만든 것인데, 인도의 역법曆法●을 새롭게 작성한 것이다. 그리고 소강절이 한 원元의 숫자를 가지고 하늘과 땅이 열린 때부터 소멸해서 없어지기까지에 이르는 숫자로 생각한 것은 불교의 경전 가운데 '하늘과 땅이 이뤄지고, 머물고, 무너지고, 없어지는成住壞空' 숫자를 일 겁劫●이라 한 내용과 같다고 할 것이다. 이러한 내용으로 미뤄보아, 소강절의 사상은 도교 이외에도 불교의 영향을 받았다고 볼 수 있다.

하늘과 땅, 만물에는
모두 도가 들어 있다

소강절은 태극으로부터 만물이 나타난다고 생각했다. 태극의 '가장 바르고도 가장 중심이 되는至正至中지정지중' 한가운데에서 만물이 생겨난다는 생각은 마침내 '가장 바르고도 가장 중심이 되는' 마음의 법心法, 그것이 곧 태극이라는 결론을 얻게 되었다.

그래서 소강절은 마음을 태극이라 하기도 하고, 도를 태극이라 하기도 했다.(心爲太極 道爲太極심위태극 도위태극) 곧 사람의 마음이 있으므로 하늘과 땅과 만물이 있게 되며, 따라서 우주의 법칙은 곧 내 마음의

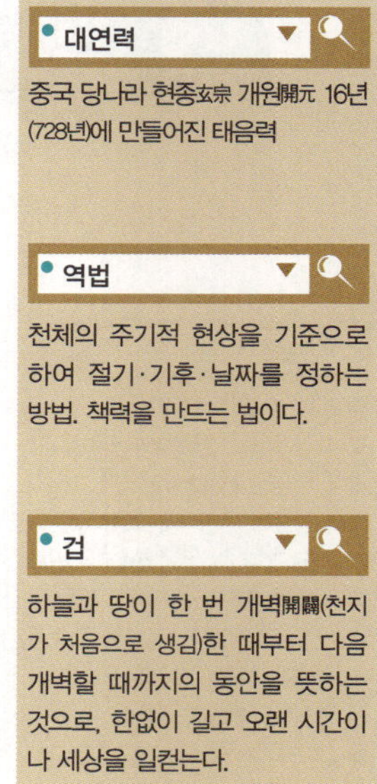

법칙이기도 하다고 본 것이다. 이와 같은 생각은 하늘과 땅과 만물이 도에서부터 나타나게 되었으며, 하늘과 땅과 만물에는 모두 도가 들어 있다는 생각에서 비롯된 것이다. 그러므로 사람에게도, 또한 사람이 아닌 다른 만물에게도 다 똑같은 도가 갖춰져 있다고 보게 된다.

소강절의 선천상수학은 매우 번거롭고 복잡할 뿐만 아니라 도가의 냄새가 많이 풍겨, 이학理學이라는 철학의 역사에서 보자면 항상 별종의 어떤 것으로 따돌려졌다. 또 그것을 계승하여 이어받은 사람도 없어서 대가 끊어지고 말았다. 그러나 다음에 나오는 주렴계의 《태극도설太極圖說》은 아주 간명하면서도 핵심을 머금고 있어, 이학의 발전에 많은 영향을 주었다.

<table>
<tr><td>

● 주렴계 ▼ 🔍

周濂溪, 1017~1073 │ 북송의 유교 사상가이며, 성리학의 기초를 닦았다. 본명은 돈실敦實이지만 그때의 황제 영종과 동명이라 고쳐서 돈이敦頤라고 했다. 그가 남안南安에 있을 때에 정향程珦이라는 사람이 같은 관리로서 부임했는데, 정향은 주렴계의 인품과 학문에 경의를 품고 친하게 교제함과 동시에 자기의 두 아들을 그에게 나아가 배우게 했다. 그들이 바로 정명도·정이천 형제였다.

</td></tr>
</table>

연꽃을 사랑한 유학자, 주렴계

주렴계의 이름은 돈이敦頤이고, 자는 무숙茂叔이며, 염계는 당호堂號다. 중국 도주道州의 영도(현재의 허난성) 출신으로서 송나라 사람이다. 주렴계가 소강절과 다른 점은 선종의 영향을 받았다는 사실이다. 선종은 선을 닦는 방법을 자각적으로 제시하는, 불교의 한 종파여서 주렴계는 일상생활에서도 매우 담백하고 소박하고 고요했다.

그는 연화봉 밑에 아담한 글공부 방을 하나 마련했는데, 집 앞의 풀과 나무들이 우거져 모두 창문을 덮고 있었다. 그래서 어떤 사람이 물었다.

"왜 저것들을 가위로 다듬지 않으십니까?"

그가 웃으며 대답했다.

● 당호 ▼ 🔍

집에서 부르는 이름. 호를 일컫는다.

“이 풀과 나무들은 내 마음 상태와 똑같은 것이오.”

아마도 내 마음은 아무런 욕심 없이 편안하기 때문에 어떤 재주를 부리고 싶지도 않고, 부귀영화를 추구하는 일도 없이 자연 그대로 머물고 싶다는 뜻일 것이다. 주렴계는 자신의 마음을 잘 표현하고 있는 것으로 연꽃을 들었다. 평생 연꽃을 사랑하여 〈애연설愛蓮說〉을 짓기도 했는데, 이 글의 내용은 세속을 떨쳐버린 그의 마음을 써 내려간 것이다.

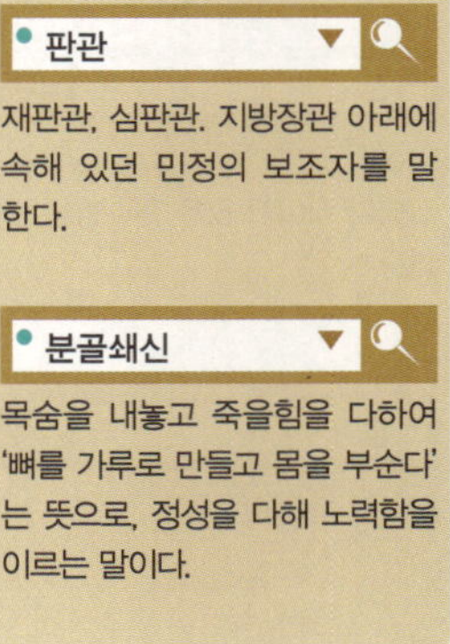

그러나 한편으로 주렴계는 소강절과 같은 철저한 은사隱士도 아니었고, 또 선만을 추구하는 사람도 아니었다. 비록 그의 정신이 고결하긴 했지만, 그렇다고 속세를 완전히 떠난 것은 아니었다. 그는 이십여 년 동안 정치에 관여하기도 했는데, 이때 현장縣長으로부터 각 주의 판관判官에 이르기까지 두루 벼슬을 거쳤다.

물론 그는 자기 한 몸의 안전과 위험을 따지지 않고 악한 법률을 비판하거나 가혹한 형벌을 없애는 데 앞장섰으며, 죄 없이 끌려간 사람들을 위해 열심히 변호해주었다. 또 생명의 위험을 무릅쓰고 나쁜 질병이 번져 있는 외딴곳에 스스로 청하여 부임해가곤 했다. 이와 같이 그가 정의를 위해 바른 말을 하고 덕을 실천하기 위해 분골쇄신粉骨碎身했으므로, 조정과 재야의 모든 사람들은 그를 '문무를 겸비한 선비'로 존경했다.

우주의 본체는 무극이태극

주렴계는 우주의 본원을 무극이태극無極而太極이라 표현했다. 형체도 없고 색깔도 없으며, 또한 시작도 없고 끝도 없다고 하는 의미에서는 무극이지만, 그것이 단순한 텅 빔이 아니고 모든 세상

만물의 처음이자 모든 조화의 근본 원천이라는 의미에서는 태극이라는 것이다.

이렇듯 무극이태극인 본체는 두 가지의 가능성을 가지고 있다. 하나는 움직이는 것으로서 우리는 이것을 양陽이라 부르고, 다른 하나는 멈춰 있는 것으로서 우리는 이것을 음陰이라 부른다. 태극이 움직이면 양을 만들고, 이 움직임이 최고조에 이르면 정靜이 되어 음을 만들며, 이 정이 최고조에 이르면 다시 움직이기 시작한다. 즉 움직이는지 정지하는지에 따라 음과 양이 갈라지고, 이것이 다시 돌고 돌아 영원히 머물지 않게 되는 것이다.

이 음과 양이 발전하면 수화목금토水火木金土●의 오기소五氣素를 만들어내는데, 이것을 흔히 오기五氣 또는 오행五行이라 부른다. 그리고 오기가 이 우주 안에 골고루 퍼져서 일 년 동안 사계절이 돌게 된다. 또 무극의 진眞●과 음양오행의 정기精氣●가 합쳐지면서 건도乾道는 남성이 되고, 곤도坤道는 여성이 된다. 그리고 남녀(암수, 양과 음)의 상호 교감에 의해 만물이 생겨나고, 무궁한 생성 변화가 이뤄지는 것이다.

이상적인 성인은 누구인가

그렇다면 주렴계가 추구하는 이상적 성인이란 어떤 사람일까? 그는 우선 성誠·신神·기幾를 성인의 조건이라 보았다. 먼저 정성스러움誠이란 고요하여 움직임이 없는 것을 말하고, 신神이란 무언가를 느껴서 마침내 통달하는 것을 말하며, 기幾란 이미 움직이긴 하지만 아직 어떤 형체가 없어서 있는지 없는지를 알 수 없는 상태를 일컫는다.

주렴계에 의하면, 성인이 위에 있을 때는 어짊으로써 모든 것들을

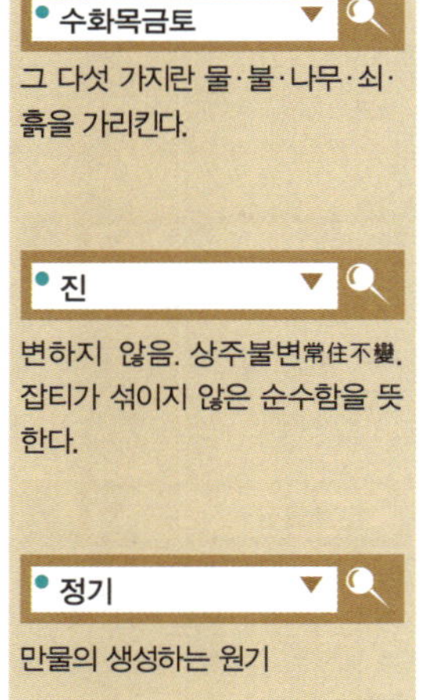

기르고, 의로움으로써 모든 백성을 바로잡아야 한다고 한다. 그러나 이 세상 천하는 넓고도 넓어 백성이 너무 많기 때문에 임금 한 사람의 힘으로는 그들을 가르칠 수 없다. 따라서 임금이 백성을 가르치는 데는 어떤 요령이 있어야 하는데, 그 요령이란 먼저 자신의 마음을 순수하게 만드는 것이다. 자신의 마음을 순수하게 만들려면 '어질고仁 의롭고義 예의 바르고禮 지혜롭게智' 되어야 하고, '움직일 때에나動 고요히

⬆ 주렴계의 소상塑像
그의 《태극도설》이나 《통서通書》에 보이는 깊은 사색은 이후 2정자二程子(정명도·정이천)와 장횡거로 이어지는 송대 도학道學의 단서端緒가 되었다.

머물 때에나靜 말할 때에나言 어떤 모양새를 낼 때에나貌 눈으로 보고視 귀로 들을 때에나聽' 그 모든 일에서 하나도 벗어남이 없어야 한다. 이처럼 임금의 마음이 순수해지면 반드시 어떤 현명하고 재능 있는 사람이 나와 임금을 도울 것이고, 천하를 잘 다스리게 된다는 것이다. 따라서 "천하의 근본은 임금의 몸에 달려 있고, 임금의 한 몸은 그 마음이 어떠한지에 달려 있다."라고 말할 수 있다.

이상과 같은 주렴계의 사상이 앞서 말한 소강절의 그것에 비해 간단명료하고 평범하긴 하다. 하지만 두 사람의 사상에는 모두 도가의 색채가 강하게 나타나 있다. 그리고 그 도학을 유학 방면으로 이끌어왔다. 이 두 사람이 유학의 발전에 간접적인 영향을 미쳤다고 한다면, 유가 정신을 완전히 발휘한 철학자는 장횡거다.

군인 대신 학자로, 장횡거

장횡거*의 선조는 본래 대량(지금의 산시성 톈진현의 동북쪽)에서 살았다. 그 후 부친이 벼슬길에서 세상을 떠나, 집 안에 남은 사람은 모친과 어린아이들뿐인지라 대량으로 다시 돌아갈 수 없었다. 그래서 산시성陝西省 봉상의 횡거진橫渠鎭에 정착하게 되었는데, 그 때문에 후세 사람들은 그를 일컬어 횡거 선생이라 불렀다.

장횡거는 젊어서부터 남보다 재주가 뛰어났는데, 특히 병법兵法 이야기를 좋아했다. 이미 열여덟 살에 오랑캐를 내쫓기로 결심한 그는 붓을 내던지고 군중들을 모아 요서의 빼앗긴 땅으로 진격하고자 했다. 그리고 범중엄*에게 자신의 마음속에 있는 포부와 굳센 의지를 글로 호소했다. 그러나 중엄은 그의 재주를 알아차리고 경계하며 말했다.

"유가에는 뛰어난 가르침이 있어 능히 그것으로 즐거워할 수 있거늘, 어찌 새삼스럽게 병법을 알고자 하는가?"

그러고는 《중용》 한 권을 보내 자세히 읽어보기를 권했다.

처음에 장횡거는 그저 덤덤하게 아무 뜻도 모른 채 수박 겉핥기 식으로 읽었다. 그런데 점점 글의 내용을 깨닫고 보니 그 속에 지극한 도리가 들어 있는 게 아닌가! 이에 점차 흥미를 느낀 그는 군대에 들어갈 생각을 버리고 도를 공부하고자 뜻을 세웠는데, 이 사건은 그에게 병법에서 유가로 향하게 하는 하나의 전환점이 되었다.

효도잔치를 벌이는 현장

오직 책 속에서만 도를 찾고자 했던 장횡거는 마침내 '유가의 정신은 실천하는 데 있다'는 사실을 깨닫고 과거에 응시했다.

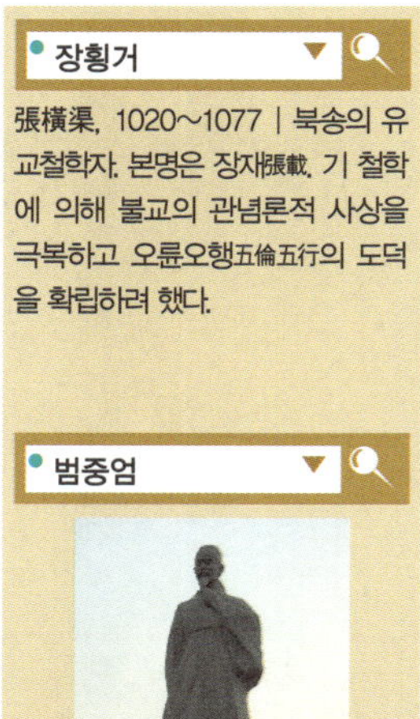

● 장횡거

張橫渠, 1020~1077 | 북송의 유교철학자. 본명은 장재張載. 기 철학에 의해 불교의 관념론적 사상을 극복하고 오륜오행五倫五行의 도덕을 확립하려 했다.

● 범중엄

范仲淹, 989~1052 | 중국 북송 대의 명신名臣. 쑤저우蘇州의 오현 사람. 인종 대에 참정지사參政知事가 되어 개혁해야 할 정치상의 10개항에 대해 상소를 올렸으나 반대파의 공격을 받아 실패했다. 당시 문무를 통틀어 으뜸가는 인물로 존경을 받았다.

다행히 진사시험에 합격하여 운암현雲岩縣의 현장이 되었고, 이때부터
유가의 이상을 현실에서 실현해보고자 뜻을 세웠는데 그의 나이
서른일곱이었다. 그는 무엇보다 효제孝悌를 중하게 여겨
노인을 공경하고 어른 섬기는 것을 강조했으며,
이러한 신념에 따라 매년 명절 때마다 어른들을
모셔놓고 많은 술자리를 마련해주었다.

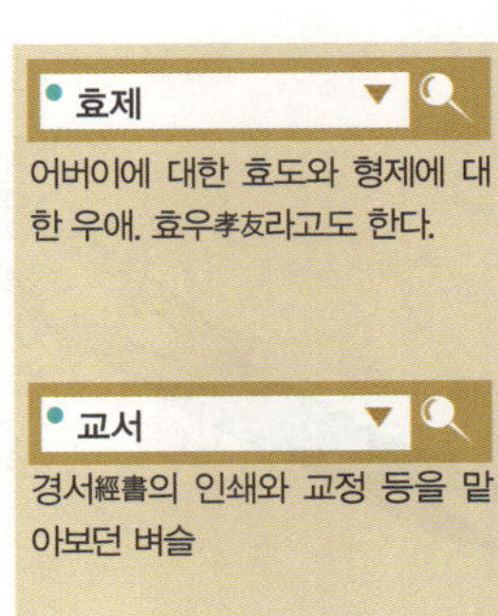

　　장횡거가 운암현을 아무 탈 없이 잘
다스려나가자 조정에서는 그를
숭문원의 교서校書로 승진시켰다.
이때 재상 자리에 앉아 있던 왕안석이 그를
신당에 가입하도록 종용했다. 그러나 장횡거는 이를 거절했고, 이에
앙심을 품은 왕안석은 일부러 그를 저둥折東으로 보내 감옥을 다스리게
했다. 이 지경에 이르자 장횡거는 병을 핑계로 삼아 벼슬을 사직했고,
종남산으로 돌아와 조용히 살면서 책 쓰는 일에만 매달렸다.

　　그는 일단 무엇인가 깨달은 바가 있으면 망설임 없이 기록하는
습관이 있었다. 한번은 깊은 밤, 잠자리에 누워 있다가 갑자기 새로운
생각이 떠올랐다. 곧 자리를 박차고 일어나 기름불을 켜놓고, 온 힘을
다해 글을 써나갔다. 이렇듯 밤낮을 가리지 않은 채 고민하고
사색하다가 그 유명한《정몽正蒙》을 쓰게 된 것이다.

　　그는 날마다 자기의 서재에 종이와 붓과 먹을 가득 쌓아두고 책상 앞에
부동자세로 단정히 앉았다. 당시 그의 상태를 보면 몸은 비록 이곳에
은거해 있지만, 마음만은 세상을 구하고자 하는 한 가지 생각으로 오직
들끓고 있었다. 그러나 워낙 학문에만 몰두하느라 건강을 돌보지 않은
탓에 마침내 폐병에 걸려 죽고 말았다. 그의 나이 쉰일곱이었다.

● 효제

어버이에 대한 효도와 형제에 대
한 우애. 효우孝友라고도 한다.

● 교서

경서經書의 인쇄와 교정 등을 맡
아보던 벼슬

태허와 태화

이제 장횡거의 우주론에 대해 알아보기로 하자. 앞서 주렴계가 우주의 본체를 태극太極●으로 삼은 것에 대해, 장횡거는 태화太和로 우주 본체를 삼았다. 그렇다면 태화가 무엇일까? 그것은 본래 '가장 잘 어울릴 수 있는' 또는 '가장 잘 화합하는'의 뜻을 갖고 있는데, 장횡거는 여기에서 '크게 조화를 이룬다' 또는 '크게 화해를 한다'는 의미로 사용한 듯하다.

이처럼 우주는 크게 화해를 이루고 있다. 그런데 우주 가운데에서는 움직이거나 고요히 있거나 하면서 여러 가지 변화가 일어나 만물을 이루게 된다. 모든 사물이 이뤄지게 되는 이 변화를 가리켜 곧 기氣라 부른다. 이러한 의미에서의 기란 텅 빈 우주 가운데 꽉 들어차거나 혹은 흩어지면서 이것들이 서로 화합하게 되면 여러 가지의 사물이 이뤄지게 된다. 그렇게 본다면 우주 사이에서 일어나는 모든 사물의 상대적 성질을 가리켜 태화라 부를 수 있겠다. 즉 우주의 모든 사물은 서로 함께 나란히 가거나 서로 어울려 함께 나아가는 가운데 이뤄지는데, 이것을 가리켜 태화라 부른다는 뜻이다.

태화란, 도가 밖으로 드러난 모양이라 말할 수 있다. 그런데 도의 본래 생김새는 '태허太虛'한 것이라 한다. 그것은 형체도 없고, 느낌도 없으며, 그침도 없는 한없이 텅 빈, 말하자면 '커다란 비움'이다. 이와 같은 이유에서 장횡거는 하늘과 땅의 모든 사물이 비어 있는 한가운데虛中로부터 흘러나온다고 보았다. 즉 태허란 말은 우주 만물의 본체를 가리켜 붙인 이름이고, 태화란 우주 만물의 본체가 나타내는 능력을 가리킨다고 할 수 있다. 그리고 이 태허가 곧 기의 본체다.

● 태극

역학易學에서 우주 만물이 생긴 근원이라고 하는 본체. 하늘과 땅이 아직 나누어지기 전, 세상 만물이 생겨나는 근원이 되는 것을 말한다.

묘한 도의 특성

장횡거는 "우주 만물이 하나의 똑같은 '기'로 되어 있기 때문에, 인간과 모든 사물은 커다란 한 몸의 각 부분에 지나지 않는다."라고 말한다. 그러므로 우리는 하늘과 땅을 부모 모시듯이 받들어야 하고, 모든 사람을 우리의 형제로 간주해야 한다.

그렇다고 해서 이렇게 섬기는 데에 특별한 행동이 필요한 것은 아니다. 예컨대, 어떤 사람이 자기와 같은 사회 구성원이라는 이유로 남을 사랑했다면 그는 자기 사회에 대한 의무를 다한 것이요, 이는 결국 사회에 봉사하고 있는 것이기도 하다. 그러나 그가 다만 사회 구성원일 뿐만 아니라 우주의 어버이의 자녀이기도 하기 때문에, 타인을 사랑했다고 한다면 이는 사회뿐만 아니라 우주 전체로서의 어버이를 섬긴 셈이 될 것이다.

성인은 우주의 본성을 잘 이해하고 있기 때문에 '살아도 딱히 얻는 바가 없으며, 죽어도 특별히 잃어버리는 바가 없다'는 사실을 잘 알고 있다. 그러므로 성인은 다만 평범한 생활을 영위하려고 한다. 성인은 살아 있을 때 사회의 일원으로서, 또 우주의 일원으로서 자기에게 부여된 사명을 다하는 한편, 죽음이 닥쳤을 때에는 평안히 그것을 받아들여 다만 쉬는 것이다.

신유가 사상가들은 모든 도덕적 행동이란 초도덕적인 그 이상의 어떤 가치가 필요하다고 보았다. 그들은 모두 도교의 선사들이 '묘한 도'(妙道)라고 부르는 특성을 자신들 안에 가지고 있었다. 이런 의미에서 신유가 사상가들은 사실 선(禪)의 사상을 한층 발전시킨 것이라 할 수 있다.

천 년의 도통을 회복하다, 이정 형제

요·순·우·탕·문·무·주공·공자가 한줄기가 되어 전해지던 유가의 도통道統이 맹자의 죽음으로 인해 멈춰지고 말았다. 그러다가 정명도와 정이천 형제에 이르러 유학의 참정신을 밝혀내고, 천 년을 잇지 못한 도통을 회복하게 된 것이다.

유학 연구의 기풍은 송나라의 개국 초부터 일어나기 시작하여, 이정二程 형제에 이르러서는 학문이 상당히 번창했다. 당시 유학은 위로는 범중엄과 구양수 등의 대신들이 이끌었고, 아래로는 호원胡瑗과 손복孫復 등의 유학자들이 전파했다. 이에 이정 형제는 한편으로 호원의 지도를 받고, 한편으로 아버지의 소개로 소강절·주렴계·장횡거 등 대유학자들을 알게 되어 이들의 높은 품격을 직접 접했는데, 이것은 모두 그들 사상의 온상이 되었다. 여기에는 또 그 어머니의 엄격한 가정교육이 한몫을 거들었다.

형제의 서로 다른 성격

이정 형제의 모친은 책 읽는 일을 대단히 즐겼으며, 세상의 이치를 널리 통달한 여성이었다. 또 아이들을 가르치는 데 매우 엄하여 그들의 잘못을 절대로 용서하는 법이 없었다. 그녀는 이렇게 생각했다.

'자식들이 변변치 못하게 되는 이유는 어미가 자식들의 잘못을 아버지에게 말하지 않고 덮어두기 때문이다.'

그래서 형제가 음식을 놓고 서로 다툴 때에도 훈계했다.

"너희들이 어렸을 때부터 자신의 욕망만을 채우고자 다툰다면, 장차

커서는 어쩔 것이냐?"

또한 둘이 나가서 놀다가 혹시 다른 아이들과 다툴 때에도, 자식들을 두둔하지 않았다. 이러한 모친의 교육은 그들에게 어려서부터 덕을 쌓도록 하는, 좋은 토양을 마련해주었다. 여기에 선천적으로 타고난 그들의 재질과 후천적으로 이뤄진 꾸준한 노력이 보태졌음은 말할 필요도 없다.

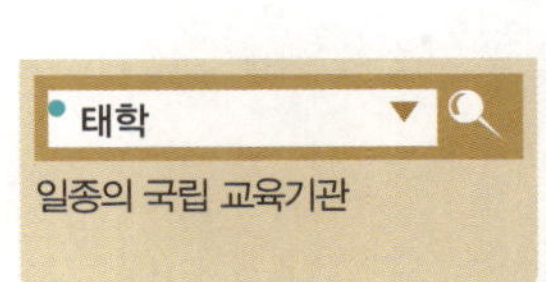

형제는 본래 묵향墨香이 물씬 풍기는 가정에서 자랐기 때문에 다른 사람들보다 자질이 뛰어났으며, 어려서부터 시와 글씨의 교육을 받았기에 시를 읊을 수 있었다. 명도가 아홉 살 때 읊은 시 가운데 이런 구절이 있다.

"내 안의 중심이 이처럼 굳셀진대, 밖에 있는 사물이 어찌 나를 동요시킬 수 있을 것인가?"

이것은 이미 그의 마음속에 도학 사상이 꽉 들어차 있음을 보여 준다. 그들이 자라던 때는 나라의 과거시험이 대단히 중시되었던 터라, 많은 사람들이 문장 짓는 일에만 열중했다. 그러나 이정 형제는 시구나 읊고 글귀나 짓는 따위의 일에 만족하지 않았으며, 도에 뜻을 두고 정진했다.

열대여섯 살 되던 해에 그들은 아버지와 함께 주렴계를 방문했고, 그에게서 개인적으로 교육을 받았다. 마침 그때는 소강절도 뤄양에 있었던 터인지라, 이 두 사람으로부터 영향을 받아 이정 형제는 불교와 도교의 경전을 열심히 읽었다. 그러나 거기에 몸을 맡겨 하늘의 뜻을 좇는 데에는 어려움이 있다 생각하고, 다시 육경六經을 연구하기 시작했다.

명도가 스물다섯 살 되던 무렵, 형제는 모두 진사에 오른 다음 부지런히 각자의 길을 가고 있었다. 동생 이천이 태학太學에서 공부하고 있을 당시,

● 태학 ▼ 🔍
일종의 국립 교육기관

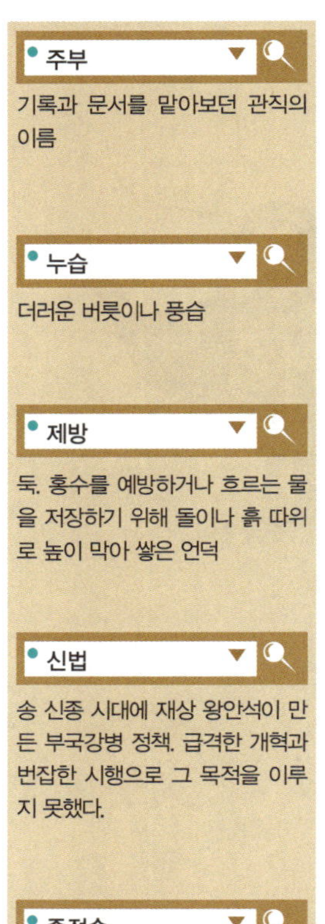

명도는 지방에서 주부主簿● 벼슬을 맡아보고 있었다. 명도는 사상가이긴 했으나 결코 공상에만 잠겨 실천에 소홀히 하는 책벌레는 아니었다. 정치적인 업무를 처리할 때는 조리 있게 적극적으로 했고, 누습陋習●의 개혁에는 매우 엄하고 올바른 자세로 임했다. 좀더 많은 수확을 올리기 위해 직접 주민들과 함께 제방堤防●을 고치는가 하면, 미신을 타파하기 위해 우상을 제거했으며, 학교를 세우고 또한 스스로 글을 가르치기도 했다. 비록 작은 벼슬이긴 했으나, 명도는 그 벼슬을 통해 능히 백성들에게 이로움을 줄 수 있었다. 그는 글방 앞에 "백성 돌보기를, 자신의 상처 보듯이 하라."(視民如傷 시민여상)라고 써 붙일 만큼, 백성의 복지와 이익을 도모하는 데 앞장섰다.

결국 주부에서 현장으로, 다시 감찰어사로 승진했고, 신종神宗은 나라의 큰일을 놓고 그와 의논하기까지 했다. 그러나 그는 "어떻게 하면 나라를 부강하게 하고 이롭게 할 것인가?"에 대해서는 도무지 말을 하지 않았기 때문에, 왕안석의 부국강병 정책과는 융화될 수가 없었다. 결국 왕안석의 신법新法●에 눌려 변방으로 쫓겨났다가 철종哲宗의 즉위와 더불어 종정승宗政丞●이 되었다. 하지만 이미 그의 몸과 마음은 매우 쇠약해져 있었다. 그가 세상을 떠난 후, 이천은 형의 죽음을 애도하며 한 편의 묘시를 짓기도 했다.

명도의 사상과 철학

주정적이고 직관적인 그의 기질답게, 명도의 철학은 혼연일체의 경지를 추구한다. 그가 말하는 인이란 우주의 본체와 하늘 및 사람의 관계를 관통하는 것이다. 가령 우리의 손발에 자극을 가해도 마음으로 느끼지 못하는 것은 불인不仁인 까닭이다. 이와 마찬가지로, 우리가 하늘과 인간의 상호 작용이라든지, 옳고 그름, 혹은 선악을 느끼지 못하는 것은 더더욱 인이 아닐 것이다. 모름지기 어진 사람은 감각이 매우 예민하고 생기가 발랄하여 천지 만물과 한 몸이 되며, '온 인류가 나의 동포요, 모든 사물은 나의 동무(民胞物與 민포물여)라는 사실을 깨닫는다.

명도는 《주역》의 사상을 계승하나, 태극이라는 말을 쓰는 대신 음양陰陽의 두 기운을 건원일기乾元一氣라는 말에 귀착시켜 그것을 우주 만물의 본체로 삼고 있다. 그는 건원일기를 '하늘의 기운'이라고도 했는데, 하늘의 기운 그 자체에 땅의 기운을 내포하고 있다고 본다. 즉 하늘과 땅의 두 기운에 의해 만물이 나타나긴 하지만, 설령 땅 가운데에서 사물이 나타날 때에도 사실 그 모든 것이 하늘의 기운에 의한다는 뜻이다.

이러한 입장에서 보면, 땅의 기운은 하늘의 기운이 되며, 땅이라 말하면 그 안에는 이미 하늘을 내포하고 있다는 말이 된다. 이와 마찬가지로 음의 기운이라 말하면 그 안에는 양의 기운이 내포되어 있고, 양의 기운을 말하면 거기에도 역시 음의 기운이 내포되어 있다고 보아야 한다. 이러한 생각에서 그는 음양의 두 기운이 서로 작용하여 우주 만물이 나타나게 된다고 주장했던 것이다.

명도는 도道란 곧 하늘과 땅에 의해 만물이 생성·변화하는 것이라 했다. 즉 "낳고 낳아지는 것을 일컬어 역易이라 하는데, 이 역은 하늘이 이뤄진 어떤 까닭으로 인해 도가 된다. 하늘은 다만 이것으로써 낳아지게 되는데, 이를 도道라 부른다."라고 했다.

이 말은 무슨 뜻일까? 즉 그것은 하늘이 말도 없고 소리도 없는 가운데에서 모든 사물을 낳는 그 무엇, 즉 형이상形而上의 것을 '도'라 부른다는 의미다. 그리고 한 걸음 더 나아가 이 도에 의해 나타나는 현상계, 즉 형이하形而下의 것을 '기氣'라 부른다는 것이다.

황제를 나무라는 이천

이제 명도의 동생에 대해 알아보기로 하자. 정이천은 훗날 이천백伊川伯에 봉해졌으므로, 세상 사람들이 그를 '이천 선생'이라 불렀다. 그는 허난성 뤄양 출신으로서, 형 명도와 함께 주렴계에게 개인적으로 가르침을 받았다. 명도의 기상이 호방하고 관대했던 데 비해, 이천은 준엄하고 빈틈이 없었다.

어느 겨울밤, 이천이 눈을 감고 앉아서 정신을 가다듬고 있었다. 이때 제자인 유정부游定夫와 양구산楊龜山이 왔다가 그 모습을 보고 감히 물러가겠다는 인사를 올리지 못했다. 그들이 옆에 서서 기다린 지 오랜 시간이 지나서야, 이천은 눈을 뜨고 바라보았다. 아직도 두 제자가 공손히 서 있는 것을 본 이천이 말했다.

"밤이 깊었으니 이제 돌아가거라."

이에 비로소 두 제자가 물러가니, 이미 문 앞에는 하얀 눈이 한 자나 쌓여 있었다고 한다.

두 형제의 성격 차이는 정치에서도 그대로 나타났다.

처음에 이천은 직접 정무를 담당하지 않고 황제의 스승이 되어 도학을 가르쳤는데, 한번은 철종이 무심코 버들가지 하나를 꺾었다. 이천이 이것을 보고 정색하며 말했다.

"따뜻한 봄날은 풀과 나무가 싹을 틔우는 계절이온데, 아무 까닭 없이 가지를 꺾어서는 아니 됩니다."

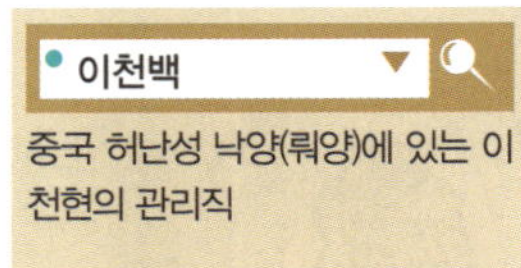

이 말에 철종이 매우 무색해졌음은 물론이다. 이처럼 군주에게도 아무런 기탄없이 직언하는 마당에, 하물며 일반 사람에 대해서는 말할 것도 없었다.

이와 반대로 명도에게는 항상 다사로운 기운이 풍겼다. 그래서 신종이 명도와 이야기를 나눌 때는 점심 먹는 것조차 잊을 정도였다고 한다. 그리고 작별할 때는 두 번 세 번 분부하여 꼭 이렇게 말하곤 했다.

"그대는 언제든지 나를 찾아와도 좋소. 나는 그대와 이야기 나누는 것이 매우 즐겁소."

이천의 고독한 말년

한편 명도는 그의 의견이 왕안석과 맞지 않아 비판을 받았다. 그러나 왕안석은 개인적으로 그를 매우 존경했다고 한다. 이처럼 명도의 타고난 성품이 원만하고 화평했기 때문에 사람들을 오히려 감복시킬 수 있었던 것이다.

그러나 안회顔回가 말한 안빈낙도安貧樂道● 대신에 유가의 용세정신 用世精神●을 강조했던 이천은, 앞서 말한 그의 성격과 더불어 당시 극심한 당파 싸움으로 인해 많은 고난을 당했다. 낭만적인 소동파●는 고지식한 이천을 비웃고 그와 다른 하나의 학파를 형성했는데, 이로부터 이천의 낙파洛派와 동파의 촉파蜀派로 나뉘게 되었다. 이러한 당파 싸움 와중에 이천은 벼슬이 강등되어 사천의 부주로 쫓겨나는 수모를 겪기도 했다.

이때 배를 타고 강을 건너는데, 갑자기 큰바람이 불어 배에 타고 있던 모든 사람들이 놀라 울고불고하며 하늘을 원망했다. 그러나 이천만은 옷깃을 여미고 엄숙하게 앉아서 전혀 두려워하지 않았다. 배가 강가에 이르자 사람들이 이천에게 물었다.

가난하고 궁하면서도 절개를 버리지 않고 편안한 마음으로 자기의 분수를 지킴을 뜻한다.

세상에 널리 쓰임 받는 쪽을 생각한다.

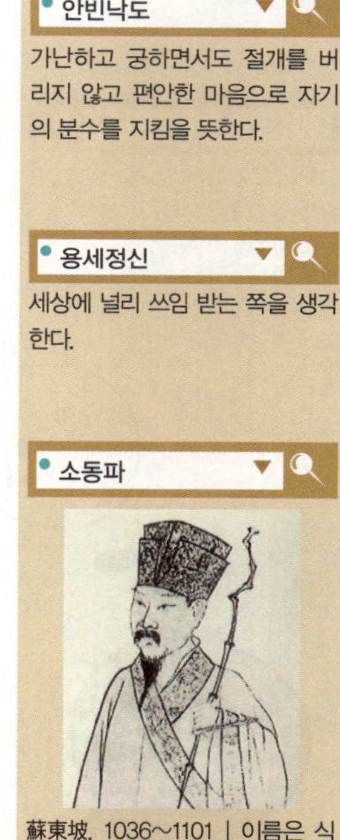

蘇東坡, 1036~1101 | 이름은 식軾이며, 동파는 그의 호다. 중국 북송의 문인. 아버지 소순과 아우 소철과 더불어 삼소三蘇라 불린다. 당송 팔대가의 한 사람이다. 왕안석과 대립하여 좌천되었으나, 나중에 철종에게 중용되어 구법파舊法派를 대표했으며, 문인으로서는 송대 제1인자로 불렸다. 특히 그의 〈적벽부赤壁賦〉1082는 매우 유명하며, 글씨와 그림에도 능했다. 이 그림은 조맹부가 그린 소동파의 초상이다.

"선생님은 죽느냐 사느냐 하는 생사의 갈림길에서 어찌 그렇게 태연하실 수 있었습니까?"

이에 이천이 대답했다.

"내 마음은 오직 성경誠敬에만 머물러 있을 따름입니다."

이천은 변방에서 몇 년 동안 고생을 하다가 휘종徽宗에 의해 다시 불려 들어갔다.

그러나 이때는 당파 싸움이 최고조에 도달해 있던 시기인지라, 그가 학생들을 가르치는 일마저 범치허范致虛 등은 "이천이 사설邪說을 가지고 백성들을 현혹시킨다."라고 엉뚱하게 무고했다. 이에 여러 곳에서 제자들이 체포당하는 등 돌아가는 정세가 심상치 않자 이천은 남은 제자들에게 이렇게 분부했다.

"이러한 때에 너희는 꼭 내게 와서 배울 필요가 없다. 이제부터 너희들 스스로 힘써 행하는 것이 좋을 듯하다."

그가 세상을 떠났을 때, 장례를 지켜본 사람은 겨우 네 사람뿐이었다. 그리고 장례식 후로도 감히 그의 묘시를 쓰고자 하는 사람마저 없었다고 한다.

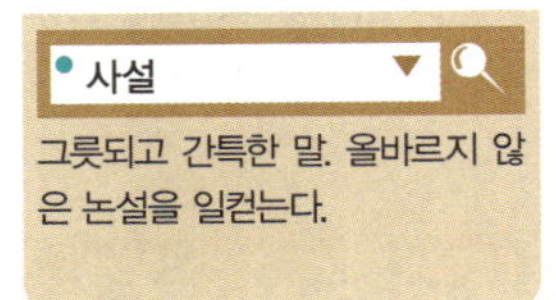

🔺 정이천의 묘비

이천의 사상은 남송의 주자에 의해 전개되었다.

이천의 철학, 이기이원론

명도가 기일원론氣一元論을 주장한 데 대해, 이천은 이기이원론理氣二元論을 주장한다. 그의 눈에 우주는 혼연일체의 경지도 아니고, 음양의 두 기운에 의해 만물이 나타나는 것도 아니다. 다만 모든 삼라만상이 무성하게 늘어선 세계로서, 이理와 기氣의 작용에 의한 것일 뿐이다. 즉 이천에 따르면, 이 우주 가운데에서 만물의 생성이나 변천은 기의 변화로 일어나는 것이지만, 그 기가 변하는 것은 불변의 이에 근거해 있기 때문이다.

이理는 언제 어디서나 존재한다. 사물이 있는 곳에는 반드시 이가 있다. 우리는 한 사물의 이치를 알면 모든 사물의 이치에 대응할 수 있으며, 한 사람의 마음을 체득하기만 해도 하늘과 땅의 마음을 꿰뚫을 수 있다. 왜냐하면 한 사람의 마음이 곧 천지의 마음이기 때문이다.

이천은 이를 추구하는 것, 즉 궁리窮理를 강조한다. 우리가 지식을 얻기(致知치지) 위해서는 사물의 도리를 직접 연구해야 하며(格物격물), 이 격물의 정신이 곧 궁리라는 것이다. 명도가 치지를 성경誠敬 다음으로 두면서 제2차적인 어떤 것으로 간주했던 데 비해, 이천은 치지와 성경 두 가지를 똑같이 중시했다. 그에 의하면, 우리는 학문을 닦으면서 동시에 덕성도 함양해야 한다.

이정 형제의 제자인 양구산은 낙학洛學●의 참정신을 깊이 연구하여 그 학설을 나예장●에게 전했다. 그리고 나예장은 다시 이연평李延平에게 전했는데, 이 사람이 곧 주자朱子의 스승이다. 마침내 낙학은 이학의 대사상가인 주자에게 전해진 것이다.

하늘 위에는 무엇이 있는가, 주자

정이천의 이기이원론을 계승하여, 이른바 주자학을 완성한 사람은 주자다. 주자●의 이름은 희熹인데, 송나라 고종 대에 휘주의

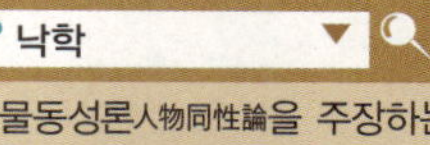

낙학

인물동성론人物同性論을 주장하는 성리학의 한 학파. 사람과 사물은 본래 똑같은 성품을 가진다는 이론이다.

나예장

羅豫章, 1072~1135 | 본명은 나종언羅從彦이며, '예장 선생'이라 불렸다. 푸젠성福建省의 난젠南劍 출생으로 같은 고향 출신인 양시楊時의 가르침을 받았다. 이정 형제의 학문을 같은 고향의 후배 이연평에게 전하면서 주자에 이르게 했으므로, 이들 세 사람을 '난젠의 세 선생'이라 불렀다. 1130년 광둥 보뤄博羅의 주부로 임명되었으나, 관직에서 물러난 뒤로는 뤄푸산羅浮山에 들어가 온종일 단정히 앉아 학문에 정진함으로써 마침내 양구산 문하의 제1인자가 되었다.

● 주자

朱子, 1130~1200 | 남송의 유교 사상가. 송대 이학을 집대성했을 뿐만 아니라, 사창법社倉法(환곡을 창고에 저장해두었다가 춘궁기인 봄에 백성에게 곡식을 꿔주고 추수기인 가을에 받아들이는 제도)이나 향약의 제정에도 노력했다.

무원에서 송松이라는 사람의 아들로 태어났다. 그의 아버지 송은 나예장의 제자로서, 일찍이 사훈이부랑의 벼슬을 지낸 적이 있었다.

주자는 어려서부터 학문적 자질이 뛰어난 데다 혼자 생각하기를 즐겼다. 겨우 말을 배우기 시작했을 때, 아버지가 손가락으로 가리키면서 "저것이 하늘이란다."라고 말하자 "하늘 위에는 무엇이 있습니까?"라고 반문했다고 한다. 다섯 살 때에는 《효경》을 읽고, 책머리에 "이렇게 하지 못한다면 사람이 아니다."라고 써놓았다. 다른 아이들과 놀 때에도 혼자 조용히 앉아 모래 위에 손가락으로 팔괘八卦를 그리곤 했다.

열 살 때 유학의 경전을 읽기 시작하면서부터 주자는 공자를 숭배했다. 그리고 스물네 살이 되자 부친과 함께 공부했던 이연평 선생을 찾아뵙고 그를 스승으로 모셨다. 연평은 돈이나 명예에는 관심이 없어서 사십여 년 동안 은거하며 학문을 닦고 있었다. 그런 그가 주자를 보자 칭찬해 마지않았다.

"그는 품성이 우수하고 부지런히 힘써 공부하니, 나예장 선생 이래로 이렇게 뛰어난 인재를 본 적이 없다."

이렇게 해서 주자는 불교와 노자의 허망한 이론을 포기하고, 이정二程의 낙학을 일생의 학문적 기초로 삼게 된 것이다.

주자는 이미 열일곱 살에 진사시험에 합격하여 취안저우泉州 둥안현同安縣의 주부가 되었다. 그 후 서른세 살에 문학박사로 승진했는데, 이때 금나라 군사들이 남침하여 들어왔다. 그때는 효종이 즉위한 지 얼마 되지 않았던 터라, 금나라 군사들이 물밀듯이 쳐들어왔을 때 조정의 문무백관들은 모두 당황하여 어찌할 바를 몰랐다. 이에 혈기왕성한 주자가 효종에게 두 편의 글을 올렸다. 하나는 '명석한 군주란 먼저 사물의 도리를 연구하여 참된 지식을 얻은 연후에야, 국가를

⬆ **진회 부부의 옥살이 상像**
남송 초기의 정치가 진회는 남침을 거듭하는 금군에 대처하여, 금과 중국을 남북으로 나눠 영유하기로 합의했으며, 금에 대해 신하의 예를 취하고 세폐歲幣를 바쳤다. 24년간 재상을 지낸 유능한 관리였으나 정권 유지를 위해 '문자文字의 옥獄'을 일으켜 반대파를 억압했으므로, 민족주의 · 이상주의를 내세운 후세의 주자학파에게 특히 비난을 받았다. 그의 손에 옥사한 악비岳飛가 민족의 영웅으로 존경받는 데 반해, 진회에게는 간신이라는 낙인이 찍혔다.

편안하게 다스릴 수 있다'는 내용이었고, 다른 하나는 '금나라와 화해하는 것은 옳지 않다'는 것이었다.

특히 화해를 강력히 반대하는 그의 주장은 그의 아버지가 진회秦檜(1090~1155)의 화해 정책에 불만을 품었던 것과 맥을 같이한다. 그러나 당시 재상인 탕사경 역시 진회와 마찬가지로 담이 작고 겁이 많은 사람인지라, 주자의 건의는 받아들여지지 않았다.

이에 그는 비분강개한 심정으로 조정을 떠나 은거하면서 독서와 저술에 온 힘을 쏟았다. 이때 그와 절친했던 학자 가운데에는 장남헌張南軒과 여동래呂東萊가 있었는데, 이 가운데 특히 여동래의 소개로 육상산陸象山을 알게 되었다. 주자는 당시 심학파心學派의 영수였던 육상산을 만나 함께 대화를 나누었지만, 두 사람은 서로 간에 의견이 맞지 않아 처음부터 끝까지 논쟁의 결론을 얻지 못했다.

주자는 해뜨기 전에 일어나 가묘家廟●에 가서 조상과 성현들에게 예배하고 하루의 일과를 시작했다. 그의 얼굴색은 언제나 장중했고, 말씨는 엄격했으며, 행동거지는 부드러웠고, 앉은 자세는 단정하고 곧았다. 친척들에게는 그 인정에 따른 도리를 다했고, 마을 사람들에게는 지위와 신분에 상관없이 공손히 접대했다. 그는 스스로 검소한 옷에 간소한 음식으로 만족했고, 사는 곳은 겨우 비바람을 막을 정도였다. 언제나 깨끗하고 청렴하여 손님들이 찾아오면 콩밥에 아욱국을 끓여 함께 먹으면서 도를 즐겼다.

백록동 서원의 교육 조항

주자가 쉰 살 무렵, 효종은 그에게 다시 남강군南康軍 지역을 맡아달라고 청했다. 그는 장시성江西省 루산廬山 오로봉五老峰 아래에 백록동白鹿洞 서원●을 세우고, 사방의 유명한 학자들을 초빙했다. 이 가운데에는 그와 견해를 달리하는 육상산도 들어 있었다. 그 유명한 백록동 서원의 교육 조항은 요순의 도를 이어받아 주자가 쓴 것인데, 이후 칠백 년 동안 중국 교육의 좌표가 되었다.

백록동 서원을 세운 이듬해, 그곳에는 큰 가뭄이 들었다. 그래서 백성들이 살 곳을 잃고 헤매는데도 나라에서는 관심을 보이지 않았다. 이에 주자는 효종에게 상소문을 올려 비분강개하는 말투로 하나하나 꼬집었다. 그렇지만 그의 격렬한 문장을 본 효종은 노발대발했고, 마침내 재상 조웅의 말을 듣고 그를 상평 지방으로 내쫓고 말았다.

그 후 영종英宗이 왕위에 오를 때, 주자의 나이는 이미 예순여섯의 고령이었다. 그러나 그의 열정은 젊은 시절의 그것과 조금도 다름이 없어서

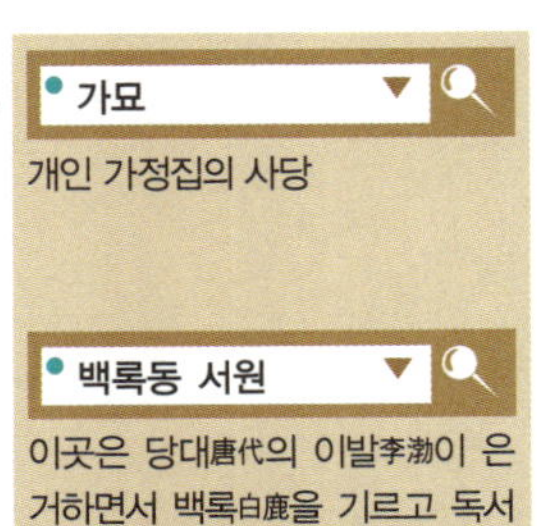

● 가묘

개인 가정집의 사당

● 백록동 서원

이곳은 당대唐代의 이발李渤이 은거하면서 백록白鹿을 기르고 독서를 하는 등 즐거운 나날을 보냈기 때문에 백록동白鹿洞이라 부르게 되었다. 송대에 서원이 건립되어 지방 자제를 교육했으며, 남송의 주희朱熹가 남강군의 지사知事가 되었을 때 재흥시켜서 스스로 백록동 서원의 원장이 되었다. 그는 삼강오륜과 《중용》을 학생에게 강의하는 동시에, 천하의 학자들을 초청하는 등 유교의 이상 실현에 힘썼다.

한탁위韓托胄 같은 무리들의 발호跋扈●를 너그러이 봐주지 못했다. 그러나 주자의 간언을 들은 영종은 도리어 주자의 관직을 박탈하여 시골로 다시 돌려보내고 말았다. 이 기회를 틈타서 반대파들은 주자학을 금지하도록 왕에게 압력을 가했다. 심지어 몇몇 간신배들은 이렇게 참소했다.

"주자가 작당하여 나라를 도둑질하려 하니, 그의 목을 베어 여러 백성들 앞에 보여야 합니다."

결국 주자는 무고하게 조정의 반당으로 몰렸는데, 외교상의 화해를 주장하는 파와 그렇지 않은 파 사이의 의견 대립이 결국 정치적인 투쟁으로까지 번지고 만 것이다. 그래서 주자를 따르던 많은 학자들은 이에 연루될까봐 전전긍긍하다가 하나 둘씩 그의 곁을 떠나갔다. 어떤 이는 산속으로 숨고, 어떤 이는 장사를 하면서 결코 도학을 하는 자가 아니라고 우기는가 하면, 심지어 어떤 이는 반대파에 붙어 주자를 모함하기까지 했다. 마침내 영종은 "조정에 사람을 추천하는 경우에는 반드시 성리학도가 아님을 보증하라!"라는 명령을 내릴 정도였다. 이에 분개한 주자는 수만 단어에 이르는 긴 상소문을 써서 성리학이 결코 그릇된 게 아님을 변호하려 했으나, 제자들이 강력히 말렸다. 처음에 그는 이러한 제자들의 말을 듣지 않았으나, 점을 쳐본 결과 흉괘가 나왔기 때문에 두려워하여 몰래 상소문을 태워버렸으며, 조정에는 뉘우치는 글을 올림으로써 무거운 형벌을 면할 수 있었다고 한다.

그러나 주자는 이러한 일에 낙심하지 않았다. 제자들과 편지를 주고받으며 가르침을 이어나갔다.

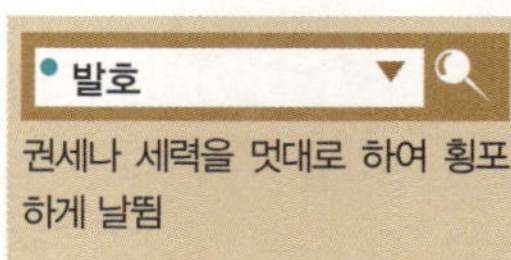

🔺 주희의 묘 입구

만년에는 권신의 미움을 사 그의 학문이 위학僞學이라 칭해졌고, 많은 박해에 시달리다가 아쉽게도 해금解禁이 되기 전에 죽었다. 그 후 그의 학문이 인정되어 시호가 내려졌고, 다시 태사太師·휘국공徽國公으로 추증追贈되었다. '주자朱子'라고 높여 이르며, 그 학문을 주자학이라고 한다.

종일 독서와 연구에 몰두하다 보니, 점점 몸이 쇠약해갔다. 거기다가 눈병을 심하게 앓아 책을 볼 수가 없었다. 그러나 그는 조금도 한가하게 지내지 않고, 마지막 정력까지 제자들을 가르치는 데 쏟았다.

그가 세상을 떠나기 이틀 전, 학생들이 병문안을 왔다. 그는 겨우 일어나 온 힘을 다하여 마지막 강의를 했다. 1200년 3월 9일, 지켜보고 있던 문인들에게 "뜻을 굳게 가져라!"라는 마지막 말을 남긴 채 일흔의 일기로 숨을 거두었다. 그가 편안한 가운데 세상을 떠나자 반대파들은 다음과 같이 위협했다.

"만약에 세상을 혼란시키는 무리들이 모여 거짓을 가르친 스승을 장사지낸다면, 그들을 반란죄로 처벌할 것이다."

그러나 주자의 사상에 감명을 받은 사람들이 그의 장례를 지켜보기 위해 일천여 명이나 찾아왔다. 주자는 살아생전에 지배자들로부터 인정받지 못했으나, 세상을 떠난 후 새로운 평가를 받게 되었다. 남송의 황제 이종理宗은 주자의 글을 읽은 다음, 신하들 앞에서 이렇게 말했다.

"짐은 이 책에 매료당하고 말았도다. 한번 읽기 시작하면 도무지 책을 놓을 수가 없으니 말이오!"

그 후 이종은 주자에게 태사太師●의 관직을 추서하고 그의 위패를 공자묘孔子廟에 모시도록 명령했다. 또 주자가 주석을 단 사서四書●를 학생들의 교과서로 지정하고 과거시험에서 인재를 뽑을 때 표준으로

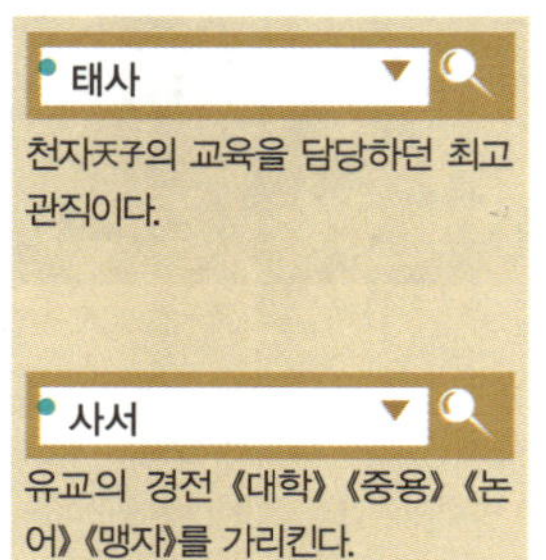

삼도록 명했다. 우리나라에서도 주자학은 고려 말엽에 들어와서 조선의 정치와 사상계를 완전히 지배했다.

인간이 만물의 영장이다

이제 주자의 우주론에 대해 알아보도록 하자. 우주의 본원은 주렴계가 말한 바와 같이 무극이 태극이기는 하나, 그것은 둘이 아니라 하나라 하겠다. 태극 이외에 따로 무극이 없다. 풀이하자면 무성無聲·무취無臭·무형無形·무술無述한 태극의 묘를 일컬어서 무극이라 한 것 뿐인데, 그것은 텅 빈 허무가 아니라 실제로 존재하는 것이며, 일개 생산되어 나온 어떤 것이 아니라 모든 만물을 생산해낸 근원 그 자체인 것이다. 주자는 태극에 대해 이렇게 말하고 있다.

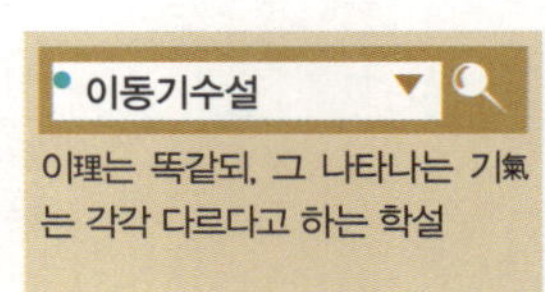

"나누어지기 이전의 전체로 보자면 모든 사물이 하나의 태극이고, 나누어지고 새로 생겨난 개별적 사물의 입장에서 보자면 하나하나의 사물이 각각 하나의 태극이다."(萬物總體一太極 一物各具一太極만물총체일태극 일물각구일태극)

이를 다시 비유하자면 "달이 떨어져 모든 시냇물에 있고, 곳곳마다 동그란 모습이 비추니"(月落萬川 處處皆圓월낙만천 처처개원) 하나가 모두요, 모두 하나인 것이다.

주자는 정이천의 이기이원론을 받아들여 이동기수설理同氣殊說을 주장했다. 모든 사물은 이理를 갖추고 있기 때문에 이로써 보면 똑같다. 그럼에도 실제 나타나는 현상에 무수한 차별이 있는 것은 기에 바르고

> **이동기수설** ▼ 🔍
> 이理는 똑같되, 그 나타나는 기氣는 각각 다르다고 하는 학설

치우침, 혹은 맑고 흐림이 있기 때문이다. 그런데 음양의 이 두 기운은 다시 오행으로 나뉘고, 이 오행이 결국 모든 사물을 이룬다. 그래서 이 가운데 바름正을 얻으면 인간이 되고, 치우침偏을 얻으면 다른 사물이 된다. 인간이 만물의 영장이요, 가히 소우주라 하는 이유도 여기에 있는 것이다.

일반의 물과 그릇에 담긴 물

그렇다면 인간의 마음은 어떻게 되어 있을까? 주자는 인간의 본연지성本然之性과 기질지성氣質之性을 다음과 같이 설명한다. 인간의 타고난 성품이란 본래 태극의 묘한 원리로서 순수하고 또 지극히 거룩한 하나의 본체요, 인간의 기질적 성질은 음양의 두 기운이 서로 교통하면서 만들어진 것으로 여러 가지 특수한 경우에 해당한다. 여기에서 본연지성은 이理를 가리키는 것이고, 기질지성은 이理와 기氣가 서로 섞여 있음을 말한다.

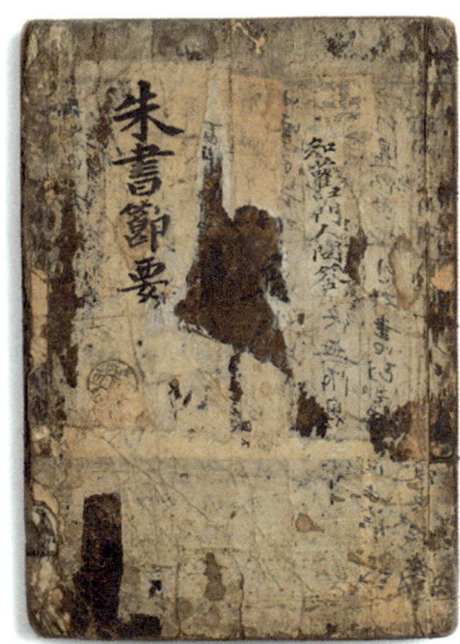

● 이황의 《주자서절요》
《주자대전》 가운데 1,700여 편의 서찰 중 1,008편을 뽑아 20권으로 만든 책이 《주자서절요》다. 이황이 편찬했으며, 사진은 총 20권 10책 중 권11~12 1책이다. 목판본이며, 1558년 초간 이후 수차 간행되었다. 주자의 학문과 사상을 함축하여 총 정리한 것으로, 우리나라 성리학 발달의 근간이 되었다.

비유하자면 본연지성이 물水 일반을 가리킨다면, 기질지성은
그릇에 담긴 일정한 모습의 물과 같다. 물이 그릇에
담김으로써 일정한 형태를 갖게 되듯이, 본연지성은 각
사람의 기질에 의해 구체적으로 드러난다. 다시 말하면,
기질이라는 그릇 안에 본연지성이라는 물이
들어 있는 전체를 가리켜 기질지성(담긴 물)이라
부르는 것이다.

공경의 자세로써
이치를 추구해나가다

주자에 의하면, 이 세상의 모든 존재 가운데 가장
바르고 맑은 기운을 타고난 존재가 인간이다. 따라서 인간이야말로
만물의 영장이자 소우주다. 그럼에도 우리 인간에게는 수양이
필요하다. 왜 그럴까?

사람은 타고난 기질이 서로 다르므로 기질지성도 각각 다르다. 가령
성인은 기질이 아주 맑기 때문에 그 안에 깃들어 있는 본연지성이 온전히
드러나지만, 보통 사람은 그 기질이 흐리므로 본연지성이 가려지기 쉽다.
그러므로 수양이라는 것은 결국 이 흐릿한 기질을 변화시켜 맑게 만드는
작업에 지나지 않는다.

한편 주자는 인격 수양의 2대 강령으로 거경居敬과 궁리窮理를 든다.
거경이란 무엇일까? 그것은 사람이 어떠한 상황 속에서도 공경의 자세를
잃지 않는 것을 말한다. 그리고 궁리란 만물의 이치를 추구함으로써
깨달아가는 것을 말한다. 이 거경과 궁리의 공부는 마치 수레의 두 바퀴와
같고, 새의 두 날개와 같다. 만약 올바로 거경에 이르지 못하면 아무리

궁리하더라도 가치 없는 지식이 되어버리고, 또 반대로 참되게 궁리하지 않으면 아무리 거경에 이를지라도 진리에 도달하지 못한다.

여기에서 주자는 궁리의 근본 자세로 먼저 학문을 널리 닦은 다음에 행동 규례를 정해야 한다고 보았다. 지식과 행동이 일치되어야 한다는 주장보다, 먼저 알고 나서 행동해야 한다는 입장을 취했던 것이다.

동양의 칸트

이정 형제는 단지 북송 이학의 기초를 잡는 데 그쳤으나, 주자는 송나라 시대의 이학을 집대성했다. 특히 백록동 서원의 교조는 이후 칠백 년 동안 중국 교육의 좌표가 되었다.

백록동 서원의 교육 조항 가운데 제일 먼저 나오는 다섯 가지는 널리 알려진 대로 부자유친父子有親·군신유의君臣有義·부부유별夫婦有別·장유유서長幼有序·붕우유신朋友有信이다. 이것은 요순의 도를 이어받아 주자가 쓴 이래, 유가의 전통적인 교육 이상이 되었다.

주자와 사귀었던 인물로는 장남헌과 여동래가 있으며, 논쟁의 적으로는 육상산이 있다. 이들과의 허물없는 논쟁을 통해 주자의 학문은 비약적으로 발전했고, 중국 역사상 전례 없는 학문적 체계를 세울 수 있었다.

주자가 세상을 떠난 지 백여 년 후에 그의 사상은 일본으로

🔼 **메이지유신의 태동지임을 나타내는 비석**
1853년 미국의 페리 제독이 해군 함대를 이끌고 가서 일본에게 문호 개방을 요구하자, 격렬한 내부의 진통 끝에 도구가와 막부가 무너지고 천황에 의한 왕정 복구가 이뤄졌다. 1868년 (메이지 원년)부터 중앙통일정권에 의해 새로운 정책을 시행해나갔는데, 이때 자본주의 제도가 도입됨으로써 정치적·경제적·사회적으로 급격한 변화가 일어났다.

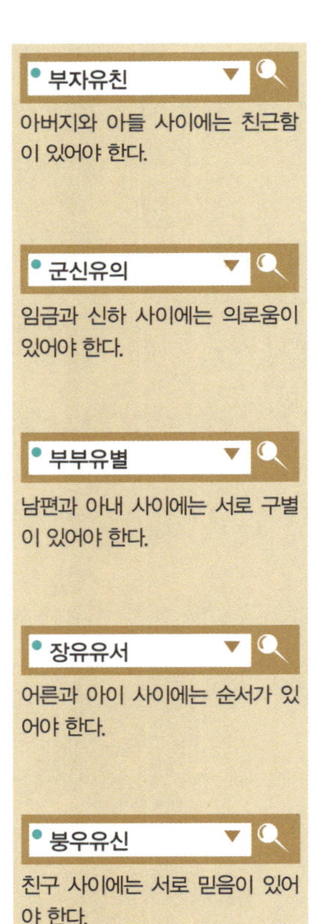

들어갔으며, 사백여 년 후에 일어난 일본의 대혁명, 즉 메이지유신明治維新에 직접적인 영향을 주었다. 그가 이처럼 큰 영향을 끼친 주요 원인은 그의 풍부하고도 특수한 종합 능력과 창의력이 아닐까 생각된다. 주자는 이정 형제의 사상을 날줄세로줄로 삼고, 주렴계와 장횡거의 철학으로 씨줄가로줄을 삼아 거대한 이학의 체계를 짰다. 그리고 위로는 공자·맹자에 거슬러 올라가고, 옆으로는 불가·도가까지 미쳐 유가의 새로운 사상과 방법을 완성했던 것이다.

⬆ 칸트가 건넜다는 다리
칸트가 산책을 나올 때 사람들이 시계를 맞췄다고 하는 다리다.

　이러한 능력을 두고 어떤 이는 주자를 서양의 칸트Immanuel Kant(1724~ 1804)에 비유하기도 한다. 말하자면 칸트가 없었더라면 서양 근세 철학의 방향이 바뀌었을 것처럼, 주자가 없었더라면 송·원·명·청의 사상 역시 중심이 없었을 것이라는 뜻이다. 중국 철학사에서 가장 체계적이고 가장 큰 영향력을 끼친 사람은 바로 주자였다.

제7장

심학과 양명학의 이해

천지의 끝은 어디인가, 육상산

육상산●의 이름은 구연九淵이고, 중국 무주의 금계(현재의 장시성 린촨현臨川縣 동쪽) 사람으로서 송나라 고종 대에 태어났다. 구연은 여섯 형제 가운데 막내였으며, 넷째 형 구소九韶와 다섯째 형 구령九齡은 모두 당대의 유명한 학자였다. 구연은 훌륭한 두 형의 가르침을 받으며 어느 가정보다도 학문적 분위기가 충만한 집에서 성장했다.

그가 네 살 때에 한번은 아버지에게 "천지의 끝은 어디입니까?" 하고 물었다. 아버지는 빙그레 웃기만 할 뿐, 대답해주지 않았다. 이를 이상하게 여긴 구연은 하루 종일 사색에 잠겨 밥 먹는 것도, 잠자는 것도 잊고 말았다고 한다. 그는 항상 청소를 하고 나면 나무 아래로 달려가 조용히 깊은 생각에 잠기곤 했다.

그로부터 9년 후, 구연은 그 물음에 대한 해답을 어느 정도 찾을 수 있게 되었다. "우주는 곧 나의 마음이고, 나의 마음이 곧 우주다."라는 깨달음에 도달한 것이다. 이렇듯 놀랄 만한 창조적 깨우침은 훗날 모든 심학心學●의 발전에 튼튼한 기초가 되었다.

우람하고 호방한 기백

　　　　구연이 사색을 즐겼다고 해서 그의 성품이 결코 나약한 것은 아니었다. 오히려 기백이 크고 활달하여 호걸다운 기품이 있었다. 열여섯 살 때 위진 육조魏晋 六朝의 역사를 읽고 오랑캐의 침략에 대해 이를 갈며 분통을 터뜨린 것이나, 정靖과 당唐 두 임금이 포로가 되었다는 고사를 읽고 나서 분개하여 손톱을 짧게 깎고 말 타기와 활쏘기를 익혔다는 이야기는 모두 그의 격렬한 기질을 보여주는 대목이다. 그가 비록 무예 방면으로 큰 성공을 거두지는 못했지만, 우람하고 호방한 그의 기백은 결국 사상계에서 대장부가 되게 했다.

　구연은 서른네 살 때에 예부 고시에 응시했다. 그때의 고시 감독관은 여동래였는데, 그는 일찍부터 구연에 대해 잘 알고 있었다. 그러나 수천 명이나 되는 고시 참가자 가운데서 한 번도 만난 적 없는 구연을 찾을 방법은 없었다. 마침내 답안이 적힌 수많은 두루마리 중에 구연의 문장을 읽고 나서 "오직 구연만이 이러한 문장을 써낼 수 있다."라고 찬사를 보냈다. 이 일로 인해 구연은 일약 사상계의 유명한 인물이 되었고, 그가 진사에 합격한 다음부터 여동래와는 가장 좋은 친구 사이가 되었다.

　당시 이학理學은 유가의 도통 승계를 자임自任하여 어느덧 시대를 주름잡는 지배적인 정신이 되어 있었다. 이러한 때에 구연은 이학의 지나친 번잡과 자질구레함을 비판하고 오직 하나의 마음, 즉 심학으로 돌아갈 것을 주창함으로써 당시 사상계를 진동시켰다. 많은 학자들은 큰 호기심을

● 위진 육조 ▼ 🔍

위진남북조 시대는 221년부터 586년에 걸쳐 있었는데, 한나라의 멸망에서부터 북조北朝의 수나라가 중국을 통일할 때까지의 약 360년 동안을 가리킨다. 그런데 이 시기에는 위·촉·오의 세 나라가 자웅을 겨룬 삼국 시대, 위진 시대, 오호십육국五胡十六國 시대, 남북조 시대, 그리고 육조六朝 시대로 나뉜다. 이 시기에 불교가 지식인 계급 사이에 뿌리를 내리고 도교도 번성했다. 일부 귀족들 사이에 청담이 유행했고, 문학에서의 도연명, 그림에서의 고개지, 서도書道에서의 왕희지 등이 특히 유명했다. 특별히 육조란 남쪽의 오·동진·송·제·양·진을 가리킨다.

낙신부도洛神賦圖(일부)

화가 고개지의 작품이다. 낙신(조식의 형 조비의 아내 황후 견씨)과 그녀의 일행이 물 위에서 자유자재로 노닐고 있는 장면이다. 그 움직임은 완곡하고 침착하며, 눈빛은 정답다. 바람에 표표히 날리는 의상까지 깊이와 조예 있게 표현되어 있다.

갖고 그에게 가르침을 청했는데, 아침부터 저녁까지 방문객이 끊일 새가 없었다고 한다. 이러한 청에 응하느라 그는 사십여 일 동안이나 제대로 잠을 이루지 못할 정도였다.

그렇다면 육구연의 심학과 이학은 어떻게 다를까? 먼저 그는 우리 마음속에 나타나는 하늘의 원리와 사람 간 욕구 사이의 대립을 인정하지 않고 심즉리心卽理의 학설을 세웠다. 이에 따르면, 세상의 이치가 모두 내 마음속에 갖춰져 있기 때문에 마음이 곧 유일한 실재다. 우주가 곧 내 마음이고, 내 마음이 곧 우주다. 그러므로 사서오경을 연구하는 격물치지는 필요하지 않으며, 오직 본심으로 돌아가는 공부만으로 충분하다. 말하자면, 사람의 타고난 본심을 깨닫기만 하면 독서를 지루하게 많이 할 필요가 없다는 것으로, '천지 만물과 한 몸이 되는 경지'를 추구한 정명도의 철학을 계승하는 셈이다.

주자와의 대결

　　　　육구연이 주자를 비판한 내용 가운데 중요한 것은
'무극無極'이란 두 글자였다. 태극이 이미 최고의 이理이거늘, 더 이상 태극
위에 무극이란 두 글자를 보탤 필요가 있느냐는 것이었다. 구연에 의하면,
이 두 글자는 그 뜻에 있어서도 모순이 있거니와 유가 경전 가운데에도
그런 글자는 없었다. 또한 《태극도설》은 주렴계의 작품이라기보다 본래
도가의 것이었다고 한다. 구연의 이 말은 주자의 학설이 정통 유학이
아니라고 하는 것과 똑같은 의미다.

구연이 이학을 비판하고 나서자, 주자와는
자연히 마찰이 일어날 수밖에 없었다. 당시
주자는 구연보다 아홉 살이 많은 손위였다.
여동래의 소개로 주자를 만난 구연은
아호사鵝湖寺에서 그와 논쟁을 벌인 적이
있었다. 비록 두 사람 사이에 뚜렷한 결론을
내지는 못했으나, 주자는 구연의 남다른
기백만큼은 칭찬을 아끼지 않았다고 한다. 두

사람이 만난 지 6년이 흘렀을 때, 주자는 백록동 서원으로 구연을 초청하여
강의를 해달라고 했던 것이다.

구연은 이곳에서 '군자는 의義를 밝히고, 소인은 이利를 밝힌다'는
제목으로 강연을 했다. 사람의 폐부를 찌르는 듯한 구연의 목소리에
청중들은 꼼짝도 하지 않았다. 날씨는 비록 차가웠지만, 그 감동으로 인해
흐르는 땀을 주체하지 못했다. 그의 엄한 문책을 듣고 스스로 부끄러움을
느낀 사람들은 눈물까지 흘렸다. 당시 주자도 그 자리에 참석하여 계속
부채질만 해댔다고 한다. 결국 서원에서는 이 강연의 요점을 돌 위에 새겨

학생들의 좌우명으로 삼도록 했다.

육구연은 몇 년 동안 국학의 교수를 역임한 후 집으로 돌아가 독서와 강의에 전념했다. 그는 귀계의 서남쪽에 있는 웅천산 위에 집을 짓고, 이를 강의하는 장소로 삼았다. 그런데 이 산의 모습이 마치 코끼리와 흡사했기 때문에, 이때부터 구연은 상산象山으로 자신의 이름을 바꿨다.

이후에 광종이 즉위하자 그는 상산을 불러 형문군荊門軍을 다스리게 했다. 형문은 군사적 요충지였는데, 여러 번에 걸쳐 이 성 주변에 연못을 파보았으나 인원과 비용이 엄청나게 많이 들어 한 번도 성공하지 못했다. 이에 상산은 직접 의용군을 모집하더니 채 이십 일도 안 되어 성지城池를 완성했으며, 그에 들어간 비용도 원래 계획했던 것보다 사십 분지 일에 불과했다고 한다.

또 상산은 탁월한 정치적 수완을 발휘했는데, 그가 백성들의 풍속을 아름다운 쪽으로 인도하자 형벌로 다스릴 만한 사건이 전혀 일어나지 않았다. 그러나 나랏일에 너무 몰두한 탓에 그의 건강은 크게 나빠지고 말았다.

어렸을 때 너무 쇠약하여 각혈병咯血病까지 앓은 적이 있던 상산은 이듬해 겨울, 결국 병으로 쓰러지고야 말았다. 스스로 죽을 날이 얼마 남지 않았음을 알았지만, 그는 결코 두려워하지 않았다. 죽는 그날까지도 여느 때와 마찬가지로 보좌진과 함께 정무를 의논하고 침실로 돌아가 쉬고 있었다. 마침 밖에는 눈이 내리고 있었는데, 그는 조용히 향불을 피우고 목욕하더니 새 옷으로 갈아입고는 단정히 정좌했다. 집안사람들이 그에게 약을 주었으나 먹지 않고 한쪽으로 밀쳐놓았다. 이때부터 다시는 말을 하지 않았는데, 당대의 심학대사心學大師는 결국 쉰세 살을 일기로 더 이상 심장이 뛰지 않게 되었다.

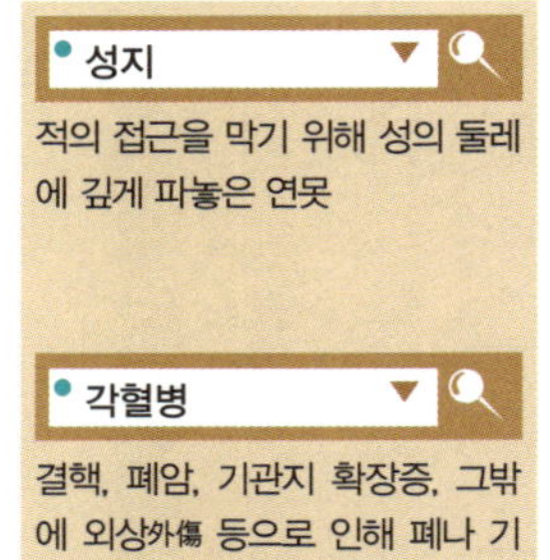

우주가 곧 내 마음이고
내 마음이 곧 우주다

언급했듯이 상산은 주자의 태극과 이기를 묶어 하나의 이理로 통일했다. 그리고 이것을 매개로 삼아 우주와 인심을 서로 소통케 했다. 곧 우주는 나의 마음이고 나의 마음에는 이가 갖춰져 있으므로, 이는 결국 우주에 꽉 차 있는 셈이 된다.

한번은 그의 친구가 물었다.

"천하의 만물은 그 번거롭기가 이루 헤아릴 수 없는데, 어떻게 해야 그것을 연구해서 얻을 수 있는가?"

그러자 상산은 이렇게 대답했다.

"만물은 모두 나 자신 속에 구비되어 있으므로, 단지 이理만 밝히면 된다네."

가령 오늘 하나의 사물을 궁리하고 내일 또 다른 사물을 계속 궁리해가는 것은 자신의 그림자를 따라 달려가는 것과 같다. 즉 그 추구함이 조급하면 조급할수록 그림자의 도망침도 그만큼 빨라져 결국에는 자신을 지치게 할 뿐이며, 그 자신이 그림자의 주인임을 잊고 마는 것이다. 심心과 이理의 작용도 이와 똑같다. 심은 우리의 본체이고 이는 우리의 그림자인즉, 모든 만물의 이는 모든 심의 투영일 뿐이다.

그렇기 때문에 상산이 웅천산에서 강의할 때에도, 주자가 백록동 서원에서 하던 것처럼 많은 교육 조항을 정하지 않았다. 그는 담담히 제자들에게 말하곤 했다.

"도는 결코 사람을 멀리하지 않거늘, 다만 사람이 도를 떠날 뿐이다.

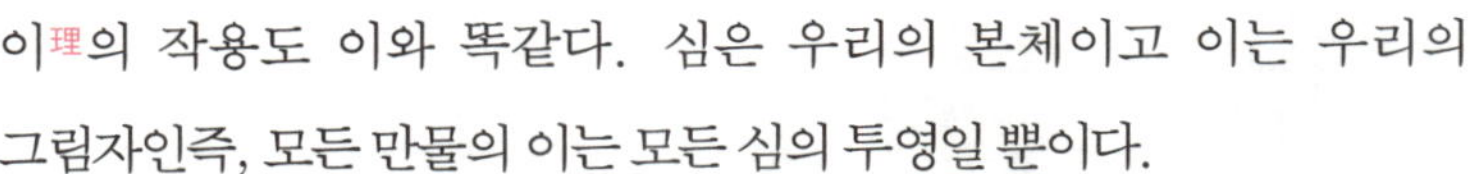

너희들은 산 위에 머물면서 헛되이 산봉우리만 대하고 시간을 낭비해서는 안 되며, 자기 자신을 잘 닦고 반성해야 한다."

명필 왕희지의 후예, 왕양명

王陽明, 1472~1528 | 중국 명나라 대의 사대부 사상가이자 교육가. 육상산의 학설을 발전시켜 정주학程朱學에 대항했다.

육상산이 떠난 지 삼백여 년 만에 그와 마음을 같이한 철인이 나타나 세상에 널리 알려지기 시작했는데, 이 사람이 바로 왕양명*이었다. 양명은 '송나라가 거의 멸망지경에 이르게 된 이유는 결국 학술이 제대로 밝혀지지 않았기 때문'이라고 보았다. 그러므로 어떻게든 상산이 주창한 심학의 깃발을 계승하고, 도로써 몰락해가는 나라를 구하고자 했다.

그의 이름은 수인守仁이며, 스스로 양명자陽明子라 했다. 그래서 모든 사람들이 그를 양명 선생이라 불렀다. 그는 명나라 헌종 대에 저장성浙江省 소흥부 여요현의 서운루에서 태어났다. 원래 이름은 운雲이었으나, 다섯 살이 되도록 말을 하지 못하자 그의 할아버지가 수인으로 이름을 바꾸었다. 양명은 명필로 유명한 왕희지*의 후예였으며, 아버지 화華는 진사시험에 장원 급제하여 남경이부상서라는 벼슬을 지내기도 했다.

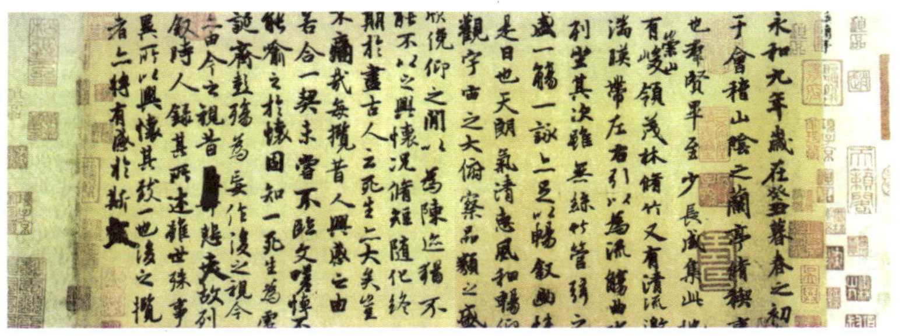

⊙ 왕희지의 〈난정서蘭亭序〉
그는 해서·행서·초서의 3체를 예술적 완성의 영역까지 끌어 올려 귀족적 서체로 마무리한 천하제일의 서예가였다. 작품에 〈칠월도하첩七月都下帖〉〈상란첩喪亂帖〉〈황정경黃庭經〉〈악의론樂毅論〉등이 있다.

계모 방에
부엉이를 집어넣다

양명은 어머니가 임신 8개월 만에 조산한 탓인지, 태어나면서부터 몸이 약해 이미 청년기에 폐병으로 피를 토하기도 했다. 양명이 열 살 무렵 어머니가 죽고 새어머니가 들어왔는데, 그녀는 양명을 냉정하게 대했다. 그래서 하루는 양명이 부엉이 한 마리를 사 가지고 와서 계모 방에 집어넣었는데, 깜짝 놀란 계모 앞에 이미 양명과 입을 맞춘 점쟁이 노파가 나타나서는 이렇게 말했다.

"그 부엉이는 죽은 양명 어미의 혼이오. 그런데 당신이 양명을 너무 괴롭히기 때문에 나타난 것이오. 그러니 만약 또 그를 괴롭힌다면 그때에는 반드시 당신이 죽고 말 것이오."

그 후로는 계모가 양명을 따뜻이 대했다고 한다.

양명은 어려서부터 남달리 총명하고 기상이 범상치 않아서 열한 살 때는 잔치 석상에 불려가 시를 읊을 수 있었다. 그러나 양명은 그의 큰 뜻에 걸맞은 선생을 만나지 못했다. 무능하고 썩어빠진 선비들은 오히려 그의 마음에 의혹을 가중시키기만 했다. 한번은 그가 참다못해 서당 선생에게 물었다.

"무엇이 천하에서 제일가는 일입니까?"

그러자 선생은 이렇게 대답했다.

"책을 열심히 읽으면 높은 벼슬자리에 오를 수 있지."

그야말로 고리타분하고 판에 박힌 대답이었다.

양명의 아버지는 그의 마음을 안정시키기 위해 열일곱 살 되던 해 7월에 결혼을 시켰다. 그러나 결혼식이 있던 날, 그는 혼자서 근처의 도교

王羲之, 307?~365? | 중국 동진東晉의 서예가. 그의 해서楷書·행서行書·초서草書의 우아하고 힘차며 품위 있는 글씨체로 인해 일찍부터 '서성書聖'으로서 존경을 받았다.

사원인 철주궁鐵柱宮 안으로 걸어 들어갔고 그곳에서 도사 한 사람이 앉아 있는 것을 발견했다. 그는 호기심에 이끌려 그 도사에게 '병에 걸리지 않고 오래 사는 방법', 즉 양생養生에 대해 물어보았다. 그러고는 조용히 앉아서 그것을 배우느라 집으로 돌아갈 것도 잊고 말았다. 화려한 신방에서 아름다운 신부와 함께 달콤한 첫날밤을 보내야 했을 신랑이 결국 생전 처음 만난 도사와 함께 밤을 지새웠던 것이다. 어쨌거나 이날 밤의 인연으로 그는 도사가 되고자 하는 뜻을 품게 되었다.

먼저 양명은 주자의 학문을 갈고 닦았고, 격물 공부에 대해 큰 흥미를 느꼈다. 한번은 친구와 함께 뜰 앞의 대나무를 마주하고 격물을 시작했다. 둘은 하루 종일 대나무를 마주 보고 깊은 생각에 잠겼다. 그러나 결국 아무것도 얻지 못한 채 친구는 삼일 만에 병이 나 누워버렸고, 양명 자신도 일주일 만에 눕고 말았다. 그런데도 대나무는 아무 일 없었다는 듯, 그 자리에 그대로 서 있었다. 대나무는 역시 대나무였고, 그는 그일 뿐이었다.

"아무나 성현이 되는 것은 아닐 터, 성현은 따로 있는 것이로구나!"

이렇게 깨달은 양명은 학문을 버리고 산에 들어가서 도나 닦아야겠다고 맘을 먹었다.

또 그가 산에 들어가려는 데는 다음과 같은 배경도 있었다고 전해진다. 즉

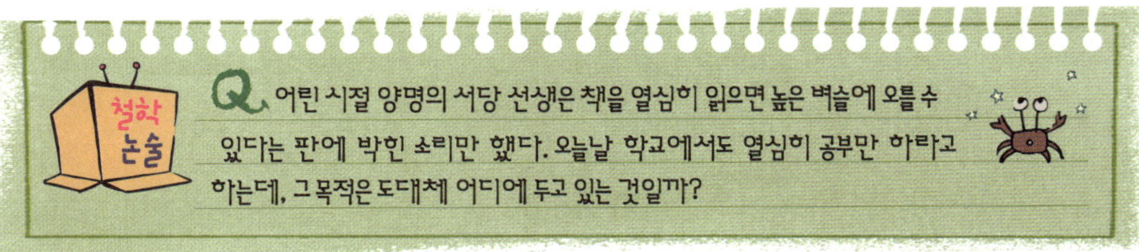

양명은 스무 살에 지방에서 보는 향시에 합격했고 곧이어 회시會試에도 응시했으나, 떨어지고 말았다. 4년 후에 응시했으나 또 낙방했다. 자신의 재주만 믿고 남을 가볍게 여긴 결과였다. 게다가 때마침 폐병까지 걸렸고, 그래서 산속에 들어가 양생법을 공부하게 되었던 것이다.

문무를 겸한 덕장

그는 몇몇 친구들과 함께 용천사에서 시 모임을 조직하여 매일 시 읊는 일에 도취되었다. 2년째 되던 해에 서울로 돌아온 그는 나라의 변두리 국경 지방이 위태롭다는 사실을 알고 무예를 닦는 한편, 병법에 관한 책을 두루 읽었다. 무관으로 크게 성공해볼까도 생각했던 양명은 결국 이 방면에서 꿈을 실현하지는 못했다.

몇 번의 실패를 거치고 나자 양명은 몸과 마음이 지치고 말았다. 학문이나 문학에 대한 공부가 그의 커다란 마음을 채워주지 못하고 무예 방면에서도 특별한 소질을 발휘하지 못하게 되자 방황하기 시작한 것이다. 다시 마음을 가라앉히고 독서에 정진하기 시작한 그는 스물여덟이 되던 해에 비로소 진사시험에 합격했다.

우여곡절을 겪던 그가 서른다섯 살 되던 해였다. 무종武宗이 즉위하자 환관인 유근劉瑾이 권력을 마음대로 휘둘러, 신하들이 임금에게 옳은 말을 하기만 하면 잡아다가 감옥에 넣곤 했다. 이에 양명은 충신들을 풀어주도록 상소를 올렸다. 그러나 유근은 도리어 양명을 무고하게 끌어다가 곤장 마흔 대를 때려 기절하게까지 만들었다. 다시 깨어난 그를 유근은 용장 지방의 역승驛丞 자리로 발령을 내고 말았다.

용장은 귀주성의 서북쪽에 자리하고 있었는데, 첩첩이 쌓인 산과 우거진 산림으로 뒤덮인 곳이었다. 독벌레와 질병이 만연할 뿐만 아니라

회시

국자감에서 보던 과거시험. 소과小科의 초시에 합격한 사람에게 보게 했던 복시覆試. 여기에 합격한 사람은 대과大科에 응시할 자격을 얻었다.

역승

찰방察訪. 각 지방의 역驛에 있는 말馬에 관계되는 일을 맡아보는 외직. 문관 벼슬 또는 그 벼슬아치를 가리킨다.

오랑캐들이 모여 사는 지방으로 말이 잘 통하지 않았다. 그러나 이처럼 험악한 환경은 도리어 그를 깊은 사색으로 이끌었다. 양명은 숲속에서 초막을 짓고 살다가 다시 암굴로 들어가서 살았다. 그 당시 그곳 야만족들은 한인漢人이 오면 여러 가지 꾀를 내어 죽이려고만 했다. 그러나 그들은 양명의 성실하고 인자한 성품에 감동하여 결국 그를 따르게 되었다. 양명은 원주민들을 잘 다스려나가는 한편, 돌관을 만들어 그 위에 앉았다 누웠다 하면서 밤낮을 가리지 않고 진리를 깨우치려고 애썼다.

그러던 어느 깊은 밤, 그는 홀연히 격물치지의 도리를 깨닫고 벌떡 일어나 앉았다. 마치 꿈속에서 누군가가 그에게 일러준 것 같았다.

어찌나 기뻤던지 소리치고 날뛰자 옆에서 자던 사람들까지 놀라 깨어 그 이유를 물었다. 이에 양명이 대답했다.

"내가 이전에는 격물의 도리에 대해 미혹했는데 이제야 깨달았소!"

용장으로 쫓겨난 지 3년 만에 양명은 장시성 노릉盧陵의 지현 벼슬로 승진하고, 이어서 유근이 죽자 형부주사의 벼슬을 하사받아 수도로 돌아오게 되었다. 나랏일을 보면서 책 읽는 일에도 게을리하지 않았다. 문장과 무예에 두루 능했던 그는 마침내 대군을 통솔하는 순무巡撫가 되었다. 소년 시절에 가졌던 호걸의 꿈이 이제야 이뤄지는 듯했다.

이후 십여 년 동안 양명은 적지 않게 큰 공을 세웠는데, 먼저 변경에서 수십 년 동안 활개 치던 도적 떼들을 말끔히 토벌했다. 그 이듬해에는 번개 같은 솜씨로 '신호宸濠의 난'을 평정하여 도탄에 빠진 백성들을 구출했다.

쉰여섯 살에는 광시성廣西省의 전주 지방에서 야만족이 반란을 일으켰는데, 그곳 총독이 이를 막아내지 못했다. 그러자 조정에서는 양명을 총독에 임명하여 반란군을 토벌하도록 했다. 양명은 이 무렵, 폐병에 이질까지 겹친 상태인지라 간곡히 사양했다. 그러나 이 건의가 받아들여지지 않았다. 이에 양명은 하는 수 없이 불편한 몸을 이끌고 광시성으로 향했다. 양명이 그곳에 도착하자 반란군은 미리 겁을 먹은 채 항복하고 말았다. 그러나 한편 이들의 반항이 그곳 관리들의 악정惡政 탓임을 알게 된 양명은 태장笞杖 백 대씩으로 다스려 그 죄를 벗어나게 해주었다. 또한 학교를 세워 교육과 교화에도 힘썼다.

그런데 늘 날씨가 고르지 못한 데다 몸에 피로가 쌓여 마침내 쓰러지고 말았다. 도적 떼를 몇 번이나 토벌하고 난을 평정하는 동안 그의 기력은 모두 소모되고 말았던 것이다. 앞서 말한 대로, 그는 날 때부터 선병질腺病質●인 데다 학문과 사색을 좋아했기 때문에 신체가 더욱 허약해져, 결국 몸에서 피를 토하는 각혈병을 얻고 말았다. 도저히 회복될 기미가 보이지 않는 이때, 어떤 제자가 찾아와 물었다.

"선생님, 무슨 유언이라도 남길 말씀이 없으십니까?"

그러자 그는 눈을 껌벅거리더니 이렇게 대답하고는 영원히 눈을 감아버렸다.

"이 마음이 밝으니 무슨 할 말이 더 있겠는가?"

마음으로 우주를 설명하다

이렇듯 육상산은 '하늘·인간·사물의 이치 모두 나의 마음속에 갖춰져 있기 때문에 마음이 유일한 실재다.'라고 생각했다. 육상산과 그의 제자들이 형성한 학파를 우리는 남송유학

선병질

선병(온몸에 나타나는 결핵성 병)의 어린이에게 체질상 나타나는 특별한 증세. 대개 피부가 꺼칠해지고 입술과 코가 두꺼워지는 경향이 있다. 목 부분의 임파선이 붓고 빈혈이 나타나기도 한다.

또는 심학이라 부른다.

그런데 왕양명은 육상산의 심학을 바탕으로 치양지설^{致良知說}을 주장함으로써, 이전의 정주학 또는 주자학의 주요 내용이었던 '성즉리'가 가지고 있는 이론적 모순을 극복하고 전통적 유교 도덕을 회복하려고 했다. 그는 주희가 말한 격물치지설에 따라 일주일 동안 대나무를 앞에 두고 연구했다. 그러나 아무런 성과를 얻지 못했고, 결국 스물일곱 살 이후에 주자학을 버리더니 신선술을 공부했다. 그러다가 서른일곱 살에 귀양 가 있던 용장 지방에서 주희의 이론이 잘못되었다는 것을 깨닫고 스스로 이론을 세워나가기 시작했다. 그는 "모든 것의 이^理는 내 마음을 벗어나지 않는다."라고 하며 이를 양명학의 기초로 삼았다.

도가의 철학자들은 '도^道'로 세계를 설명하고, 또한 그것으로 우주의 통일성을 설명한다. 또 정주학자들은 '이^理'를 우주적 통일성의 실체로 삼는다. 이와는 달리, 육상산이나 왕양명 같은 심학학자들은 '심^心'으로 우주를 설명하려 든다.

한번은 여행을 함께하던 친구가 낭떠러지에 있는 꽃나무를 가리키며 양명에게 물었다.

"자네는 마음 밖에 어떤 사물도 없다고 했는데, 이 꽃나무는 저절로 홀로 피었다가 저절로 떨어지곤 하지 않는가?"

이에 왕양명은 대답했다.

"아닐세. 자네가 이 꽃을 보지 않았을 때에는 이 꽃과 자네의 마음 모두 다

여기에서 양지^{良知}란 사람이 날 때부터 가지고 있는, 올바른 마음의 작용, 또는 타고난 지혜를 말한다. 양명학에서는 '마음의 본체'를 일컬을 때 쓴다.

고요했었지. 그러다가 자네가 이 꽃을 보는 순간, 이 꽃의 색깔이 자네의 마음속에 또렷해지지 않았는가? 이것으로 이 꽃이 자네의 마음 밖에 있지 않다는 사실을 알았을 것이네.”

양명은 밖에 있는 사물을 자신의 마음속으로 끌어들여 그것들에게 존재의 의미를 부여하고자 했다. 다시 말하면, 인간의 주관적 관념으로 객관적 세계를 구성함으로써 천지만물·삼라만상이 사람의 주관에 의해 존재한다는 것을 증명하려 했던 것이다.

사람의 몸은 사람의 마음에 따라 움직이며, 모든 행동은 마음속의 생각과 의지에 의해 좌우된다. 마음이 사람의 행동을 낳고, 또한 세상의 모든 사물을 낳는다. 가령 주자의 학설에서는 “효의 이理가 있기 때문에 효의 마음이 일어나고, 충의 이가 있기 때문에 충의 마음이 일어난다.”라는 것이 되지만, 왕양명에 의하면 “효와 충의 마음이 있어서 그것의 이理가 있다.”라는 것이 된다. 왕양명의 심학은 전형적인 관념론으로서, 주관적 관념론 또는 유아론唯我論이라 부르기도 한다.

이것은 마치 영국의 경험론 철학자 버클리의 학설을 떠올리게 한다. 버클리는 “존재는 지각된 것이다.”라고 주장하여 주관적 관념론의 입장을 취했다.

유아론

독아론獨我論. 실제로 존재하는 것은 오직 자아自我뿐이고, 그밖의 것은 모두 자아의 관념이나 자아에 대한 현상에 지나지 않는다고 하는 철학적 이론이다.

석가의 아버지 정반왕은 아들에게 권좌를 물려주고자 했고, 현실세계의 어려움과 상관없는 좋은 상태에서 부귀에 넘치는 교육을 받도록 배려했다. 그러던 어느 날, 석가는 수레를 타고 길을 가다가 사람의 네 가지 모습을 차례로 보게 되었다. 첫째는 늙어서 제대로 걷지도 못하는 노인, 둘째는 높은 열로 고통받는 환자, 셋째는 이미 썩어버린 시체, 그리고 세상의 고통을 초월하여 안식을 누리는 승려였다. 이때 그는 모든 부와 명예와 권력과 가족을 버린 채 집을 떠나기로 결심했다.

제2부

인도 철학, 불교와 정서가 만나다

'철학'의 원뜻은 '지혜에 대한 사랑'이다. 인도의 학파는 이러한 지혜에 대한 사랑과 세계의 진리를 추구하기 위해 다양한 방법을 사용해야 한다고 주장한다. 그러나 보통 서양의 철학에는 서로 다른 각각의 이론들이 성립되어 있기 때문에, 모든 학문을 어느 한 사람이 연구하는 것은 거의 불가능하다. 물론 인도 철학 역시 다양한 분야에서 서로 다른 철학적 문제들을 다루고 있기는 하다. 하지만 인도의 철학은 그것들을 서로 나눠서 다루지 않고 유기적인 관계 속에서 어떤 통일성을 지향하고 있는데, 이러한 경향을 우리는 '총체적 조망'이라고 부른다.

인도 철학이란 고대와 현대, 힌두와 비힌두, 유신론자와 무신론자를 모두 포함하는 전체 사상가들의 철학적 사색을 의미한다. 그리고 그것의 가장 뚜렷한 특징이라고 한다면 서로 다른 학파들끼리 공존하면서, 오랫동안 숙고와 토론을 통해 공통점을 찾아간다는 점이다. 만약 인도 철학이 앞으로도 계속 이러한 태도를 유지할 수 있다면 서양과 동양에서부터, 그밖에 다른 근원으로부터 인도로 들어오는 모든 사상을 포괄하는 위대한 철학이 나올 수도 있을 것이다.

인도 철학의 학파는 크게 정통과 비정통으로 나뉜다. 정통은 '베다의 권위를 믿는 자' 또는 '죽음 이후의 또 다른 삶을 믿는 자'를 의미하고, 비정통은 그와 반대되는 입장을 의미한다. 정통에 속하는 주된 철학 학파에는 미맘사·베단타·상키아·요가·니야야·바이쉐시카 등 여섯 가지가 있다. 비정통 학파로는 유물론·불교·자이나교 등 세 가지가 있는데, 이들은 모두 베다의 권위를 부정하는 쪽이다.

인도 철학의 특징으로는 첫째, 실천적 동기를 들 수 있다. 철학적 지혜의 목적이란 단순히 지적 호기심을 충족시키는 데 있는 것이 아니라, 삶에 대한 선견지명과 통찰력을 얻는 데 있다고 그들은 믿는다. 둘째, 인도 철학의 대부분은 현실적 삶의 괴로움으로부터 벗어나는 것을 목표로 삼는다. 우주의 본질과 삶의 의미보다는 현재의 삶 속에서 왜 고통이 일어나는지 그 원인을 살펴보고 그것을 실제로 극복하는 것이 일차적인 목표였던 것이다. 셋째는 영원한 도덕법칙에 대한 확신이다. 정의와 규칙성을 만들기도 하며 신과 모든 생명체들이 활동하게 하는 그 어떤 법칙이 있다는 데 대한 믿음, 그것은 벌써《리그베다》성자들의 영감 속에 널리 퍼져 있었다. 넷째는 우주를 도덕적 상태로 간주한다는 점이다. 개인의 신체·감각·운동 기관들과 그 개인이 놓여 있는 환경 등은 모두 신이나 자연으로부터 주어진 것이다. 따라서 그것은 잘못된 것도 아니고 부도덕한 일도 아니다. 다섯째, 인도 사상가들은 무지로부터의 탈출을 주장한다. 이 세계와 인간에 대해 우리가 잘 모르기 때문에, 속박과 괴로움이 생겨난다. 여섯째, 인도 철학은 진리에 대한 명상을 강조한다. 우리의 잘못된 생각과 말과 행동 등의 습관들은 잘못된 믿음에서 유래한다. 그래서 이 잘못된 믿음을 고치기 위해서는 끊임없이 그것을 명상하고 삶의 다양한 의미를 생각해야 한다. 일곱째, 인도 철학은 자기 절제가 필요하다고 말한다. 잘못된 감정이나 충동에 따라 우리의 말과 행위가 손상받지 않도록 하고 진리에 정신을 집중하기 위해서는 자기 절제가 필요하다는 것이다.

제1장

고대 철학의 세계

신들에 대한 찬양과 의심, 찬미가 시대

인도 철학의 역사를 시대적으로 분명하게 나누기는 쉽지 않다. 왜 그럴까? 그것은 시간적인 질서보다는 영원자에게 좀더 큰 관심을 쏟고 세부적인 시간의 흐름을 포착하기 꺼려 했던 인도인의 사상적 특성과 관련이 있다. 따라서 인도에는 고대 이집트인들에게서 발견되는 것처럼 정확한 역사적 기록은 존재하지 않는다. 그럼에도 우리는 인도의 역사를 몇 가지 주요한 시기로 나눠볼 수는 있다.

제1기는 고대 《베다》 또는 찬미가의 시대로서 기원전 약 1500년에서 1000년까지이고, 제2기는 봉헌신비주의 시대로서 기원전 약 1000년에서 700년까지다. 그리고 제3기는 《우파니샤드》 시대로서 기원전 약 700년에서 500년까지다.

《베다》 가운데 가장 오래된 부분이자 또한 모든 인류가 지닌 가장 오래된 문학적 금자탑

⬆ 신을 찬미하는 이슬람교도와 그리스도교인
13세기 《찬송가 모음Book of chants》이라는 책에 실려 있는 그림이다. 이슬람교도와 그리스도교인이 함께 큐트를 연주하며 찬송하는 모습이다. 마드리드 서쪽에 자리한 에스코리알 수도원에 소장되어 있다.

가운데 하나가 바로 〈리그베다〉다. 여기에 들어 있는 찬미가는 그 시대의 인도 아리아인들이 갖고 있던 인생과 종교적 관념에 관한 그들의 분명한 태도를 전해준다. 전투적인 농업 민족이었으며 특히 목축에 종사하는 사람들이었던 당시 그들로서는 도시를 세우거나 항해술에 관한 지식을 갖거나 하지는 못했다. 그러나 대장간·도공陶工·목공·직조술織組術과 같은 업종에 종사하며 그 기술을 발전시키기는 했다.

그런데 그들이 가지고 있는 종교적 관념의 특징이라면 살아 있는 것과 죽어 있는 것, 인격체와 사물, 그리고 정신적인 것과 물질적인 것을 전혀 구분하지 않았다는 점이다.

가장 오래된 상고 시대에 신으로 받들어진 것은 자연의 힘이나 원소 등이었다. 즉 인도 아리아인들도 다른 민족의 경우와 마찬가지로 하늘과 땅, 불과 물, 빛과 바람 등을 사람처럼 살고 말하고 행동하며, 또한 일정한 운명을 달게 받아들여야만 하는 어떤 인격체로 생각했던 것이다. 그래서 〈리그베다〉 속에는 불의 신Agni, 뇌우의 신Indra, 태양의 신Visunu과 같은 여러 신을 위한 찬미가와 찬사가 들어 있을 뿐만 아니라, 가축을 늘려줄 것과 수확을 풍성하게 해줄 것, 그리고 병에 걸리지 않고 오래 사는 일을 기원하는 기도문도 함께 들어 있다.

그런데 이들의 철학적 사유는 다음과 같은 의문으로부터 싹텄다.

"많은 신들이 있는 곳에 과연 어떤 궁극적인 세계 원인이 있으며, 또 이 커다란 우주는 태초에 어떻게 해서 생겨났을까?"

그래서 세계를 발생시킨 태초의 근원에 대한 장면이 〈리그베다〉의 찬미가 속에 훌륭하게

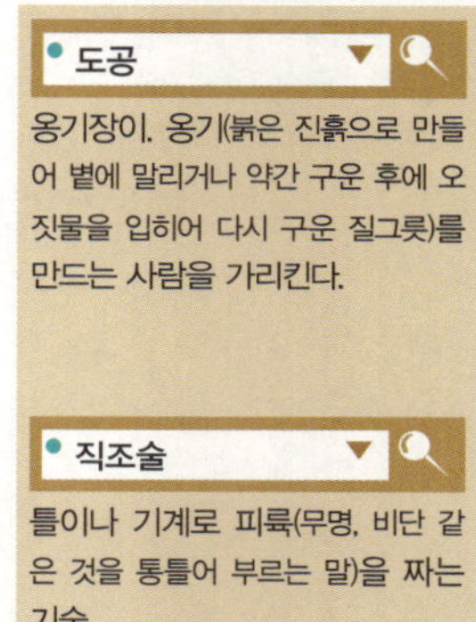

도공
옹기장이. 옹기(붉은 진흙으로 만들어 볕에 말리거나 약간 구운 후에 오짓물을 입히어 다시 구운 질그릇)를 만드는 사람을 가리킨다.

직조술
틀이나 기계로 피륙(무명, 비단 같은 것을 통틀어 부르는 말)을 짜는 기술

표현되어 있다.

"그때는 온 세계가 어둠으로 뒤덮여 있었고, 큰 바다에 불빛 하나 없는 밤의 적막이 감돌고 있을 뿐이었다. 이때 껍질 속에 가려져 있던 것, 곧 일자一者가 타오르듯 하는 오뇌懊惱의 힘으로 그 속을 헤치고 나왔던 것이다." 여기에서 우리의 관심을 끄는 대목은 세계의 근원을 찾아내려는 뜨거운 염원과 창조에 대한 극단적 의심, 즉 여러 신들에 대한 회의가 이 시의 마지막 부분에 나와 있다는 점이다.

"그러나 여러 신들도 결국은 창조의 차안此岸에서 발생한 것이다. 그런데 하물며 그 누가 신들이 솟아난 그곳을 알 수 있겠는가?"

신들도 역시 창조의 이편에 있다는 것은 그들조차도 일개 피조물에 불과함을 가리킨다. 여기서 우리는 초기 《베다》 종교가 무너지는 장면을 보게 된다.

"인드라(뇌우의 신)에게 진실한 찬송을 보내도록 하자! 그러나 그 누가 인드라를 본 일이 있단 말인가?"

초기 《베다》 사상의 신앙심이 흐트러지면서 드디어 성숙된 인도 정신이 등장한다. 다음의 봉헌신비주의 시대는 인도 정신의 발전 단계에 있어 최고의 전성기에 해당한다.

《베다》 신화에 나오는 뇌우의 신
인드라는 여자와 술을 좋아한다고 한다. 세 개의 눈을 가지고 있다고 전해지지만, 그림처럼 수천 개의 눈을 가진 것으로 묘사되기도 한다.

네 가지 신분 계급, 봉헌신비주의 시대

이때는 인도 아리아족Arya族이 그들의 통치 영역을 동쪽의 갠지스−델타 지역으로까지 확장시키면서 다른 인종으로 구성된 그곳 주민들에 대해 지배 계층으로 군림했던 시기다. 이 시기가 특히 우리의 주목을 끄는 까닭은 오늘날까지 전체 인도 생활의 특질을 이뤄오며 힌두교도 국가로서의 모습을 결정지은 사회적인 모든 기구가 바로 이때 만들어졌기 때문이다.

이 가운데 매우 엄격한 카스트 계급 제도는 승려로 구성된 브라만Brahman의 지위를 특권층으로 올려놓았다. 원래 카스트 제도를 만들게 된 동기는 원주민보다 수에서 적은 아리아의 지배 계급이 그들과 원주민을 분명하게 나눠놓음으로써 원주민과의 혼합으로 인한 멸망의 길을 밟지 않으려는 데 있었다.

카스트 제도의 최고 계급은 승려들로 이뤄진 브라만이고, 그다음은 왕후와 국왕, 그리고 장군으로 구성된 크샤트리아Ksatriya이며, 셋째 계급은 바이샤Vaiśya, 다시 그 밑에는 수드라Sudra 등이 있다.

오늘날 인도의 가장 심각한 사회문제인 이 계급 제도를 해결하기 위해 마하트마 간디도 각별한 노력을 기울였음은 주지의 사실이다. 그럼에도 시간이 지남에 따라 이상과 같은 초기의 계급적 분리는 세습적인 세부 계층으로 더욱 나누어져, 이들은 서로 엄격한 폐쇄적 상태에서 생활하게 되었다.

고대 《베다》 시대에 크샤트리아의 무사 계급이 지도적 위치에 있었던 것은 전쟁 위주의 사회 체제에서 당연한 일이었다. 그러나 점차 농업과 산업에 종사하는 안정된 사회 체제로 옮아가면서부터는 초자연적인

제3의 계급이며, 생산이나 유통에 종사하는 평민(농업·목축업·상업에 종사하는 서민)들을 가리켰다. 제4의 계급인 수드라가 피정복민인데 대해, 바이샤는 정복민인 아리아족에 속했다.

최하위 계급으로, 육체노동자들이 속했다. 상위의 세 계급은 우파나야나(입문식)를 거쳐 힌두교 최초의 성전인 《베다》를 공부하면 드비자dvija(再生族)가 될 수 있었다. 그러나, 이 계급은 그것을 거칠 자격이 없어 종교적으로 재생할 수 없었다.

Gandhi, 1869~1948 | 인도의 정치가·법률가·독립운동지도자·철인哲人. 서인도 카티와르에서 태어나 영국에서 법률을 전공했다. 영국에 대한 비폭력에 바탕을 둔 불복종운동을 전개하여 1947년 인도의 주권을 회복하게 했으며, 이후에는 국내 여러 정치 파벌을 통합하는 일에 힘썼다. 그러나 1948년 1월 29일, 뉴델리에서 반反 이슬람의 인도교 급진주의 무장 단체에 암살당했다.

⬆ 가장 높은 지위의 브라만 계급
인도의 네 가지 계급 가운데 가장 높은 '승려'족을 가리킨다. 범천梵天(우주 만물을 다스리는 신)의 후예라 하며, 제사법을 가르치면서 다른 세 계급의 존경을 받는다. 그림은 경배 의식의 하나인 푸자를 준비하는 브라만을 그린 17세기의 세밀화다.

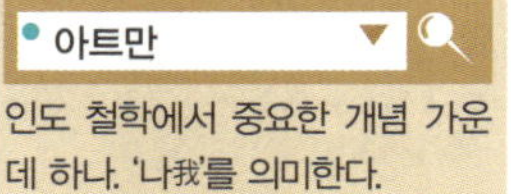

● 아트만
인도 철학에서 중요한 개념 가운데 하나. '나我'를 의미한다.

힘에 영향력을 미칠 수 있는 기도나 봉헌의 중요성이 점점 커지게 되었다. 그래서 신적인 힘과 교류할 수 있는 브라만 계급의 위치가 급격히 올라간 것이다.

승려들은 사람들에게 "올바른 의식儀式에서 조금이라도 벗어나면 모든 노력이 물거품이 되거나 혹은 오히려 재앙만을 입게 될 것이다."라는 소문을 퍼뜨리면서 자신들 이외의 그 어떤 정신적인 힘도 자라나지 못하게 만들었다. 스스로 지위를 확실하게 챙기기 위한 고도의 술수였다.

결국 브라만 계급에 속하는 승려는 모든 중요한 행사에서 없어서는 안 될 필수불가결의 매개자가 되었다. 왜냐하면 전쟁을 처음 시작할 때나 평화 조약을 맺을 때, 나라의 왕으로 즉위하거나 왕자가 태어날 때, 결혼하거나 죽을 때에 그들 승려가 치르는 제단 봉헌에 의해 행운과 불행의 운명이 결정되었기 때문이다.

이와 동시에 그들은 모든 고등 교육기관이나 그 수단마저 손에 넣어버렸다. 브라만은 일반 사람들이 잘 알지 못하게 제사의 의식 절차를 자주 바꿔가면서, 그 제사의 효과를 높이거나 혹은 물거품으로 만들어버릴 수 있었다. 이 때문에 누구든지 이들에게 의지하려는 사람은 그를 공경하거나 그에게 푸짐한 선물을 바칠 수밖에 없었고, 이런 가운데 브라만이 누리는 권력은 날로 커져만 갔던 것이다.

여기에서 한 가지 지적하고 넘어가야 할 것은 모든 힌두 사상의 두 가지 핵심 개념인 브라만과 아트만atman● 에 관해서다. 즉 인간의 외부세계에 있는 브라만과 내적 세계에 있는 아트만이 이 시기에 점차 윤곽을 드러내면서, 동시에 철학적 관심의 전면까지 등장했다는 사실이다.

염세주의로의 전환, 《우파니샤드》 시대

그러나 승려들을 위한 브라만 법전이나 해설서 따위가 끊임없는 사색에 열중하던 대다수 인도인의 정신을 완전히 만족시켜줄 수는 없었다. 그리 하여 마침내 북부 삼림 지대에 살던 예언자와 수도자들의 탐구에 의해 《우파니샤드Uphanishad》가 창조되었다. 《우파니샤드》의 저자가 누구인지는 알려진 바가 없고, 다만 가르기라는 부인과 야그나발키아라는 사람이 그 저자로 추측될 뿐이다.

전설에 따르면, 야그나발키아는 부유한 브라만교의 가정에서 태어나 마이트레이와 카트야야나라는 두 부인을 거느렸다고 한다. 그는 고독을 즐기면서 명상의 생활을 이어나가던 끝에, 마침내 진리를 찾는 데에만 몰두할 생각으로 이들 두 여인을 버리고자 결심했다. 그러나 그 가운데 마이트레이만큼은 끝내 그와 동고동락하기로 맹세했다고 한다.

《우파니샤드》의 근본 입장은 매우 염세적厭世的이다. 그것은 고대 《베다》의 찬미가 속에 나타난 차안이 세상의 세계에 치우친 마음과는 극단적으로 대조를 이룬다.

"뼈와 가죽과 힘줄과 골수骨髓와 살과 종자와 피와 점액粘液과 눈물과 눈곱과 대소변과 담즙膽汁으로 이뤄져 악취를 풍기는, 핵核도 없는 몸집을 가지고 우리가 과연 그 어떤 기쁨을 누리며 살아갈 수가 있단 말입니까?"

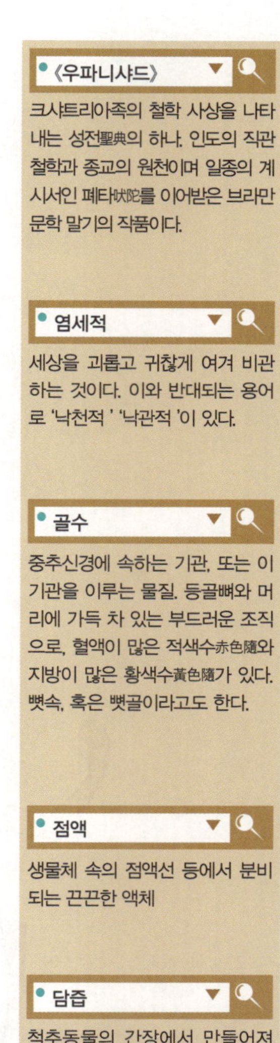

모든 존재를 고통과 번뇌에 가득 찬 것으로 보려는 입장이야말로 인도 사상의 기본 핵심이다. 그러나 초창기에 나타났던 삶에 대한 낙천적·긍정적 태도가 어떻게 해서 이처럼 비관적으로 변화하게 되었는지 지금으로서는 알 수 없다. 그것이 몸과 마음을 무기력하게 만드는 열대성 기후 때문인지, 좀더 성숙된 인간의 정신에 나타나는 무상에 대한 초연함 때문인지 알지 못한다. 다만 인도 정신이 지닌 내향적인 사고에 바탕을 둔 신비주의적 성격은 그들에게 감각적인 외부세계의 모든 것을 가볍게 여기도록 했을 것이라고 추측할 수 있을 뿐이다.

브라만과 아트만

《우파니샤드》의 주요 사상은 아트만과 브라만의 교리, 그리고 윤회와 구제의 사상이다. 본래 '기도'나 '신성한 깨달음'이라는 뜻을 가진 브라만은 '일반적인 창조적 세계의 원리로 그 의미가 바뀌었다. 자기 자체 안에 머물러 있을 뿐인 이 세계정신 브라만을 통해 모든 사물은 나타나 일어나기도 하고 그 속에 고이 잠겨 있기도 한다.

"실로 브라만이야말로 태초에 있었느니라. 그것이 신들을 창조하셨도다. 브라만은 신들을 창조하고 난 뒤에, 다시 신들이 이 세계의 높은 자리를 누리게 하셨느니라."

이렇게 보면, 결국 브라만이야말로 모든 사물의 근본 원천이라 할 수 있겠다.

한편 본래 '입김'이나 '호흡'을 뜻하였던 아트만은 '본질'

이나 '독자적인 자아'의 의미로 바뀌었다. 우리가 밖으로 나타난 한 인간으로부터 일단 육체의 껍질을 벗겨버리고 나면 활력적인 정신만이 남는다. 여기로부터 다시 사유나 의욕, 감정이나 욕망 따위를 제거해버리고 나면 가장 내면적 핵심이 남게 되는데, 이것이 바로 아트만이라 불리는 것이다.

그런데 《우파니샤드》에 따르면, 지금까지 말한 우주적 본체로서의 브라만과 현상적인 개인으로서의 아트만은 결국 하나다. 즉 범아일체梵我一體라는 말이다. 우주 전체가 브라만이긴 하되, 또한 이 브라만은 우리 속에 들어 있는 아트만이기도 하다. 이슬람이나 고대 유대교와 같은 셈족의 종교에서는 신이 주인이고, 인간은 어디까지나 그의 사자使者나 종으로 나타날 뿐이었다. 이에 비해 인도 아리아의 종교에서는 신과 인간 사이에 차이가 없으며, 본질적으로는 동일하다는 점을 강조한다.

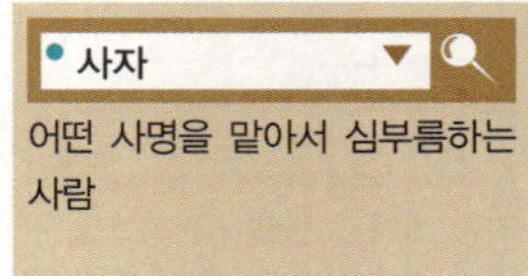

그러나 세계의 본질이 우리 내면세계의 몰입을 통해서만 밝혀질 수 있다면 현자에게 밖의 현실에 대한 인식은 아무런 가치도 지니지 못할 것이 아닌가? 그렇다면 도대체 우리를 둘러싼 이 현실은 무엇이란 말인가? 여기에서 우리는 엉뚱한 대답을 듣게 된다. 《우파니샤드》에 따르면 현재의 공간과 시간 속에 자리 잡은 사물의 세계란 참된 본질, 즉 아트만이 아니라 단지 허상·가식·환상, 이른바 마야Maya에 지나지 않는다. 그러므로 우리는 이러한 현상의 다원성에 집착할 것이 아니라 오직 하나의 진리를 인식하는 일에 전념해야 한다.

그리고 우주 전체에 대한 인식은 오직 아트만, 즉 가장 내면적인 인식 작용을 통해서만 가능하다. 모름지기 진리란 오성으로 파악되거나 말로 전달될 수 있는 것이 아니다. 따라서 우리가 아트만의 핵심에 도달하기 위해서는 외부세계에 대한 모든 관심이나 욕망을 뿌리치고 금식,

절대안정, 침묵, 그리고 철저한 정신 통일과 자아 극복을 통해 거짓된 마야의 껍데기를 벗어던져야 한다. 이러한 경지는 우리 인간이 자기의 생애를 바치다시피 하는 기나긴 각고의 노력 끝에야 도달할 수 있다.

윤회와 해탈

아트만과 브라만에 이어, 이제 윤회와 해탈의 문제를 다뤄보자. 과연 죽은 후에 인간은 어떻게 될까?

"마치 유충幼蟲이 잎사귀의 끝까지 기어 올라가고 나면 또다시 하나의 잎사귀에 달라붙어서 그쪽으로 넘어가고 말듯이, 영혼이란 것도 현재의 육체를 뿌리치고 무지마저 떨쳐버리고 나면 또 다른 시초를 향해 나아감으로써 마침내 그편으로 아예 옮겨가고 만다. 그런데 내세의 운명은 현세의 삶을 그가 어떻게 살아왔는지에 따라 좌우된다. 선을 행한 자는 선인으로 태어날 것이고, 악을 행한 자는 악인으로 태어날 것이다."

이것이 바로 야그나발키아가 주장한 윤회輪廻 사상이다.

그러나 모든 인간은 끝없는 윤회에서 벗어나야 한다. 그것은 참으로 고통스러운 일이기 때문이다. 그러므로 우리는 각기 다른 단계에서 스스로 부활하려고 노력할 것이 아니라, 죽음과 부활이라고 하는

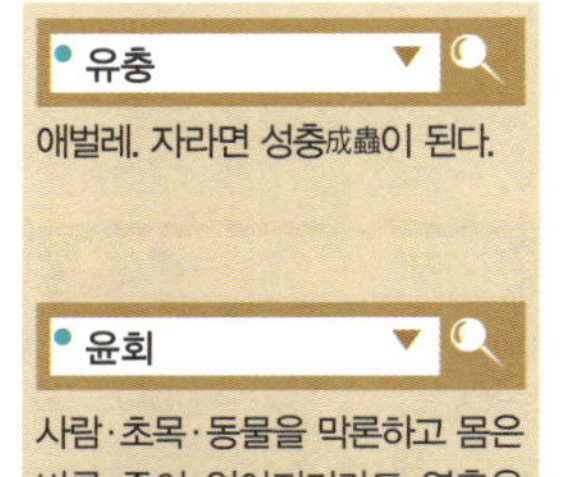

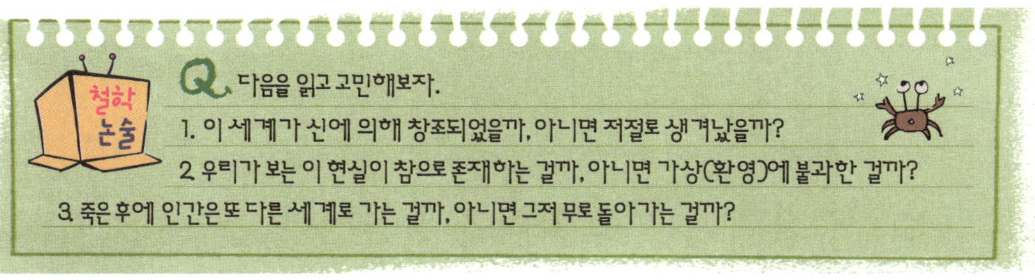

끊임없는 순환 상태로부터 완전히 벗어나는 일에 힘써야 한다. 이것이 해탈解脫●에 관한 인도인들의 생각이다.

그렇다면 우리는 어떻게 해야 해탈에 도달할 수 있을까? 이를 위해서는 우리의 모든 탐욕적 행동을 멈추고 삶에 대한 욕망을 극복해야 한다. 그러나 이러한 금욕만으로는 충분치 못하며 해탈을 위해서는 지식과 달관이 다시 곁들여져야 하는데, 오직 무상無常●의 의미를 깨달은 자만이 그러한 경지에 들어설 수 있다. 그리고 여기서 말하는 지식이란 다름 아닌 아트만과 하나 됨을 뜻한다. 그러나 만약 아트만이 우리 안에 자리하고 있는 어떤 것이라고 한다면 우리가 현세를 떠날 필요는 전혀 없으며, 다만 그것을 인식하기만 하면 될 것이다.

"누구를 막론하고 '나는 브라만이다!'라고 깨달은 자가 있다면, 그는 이미 해탈되어 있는 것이나 마찬가지다."

그러므로 여기에서는 지식이 곧 해탈을 가능하게 하는 힘이 된다.

《우파니샤드》의 사상은 신과 인간의 영혼이 하나로 되는 경지를 추구함으로써 그밖의 모든 부수적 현상을 제압해버리는 찬란한 빛을 발한다.

"만일 언젠가 위대한 수수께끼가 그 참모습을 드러낼 날이 온다고 가정한다면, 그 해명의 열쇠란 오직 자연의 불가사의가 우리 자신 속에 이미 마련되어 있을 때에만 가능하다."

이와 비슷하게도 괴테는 다음과 같은 통찰의 말을 한 적이 있다.

"자연에 대한 수수께끼의 실마리는 벌써 인간의 마음속에 들어 있지 않겠는가?"

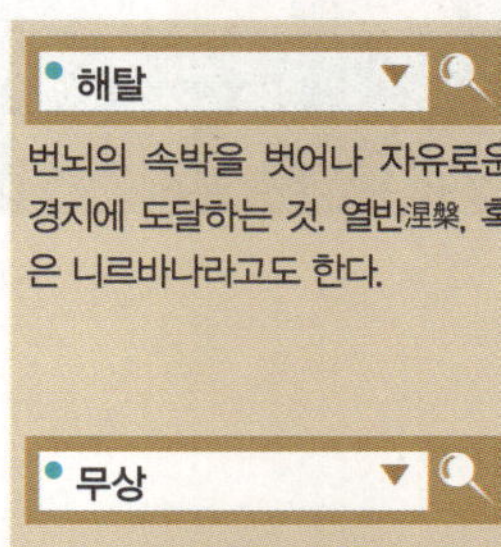

제2장

불교 철학 이전의 시대

유물론과 자이나교

《우파니샤드》가 나타나기까지의 《베다》 시대는 비교적 통일적인 모습을 띠고 있었다. 다시 말해 브라만의 교의가 모든 철학적 사유의 배경을 이루고 있었던 것이다. 그러나 많은 사람들의 입을 통해서 비판의 소리가 높아지기 시작했다.

그 가운데에서도 독자적인 체계로 발전한 유물론적 방향과 마하비라 및 석가모니의 사상과 같은 새로운 종교적 경향이 두드러졌다. 흔히 《베다》의 권위를 부정하거나 이것을 오직 하나의 신적 계시로 간주하지 않는 모든 사상 체계를 두고 '비정통적 체계'라고 부르는데, 그 가운데 대표적인 것이 하르바카스샤르바카斫婆迦의 유물론과 마하비라Mahāvīra의 자이나교, 그리고 석가모니釋迦牟尼의 불교다.

인간 역시 물질적 존재다

하르바카스라고 하는 분명하지 않은 이름을 가진 사람 외에도 일련의 사상가들이 중심이 되었던 유물론 학파는 다음과 같은 주장을 펼쳤다.

"물질만이 오직 하나의 실존체이므로, 우리의 모든 정신적 작용마저도 물질에 귀착될 수 있다."

다시 말하면 물질만이 이 세상에 존재하는 것들 가운데 가장 근본적이고 원초적인 것이므로, 가장 비물질적인 것이라고 생각될 수 있는 인간의 정신적인 작용_{사고·추리·기억 등}마저도 결국에는 물질의 작용이라고 말할 수 있다는 뜻이다.

이들은 당시 유행하던 종교와 그 지도자들을 비웃으면서 물질적 차원을 넘어서는 모든 철학적·종교적 사색을 형이상학적 난센스_{무의미한 어떤 것}라고 뿌리쳐 버렸다. 아트만에 대한 이론도 다만 기만일 뿐이며, 흔히 영혼이라 부르는 것은 존재하지도 않는다고 생각했다. 이 세상에는 오직 네 가지 원소_{공기·불·물·흙}의 형태를 가진 물질만이 존재할 뿐이라고 그들은 주장한다.

그들에 따르면, 인간은 전적으로 물질로 만들어졌을 뿐, 그 안에 영혼과 같은 비물질적인 어떤 것도 존재하지 않는다. 가령 '나는 튼튼하다' '나는 말랐다' '나는 불구자다' 등의 판단 역시 인간과 육체가 하나임을 보여주는 예라는 것이다.

물론 인간에게 의식이 존재하긴 한다. 그러나 따지고 보면 그 의식의 속성이란 것도 물질로 이뤄진 육체일 뿐이다. 우리는 물질 자체에 의식이 없다고 해서 그것들이 결합된 어떤 새로운 물체에도 의식이 없다고 생각해서는 안 된다. 예컨대 구장_{蒟醬}의 잎과 열매와 과일을 함께 씹어 원래 그들 구성 성분에는 없었던 붉은색을 얻을 수도 있고, 당밀_{糖蜜}을 발효시켜 원래 그 속에는 없던 취기를 느끼게 하는 성분을 얻을 수도 있다. 마찬가지로, 물질의 요소들이 특별한 방법으로

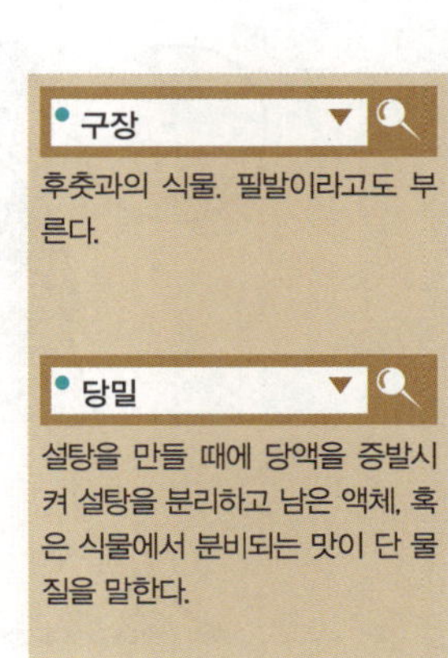

구장
후춧과의 식물. 필발이라고도 부른다.

당밀
설탕을 만들 때에 당액을 증발시켜 설탕을 분리하고 남은 액체, 혹은 식물에서 분비되는 맛이 단 물질을 말한다.

결합함으로써 의식을 지닌 생명체가 나타나게 되고, 이 의식은 육체 가운데 머물다가 결국 육체의 소멸과 더불어 없어진다. 이것을 인간에게 적용해보면 우리의 여러 가지 육체적 기관들이 따로따로일 때에는 한갓 물질에 지나지 않으나, 이것들이 모여 한 몸을 이뤘을 때에 영혼이라고 하는 독특한 존재가 생겨난다는 말이 된다. 그렇기 때문에 그 영혼은 육체의 죽음과 더불어 없어지고 만다.

여기에서 가령 죽음 이후에도 인간이 어떠한 형태로 존재한다는 사실은 증명되지 않는다. 흔히 사후세계가 있다는 말을 하는데, 이 말은 믿을 수 없다. 신이 존재한다는 주장 역시 증명된 사실이 아니라, 하나의 신화일 뿐이다. 이 세계는 신에 의해 창조된 것이 아니라, 물질적 요소들의 자동적인 결합으로 만들어졌을 뿐이다. 따라서 육체가 죽은 다음에 천국의 즐거움을 누리기 위해서, 또는 신을 기쁘게 하기 위해서 어떤 종교적 의식을 행한다는 것은 참으로 어리석은 일이 아닐 수 없다.

종교지도자들, 즉 사제들이란 보통 사람들이 잘 믿어버리는 습성을 이용해서 자신들의 생활을 꾸려나가는 사람들이다. 그들 역시 한 생활인으로서 종교에 대한 봉사를 하나의 직업으로 선택하고, 먹고살기 위해 신과 어리석은 사람들을 이용할 뿐이다. 결국 현명하고 합리적인 사람에게 최고의 목표는 이 세상에서의 삶에서 가능한 한 가장 강한 쾌락을 누리는 일이다.

현재의 삶을 즐겨라

그들 유물론자들은 어떠한 윤리 이론도 가지고 있지 않았을 뿐만 아니라, 윤리적인 세계 질서가 있다는 사실조차도 부정했다. 게다가 인간의 목표는 오직 감각적 욕망이라고 서슴없이 주장했다. 어떤 유물론자가 임금에게 올린 말 가운데 다음과 같은 내용이 전해져 내려온다.

"종교에서 주장하는 계율이란 어리석은 자를 속이기 위한 것에 불과합니다. 나는 가소로울 뿐인, 이른바 도덕적 의무를 다하고자 하는 사람들을 보면 딱한 생각이 들곤 합니다. 그들은 하염없이 신들이나 상제上帝에게 공물을 바칩니다. 이것이야말로 성찬盛饌을 낭비하는 것에 불과합니다. 라마 왕자시여, 피안彼岸의 세계란 존재하지도 않으며, 희망이나 믿음이란 것도 헛된 것입니다. 오직 지금 당신의 삶을 즐길 뿐, 덧없이 현혹하는 모든 것을 멸시하십시오!"

브리하스파티라는 자는 현세의 삶을 이보다 더 직설적으로 말하고 있다.

"기름진 것을 맘껏 들이마시고, 설령 남에게 빚을 지는 일이 있다 할지라도 이 짧은 세월을 즐길지어다."

또 하르바카스는 이렇게 주장한 바 있다.

"향락에는 반드시 고통이 함께 따르게 마련이다. 그렇다고 해서 이를 멀리하려는 사람들은 참으로 어리석도다."

그 이유에 대해 그는 이렇게 설명하고 있다.

"가령 희고 통통한 쌀알에 작은 껍질이 씌어 있다고 해서 이를 마다할 필요가 있는가? 껍질 때문에 과일의 속살을 거부하고, 일하는 가축이 불쌍하다고 봄에 씨뿌리기를 그만두어서야 되겠는가? 우리는 할 수만 있으면 고통의 시간을 줄여나가면서, 현재의 삶 속에서 쾌락을 즐기는 데 최선을 다해야 한다."

하르바카스의 이론은 많은 추종자를 키워냈다. 많은 청강생들이 그의 강의를 들었는데, 당시 이들을 모두 수용할 만한 거대한 건물까지 마련했다고 한다.

상제

하느님. 우주를 창조하고 주재하며 불가사의한 능력으로 인간의 선악을 판단하고 그에 따른 화복을 내린다고 하는 신. 기독교에서는 하나님, 천도교에서는 한울님, 대종교에서는 한얼님, 민간에서는 천신이나 옥황제, 천주교에서는 천주 등으로 불린다.

라마

스승·친우 등과 같은 말. 본래는 학덕이 높은 중이나 장로를 가리키는 말이었다. 라마에는 일반 승려와 귀족 승려의 구별이 있으며, 귀족 승려의 경우 한 사원에 보통 서른 명씩 있어 특별 대우를 받는다. 이 가운데 최고위층에 있는 사람이 달라이 라마이며, 정치·종교의 두 가지 권력을 모두 지배한다. 본문에서는 문맥상 당시 최고의 권력자, 즉 왕을 호칭하는 것으로 보인다.

유물론이 쾌락주의로 귀착된다는 사실은 서양 철학에서도 마찬가지다. 가령 데모크리토스의 원자론을 채택했던 에피쿠로스 학파는 필연적으로 쾌락주의 윤리설로 흘러갔다.

입으로 불어가며 물을 마셔라, 자이나교

자이나교^{Jaina教}의 기원은 선사 시대까지 거슬러 올라간다. 그들의 믿음은 스물네 명의 티르탕가라^{해탈한 포교자}들을 통해 전해졌다. 그 가운데 마지막 사람이 석가모니와 동시대를 살았던 바르다마나 마하비라다.

자이나 학파는 하르바카스의 유물론적 이론을 거부했다. 앞서 언급했듯 하르바카스는 물질만이 가장 근본적인 것이므로, 가장 비물질적인 것에 해당하는 인간의 정신적인 작용^{사고·추리·기억 등}마저도 물질의 작용이라고 물리쳐버린 바 있다. 그러나 자이나 학파는 우리의 지각조차도 결코 물질의 작용이 아닌 경우가 많다고 주장하고 나섰다.

이에 대한 논리는 다음과 같다. 먼저 자이나 학파는 우리의 지식이 생겨나는 근원으로 지각과 함께, 추론과 언어적 검증을 인정한다. 첫째, 인간의 지각은 하르바카스 학파가 주장한 것처럼, 네 가지 요소^{공기·불·물·흙}로 이뤄진 물질적 실체가 실제로 존재함을 드러낸다. 그리고 우리의 추론을 통해서는 공간과 시간의 존재를, 그리고 운동과 정지라는 두 가지 원인을 믿게 만든다.

그러나 이것만이 세계의 전부는 아니다. 우리의 지각은 모든 생명체에 자아^{영혼}가 존재한다는 사실을 증명한다. 예컨대 우리는 오렌지가 갖고 있는 색깔·형태·냄새 등과 같은 특성을 지각할 때, 오렌지가 존재함을 알게 된다고 말한다. 이와 같은 이유에서 쾌락이나 고통, 또는 자아의 다른 성질을 마음속으로 알아차릴 때, 우리는 자아의 실체를 인정할 수밖에 없다.

이렇게 보면, 우리는 의식이 결코 물질의 산물이라고 말할 수는 없게 된다. 만일 그들, 즉 육체와 그 기관들을 조절하는 의식적 실체가 우리 가운데 없다고 한다면, 육체와 감각기관들이 그처럼 체계적으로 활동할 수는 없을 것이기 때문이다. 따라서 우주에는 생명체의 수만큼이나 많은 자아영혼가 존재한다.

이러한 논리에 따라 자이나 학파는 동물뿐만 아니라 식물, 심지어 먼지의 알맹이 속에도 자아가 존재한다고 주장한다. 먼지나 생명이 없는 사물들 속에도 미생물과 같은 미세한 생명체가 존재한다는 사실은 현대 과학에서도 인정하는 바다. 그러나 자이나 학파에 의하면, 모든 자아가 똑같은 의식을 갖고 있는 것은 아니다.

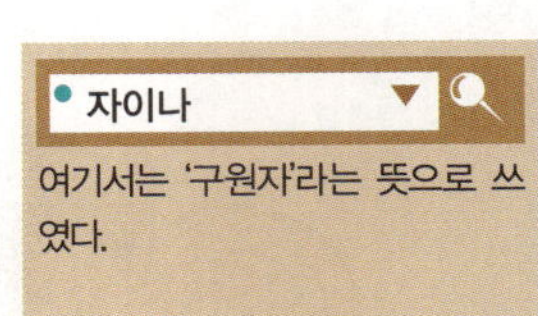

마하비라로 알려져 있는 자이나교의 창시자는 기원전 599년에 부유한 귀족 가문에서 태어났다. 그의 부모는 죽음 후에 영원히 사는 것을 오히려 저주스럽게 여기고, 따라서 자살을 허용하는 종파에 속해 있었다. 그들은 심지어 자살을 바람직스럽다고 보는 교리에 따라 스스로 굶어죽고 말았다. 이와 같은 일을 눈여겨 보아온 마하비라는 현재 세상에서의 모든 기쁨을 포기하고 금욕주의자로서 일생을 보냈다. 그리고 72년이라는 방랑 생활을 끝맺으면서 마침내 하나의 종교운동을 창시했던 것이다.

그의 추종자들은 마하비라를 이 땅에 재림하는 많은 자이나Jaina들 중 한 사람으로 보았다. 자이나교의 구제설은 다음과 같다. 이 세계는 영원한 활력을 지닌 개체적 영혼Jiva과 생명력이 없는 물질Ajiva로 구성되어 있다. 그런데 지바는 비록 전지전능함과 도덕적 완전성을 지니고 있으면서도 그 능력을 실현시키지 못한다. 왜냐하면 애초부터 그것이 물질적인 것에 의해

자이나 ▼ 🔍

여기서는 '구원자'라는 뜻으로 쓰였다.

침투되어 오염되어 있기 때문이다. 그러므로 지바는 그 속에 파고 들어온 불순물을 없애면서 동시에 그와 같은 것들이 새로 침투해 들어오는 것을 막아야 한다. 이와 같은 목표를 달성하기 위해서는 엄격한 금욕적 회개를 통해 고행苦行의 도를 수행하는 도덕적 생활이 요구된다고 그는 주장한다.

그래서 이에 상응한 서약을 자이나교도들은 지켜야만 했다. 예컨대 거짓말을 해서는 안 되고, 자신에게 주어지지 않은 것은 그 어떤 것도 가져서는 안 되며, 현세와 관련되는 것에서 쾌락을 추구해서도 안 된다.

특히 모든 살생을 금하도록 되어 있어서 동물을 죽이거나 공물供物로 이용해서는 안 된다. 심지어 음료수 속에 벌레가 들어가 있으면 입으로 불어가면서 물을 마셔야 하며, 절대로 잡아서는 안 된다. 또한 실수로 벌레를 들이마셔서는 안 되므로 언제나 얼굴을 가리는 천, 즉 안면포를 걸쳐야 하고, 자기의 발이 생명체를 밟아 죽여서는 안 되기 때문에 걸어가기 전에 미리 땅바닥을 깨끗이 쓸어내야 한다. 물론 이처럼 지나치게 이상적인 요청이 그대로 지켜질 수는 없는 법이어서, 이 교리는 여러모로 변화되거나 또는 약화되었으며, 나아가 원래 뜻과는 전혀 다르게 왜곡되기도 했다.

자이나교의 윤리적 요청 역시 지나치게 엄격했던 탓에 그 교리는 대중 속으로 뿌리내리지 못한 채 아주 적은 무리의 정예분자를 통해서만 그 명맥이 이어지고 있었다. 그러나 오늘날에는 인도인의 생활 속까지 깊숙이 파고들어 그 신자의 수가 삼백만 명에 이른다는 보고도 있다.

자이나교의 영향력은 그 유명한 마하트마 간디에게도 나타나는데, 그는 모든 생명체에 대한 무저항을 가르친 아힘사ahimsa의 이론을 자신의 평소 생활과 정치 활동의 신조로 삼기도 했다.

고행

육체의 욕망을 끊고 최고의 정신 생활을 달성하기 위한 종교적 수행. 오랫동안 굶는다거나 수천 번 절을 하며 계속 기도를 한다거나 하는, 보통 사람으로서는 견디기 어려운 고통스러운 일을 행하는 것을 말한다.

아힘사

살아 있는 것에 대한 죽임, 즉 살생을 금지한다는 의미다. 모든 생물을 한 동포로 보는 관점에서 육식을 금하며, 전쟁과 모든 살생을 반대한다. 채식주의, 또는 소의 도살을 금지함 등으로 표현되었다.

힌두교의 출현

육식을 금하라

힌두교를 다른 말로 인도교^{印度敎}라고도 한다. 힌두교를 범인도교라 함은 무슨 이유일까? 그것은 '힌두^{Hindū}'라는 말 자체가 인더스강에 대한 산스크리트어의 이름 '신두^{Sindhu}'에서 유래한 것으로, 인도와 똑같은 어원을 갖고 있기 때문이다.

이러한 관점에서 힌두교의 역사는 기원전 2500년 무렵의 인더스 문명까지 거슬러 올라갈 수 있으며, 아리안족의 침입(기원전 2000~기원전 1500년?) 이후 형성된 브라만교를 포함하기도 한다. 그러나 좁은 의미로는 아리안 계통의 브라만교가 인도 토착의 민간신앙과 융합하고, 불교 등의 영향을 받으면서 기원후 300년경부터 종교학파의 모습을 갖춰 현대 인도인의 신앙 형태를 이루고 있다. 이같이 오랜 세월에 걸쳐 형성되었기 때문에 힌두교는 어느 특정한 교조와 체계를 갖고 있지 않으며, 다양한 신화·성전^{聖典}·전설·의례·제도·관습을 포함하고 있다. 그런데 이러한 다양성을 통일하여 하나의 종교로서 구체적인 기능을 가능하게 하는 것은 무엇일까? 그것은 바로 카스트 제도다. 그 기원은 브라만에 규정된 사성^{四姓}제도지만, 역사적으로 다양하게 바뀌어 현대의 카스트 제도에는 종족·직업·종교적인 여러 가지 조건이 복잡하게 얽혀 있다. 따라서 인도 사람들의 종교와 사회생활은 서로 밀접한 관계를 맺고 있다. 그러므로 인도 사람들은 힌두교로 태어난다고 일컬어지기도 하며, 카스트 제도에는 엄격하지만 신앙에 대해서만큼은 상당히 관대한 편이다.

그렇다면 힌두교와 고대 브라만교와의 차이점은 무엇일까? 브라만교가 《베다》에 근거를 두고 희생제를 중심으로 신전이나 신상^{神像}

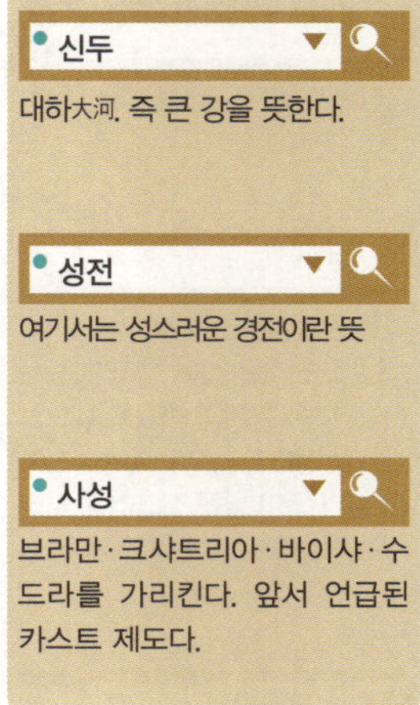

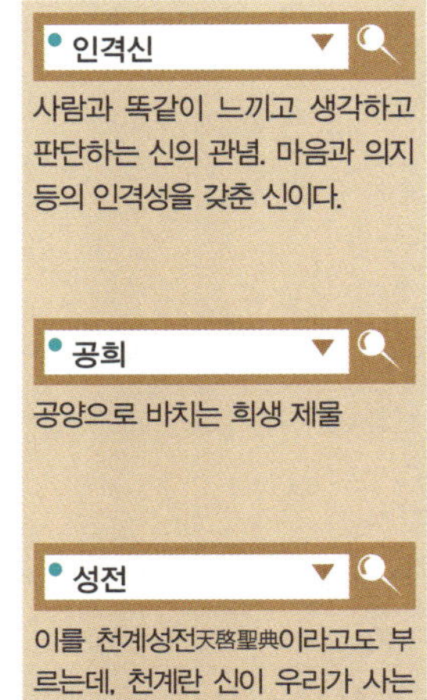

없이 자연신을 숭배하는 데 비해, 힌두교에서는 신전 및 신상이 예배의 대상이 되고 있으며 인격신人格神이 믿어진다는 점이다. 또한 공희供犧를 반대해 육식이 금지되고 있다.

힌두교의 근본 경전은 《베다》《우파니샤드》이며, 그 외에도 《브라마나》《수트라》 등의 문헌이 있는데, 이 모든 것들은 인도의 종교적·사회적 이념의 원천이 되고 있다.

힌두교도는 무엇보다 《베다》에 대해 절대적인 권위를 인정하는데, 이를 첫째 성전聖典이라 부른다. 그리고 이것은 신이 만든 것도 인간이 만든 것도 아니며, 성선聖仙이 신비적 영감을 체험하고 직접 계시를 받아 만든 것이라고 한다.

힌두교는 브라만교로부터 신에 대한 많은 관점과 신화를 계승하고 있기 때문에, 언뜻 보면 다신교 같아 보이기도 한다. 하지만 신들의 배후에 유일한 최고의 존재자를 설정하고 그 여러 신들이란 결국 하나의 최고신이 나타난 모습이라 주장하여 교묘히 하나로 통일시키고 있다는 점에서 일신교라 할 수도 있다. 《푸라나》 문헌에 나타나는 트리무르티三神一體가 그 좋은 예일 것이다. 이 교리는 기원에 속하는 창조신으로서의 브라흐마Brahma, 유지해주는 신으로서의 비슈누Visnu, 그리고 파괴하는 신으로서의 시바

⬆ 세계의 질서를 유지하는 신
비슈누가 우주의 물 위에 누워 세계에 대해 명상하고 있는 장면이다. 그가 명상하는 동안 배꼽에서 황금빛 연꽃이 솟아올라 있는데, 이곳에서 새로운 우주의 창조자인 브라흐마가 태어난다.

◐ **브라흐마와 시바와 비슈누**
중앙을 차지한 최고의 신 시바의 오른쪽 옆구리에서 브라흐마가 나왔고 왼쪽 옆구리에서 비슈누가 나왔다고 한다. 브라흐마와 시바와 비슈누를 삼위일체로 본다.

Śiva, 이 세 가지 신을 하나의 몸으로 통일하여 최고의 실재 원리로 삼는다. 그 가운데 비슈누와 시바를 숭배하는 사람들이 힌두교의 대종파를 형성하고 있다.

그리고 그중에서도 비슈누파는 학문적 성격이 강한 데다 비교적 사회의 상층부가 속해 있다. 여기에서 비슈누는 인간과 동물의 모습을 띠고 이 땅에 나타난다고 믿어지며, 비슈누의 10권화權化 가운데 라마Rama와 크리슈나Kṛṣṇa는 2대 서사시의 영웅이라 한다. 이에 따라 비슈누파는 라마파와 크리슈나파로 나뉘었다.

이러한 비슈누파에 비해 시바파는 사회 하층부에 세력이 분포되어 있으며, 수행자의 고행 및 주술, 열광적인 제사의례가 특색이다. 또한 인도에서는 옛날부터 신비神妃 숭배가 성행하여 브라마에게는 시라스바티辯才天, 비슈누에게는 라크슈미Lakṣmī가 배우자 여신으로 간주되며, 시바신의 배우 여신으로는 두르가·파르바티·우마·칼리

10권화

부처가 중생을 구하려고 인간이 되어 임시로 세상에 나타나는 일, 혹은 어떤 추상적인 것이 구체적인 형태를 띠고 나타난 것

시바파

시바는 힌두교 시바파의 최고신 또는 우주의 최고 원리로 여기는데, 그 성품이 광폭하여 파괴와 관련되어 있다. 비슈누파·샤크티파와 함께 현대 힌두교를 형성하는 주요한 세 교파를 이룬다. 힌두교의 다른 교파들과 마찬가지로 자바·발리·인도네시아·캄보디아 등 동남아시아 여러 지역으로 확산되었으나 이슬람교의 침입과 함께 많은 사람들이 이슬람교로 개종하면서 세력이 점차 약화되었다.

307

같은 많은 이름들이 있다. 이들 여신을 샤크티^{여성적 창조력}라고 부르며, 이들을 숭배하는 샤크티파^{Shaktism}도 있다.

고행과 요가

힌두교의 특징적인 사상은 윤회와 업^業, 해탈의 길, 그리고 도덕적 행위를 중시하는 것과 경건한 신앙 등으로 요약할 수 있다. 윤회와 업 사상은 민간신앙 가운데서 받아들인 것으로 이미 《우파니샤드》에 나타나 있으나 《마하바라타》에 이르러 특별히 강조되고 있다. 이러한 사상은 인도 사람들의 도덕관념을 키워왔지만, 한편으로는 사람들의 마음속에 숙명론을 심어줌으로써 사회 발전을 가로막는 한 요인이 되기도 했다.

또한 인간의 사후^{死後} 운명에 대해서도 깊은 성찰이 있었다. 신들도 업의 속박에서 벗어나는 것은 힘에 벅찰 만큼 곤란한 일이었다. 그때문에 그러한 속박에서 벗어나 해탈하는 방법으로서, 집을 나와 아무 데나 흘러 다니는 생활과 고행, 또는 요가가 가르쳐졌다. 여기에서 고행은 주로 육체를 단련하는 일이며, 요가는 정신의 통일을 목적으로

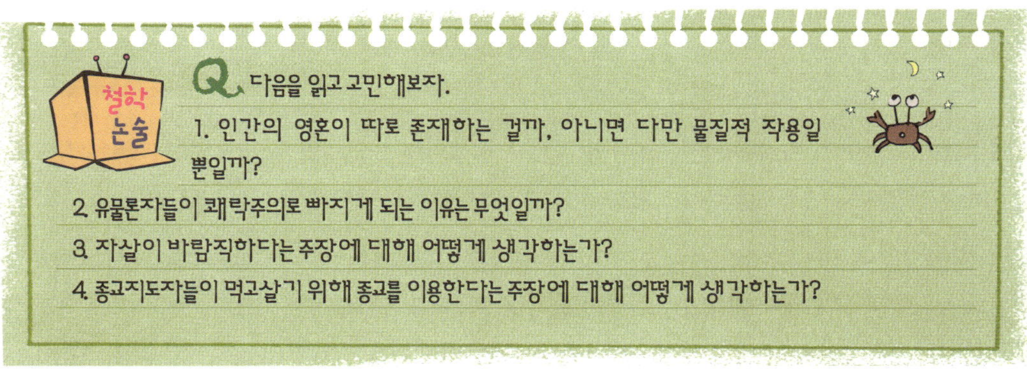

하는 것이었다.

한두교 사회에서 도덕관념의 기초는 브라만교의 법전에 규정되어 있는 달마^{법·의무}다. 여기에서는 사성 제도와 사생활기^{四生活期}가 그 중심으로서, 자기가 소속되어 있는 카스트의 규정에 따를 것이 강조되었다. 최고신에 대한 믿음과 사랑^{바크티信愛}과 은총은 능력·성별·직업·계급에 관계없이 일반 민중들의 구제를 위해 가르쳐진 것이다.

사생활기

네 단계의 생활기는 배우는 학생 기간學生과 집에 머무는 기간家住, 숲속에 머무는 기간林住, 수행하는 기간修行期으로 되어 있다.

또한 한두교는 이슬람교 및 그리스도교와 접촉하여 여러 가지 영향을 받았는데, 이로 인해 근세에는 브라마 사마즈(1828), 아리아 사마즈(1875) 등의 종교개혁운동이 일어나기도 했다. 특히 비베카난다 Vivekānanda(1863~1902)에 의한 라마크리슈나Ramakrishna 교단은 모든 종교가 하나로 귀일^{歸一}한다는 보편주의적 종교관을 보여주고 있으며, 세계적으로 많은 신자를 가지고 있다.

기독교나 이슬람교는 인간이나 우주를 피조물로 보고 창조주를 외부에 두고 있는 반면, 한두교는 인간이나 우주를 피조물로 보면서도 창조주를 내부에 둔다. 한두교에서는 인간이 죽어서 무로 돌아가는 것이 아니라, 각자의 업에 따라 내세에서 다시 새로운 육체를 얻는다고 한다. 불교에서의 윤회란 각각의 자아가 수많은 조건들을 만나 서로 의존하고 연결되어 새로 형성된다고 보지만, 한두교에서의 윤회란 특정한 자아가 각각 독립적으로 존재하는 형태^{아트만}라고 말한다.

인도의 신화 속 인물과 영웅들

✳ 크리슈나

비슈누는 여러 개의 권화의 형태로 세상에 나타난다고 하는데, 그 가운데에서도 가장 중요한 것이 크리슈나로서, 현대에 와서도 많은 신자를 갖고 있다. 크리슈나를 실존했던 인물로 보기도 하는데, 기원전 7세기 무렵 인도의 한 부족에서 태어나 태양신을 숭상하고 실천 윤리를 중시하는 종교를 창시했다고 전해진다. 그가 죽은 다음, 자신이 믿었던 신 바가바트Bhagavat와 동일시되어 마침내 전통적 브라만교에서의 태양신과 일치되면서 브라만교의 신이 되었다. 중세 이후에는 애인 라다Radha와의 사랑을 중심으로 에로스적 신앙이 강조되어 문예·회화·조각·종교시宗教詩 등의 중요한 모티브가 되었다.

✳ 라크슈미

인도 신화에서 미美의 여신. 비슈누신의 아내. 슈리Sri라고도 하며, 부와 행운의 여신이기도 하다. 이들 모두 행운·길조吉兆·상서祥瑞를 뜻하는 말로서, 불교에서는 길상천吉祥天으로 의역한다. 티베트 불교에서는 이 신이 본존불로서 모셔지고 있는데, 이 신화는 그리스 신화에서 등장하는 미의 여신 아프로디테와 비교되기도 한다.

✳ 비베카난다

근대 인도의 종교 및 사회개혁지도자. 대학을 졸업한 후, 라마크리슈나 스승의 영향으로 종교에 귀의했다. 세계종교회의에 힌두이즘 대표 자격으로 참가했고, 미국과 영국에 힌두 철학을 소개하기도 했다. 그의 연설과 저작은 인도의 민족 전통에 대한 긍지를 고취하고 많은 민족운동지도자나 참가자에게 사상적 무기를 제공했다. 서유럽의 기술과 동양 사상의 통합적 전개를 인도에서 찾자는 그의 교설은 중국의 양명학陽明學에 비유되기도 한다. 스승의 가르침을 인도뿐만 아니라 전 세계에 전할 것을 목표로 각지에 '라마크리슈나 미션'의 설립을 추진했다.

✳ 라마크리슈나

본명은 가다다르 카토파댜야. 벵골주의 브라만 집안에서 태어났으며, 유년 시절부터 종교적인 신비감이나 무아無我 상태에 빠져들곤 했다고 한다. 1864년 말, 토타프리라는 수행자의 설교에 큰 감화를 받고는 자기 이름을 라마크리슈나로 고치고 행자行者 생활에 들어갔다. 그는 신과의 일체감으로 자기를 신의 화신이라 생각했는데, 그가 죽은 뒤 제자들은 인도 각지를 비롯한 동남아시아 및 세계 각국에 '라마크리슈나 미션'을 설립하여, 그의 종교를 계승했다. 그중 특출난 제자였던 비베카난다는 스승의 종교 사상을 널리 소개하여 세계 여러 곳에 전파시켰다. 라마크리슈나의 업적은 힌두교의 전통을 현대에 살려 인도 사람들의 자신감을 고취시킴과 동시에 모든 종교 사이의 조화를 설파했다는 점이며, 인류 협동의 이상을 드높였다는 점에서 세계사적 의의가 부여되고 있다.

제3장

불교 철학의 전성

마야 부인의 태몽

불교의 교조인 석가모니는 석가세존釋迦世尊 또는 구담불타라고도 불렸다. 석가는 그가 속한 종족인 사키야Sakya의 이름이고, 모니는 성자聖者라는 뜻이다. 구담은 그의 성씨인 고오타마Gautama에서 따왔으며 싯다르타Siddhartta는 어렸을 때의 이름이다. 그밖에 그를 높여 부르는 이름으로는 아라한·명행족·여래如來·불타·세존 등 십여 개에 이른다.

석가는 지금의 네팔에 해당하는 카필라Kapila에서 성주의 아들로 태어났다. 아버지 정반왕淨飯王과 어머니 마야부인摩耶夫人은 인도의 명문 혈통을 가진 호족에 속했고, 대대로 왕통을 계승하여 내려온 귀인 집안이었다. 그를 잉태했을 때 마야부인은 다음과 같은 태몽을 꾸었다고 한다. 그녀가 네 명의 왕에게 유괴되어 은산銀山의 가장

🔺 마야의 꿈속
왕비의 꿈은 기원전 2세기에 세워진 거대한 불탑의 원형 부조에 비교적 잘 표현되어 있다. 이것을 자세히 보면 마야의 꿈속에 나왔다는 커다란 코끼리가 새겨져 있다.

높은 정상에 자리한 황금으로 된 궁전에 끌려갔는데, 거기에서 은색의 콧등에 연꽃을 달고 있는 하얀 코끼리가 그녀의 주변을 세 번 돌고 나서는 오른쪽 무릎에 앉았다는 것이다. 이 말을 들은 정반왕은 예순네 명의 지혜로운 승려들을 불러 왕비의 꿈 이야기를 털어놓았는데, 해몽은 다음과 같았다.

● **꿈꾸는 마야부인**
마야 왕비가 태몽을 꾸는 장면이다. 왕비는 시종들에 둘러싸여 왼쪽으로 비스듬히 누워 있다. 3~4세기경 불탑의 난간에서 나온 부조 중 일부다.

"왕비는 틀림없이 사내아이를 낳을 것이며, 이 아이가 집에만 머물러 있으면 능히 왕이나 세계의 지배자가 되어 무기를 쓰지 않고 법으로 나라를 다스리는 전륜성왕이 될 것이요, 그가 아버지 곁을 떠난다면 세계 인류의 무지를 벗겨버릴 만한 대각자大覺者●, 즉 부처가 될 것입니다!"

이러한 해몽은 크게 틀리지 않아 곧 사내아이가 태어났는데, 불과 일주일 만에 어머니 마야 왕비가 죽고 말았다. 하는 수 없이 그녀를 대신하여 그의 이모인 마하파사파제가 그를 양육했는데, 그는 매우 영리하여 일곱 살 때에 학예와 무술을 통달했고● 점점 커갈수록 사물에 대해 깊이 생각하고 진리에 대해 명상하는 버릇이 생겨났다. 열여섯 살 때에는 구리족의 아름다운 여인 야수다라Yasodhara와 결혼하여 라훌라Rāhula라는 아들을 낳기도 했다.

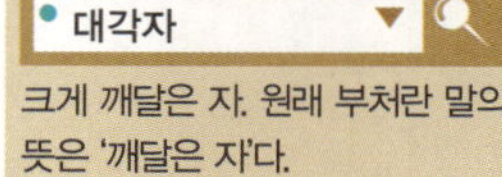

● **대각자**
크게 깨달은 자. 원래 부처란 말의 뜻은 '깨달은 자'다.

● 석가가 집에서 받은 교육 내용으로는 철학·미술·공예·건축·역산·음악·의학·논리 등이었고, 그 밖에 64종류의 문예와 29종의 무예를 익혔던 것으로 알려져 있다.

생로병사의 고통으로부터
해탈

석가의 아버지 정반왕은 아들에게 자기의 권좌를 물려주고자 했고, 현실세계의 어려움과 상관없는 좋은 상태에서 부귀에 넘치는 교육을 받도록 배려했다. 그러던 어느 날, 석가는 수레를 타고 길을 가다가 사람의 네 가지 모습을 차례로 보게 되었다. 첫째는 늙어서 제대로 걷지도 못하는 노인, 둘째는 높은 열로 고통받는 환자, 셋째는 이미 썩어버린 시체, 그리고 세상의 고통을 초월하여 안식을 누리는 승려였다.

이와 관련된 그의 글을 찾아보면 다음과 같다.

동쪽 문 나갔을 적에 늙은 자 모습 보았네

세월이 흘러간 뒤에 그의 환영 보는 것 같아

남쪽 문 나갔을 적에 병든 자 모습 보았네

괴로움 견디지 못해 신음하는 모습 보았네

허무한 마음 달랠 길 없어 명상 속에 번민했네

서쪽 문 나갔을 적에 죽은 자 모습 보았네

육체의 영혼이 떠난 제일 슬픈 이별 보았네

북쪽 문 나갔을 적에 구도자 모습 보았네

남루한 옷차림 속에 눈빛만은 총명했네

반가운 마음 깨달은 마음 출가의 길 택하셨네

이때 그는 모든 부와 명예와 권력과 가족을 버린 채 집을 떠나기로 결심한다. 이 무렵 그가 쓴 것으로 알려진 글을 소개하면 다음과 같다.

"나는 젊은 동자로서 맑고 깨끗하고 새까만 머리에 한창 나이인 스물아홉이었다. 그때 한없이 즐겁게 유희하고, 화려하게 장식하고, 마음대로 돌아다녔다. 하지만 나는 그때 부모님이 울부짖고 여러 친척들이 좋아하지 않았지만, 수염과 머리를 깎고 가사를 입고 지극한 믿음으로 출가하여 집 없이 도를 배우면서 몸을 깨끗하게 보존했으며 입과 뜻을 청정하게 보호했다. 그래서 나는 이 계의 몸을 성취한 뒤에는 병이 없는 한없이 안온한 열반을 구하고, 늙음도 없고 죽음도 없으며 근심과 걱정도 없고 더러움도 없는 한없이 안온한 열반을 구하고자 스승을 찾아 나섰다."

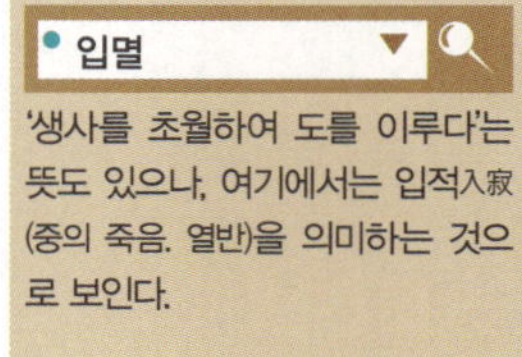

⬆ **출가하기로 결심을 굳힌 붓다**
성을 나서기 전에 아내와 아들을 마지막으로 들여다보는 장면이다. 그가 출가하게 된 데에는 농염한 자세로 자신의 침대에 누워 있는 여자를 봤기 때문이라는 설이 있다.

흔히 석가의 일생과 관련하여, 불교도들은 그가 열아홉 살에 출가하여 서른 살에 도를 이뤘고 여든한 살에 입멸入滅●한 것으로 본다. 그러나 또 다른 설에 의하면, 석가는 열 살 때 결혼하고 스물아홉 살에 출가하여 서른다섯 살에 도를 이뤘으며 여든 살에 입멸했다고 한다.

석가가 출가하게 된 배경에는 다른 것보다 현실에 대한 그 자신의 애착이 도리어 강하게 작용했을 것이라고 보는 견해가 있다. 그는 특히 사랑하는 아내와 아들과 부친, 그리고 친지들과 영원히 같이 지내고자 하는 열망이 다른 사람보다 강했다. 하지만, 그러한 바람과는 정반대로 이 세상의 덧없음에 경악하여 차라리 영원한 구도의 길을 떠나기로 결심했다는 것이다.

그는 출가하기 전에 이미 기존에 나와 있던 모든 종교에 대해 나름대로

> ● **입멸** ▼ 🔍
>
> '생사를 초월하여 도를 이루다'는 뜻도 있으나, 여기에서는 입적入寂(중의 죽음. 열반)을 의미하는 것으로 보인다.

지식을 가지고 있었던 것으로 보인다. 또 당시의 유명한 아라라가라마와 울다라라마자를 찾아 두 차례에 걸쳐 6년 동안 정진하여 그들이 추구하는 최고의 경지인 무소유처無所有處●와 비상비비상처非想非非想處●에 도달했지만, 역시 인생의 근본 문제를 해결할 수 있는 법이 아니라고 생각되어 이들을 떠나게 되었다.

그는 히말라야 산속에서 하루에 삼麻씨 한 알, 보리 한 알로 연명하면서 6년 동안 고행에 정진하기도 했다. 그러나 어디에서도 만족을 얻지 못했을 뿐만 아니라 고행을 하다가 심신이 쇠약해져 기절까지 했다.

그러면서 석가는 고통과 즐거움을 모두 물리치는 좌사坐思의 묘리를 깨달아 가부좌를 하고 수도하기 시작했다. 그 장소는 갠지스강의 작은 지류인 네아란자라의 근처에 서 있는 한 그루 보리수 아래였고 오늘날 그곳은 부다가야Buddha Gaya라고 불린다. 그는 보리수를 등지고 동쪽을 향해 길상초吉祥草●로 만든 방석 위에 좌정한 채 "내 이제 번뇌가 다하지 않으면 영원히 일어나지 아니 하리라. 내가 만일 깨닫지 못하면 나의 피와 살이 메마르고 말 것이다." 라고 하며 큰 결심을 했다.

그러던 어느 날 저녁, 그는 인생의 모든 어리석음無明을 없앤 뒤 이튿날 새벽녘 어둠이 사라지고 새날이 찬란하게 밝아올 무렵, 동쪽 하늘에 오르는 계명성의 빛을 바라보는 순간 홀연히 모든 것을 깨달았다. 대지를

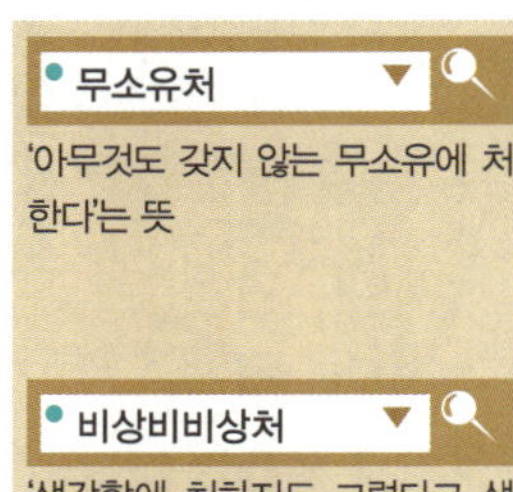

'아무것도 갖지 않는 무소유에 처한다'는 뜻

'생각함에 처하지도 그렇다고 생각하지 않음에 처하지도 않는다'는 뜻

외떡잎식물. 백합과의 여러해살이 풀. 나무 그늘에서 자생하며, 관상용으로 정원의 그늘진 곳에 심는다. 꽃은 연한 자주색으로 여름에서 가을에 걸쳐 피고, 꽃대는 10센티미터 정도. 길상초라는 이름은 집안에 경사가 있으면 꽃이 핀다 하여 붙여진 이름이다. 중국과 일본 남부에 분포한다.

⬆ 고행 끝에 수척해진 붓다
2세기경에 제작된 간다라풍의 조각이다. 꽤 사실적이다. 고행은 그의 체력을 극도로 쇠약하게 만들었다고 한다.

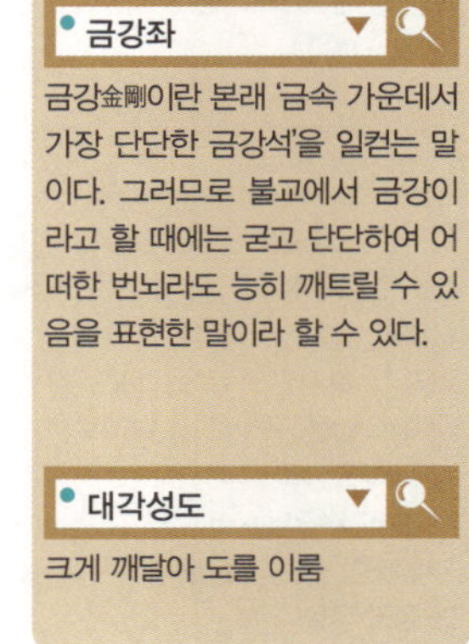

보리수 아래에서 명상하는 붓다
성불득도成佛得道하는 장면으로, 도를 깨달아 불타가 되는 일. 특히 석존이 보리수 아래에서 대도大道를 이룬 일을 가리킨다. 성도 후 그는 2주 내내 양손을 모은 채 연꽃 위에서 '눈 한 번 깜빡이지 않고' 명상을 했다고 한다.

진동하고 하늘을 울릴 수 있는 큰 깨달음이었다. 이른바 금강좌金剛座에 앉은 지 77일 만에 대각성도大覺成道한 것이다. 그런데 이때 부처가 된 석가는 다음과 같이 생각했다.

'내가 얻은 이 법은 알기 어렵고 깨닫기 어렵고 생각하기 어렵다. 내가 비록 사람들 앞에서 이 법을 연설하더라도 그들은 이것을 받아주지 않을 것이고, 또 받는다 해도 받들어 행하지 않으면 한갓 수고만 끼칠 뿐이다. 그러니 차라리 나는 침묵을 지키자. 굳이 설법할 까닭이 어디 있는가?'

석가모니가 깨달은 묘법은 우리가 말이 아닌 명상을 통해서만 접근할 수 있는 것이다. 마침내 그는 가족을 비롯한 이 세상의 모든 애착에서 벗어나게 되었는데, 이것을 성도成道라고 부른다.

금강좌

금강金剛이란 본래 '금속 가운데서 가장 단단한 금강석'을 일컫는 말이다. 그러므로 불교에서 금강이라고 할 때에는 굳고 단단하여 어떠한 번뇌라도 능히 깨트릴 수 있음을 표현한 말이라 할 수 있다.

대각성도

크게 깨달아 도를 이룸

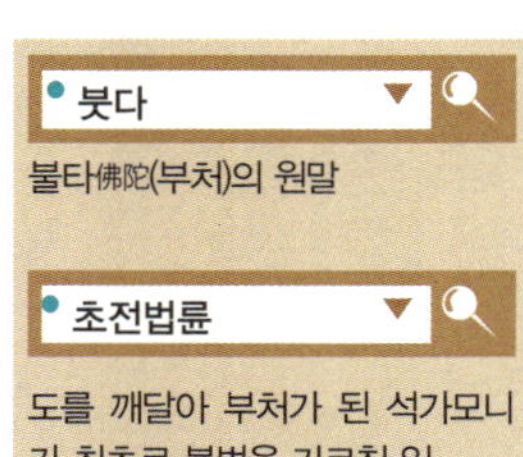

네 종류의 신자와
네 개의 성스러운 장소

이때부터 그는 붓다Buddha가 되었고 모든 지혜를 성취하여 온갖 번뇌를 벗어나게 되었다. 다시 말하면, 열반에 이르러 해탈함으로써 여래·세존이 된 것이다. 세존이 된 다음에 그는 옛날 고행을 같이한 적 있는 다섯 명의 수행자에게 최초로 설교를 하는데, 그 장소가 녹야원鹿野苑이며 이 사실을 초전법륜初轉法輪이라고 부른다. 그 내용은 중도中道와 사성체 및 팔정도로서 불교의 근본 교리다.

붓다는 이때부터 오십 년간을 일관되게 설교로 보낸다. 우선 마가다Magadha의 왕사성王舍城에서 교화 활동을 한 뒤에 고향인 카필라로 돌아가는 도중에 가섭 삼형제와 그 제자 천여 명을 귀의하도록 했다. 나라타 촌에서는 사리불과 목건연을 교화하여 제자 1,250명을 제도했다. 고국에 도착하여 아버지인 정반왕과 아들을 신자로 삼고, 그 후 서북방 사위성舍衛城에 가서 급고독給孤獨과 기타祇陀를 제자로 삼았다. 이 두 사람은 공동으로 기수급고독원祇樹給孤獨園을 석존에게 기증했다.

교화 활동 5년째에는 베사리성에 가서 이모이자 계모인 마하파사파제와 자신의 아내인 야수다라를 제자로 삼았는데, 이때 여성 수행자 비구니도 나타나게 되었다. 이렇게 해서 비구와 비구니, 우바새와 우바니라고 부르는 남녀 불교도 네 종류의 완비完備를 보게 된 것이다.

오십 년 동안의 교화 기간이 지나고 노년에 이르자 그는 허리에 통증이 일어났다. 석존은 구시나라의 사라수풀에 들어가 밤중에 조용히 여든 살의 인생을 마쳤다. 그가 입멸할 때에 이백 살을 먹은 최고의 장수자 수발타라須跋陀羅가 급히 찾아와 불교의 법에 귀의했는데, 그가 석존의 마지막 제자가 되었다. 입멸 후 일주일 만에 그의 유해는 수제자 마하가섭

🔺 **최초의 설법 장면**
설법에는 보통 법륜 주위를 둘러싸고 있는 사슴이 등장한다. 그래서 맨 처음 설법한 장소를 녹야원이라고 한다. 17세기 티베트 그림이다.

摩訶迦葉의 주재로 구시나라 성 밖에서 화장되었고, 여덟 종족의 왕들에게 분배하여 봉안하도록 했다. 그 가운데 하나로 1898년 네팔 남방 국경 피프라바에 있는 큰 탑파塔婆●에서 영국의 페페 W. G. Peppe에 의해 발굴되었고, 현재는 이것이 인도와 영국의 박물관에 안치되어 있다.

부처가 열반에 든 후, 8곡4두八斛四斗●의 사리舍利●가 나왔으며, 이것으로 세계 곳곳에 팔만사천 개의 탑을 세웠다고 한다. 그가 입적할 때에는 하늘에서 꽃다발이 쏟아져 내렸고, 하늘에서 음악 소리가 울려 퍼졌다고 한다.

"이 세상의 모든 것은 무상할 뿐이니라. 쉬지 말고 각고를 다하여 정진할지어다!"

이것이 그의 마지막 말이었다. 그의 생애와 관련된 네 군데의 성스러운 곳(四聖地)은 그가 태어난 카필라의 '룸비니'와 큰 깨달음을 얻은 마가다의 '부다가야', 최초로 설법을 전한 '녹야원', 그리고 마지막으로 열반에 든 '구시나라'다.

● 우바새와 우바니

우바새는 신도 5계를 받고 나서 위로는 불승을 공경하고, 아래로는 자기 수행을 열심히 하며 중생을 구제하는 남자 신도를 말한다. 우바니는 이를 모두 행하는 여자 신도를 가리킨다.

● 사라수풀

=사라수沙羅樹는 인도에서 신성시되는 나무인데, 석가모니가 열반에 들 때 사방에 있던 사라수에서 활짝 핀 꽃잎들이 석가모니의 몸 위로 쏟아졌다고 한다. 석가모니는 룸비니 동산의 무우수 아래에서 태어나고, 보리수 아래에서 깨달음을 얻고, 사라수 사이에서 열반에 들었으므로 이 세 나무를 '불교 3대 성수'라고 부르기도 한다.

● 탑파 

탑으로 된 묘를 가리킨다. 불교에서 탑은 위대한 자의 정신을 한데 모아 신앙의 표적을 마련한 정신적인 장소로 본다.

● 8곡 4두 

여덟 섬 너 말. 1섬(석) = 10두(말) = 100되 = 1,000홉. 1홉은 180.39밀리리터이므로 1석은 부피로 약 180리터, 무게는 150~200킬로그램가량 된다.

● 사리 

부처나 성자의 유골. 나중에는 화장한 뒤에 나오는 작은 구슬 모양으로 된 것만을 가리키게 되었다.

불교의 진리

불교를 상징하는 것들

불교를 나타내는 상징에는 흔히 다음과 같은 몇 가지가 있다고 말한다. 卍, 연꽃, 법륜法輪, 일원상一圓相, 원이삼점圓伊三點, 보리수, 5색기 등이다. 여기에서 卍는 원래 태양의 광명을 상징했으나, 불교에서는 일심一心의 서기방광瑞氣放光에 비유했으며, 부처의 가슴과 손발과 머리에 나타난 길상吉相·행운·경복慶福의 마크 등으로 사용했다.

연꽃은 진흙물에서 피어나면서도 물에 젖지 않고 꽃과 열매가 동시에 이뤄지는 특징이 있는데, 불교에서는 부처님께서 오탁악세五濁惡世에 태어났으면서도 거기에 물들지 않고 3계의 중생을 교육한 데 비유하고 있다.

또한 옛날부터 인도의 왕들은 금륜金輪·은륜銀輪·동륜銅輪 등의 수레바퀴를 통해 세계를 정복했는데, 석존이 진리의 수레바퀴로 세계를 정복한다는 뜻이 법륜이란 말 속에는 담겨 있다.

일원상은 일심의 원융무애圓融無碍와 시간의 영원성을 내포하고 있으며, 원이삼점은 불법승 삼보三寶를 표시하기도 하고 진속불이眞俗不二의 중도를 나타내기도 한다.

보리수는 자각각타自覺覺他와 각행원만覺行圓滿의 깨달음을 상징하고 있으며, 5색기는 동서남북과 중앙의 다섯 방향을 표시하기도 하고,

청·황·적·백·흑의 5색 인종이 하나 되는 것을 의미하기도 한다. 또한 원래 이 기는 1882년 영국 군인 올코트 대위가 창안한 것인데, 1950년 세계불교도의회에서 만국 공동의 불교기로 채택하면서 청색은 귀의, 황색은 지혜, 적색은 자비, 백색은 청정淸淨, 흑색은 정열을 나타내는 것으로 하자고 결의했다.

그러면 이제부터 불교의 근본적인 교리에 대해 알아보기로 하자. 본래 석가모니는 형이상학적인 문제에 대해 그다지 중요성을 두지 않았다. 가령 우리의 몸과 영혼이 서로 어떤 관계를 갖고 있는지, 우리가 죽은 후에 영혼이 다시 살아나는지 그렇지 않은지, 그리고 이 세계가 유한한지 무한한지 등을 토론의 대상에서 아예 빼버렸다. 다만 고통의 바다인 인생으로부터 그 고통의 원인을 없애 불쌍한 인간을 구제하고자 했을 뿐이다. 그리고 인생을 구제하기 위한 근본 명제로서 삼법인三法印이라는 불교의 교리가 있다.

변함없는 진리, 법인

법인法印이란 '변함없는 진리'라는 의미를 갖고 있는데, 이 가운데 첫째는 제행무상諸行無常이다. 모든 것은 시간 속에서 서로 인연에 따라 생겨나고 소멸하며 또 그 일을 계속 이어가기 때문에, 이 세상의 모든 것은 늘 변화할 수밖에 없다. 즉 모든 것은 항상 그 자리에 가만히 머물러 있는 것이 아니라, 항상 변화무상變化無常한 것이다.

그러나 무상하다는 것에 대해 다만 비관적으로만 볼 것은 아니다. 왜냐하면 이러한 깨달음으로 인해 우리가 사물의 나타나는 현상에 미혹되는 것을 미리 막을 수 있기 때문이다. 그러므로 불교의 첫째 진리는 우리 인간이 밖으로 드러나는 고정적인 것만을 바라보고 거기에

원융무애

모든 법의 사리가 구별 없이 널리 융통해 하나가 됨으로써 조금의 거리낌도 없음

삼보

불교 신도들이 존경하고 공양해야 할 세 가지 보배로운 것. 불佛(부처)과 법法(경전)과 승僧(스님)의 세 가지를 가리킨다.

진속불이

참된 것과 속된 것, 출세간과 속세간, 불교의 법도와 세상의 법, 승려와 세상 사람이 서로 다르지 않고 하나라는 뜻이다.

자각각타

스스로 깨달음과 동시에 법을 전하여 남을 깨닫게 만드는 일. 생사의 괴로움에서 떠나도록 일깨워 주는 일을 가리킨다.

각행원만

깨닫고 행동하는 일이 어느 한쪽에 치우치지 않고 두루두루 통함

집착해서는 안 된다고 하는 가르침이다.

한편, 이러한 주장은 《우파니샤드》에서 강조되었던 상주설常住說을 부정하는 것이기도 하다. 이미 보았듯이 《우파니샤드》는 대우주의 본체인 브라만과 개인의 본질인 아트만이 결국 하나임을 증명하는 관념론적 일원론으로서, 인간이 윤회에서 벗어나 영원히 없어지지 않는 상주常住의 세계에 사는 것을 최고 목적으로 삼고 있다. 그러나 불교의 진리에 의하면, 시간 앞에서 영원한 것은 없다. 모든 것은 변하기 마련이고 덧없이 흘러갈 뿐이다.•

이렇게 보자면, 불교는 어떠한 것에도 사로잡히지 않는 일, 즉 무심히 흘려보내는 것을 자연스럽게 받아들인다고 할 수 있다.

둘째, 제법무아諸法無我라는 진리다. 불교에서는 원래 모든 것에 '나' 라고 할 만한 실체가 없다고 말한다. 《우파니샤드》에서는 개인의 본질이라고 일컬어지는 아트만이 있었다. 그러나 불교에서는 그런 것이 있을 수 없다. 그렇다면 왜 그러할까?

모든 것이 인연에 따라 이뤄지기 때문이다. 모든 것은 다른 것과의 관계 속에서만 존재할 뿐, 스스로 나라고 할 만한 것은 없다. 이 세상의 어떤 것도 홀로 영원히 독립해서 있을 수는 없다. 나는 이 세계 안에서 다른 사물들과 끝없이 접촉하면서 살아가고 있으며, 또 다른 사람들과 끊임없이 부대끼면서 살아가는 중이다. 내가 나로 될 수 있는 것은 타인과의 관계 때문이다. 내가 선생인 것은 학생이 있기 때문이요, 내가 아들인 것은 아버지가 있기 때문이다. 사정이 이러한데도 어리석은 인간이 자기 실체인 자아만 고집하기 때문에 모든 아집과 오류가 생겨나게 되고, 여기에서 스스로 고통을 지고 살아가는 장면이 등장하는 것이다.

셋째, 일체계고一切階苦라는 진리다. 우리 인간은 누구나 영원한 세계에 항상 머물며 오래 살기를 바란다. 하지만 앞에서 보았듯, 모든 것이 무상해서 늘 변하고 원래 나라고 할 만한 실체가 없다 보니, 인생은 죄다 고통일 수밖에 없다.

그러나 한편으로 생각해보면 고통이란 우리 마음에서 우러나오는 것이기도 하다. 덧없는 것을 두고 늘 그 자리에 머물러 있다고 생각하거나, 본래 나라고 할 만한 것이 없는데도 고집스럽게 나를 주장하기 때문에 좌절과 슬픔과 비탄이 따른다. 그러므로 우리가 제행무상과 제법무아의 올바른 이치를 깨닫고 나면 고통은 자연스럽게 없어진다. 우리 스스로 자신이 놓인 실제적인 모습을 바로 볼 수 있다면, 이러한 깨달음의 지혜로부터 모든 고통은 극복될 수 있는 것이다.

이상에서 말한 세 가지 진리 이외에 열반적정涅槃寂靜●을 추가하여 어떤 사람은 사법인四法印을 주장하기도 한다. 열반이란 '타오르는 욕망의 불길이 꺼진 상태'를 말한다. 우리 인간이 제행무상과 제법무아임을 알고 사물의 실제 모습이 텅 빈 공空임을 깨달을 때, 비로소 해탈하여 고요한 마음의 평화를 얻을 수 있다는 것이다.

여기에서 적정이란 이글거리는 번뇌의 불꽃이 꺼짐으로써 얻어지는 고요한 경지를 말한다. 그러나 적정은 소극적인 고요함만을 나타내는 것이 아니라, 어떠한 시끄러움과 더러움도 그를 지배할 수 없다고 하는 적극적인 방호防護●의 뜻을 내포하고 있기도 하다.

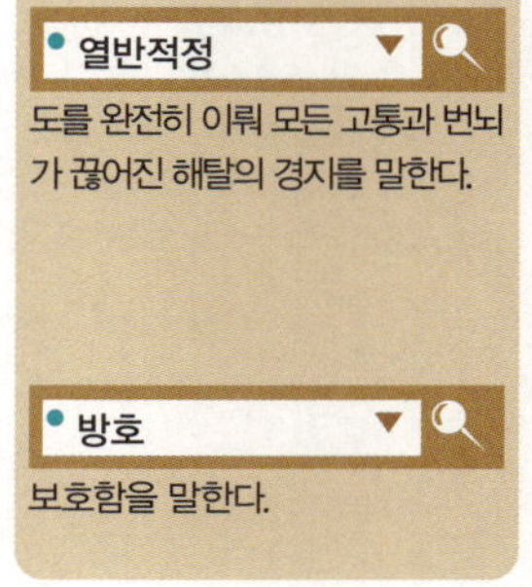

네 가지의 신성한 진리, 사성체

불교에는 또한 네 가지의 신성한 진리, 즉 사성체四聖諦가 있다. 첫째는 모든 삶이 번뇌라고 하는 고체苦諦, 둘째는 그 번뇌란 것이 우리 인간의 쓸데없는 욕망에서 싹튼다고 하는 집체集諦, 그러므로

욕망을 없애야 한다고 하는 멸체滅諦, 그리고 그러한 해탈의 길은 여덟 가지 바른 길을 따라감으로써 비로소 얻어질 수 있다고 하는 도체道諦가 바로 그것이다.

첫째, 고체苦諦에 대해 알아보자. 불교에서는 태어나는 것도 괴로움이요, 늙는 것도 괴로움이요, 병드는 것도 괴로움이요, 죽는 것도 괴로움이라고 말한다. 이를테면 우리 인간이 어머니의 뱃속에서 태어나 늙고 병들어서 죽는 일, 즉 생로병사가 모두 고통이라는 뜻이다. 그런데 인생의 고통에는 이것만 있는 것이 아니다.

가령 원한 있는 자와 만나지 않으면 안 되는 것도 괴로움이요,(怨憎會苦원증회고) 사랑하는 사람과 헤어지지 않으면 안 되는 것도 괴로움이요,(愛別離苦애별리고) 구하지만 얻어지지 않는 것도 괴로움이니,(求不得苦구불득고) 요컨대 번뇌의 수풀 위에 뿌리박고 살아가는 이 몸 자체의 존재가 괴로움이다.(五陰盛苦오음성고) 이를 여덟 가지 고통八苦이라고 하는데, 괴로울 수밖에 없는 인간의 실존은 그 끊임없는 욕망에서 비롯된다. 그렇다면 현실적으로 우리를 엄습해오는 이 괴로움의 원인은 어떻게 해야 제거될 수 있을까? 이 부분은 다음에서 다뤄보도록 한다.

둘째, 집체集諦란 바로 현재 우리의 괴로움이 있게 된 원인을 말한다. 구체적으로 인간의 괴로움은 세 가지 좋지 않은 마음, 즉 삼독심三毒心 때문에 일어난다고 한다. 여기에서 말하는 세 가지 나쁜 마음이란 탐욕·진에瞋恚·우치愚癡다.

그 가운데서도 가장 근본이 되는 것은 우치, 즉 어리석음이다. 이 근본적인 어리석음 때문에 남의 것을 탐하고 시기·질투·분노하는 그릇된 모습이 나타나기 때문이다. 불교의 경전에서는 이 세 가지 나쁜 마음을

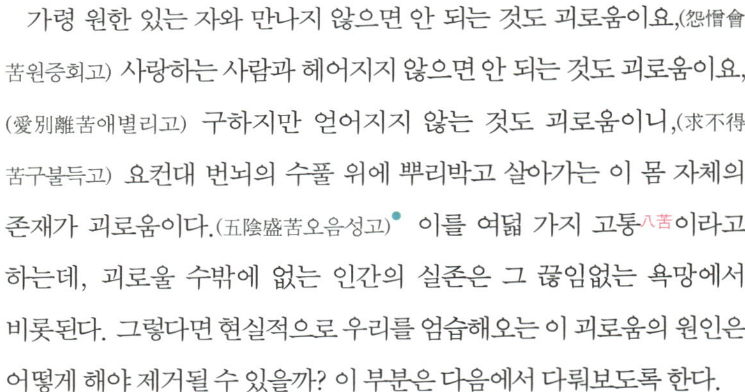

• 여기에서 '오음五陰'이란 세계를 구성하고 있는 요소를 다섯 가지로 분류한 것을 말한다. 즉 색色(육체)·수受(감각)·상相(상상)·행行(마음의 작용)·식識(의식)을 가리킨다.

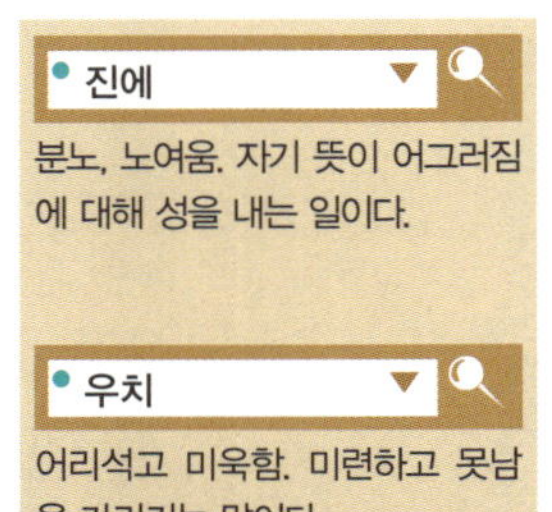

• 진에
분노, 노여움. 자기 뜻이 어그러짐에 대해 성을 내는 일이다.

• 우치
어리석고 미욱함. 미련하고 못남을 가리키는 말이다.

갈애渴愛●라는 말로 표현하고 있다. 이글거리는 번뇌의 불꽃에 얽매인 상태가 곧 범부凡夫●이며, 그러한 비극은 오직 멸체와 도체로서만 해결할 수 있다.

셋째, 멸체滅諦다. 알다시피 세 가지 나쁜 마음의 불꽃을 끈 상태를 열반이라고 부른다. 그런데 이 열반이란 니르바나Nirvana를 소리 나는 대로 적은 것으로서 '끊어낸다' '끊어 없앤다'의 뜻을 가진 말이다. 번뇌를 가라앉히고, 아울러 다시는 그것이 일어나지 않도록 하게 되었다는 표현이다. 여하튼 석가모니 당시에는 열반이라는 말의 의미가 나중에 대승大乘●불교에서 말하는 적극적인 의미보다는 '그릇된 것을 끊는다'고 하는 소극적인 의미로 쓰인 듯하다.

넷째, 도체道諦라고 하는 진리다. 우리가 고통을 벗고 해탈에 이르기 위해서는 여덟 가지의 바른 길, 즉 팔정도八正道의 길을 걸어야 한다. 여기에는 올바른 견해,(正見) 올바른 사유,(正思) 올바른 말,(正語) 올바른 행동,(正業) 올바른 직업, (正命) 올바른 노력,(正精進) 올바른 기억,(正念) 올바른 자기 몰입(正立)이 있다.

이것은 다시 삼학三學으로 불리는 혜慧·계戒·정定으로 나누어진다. 여기에서 혜란, 우리의 정신 훈련을 통해서 얻어지는 가장 지혜로운 마음 상태를 말하는데, 팔정도 가운데 올바른 견해와 올바른 사유가 이에 속한다. 그리고 계란, 우리가 해서는 안 될 계율을 가리키는데, 팔정도 가운데 올바른 말과 올바른 행동과 올바른 직업이 이에 속한다. 또한 정이란, 마음의 깨끗함을 얻기 위한 일종의 준비 작업을 말하는데, 팔정도 가운데 올바른 노력과 올바른 기억과 올바른 자기 몰입이 이에 속한다고 말할 수 있다.

목마를 때 물을 사랑하고 찾게 되듯 범부가 오욕五慾(모든 욕구의 대상이 되는 색·소리·향·맛·접촉의 다섯 가지 욕망과 돈·정욕·음식·명예·잠의 다섯 가지 욕심)을 탐하는 일이다.

범인凡人, 즉 평범한 사람을 말한다. 여기서는 번뇌에 얽매여서 생사를 벗어나지 못하는 사람을 가리킨다.

⬆ **대승의 모습을 묘사한 그림**
소승과는 달리, 자신의 해탈뿐만 아니라 이웃의 해탈에도 도움을 주고, 자신을 위하면서 또한 다른 사람도 위하는 불자를 말한다. 그림은 대승불교의 중요한 존재인 어떤 보살을 묘사한 것으로 보인다. 6세기경 인도 아잔타 석굴의 벽화다.

따라서 혜·계·정을 갖춰 정진하는 것이 바람직한 일이긴 하지만, 그 가운데서도 후세 불교학자들이 가장 중요시한 것은 혜慧였다. 왜냐하면 그것은 사물의 모습을 있는 그대로 파악하고 실제 수양의 뿌리가 되는 일종의 '깨달음'에 해당하기 때문이다. 사람에게 깨달음이 없다면 남은 두 가지 역시 일어날 수 없다. 이 세 가지는 불교에서 가장 강조하는 실천 윤리의 덕목으로서, 이후 모든 교리의 근본이 되었다.

열두 가지의 단계, 연기

물은 액체이기는 하지만 때로는 눈이나 얼음 같은 고체가 되기도 하고, 또 때로는 기체가 되어 공기 중에 증발하기도 한다. 이렇게 변화무쌍한 물의 본질을 제대로 이해하려면 그 변화의 법칙을 잘 관찰해야 한다.

이와 같이 우리는 어떤 사물을 관찰할 때 밖으로 나타나는 현상만을 관찰할 것이 아니라, 사물의 보편타당한 본질을 파악하도록 노력해야 한다. 이러한 관찰 방법을 불교에서는 연기관緣起觀●이라고 부른다. 연기관은 사물의 본질을 파악하기 위한 것인데, 사물의 본질은 발전하기 마련이므로 결국 연기관이란 사물의 발전 법칙을 고찰하기 위한 방법인 셈이다.

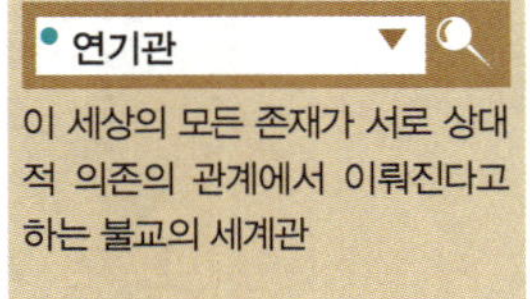

발전이란 사물이 어떤 상태에서 새로운 상태로 옮겨가는 과정을 의미하며, 다른 말로 하면 어떤 원인因으로부터 어떤 결과果를 맺는다는 것을 뜻한다. 보통 사람들은 이것을 인과율이라 불러 원인과 결과만을 논하려 한다. 그러나 불교에서는 어떠한 사물이라도 인과 연緣이 합쳐져야 하나의 새로운 결과를 낳는다고 해석한다. 인이 가지고 있는 발전력이 연의 협력을 얻었을 때, 비로소 결과가 생기는 것이다. 그러므로 인을 직접적 원인이라고 하면 연은 간접적 원인에 해당하는 셈이다.

우리가 만일 발전의 근원을 인에서만 찾는 경우, 인 가운데에 이미 과果가 결정되어 있는 것이므로 결정론적 발전관이 되어버린다. 그러나 인과 연의 결합에 의해 발전이 이뤄진다고 할 때에는 현재의 인이 아무리 나빠도 그에 결부되는 연의 여하에 따라서 얼마든지 좋은 과를 이끌어낼 수 있다는 말이 된다. 여기에서 불교의 교리는 결정론을 벗어날 수 있다.

고통의 세계를 이상의 세계로, 또 사바세계를 극락정토로 바꾸는 것을 목표로 하는 불교 입장에서는 단순한 인과율이 아니라 인연에 의한 발전관을 반드시 선택한다. 연기설은 모든 삼라만상이 서로 의존하는 관계에서 성립되는 것을 주장하는 사상이다. 그것은 이 세상의 모든 존재가 결코 고정되어 각기 독립된 어떤 실재가 아님을 말한다. 그러므로 연기설은 제행무상·제법무아·일체계고라는 삼법인의 근본 입장과도 완전히 일치한다.

그리고 이러한 연기설이 구체적으로 실현되는 곳은 인간세계이므로 연기설은 불교의 인생관이기도 하다. 석가모니는 고통의 실제 모습을 있는 그대로 바라보고 이것의 해탈을 목적으로 집을 나섰으며, 보리수 아래에서 정신을 모아 수도에 매진했다. 그렇게 해서 모든 현상이 시간적·공간적 인과관계에 의해 일어남을 깨달은 것이 연기설이고, 이것을 다시 열두 개로 나누어 설명한 것이 십이十二연기설이다.

그렇다면 여기에서 말하는 십이기十二支, 즉 12인연에는 무엇이 있을까? 여기에서는 윤회하며 고통받는 어리석은 중생이 태어나기 전부터 마침내 이 세상에 태어나 죽음에 이르기까지 거쳐야 하는 과정을 열두 단계로 구분해 설명하고 있다.

먼저 모든 중생이 근본적인 어리석음,(無明) 즉 어둠 속에 빠져 있는

사바세계
석가모니가 가르쳐야 하는 세상. 곧 고생이 많은 곳이라는 뜻으로, 인간세계를 일컫는 말이다.

단계가 있고, 그다음에 그러한 단계를 벗어나 비로소 육체적으로나 정신적으로 발동하는 行 과정이 있으며, 그다음으로 무명의 단계에서 행했던 데 대한 업보가 어머니 태 안에서 부쳐지는 단계 識가 있다. 이어서 땅地·물水·불火·바람風의 네 가지와 수상행식●의 네 가지가 한데 어울려 정신과 육체가 만들어지는 명색名色의 단계가 뒤따르고, 눈·귀·코·혀·몸·뜻의 여섯 가지 감각기관(六入)을 통해 빛과 소리, 냄새와 맛, 감촉과 법을 받아들이는 단계가 있으며, 그다음으로 우리의 몸이 밖의 여러 가지 사물을 접촉하는 단계 觸가 있다. 뒤를 이어 인생의 희로애락을 달게 받아들이는 단계 受, 괴로운 것을 피하고 사랑스러운 것을 취하는 본능적인 욕망이 발동하는 단계 愛가 있으며, 자기를 내세워 사람을 취하는 단계 取가 있다. 그리고 애愛와 취取로 인해 새 생명의 씨앗을 장만하는 유의 단계 有를 지나, 직접 몸을 입고 살아가는 삶의 단계 生, 그리고 늙어서 죽어가는 단계 老死 등이 뒤따른다. 그런데 이 열두 연기를 관찰하는 방법에는 크게 보아 다음의 두 가지가 있다.

첫째는, 열두 가지 현상 사이의 인과관계를 조금 전 보았던 것처럼 무명無明에서 시작하여 노사老死까지 이어가는 순관順觀이다. 이 방법은 맨 처음의 원인으로부터 시작하여 어떻게 고통이 나오게 되는지를 시간적 순서에 따라 관찰하는 방법이다. 둘째는, 이와 반대로 결과인 노사에서 출발하여 그 원인을 거슬러 올라가 근본적 원인으로서의 무명에 이르도록 하는 역관逆觀적인 방법이 있다. 이것은 고통스러운 현실을 관찰하여 그로부터 그 원인이 무엇인지를 탐구하여 올라가는 방법이다. 석가모니가 집을 나선 까닭에서 알 수 있듯이 그는 생로병사의 비극적

세계를 창조하고 구성하는 다섯 가지 요소 가운데 네 가지를 일컫는다. 색色(육체) 외에 수受(감각)·상相(상상)·행行(마음의 작용)·식識(의식)을 말한다.

⬆ 〈육도윤회도六道輪廻圖〉

지옥·아귀·축생·수라·인간·천상의 경계를 나타낸 그림. 그림 가운데 있는 닭은 탐욕貪慾, 뱀은 진에瞋恚, 돼지는 무지無知를 나타내며 그 주위에는 윤회를 관장하는 염라대왕이 그려져 있다.

현실을 목격하고, 어떻게든 그 참된 원인을 밝히고자 했던 것이다.

　불교에서 추구하는 목표는 결국 모든 중생들이 윤회를 벗어나도록 돕는 것이다. 그렇다면 윤회란 어떤 상태일까? 그것은 영원히 죽지 않은 채 각자가 지은 선악업보에 따라 지옥·아귀·축생·인간·천상·수라 등 여섯 가지의 서로 다른 세계에 각기 달리 태어나는 것을 말한다. 여기에서 지옥은 화를 잘 내는 중생이 태어나는 곳이고, 아귀는 탐욕을 부리는 중생이 태어나는 장소이며, 축생은 어리석은 중생이 태어나는 곳이다. 결국 이 세 곳은 악한 중생들이 태어나는 곳에 해당하는 셈이다.

　반면 인간은 바른 마음을 가진 중생이, 천상은 선한 중생이, 수라는 투쟁심이 강한 중생이 태어나는 곳이다. 이 세 곳은 그래도 지조가 있고 정의를 지키며 착한 일을 한 사람들이 태어나 즐거움을 누리는 곳이기 때문에 좋은 곳이라 할 수 있다.

　이처럼 비교적 좋은 곳에 태어나기 위해서는 성현들의 가르침을 본받아 계율을 잘 지키고 악행을 피하며 선행을 많이 해야 한다. 그러나 가장 좋은 곳에 태어난다 할지라도 윤회는 완전히 벗어날 수 없다. 누릴 만한 복이 다하면 결국 다시 타락할 수 있기 때문이다.

　그렇다면 어떻게 해야 우리 인간이 영원한 윤회를 벗고 생사를 초월할 수 있을까? 그를 위해서는 위에서 말한 것처럼 혜·정·계 등 세 가지를 잘 닦아 깨닫는 자, 즉 부처가 되어야 한다.

부처의 제자들과
다섯 가지 계율

불교의 초기 교단에 속하는 사람은 누구나 불법승 삼보三寶에 귀의할 것이 요구되었다. 다시 말하면, 당시 불교 신도가 되기 위해 누구든지 세 가지에 돌아와 의지할 것을 맹세하도록 했다는 뜻이다. 불佛이란 불교를 최초로 연 교조 불타를 말하고, 법法은 그 불타가 가르친 교훈, 그리고 승僧은 그 교설을 실천하는 승려를 가리킨다. 그래서 신자가 되려는 사람은 다음과 같이 암송을 계속해야 했다.

"거룩한 부처님께 귀의합니다. 거룩한 가르침에 귀의합니다. 거룩한 스님들께 귀의합니다."

그런데 왜 이것들을 보배삼보라고 부를까? 그 이유는 이것을 믿고 잘 실천하면 세상의 정신적·물질적 가난을 없애주는 보배가 된다고 믿었기 때문이다.

초기 교단의 중심은 어디까지나 출가한 남자 수행승인 비구중이었다. 그런데 출가수행자가 되려면 먼저 부모님께 승낙받고, 스승을 선택하여 5계, 10계, 250계 등을 받아야 했다. 여인에게 출가가 허락된 경우는 석가모니의 이모인 마하파사파제가 최초였다. 부처는 그녀의 출가를 허락하고 나서도 비구니에게만큼은 훨씬 엄격한 규칙과 율법을 요구했다. 가령 비구니는 348계를 받아야 한다는 사항 등이 그것이다. 이와 관련하여 부처의 열 제자 가운데 한 명인 아란阿難에 관한 에피소드가 있다.

아란을 열렬히 사모하던 한 여인이 출가를 간절히 청했다. 하지만 부처는 여러 차례 이를 거절했다. 그 후에 여인의 출가가 허락되었는지, 아란은 부처가 입멸한 후에 열린 장로회의에 그만 참석이 금지되고 말았다. 그 이유는 부처님께 간청하여 여인의 출가를 허락하게 하면서 불교의 법이 뿌리내리는 기간을 오백 년이나 늦췄다는 것이다. 이러한 일로 미뤄 짐작해보건대 원시 교단에서 여자 승려, 즉 비구니는 큰 역할을 하지 못했음이 분명하다. 남자 승려, 즉 비구승 중심의 승단 체제는 부파소승部派小乘 시대까지 계속되었는데, 후기 대승운동이 일어나면서 출가한 사문S'ramana들의 독단적인 우월의식은 공격의 대상이 되기도 했다.

어쨌든 당시의 인도 사회에서 집을 나서는 일이란 하나의 관습이었고, 이들에 대해 사람들은 '부지런히 노력하는 사람'이라는 의미로 사문이라 불렀다. 이는 정통파의 수행자인 브라만에 대해서 비정통파에 속하는 모든 종교 수행자들을 포괄하여 부르는 말이다. 따라서 불교의 비구니들도 넓은 뜻으로는 사문에 포함된다. 그들은 속세적인 사랑이나 욕망에 가득한 생활에서 벗어나 혼자 몸으로 걸식하며 사는 것을 이상으로 삼았다.

그래서 불교에서는 탁발로 목숨을 부지하고 항상 세 가지 옷과 공양 그릇인 바리때 외에 아무것도 몸에 지니거나 저축하지 못하도록 했는데, 그것은 교조인 석가모니 자신이 지킨 불문율이기도 했다. 출가수행자들이 머리를 깎는 것은 모든 번뇌를 끊어버리겠다는 정신적 의지를 상징한 것이고, 법복을 입는 것은 중생의 복전福田을 표하는

부파소승 

부파란 석가모니가 입멸한 후 백여 년 무렵, 원시불교가 분열을 거듭하여 이십여 개의 교단으로 갈라진 시대의 불교를 통칭하는 말이다. 소승불교란 오직 나의 해탈만을 위해 수행할 뿐, 이웃의 해탈이나 사회의 봉사는 하지 못하는 불자를 말한다.

사문

좋은 일을 행하고 나쁜 일을 행하지 않는 사람이란 뜻으로, 머리를 깎고 불교에 입문하여 오로지 도를 닦는 사람을 말한다.

복전 

복을 낳게 하는 밭이라는 뜻으로, 복된 업을 쌓고 착한 일의 뿌리를 내리게 하기 위해 베푼 밭의 땅을 가리킨다.

동시에 자신의 각오를 표현한 것으로서 중생을 교화하기 위한 하나의 방편이라고 봐야 할 것이다.

사문은 암자나 큰 나무 아래서 좌선하기도 하고, 산속 동굴에 머물면서 정사精舍를 지어 집단생활을 하기도 했다. 특히 인도의 남방 기후 때문에 비가 많이 내리는 우기에는 외출할 수 없어서 사문들은 한곳에 모여 생활하며 자기 자신의 수행에 전념했는데, 이를 안거安居라고 불렀다.

이러한 공동의 집단생활은 자연히 엄격한 규율을 필요로 하여 출가승에게는 기본적으로 오계五戒가 요구되었다. 다섯 가지 계율이란 살생하지 말고(不殺生불살생) 방생하는 것, 도적질하지 말고(不偸盜불투도) 보시하는 것, 간음하지 말고(不淫불음) 청정을 지키는 것, 헛된 말을 하지 말고(不妄語불망어) 참말만 하는 것, 술 마시지 말고(不飮酒불음주) 정신을 맑게 하는 것 등이다. 이 계율은 결혼하여 집에 머무는 신도들에게도 똑같이 적용되는데, 다만 '간음하지 말라'가 '부부관계 이외에 사사로이 다른 사람과 간음하지 말 것'(不邪淫불사음)으로 바뀌는 것뿐이다.

부처가 살아 있을 동안에는 그때그때 경우에 따라 직접 그로부터 가르침을 받으면 되었기 때문에, 사실 따로 계율을 제정할 필요가 없었다. 그러나 부처가 입멸한 후에는 계율을 제정할 필요성이 생겼고, 비교적 가벼운 48계율과 비구의 250계율과 비구니의 348계율이 나오게 된 것이다. 만약 계율을 지키지 못했을 때에는 정해진 법회에 나가 참회하고 따로 지도를 받아야 했다. 그러나 그것으로 충분하지 못하다고 여겨지는 계율 파괴, 즉 파계에 대해서는 가장 무거운 벌로서 바라이波羅夷, 즉 다시 말하면 교단에서의 추방이 선포되었다.

부처는 종교의 파벌의식을 떠나 진리가 보편적인 것임을 밝히면서 많은 신도들을 가르치며 끌어들일 수 있었다. 그러나 초기 교단의

발전에 크게 영향을 끼친 요인으로서 그의 열 제자를 꼽지 않을 수 없다. 그들은 바로 사리불·목건연·대가엽·아리루다·수부티·부루나·가시연·우파리·라훌라·아란 등인데, 교단의 신임을 받던 사리불과 목건연은 스승인 부처보다 일찍 세상을 떠났기 때문에 제3제자였던 대가엽에게 불교 교단의 지도 통솔 책임이 넘어가고 말았다.

한편, 불교 경전을 편찬하는 일에는 우파리와 아란의 공적이 많았다. 불교 재단은 당시 이미 공동 재산을 가지고 있었으며, 안거하는 장소를 기꺼이 희사喜捨하는 신자들의 덕택으로 장원莊園과 정사亭舍를 갖게 되었다. 당시 중요한 의식으로는 보름날과 그믐날에 함께 모여 서로 참회하는 보살布薩과 여름철 안거의 마지막 날에 서로 훈계하는 자자自恣가 있었다.

반세기에 가깝도록 여러 계층의 사람들에게 불법을 전한 부처의 가르침은 신자들의 암송에 의해 입에서 입으로 전해져 내려오고 있었다. 그러나 정확히 전해지기 위해서는 일정한 형식으로 틀을 갖출 필요가 있었다. 그래서 결집結集이 열리게 되었다. 제1 결집은 부처가 입멸한 바로 다음, 가섭을 중심으로 오백 장로들이 왕사성의 칠엽굴七葉窟에 모여 집회를 열고 경전과 율법을 펴내면서 이뤄졌는데, 여기에서 바로 대장경大藏經이 만들어졌다.

제1 결집이 있은 지 약 백여 년 후, 갠지스강 북쪽의 베사리에서 밧지족 출신 비구들이 열 가지 일

왕사성의 터

석가모니가 살던 시대의 강국인 마가다의 수도다. 라자그리하Rajagrha라고도 한다. 유적은 부자父子 두 왕이 축조한 구성舊城과 신성新城으로 되어 있다. 산의 능선을 따라 돌로 쌓은 40킬로미터의 '외성벽'과 7킬로미터의 '내성벽'이 둘러싸인 기리브라자(산성)와, 북쪽 교외의 평야에 신왕사성지가 있다. 석가모니가 중생을 제도한 중심지로, 불교에 관한 유적이 많다.

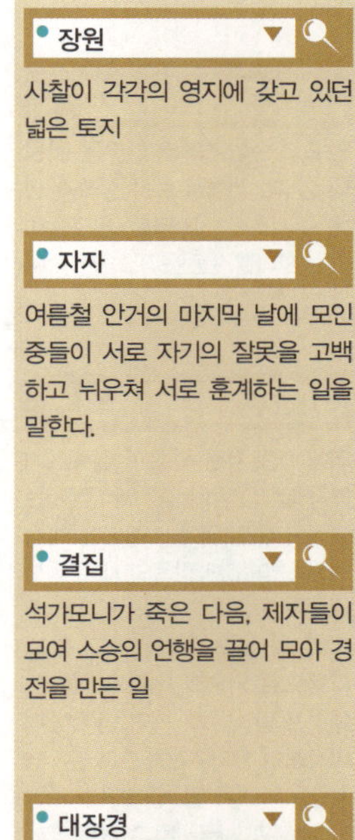

장원

사찰이 각각의 영지에 갖고 있던 넓은 토지

자자

여름철 안거의 마지막 날에 모인 중들이 서로 자기의 잘못을 고백하고 뉘우쳐 서로 훈계하는 일을 말한다.

결집

석가모니가 죽은 다음, 제자들이 모여 스승의 언행을 끌어 모아 경전을 만든 일

대장경

모든 불교 경전을 모아놓은 것. 석가모니의 설교를 기록한 경장經藏, 모든 계율을 모은 율장律藏, 불교 제자들의 논문을 모은 논장論藏, 그밖에 인도 및 중국 고승들의 저서를 모은 것이다.

(十事)을 주장하고 나섰다. 이것은 주로 계율에 관한 것으로서, 예컨대 소금을 비축해놓는 일이라든가 화폐를 갖는 일 등 시대의 변화에 따른 문제들이었다. 특히 밧지족 비구들은 돈을 갖는 문제에서 전통적인 보수파의 장로들에 대해 정면으로 충돌을 일으키며, 장로파 비구 칠백여 명이 제2결집을 소집했다.

결국 장로들은 열 가지 일을 세밀하게 검토한 끝에 그것이 정통적인 불법에서 벗어난 것임을 정식으로 선언했고, 이로부터 교단은 보수적인 상좌부上座部와 진보적인 대중부大衆部로 나뉘게 되었다.

석가모니의 인품

석가모니의 사상이 갖는 의의를 네 가지로 나누어 고찰할 수 있다.

첫째는 실천적 윤리로서의 중도中道를 강조했다는 점이다. 중도란 두 가지 극단을 피한다는 의미다.

"비구들아, 여기에 출가자들이 피하지 않으면 안 되는 두 가지 극단의 길이 있다. 첫째는 야만적이고 비열한 욕심에 빠져 헤어나지 못하는 어리석고 이익 없는 향락의 생활이요, 둘째는 헛되이 몸을 괴롭히며 학대하는 고행의 생활이다. 이 두 가지 극단의 생활을 떠나서, 여래에 의해 깨달은 마음의 눈을 열고 지혜를 점점 더 높여서 적정과 열반으로 이끄는 중도의 길이 있다. 그것은 바로 여덟 가지의 바른 길, 즉 팔정도니라."

이것은 당시 풍조에 따라 열심히 고행에만 몰두하는 수련 집단이나 향락적 쾌락주의에 빠져버린 퇴폐주의자를 모두 물리쳐야 한다고 하는 석가모니의 새로운 가르침이었다. 출가자가 피해야 할 두 가지 극단이

고행과 향락이라면, 속세에 머무는 자들이 피해야 할 두 극단은 가난과 분에 넘치는 부유다.

그런데 사실 사상적으로 당시 인도 사회를 지배하던 것은 전변설 轉變說과 적추설이었다. 이에 인도인들이 문제 삼았던 것은 "세계는 유한한가, 아니면 무한한가?"라든지 "과연 업에 의해 인간의 내세가 결정되는가?"와 같은 형이상학적인 관심이 대부분이었다. 그래서 하나에서 많음多이 생겨났다고 보는 정통 브라만의 입장인 전변설과 일반 철학계에서 주장하는 것처럼 많음多에서 많음多이 생겨난다고 하는 적추설이 주류를 이루고 있었다.

그러나 석가모니는 이를 모두 부정하고 인연설을 주장했다. 모든 것은 인연에서 생겨나며, 모든 삼라만상은 인연의 산물일 뿐이라는 것이다. 즉 석가모니는 어느 편에도 치우침이 없는 중도를 제창했다.

석가모니 사상의 두 번째 특징은 평등주의에 있다. 사회적 관점에서 보았을 때, 석가모니의 등장은 브라만 계급을 매우 당황하게 만드는 것이었다. 즉 브라만 성전을 절대시하는 승려족의 권위에 대해 이미 그 이전부터 일어나기

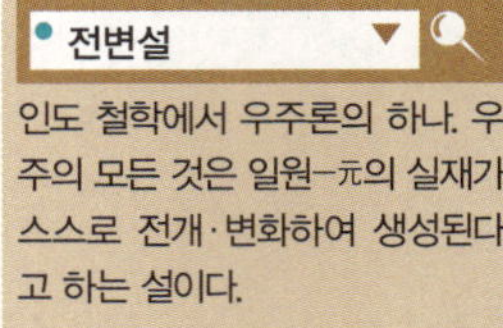

시작했던 반항운동이 석가모니를 통해 좀더 직접적으로, 노골적으로 나타났다는 것이다. 석가모니는《베다》경전의 권위나 브라만 지상주의를 인정하지 않았다. 그는 태어날 때 혈통에 의해 신분이나 계급이 정해진다는 것은 의미가 없으며, 오직 자기 자신의 수행에 의해서만 다른 사람의 존경을 받을 수 있다고 가르쳤다. 석가모니는 실제적으로 눈앞에 벌어지고

■ 전변설 ▼ 🔍

인도 철학에서 우주론의 하나. 우주의 모든 것은 일원一元의 실재가 스스로 전개·변화하여 생성된다고 하는 설이다.

있는 인간의 고통을 깊이 통찰하고서 누구든지 그것을 극복하면 창조적 미래를 약속할 수 있다고 설파했다. 그는 인간을 본질적으로 평등한 존재로 선언했던 것이다. 사실 붓다 또는 부처라는 말 자체도 '깨달은 자', 즉 각자覺者라는 뜻을 갖는 단어로서, 인간이면 누구나 부처가 될 수 있다고 하는 의미를 그 안에 담고 있다.

세 번째, 석가모니의 사상은 세계주의적인 휴머니즘에 입각해 있다. 불교는 국수주의國粹主義적 수준을 넘어서서 초계급적 · 초국가적으로 그 교리를 확장해나감으로써 전 세계로 전파되었다.

네 번째, 석가모니는 겸손한 구도자의 자세를 잃지 않았다. 그는 결코 진리를 자처하지 않았고, 스스로 신격화되는 것을 바라지도 않았다. 그의 교리는 한 번도 도그마dogma로 강요되지 않았다. 브라만의 성전들이 귀족어인 산스크리트어 위주로 쓰인 데 비해, 불교의 경전은 당시 대중적 통속어인 프라크리트어로 쓰였다. 교조인 석가모니의 겸손한 자세는 이후 불교 발전에 중대한 영향을 끼쳤다. 가령 불교의 역사에서는 다른 종교와 비교하여 순교자가 적다거나, 불교가 절대자에 의존하는 타력他力 중심이 아니라 자력 위주의 신앙으로 발전해갔다거나 하는 것은 모두 그 때문이다.

이처럼 불교가 세계적인 종교로 발전해간 데에는 교조의 겸허한

역사 · 전통 · 정치 · 문화 등 자기 나라의 국민적 특수성만을 가장 우수한 것으로 믿고 그것을 유지 · 보존하되 다른 나라의 것을 배척하는 주의를 일컫는다.

원래의 뜻은 교회가 신의 이름으로 가르치는 교조教條를 말한다. 비판이 허용되지 않는 교리, 혹은 교의를 일컫는다. '독단'이라는 뜻도 있다.

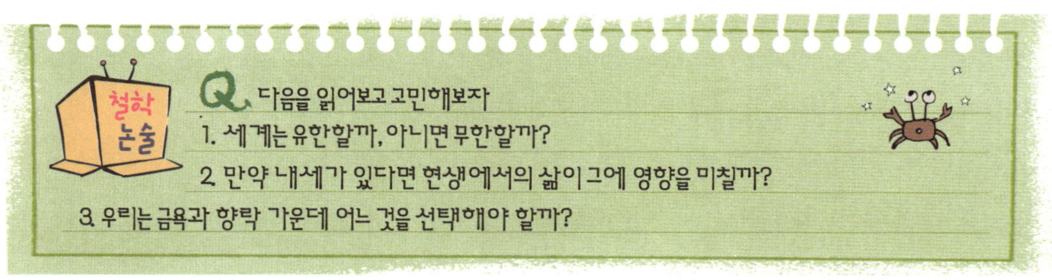

자세가 불러오는 개방과 관용의 덕이 큰 몫을 했는데, 인간 붓다에 대한 신격화 작업은 그가 죽은 후 이백여 년 사이, 즉 소승불교가 여러 갈래로 나누어지던 시대에 빚어진 일이었다.

세계 4대 성인의 공통점과 차이점

탁월한 제자들,
그리고 고단한 삶

예수·공자·석가·소크라테스, 이들 사이에는 서로 공통점과 차이점이 있는데 살펴보면 다음과 같다.

첫째, 활동 기간이다. 예수를 제외한 세 사람이 모두 기원전 5세기 무렵에 활동했다는 점이다. 공자는 기원전 551년에서 479년, 석가모니는 기원전 566년에서 기원전 486년, 소크라테스는 기원전 469년에서 기원전 399년이 생존 연대이고, 다만 예수만 기원전 4~5년에서부터 기원후 30년 무렵까지 활동한 것으로 되어 있다. 그래서 인류학자들은 기원전 5세기 무렵을 인류 역사상 가장 정신문화가 발달했던 아주 특이한 시기로 간주하여 이때를 주목한다.

이들 세 성인뿐만 아니라 그의 탁월한 제자들이 또한 이 시기에 함께 활동했음을 볼 수 있다. 공자에게는 안연·안회·자로·자장과 같은 제자들이 있었고, 석가모니에게는 열 제자로 불리는 사리불·목건연·대가엽·아리루다·수부티·부루나·가시연·우파리·라후라·아란 등이 있었다. 소크라테스에게는 플라톤과 같은 특출한 제자와 크리톤 등이 있었으며, 예수에게는 열두 사도로 일컬어지는 베드로·요한·

야 고보·안드레·빌립·도마·바돌로매·마태·야고보·시몬·유다·맛디아* 등의 제자가 있었다.

둘째, 소크라테스를 제외한 세 사람의 출생지를 보면 인류의 4대 문명 발상지와 일치한다는 점이다. 공자는 중국의 황하 유역을, 석가모니는 인도의 인더스강과 갠지스강 유역을 대표하며, 예수는 티그리스강과 유프라테스강 유역의 메소포타미아 문명을 대신하는데, 다만 소크라테스는 이집트의 나일강 대신에 그리스의 아테네에서 출생했다는 점이 조금 다르다. 그러나 이 두 지역은 지중해로 연결되어 있기 때문에 동일한 문화권이라 해도 무방할 것이다.

셋째, 네 사람의 가정환경을 살펴봤을 때 석가모니를 제외하고는 모두 가난했다. 먼저 공자는 아버지 숙량흘이 정식 결혼을 하지 않은 채 낳은 아들로, 세 살 때 아버지를 잃고 편모슬하에서 성장했다. 그래서 가난할 수밖에 없었는데, 그는 벼슬자리에 앉아 현실정치를 펴면서도 철저하게 실패했다. 그리고, 말년에는 천하를 주유하면서 눈물과 회한 속에 생을 마감해야 했다. 결국 사마천은 그가 쓴 《사기》에서 공자를 '상갓집 개'라 표현했는데, 이 말은 '밥을 주는 사람은 있어도 돌아갈 집이 없다'는 뜻이다.

한편 소크라테스는 원래 가난한 석수장이의 아들로 태어났기 때문에 가난한 데다 직업조차 없었다. 더욱이 제자들을 가르치고 저녁 한 끼 얻어먹는 것으로 만족할 뿐, 전혀 보수를 받지 않았기 때문에 계속 가난을 등에 지고 살아갈 수밖에 없었다. 그는 돈 같은 것에는 아예

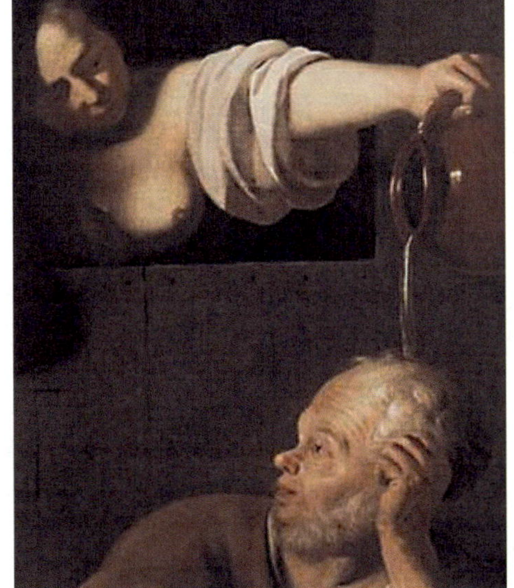

소크라테스와 아내 크산티페 어느 날 크산티페가 소크라테스의 제자들 앞에서 그에게 면박을 주며 물벼락을 안기자, 그는 "저것 봐, 천둥 뒤에는 항상 소나기가 쏟아진다니까!" 하면서 시치미를 떼었다고 한다. 그러나 악처의 대명사로 알려진 그녀가 소크라테스에게는 결과적으로 철학에 몰두하게 만든 사람이기도 하다.

관심조차 없었던 것 같다. 이와 관련하여 그의 아내 크산티페가 그를 구박한 것은 유명한 일화다.

그리고 예수는 가난한 목수의 큰아들로 태어나 역시 아버지가 일찍 운명한 것으로 보인다. 그래서 모친과 많은 동생들의 부양에 대한 책임감으로 잠시 목수 생활을 했던 것으로 알려져 있다. 그러나 흔히 공생애라 일컬어지는 기간을 포함하여 그의 삶 전체가 고난의 역사였기에, 그는 "여우도 굴이 있고 공중의 새도 깃들 곳이 있는데 인자는 머리 둘 곳이 없도다."라고 말할 정도로 궁핍한 생활을 했던 것으로 짐작된다. 따라서 십자가에 못 박히는 순간, 어머니인 성모 마리아를 사촌 요한에게 부탁해야만 했던 상황은 그의 절박한 심정을 잘 나타내주는 대목이라 하겠다.

또한 석가모니는 인도의 카필라에서 성주 아들로 태어났기 때문에 어렸을 적에는 비교적 유복한 생활을 한 것으로 보이나, 결국 출가함으로써 곤고한 세월을 보내지 않았을까 짐작된다.

고향과 조국에서
배척을 당하다

넷째, 이들 네 사람은 조국과 고향에서 배척을 당했다. 공자는 자신의 조국인 노나라를 떠나 14년 동안이나 외국중국 안의 다른 나라들을 떠돌아다녀야 했고, 말년까지 결코 좋은 꼴을 보지 못했다. 1919년 5·4운동 이후 중국에서는 한때 공자를 비판하는 시대마저 있었다. 이러한 사정은 석가모니도 마찬가지였다. 불교는 세계 3

십자가에 못 박히는 예수
엘 그레코의 〈예수의 옷을 벗김〉(1577~1579)
이라는 작품이다. 골고다 언덕에 이른 예수가
로마 군인과 성난 군중들에 에워싸인 채 옷이
벗겨지고 있다. 예수의 자세는 당당하며, 그
시선은 하늘을 향해 간절히 응시하고 있다.
한쪽 구석에는 수난 현장의 슬픔과 고통,
처절함과 잔인함을 목격하고 엎드려 통곡하는
막달라 마리아와 어머니 마리아가 보인다.

대 종교 가운데 하나로 그 교세가 성장했지만, 정작 교조 석가모니가
태어난 인도에서는 지금도 불교 대신에 힌두교를 믿는 사람들이 훨씬
많다. 또한 그리스 아테네 출신의 소크라테스는 젊은 시절부터 야심적인
정치가들에게 계속 미움을 받았고, 결국 동족인 아테네 시민들의 고소와
재판에 의해 사형을 당해야 했다.

　예수는 같은 민족인 유대인들제사장 · 바리새인 · 유대파 장로에게 핍박을 받고,
결국 그들의 고소로 십자가에 못 박혀 죽어야 했다. 물론 형식상으로는
로마의 총독 빌라도에게 십자가형을 받은 것으로 되어 있지만, 그를
죽이라고 소리 높이 외친 사람들은 동족들이었다는 뜻이다.　이를

빌미로 히틀러는 수많은 유대인들을 학살했고, 그의 선동에 도취된 당시 독일인들은 거의 미친 듯이 이에 동참했다. 이에 암묵적으로 동조해야 했던 가톨릭의 교황청에서 과거의 잘못을 반성하는 의미로 최근 들어 "예수님 역시 유대인이었다."라는 요지의 사과 성명을 발표하긴 했지만, 지난날의 피 어린 역사가 지워질 리는 만무할 것이다. 또한 지금도 예수의 조국 이스라엘에서는 그를 메시아구세주로 인정하지 않기 때문에, 대부분의 그곳 국민들은 여전히 초림初臨 메시야를 기다리며 기독교 대신 전통적인 유대교를 신봉하고 있다.

　다섯째, 이들 네 사람의 용모를 살펴보기로 하자. 먼저 공자에 대한 묘사는 차라리 전설처럼 들린다.

　"그의 눈은 크고 길며, 이마는 앞으로 높게 나와 황제黃帝의 모습이요, 팔은 길고, 등은 거북의 모양이며, 키는 아홉 자 여섯 치로 크다. 몸 둘레는 아홉 아름이나 되고, 앉으면 용이 서린 것 같으며, 일어서면 견우성을 대하는 것 같다."

　석가모니 역시 지금의 불상을 보건대, 상당히 원만한 풍모가 아니었나 짐작된다. 그러나 소크라테스에 이르면 사정이 달라진다. 크고 둥근 얼굴에 벗겨진 이마, 툭 불거진 눈, 뭉툭한 코, 두툼한 입술, 땅딸막한 키, 불거진 배, 오리처럼 뒤뚱거리는 걸음 등 전체적으로 보아 그는 추남에 가까웠다.

　예수에 대해서는 두 가지 설이 있다. 하나는 키도 작고 몸도 약했으며, 얼굴 역시 그리 잘난 편이 아니었다는 주장이다. 말하자면 아무것도 갖지 못한 사람이었다는 뜻인데, 그는 가난했고 그다지 많이 배우지도 못했다는 것이다. 그러나 다른 한편으로, 비록 키가 작고 몸이 약했으나 얼굴만큼은 그런 대로 잘생겼다는 설이 있다.

여섯째, 공자를 제외한 세 성인에게는 저서가 없다. 모두 제자들에 의해 후대에 널리 알려졌다고 봐야 하겠는데, 가령 《대화록》에 나오는 모든 저작은 그의 제자인 플라톤에 의해 기록되었을 뿐, 소크라테스 자신이 직접 쓴 것은 아니다. 석가모니 역시 사정은 같으며, 예수도 책을 남기지 않은 것으로 되어 있다. 가령 예수가 주인공으로 등장하는 복음서 마태복음 · 마가복음 · 누가복음 · 요한복음만 해도 그의 말과 행동에 관한 기록일 뿐, 그가 스스로 기록한 것은 아니다. 그래서 《성경》을 예수가 썼다거나 불경을 석가모니가 썼다는 식의 말은 그야말로 어불성설인 것이다.

다만 공자만 예외여서 그가 직접 쓴 책으로 《역경》《시경》《서경》이 있으며, 여기에 《춘추사기》《예기》를 합쳐 오경五經이라 부른다. 흔히 말하는 《논어》《대학》《중용》《맹자》등 이른바 사서四書는 그 이후에 나온 책들이다.

일곱째, 이러한 다양성에도 이들 네 성인의 가르침은 대동소이하다는 점이다. 공자는 어질 인仁을, 석가모니는 자비를, 소크라테스는 진리를, 그리고 예수는 사랑을 가르쳤는데, 이에 대한 근본적인 뜻은 거의 동일하다고 볼 수 있다. 또한 불교에서 강조하는 오계는

⬆ 보리수 아래의 붓다
보리수 아래에 합장한 채 앉아서 명상에 잠긴 붓다의 모습이다.

기독교의 십계명 가운데에 그 내용이 다 들어 있다고도 할 수 있는데, 살인·간음·도적질·거짓말 등은 동서고금의 모든 윤리학에서 공통적으로 금지하는 사항이기도 하다.

여덟째, 마지막으로 죽음의 형태를 살펴보자면, 동양의 두 성인과 서양의 두 성인이 매우 대조적이다. 먼저 공자와 석가모니는 천수天壽를 누리다가 자연사한 데 반해, 소크라테스와 예수는 제 수명을 누리지 못한 채 사형을 당했다. 소크라테스는 독이 든 잔을 마셨고, 예수는 십자가형을 받았다.

어떤 사람은 이 죽음의 형태들을 놓고 동양 문화와 서양 문화의 차이를 말하기도 한다. 즉 물이 위에서 아래로 흐르는 한 폭의 동양화에서 볼 수 있듯 동양 문화가 자연에 거스르지 않으려고 한 데 반해, 로마의 수많은 분수대가 상징하듯 서양 문화는 늘 자연을 거슬러 거꾸로 흐르려고 한다는 것이다.

불교에 대한
다양한 상식들

불교에 관한 몇 가지 상식에 대해 소개하고자 한다. 먼저 '화두話頭를 던진다'는 말을 우리는 많이 듣는 편이다. 여기에서 화두란 일종의 문제의식을 말한다. 예컨대, 옛날 조주 스님에게 어떤 스님이 물었다.

"개에게도 불성佛性이 있습니까?"

"없다."

"그렇다면 왜 부처님은 모든 중생에게 불성이 있다고 하셨습니까?"

이러한 물음을 통해 과연 모든 중생에게 불성이 있는지 없는지를 계속 탐구하며 토론해가는 과정을 거치게 된 것이다. 그러므로 화두란 어떤 문제에 들어가기 위한 하나의 예비 언어이자 첫머리에 해당하는 단어인 셈이다.

다음으로, 고통 가운데 있는 중생을 구제하기 위한 보살의 네 가지 마음가짐이 있다. 첫째는 보시섭布施攝인데, 인자한 마음으로 물질과 정신 두 가지를 조건 없이 베풀어야 한다. 둘째는 애어섭愛語攝인데, 사랑스러운 말로 항상 중생들의 마음을 따뜻하게 감싸주어야 한다. 셋째는 이행섭利行攝으로서 되도록 상대방에게 이익되는 일을 행해야 하고, 넷째는 동사섭同事攝으로서 중생들이 하는 일을 항상 즐겁게 도와야 한다는 것이다.

또한 불상이 가장 먼저 만들어진 것은 붓다 당시의 우전국 왕에 의해서인데, 재료는 전단栴檀* 향나무였다고 한다. 그리고 불교 신자들이 이 불상을 모시는 이유는 무릇 석가모니는 모든 인류의 스승으로서 마땅히 존경해야 하는바, 불교 신자들의 마음속에 그를 사모하게 할 뿐만 아니라 불교 신앙의 표적을 상징적으로 나타내기 위함이다.

부처에게 공양을 올리는 행위 역시 스승을 공경하는 마음에서 나온 것이라고 하겠다. 그런데 이 공양에는 여섯 가지가 있다. 첫째는 등燈 공양으로서 여기에서 등이란 진리의 등불을 상징하는데, 이것이 밝혀지면 세상이 밝아진다는 뜻이 있다. 둘째는 향香을 공양하는 것으로서 이것이 켜지면 세상이 맑아진다는 뜻이 담겨 있다. 셋째는 차茶 공양으로서 이것이 충만하면 세상에 목마른 자가 없어진다는 뜻이 있고, 넷째는 꽃 공양으로서 이것은 아름다움의 상징인데, 이것이 성취되면 꽃 같은 법신法身이 이뤄진다

고 한다. 다섯째는 곡식 공양으로서 씨앗을 상징하는데, 이것이 성취되면 세상의 직업들이 깨끗해진다. 여섯째는 과실 공양으로서 결실을 상징하는데, 이것이 성취되면 세상에 해탈의 과실이 무르익는다.

그리고 흔히 49제니, 100일제니 하는 것들을 지낸다는 말을 많이 듣는데, 여기에서 제齋란 몸과 입과 뜻을 깨끗하게 한다는 의미를 갖고 있다. 즉 모든 영혼과 산 사람의 정신 및 육체를 맑게 하는 일을 가리키는 것으로서, 불교에서는 모든 행사를 다 이 말로 표현한다.

또한 염불을 외는 것은 불교 신자들이 부처와 보살을 생각함으로써 늘 기쁜 마음이 생기고 평온한 마음을 얻을 수 있도록 하기 위함이며, 염불을 할 때에는 항상 부처님의 모습을 마음속으로 그리고, 부처님의 이름을 입으로 부르며, 귀로 들어야 한다. 이때 손에 염주를 들고 돌리는 것을 볼 수 있는데, 염주는 마음속의 구슬을 상징하며 그것을 굴리는 것은 염불의 횟수를 헤아리기 위함이다.

전단
단향목. 붉은 향나무, 하얀 향나무 등 향나무를 두루 일컫는 말이다.

법신
석가여래의 불멸하는 삼신三身 가운데 하나. 법계의 이치와 일치한 부처의 몸을 말한다.

원효가 요석공주와의 인연을 만들어간 에로틱한 에피소드도 있다. 어느 날 그는 "도끼에 자루를 낄 자가 없느냐? 내가 하늘을 받칠 큰 기둥을 깎아보련다!"라고 노래를 부르면서 돌아다녔다. 아무도 그 뜻을 몰랐는데, 이 노래를 전해 들은 태종 무열왕이 그의 과부 된 둘째딸 요석공주를 염두에 두고 원효를 찾아오게 했다. 마침내 요석궁에서 두 사람이 하룻밤을 보내게 되어 설총을 낳았는데, 이러한 일로 원효는 파계하고 말았다는 이야기다.

제3부

한국 철학, 역사의 새 장을 열다

과연 '독창적인 한국 철학이 존재하는가'에 대해 회의적인 시각이 있는 것은 사실이다. 그러나 반만년의 유구한 역사를 이어오면서 중국과 인도, 그리고 서양으로부터 다양한 문화와 사상을 흡수하는 동안, 나름대로 철학적 진로를 모색해온 것만은 부인할 수 없다.

그 가운데에서도 홍익인간의 이념으로 승화된 단군신화와 신라의 화랑도 정신을 포함하여, 고려와 조선의 호국 정신으로까지 발현된 불교 사상, 그리고 정치 현실에도 구현된 유교적 이념 등은 우리의 민족적 자부심을 갖게 하기에 충분하다고 하겠다.

또한 고봉과의 논쟁을 통해 세계적인 석학의 수준에 도달한 퇴계의 학문이나 일본에 선진 사상을 전파한 수많은 사상가들, 또 근대사의 고통스런 질곡 속에서 치열하게 전개되어온 철학적 고민들은 오늘날 이 땅에 영양분이 풍부한 사상적 토양을 마련했다고 볼 수 있겠다.

그러나 조선 후기의 당파 싸움은 선진문물을 받아들이려는 역대 왕들의 정책들마저 수포로 돌아가게 만들었다. 이러한 분위기 속에서 실제 생활면에 주목한 실학이 등장했지만 이 역시 위정척사파와 개화파의 대립으로 성공하지 못하는 결과를 가져왔다.

이때부터 민중들은 새로운 종교에 마음을 의지하기 시작했는데, 당시 일어난 신흥 종교들 가운데에는 단군왕검을 숭배하는 대종교, 조선을 미래 세계의 중심에 놓자고 역설한 증산교, 그리고 '물질이 개벽하니 정신을 개벽하자'고 주장한 원불교 등이 있다.

3·1 운동 이후, '철학연구회'가 결성되고 〈철학〉이라는 최초의 철학 전문학술지가 발행되었다. 그러나 중일전쟁 이후 일제에 의한

조선말살정책이 강화되면서 연구회 활동 또한 중단되고 말았다. 다만 경성제국대학에서는 독일 관념론과 실존 철학을 중심으로 철학이 가르쳐지기도 했다. 해방과 함께 민족은 분열되고 한국전쟁을 통해 국토 분단은 더욱 고착화되기에 이르렀는데, 이후 남북한의 철학은 각각 다른 방향으로 흘러갔다. 특히 남한에서는 마르크스 철학이 종적을 감추는 대신, 실존 철학이 유행하기 시작했다.

1970년대에 정신문화연구원 등이 세워지면서 동양 철학에 대한 열의가 높아졌으며, 서양 철학 쪽에서는 분석 철학과 함께 존 롤스의 사회 정의론, 마르크스의 철학이 본격적으로 논의되기 시작했다.

1980년대 후반부터 민주화 운동과 개혁 · 개방의 시대를 거쳐 마르크스 철학이 더욱 각광을 받았는데, 소련과 동구권의 사회주의가 몰락하면서 비로소 학술적 연구의 대상으로 자리를 잡게 되었다.

1990년대 이후에는 국내외에서 철학을 전공한 박사급 인재들이 쏟아지면서 연구의 질과 양 모두에서 획기적인 발전을 이뤄나가고 있다. 특히 연구 자체에 대한 금기들이 깨지면서 가히 백가쟁명의 시대라 불러도 좋을 만큼 다양하고도 풍부한 철학적 담론들이 전개되고 있다. 21세기를 맞이하여 대한민국의 철학사상 방면에서도 의미 있는 성과들이 많이 나오기를 기대해본다.

제1장

홍익인간의 이념

비록 과학적 근거는 없다지만 단군신화는 엄연히 우리나라의 기원에 관한 이야기이고, 또 그 가운데에는 조상들의 일정한 세계관이 들어 있다. 《삼국유사》에 이런 내용이 나온다.

옛날에 환인의 여러 아들 가운데 환웅이 있었는데, 하늘 아래의 인간세계에 자주 마음을 두는지라. 아버지가 그 아들의 마음을 알고 삼위태백에 내려다보니 '인간을 널리 이롭게 할 만해'(弘益人間홍익인간) 보여서, 이에 천부인天符印 세 개를 주어 다스리라고 내려 보냈다. 환웅이 무리 삼천을 거느리고 태백산 꼭대기 신단수神檀樹 아래에 내려왔고 그곳을 신시神市라고 이름 지었다. 환웅은 풍백바람과 우사비와 운사구름를 거느리고 곡식·수명·질병·형벌·선악을 주관하는 등 무릇 인간의 360여 가지 일을 주관하며 세상을 이치로 다스렸다.

그때에 곰 한 마리와 호랑이 한 마리가 있어 같은 굴에 살았는데, 항상 하늘을 향해 기도하면서 사람이 되기를 원했다. 이에 신이 영험한 쑥한 움큼과 마늘 스무 개를 주며 "너희가 이것을 먹고 백 일 동안 햇빛을 보지 않으면 사람이 될 것이다."라고 했다. 곰과 호랑이가 그것을 먹으며 참기를 삼칠일三七日(스무하루) 되는 날에 곰은 여자의 몸을 얻었다. 그러나 호랑이는 참지 못해 결국 사람이 되지 못했다.

천부인

세상을 다스리기 위해 하늘에서 내려준 세 가지 물건. 거울·칼·방울 등을 말한다.

신단수

환웅이 하늘에서 그 밑에 내려왔다고 하는 신령한 나무

신시

신시를 '신의 시장' '신의 도시' 정도로 해석하는 것이 종래의 설이나, 시가 도시의 개념으로 사용된 것은 근대 이후이므로 신시를 신불(슬갑 불)로 읽어야 한다는 주장도 있다. 고대어로 '불'은 현재의 '땅'이라는 뜻으로, '벌'이라는 현대어가 남아 '벌판' 등으로 쓰인다.

사람이 된 웅녀熊女는 더불어 혼인할 자가 없어 매번 단수 아래에서
아이 갖기를 빌고 또 빌었다. 이에 환웅이 잠깐 인간의 몸으로 변하여
그녀와 혼인함으로써 아들을 낳았으니, 그가 바로 단군왕검이다.
단군은 평양성에 도읍을 정하고 비로소 조선이라 나라 이름을 정했는데,
그 후 다시 도읍을 백악산 아사달阿斯達로 옮겨 1500년 동안 나라를
다스렸다. 주나라 무왕이 즉위한 해에 기자箕子를 조선왕에 봉했고,
단군은 장당경으로 옮겼다가 그 다음에 아사달로 다시 돌아와 숨어서
산신이 되었는데, 이때 그의 나이 1908세였다.

그렇다면 이러한 단군신화가 우리에게 던지는 메시지는 무엇일까?
아마도 이 신화의 저자는 우리나라가 생기게 된 근원을 찾아 올라가면서
단군의 뿌리인 환인과 환웅을 하늘에 있는 존재로 설정함으로써 국가의
신성성을 드러내고자 한 듯하다. 또한 최고 통치자가 하늘의 자손임을
은연중에 나타내면서 모든 백성들은 그 권위 앞에 복종해야 한다는 점을
가르치고 있기도 하다.

나아가 환웅이 인간세계에 마음을
두었다거나, 혹은 곰이나 호랑이가
사람이 되고자 애썼다는 점은 신이나
동물 모두 인간이 되기를 동경했음을
말하고 있다. 바로 이 점에 인간
중심의 사고가 잘 드러나 있다.
홍익인간이라고 하는 국가 이념
역시 누구에게나 최대의 사랑이
베풀어져야 한다는 일종의 휴머니즘이자 상호 공존과 평화의 메시지인
것이다. 또한 신이 끝내 인간세계에 머물렀다거나 단군 역시 아사달에

숨어 살았다는 설정 역시 지극히 인간적인 면을 보여주고 있다.

　나아가 하늘의 질서를 상징하는 '환웅'과 땅의 질서를 대변하는 '곰'이 결합하여 '단군'을 낳았다는 이야기는 단군이라는 존재가 하늘과 땅의 질서를 화합시킬 수 있는 존재임을 암시하고 있다. 또한, 하늘에서 가져온 천부인과 대동한 여러 신들이 땅에서 행한 일 역시 단군이 두 세계를 조화시킬 수 있는 존재임을 상징적으로 드러내고 있다.

제2장

삼국의 건국 신화

똑같은 하늘의 후손

먼저 고구려의 시조 고주몽은 하느님의 아들인 해모수와 하백의 딸 유화 사이에서 태어났다. 그리고 여기에서 신비한 알이 등장하는데 이 점은 신라新羅의 시조인 박혁거세에서도 동일하다. 당시 알은 사람들에게 시조 탄생의 신성성을 한층 더 드러내기 위한 설정이라 볼 수 있다. 이에 비해, 백제의 시조 신화에는 하늘의 자손이라는 언급이나 알에 대한 이야기가 없다.

그런데 우리가 주목해야 할 대목은 백제 건국의 주체 세력이 부여족 계통으로서 고구려에서 갈라져 나온 같은 민족이라는 점이다.

"주몽의 두 아들 가운데 첫째가 비류이고 둘째가 온조인데, 이 가운데 백제의 시조는 온조왕이다."

그리고 시조가 누구든 고구려 시조인 주몽을 조상으로 하고 있기 때문에, 백제의 건국신화 역시 고구려·신라와 마찬가지로 '하늘의 후손'이라는 의식을 밑바탕에 깔고 있다.

> **신라**
>
> '덕업일신 망라사방德業日新 網羅四方'이라는 구절 속에는 '덕을 쌓는 일이 날마다 새로워 사방 천지를 아우른다'는 뜻이 담겨 있다. 여기에서 '신라'라는 나라 이름이 유래되었다.

유교적 이념을 구현하다, 유교

고구려에서는 태학太學이 성립되기 이전부터 현자를 존중하는 기풍과 선비 정신이 뿌리내리고 있었다. 태학은 국가 최고의 국립 교육기관으로서 소수림왕 2년(372)에 건립되었는데, 이때를 유학 사상이 완전히 정착된 시기로 본다. 이 무렵을 전후하여 선진 문물의 제도를 받아들이게 되고, 한나라의 형법과 행정법 체계인 율령도 반포되었다.

태학에서는 유교의 오경을 중심으로 역사·문학·무술을 가르쳤던 것으로 보인다. 이는 문무를 겸한 엘리트를 양성하되, 어디까지나 유학 사상이 나라의 통치 이념이었음을 알려주는 대목이라 하겠다. 그밖에 평민들의 교육을 담당하는 경당扃堂이 있었는데, 여기의 학생들은 유사시에 전쟁터에 나설 수 있는 상비군의 역할도 함께 맡았다.

유학이 가르쳐지자 매매혼과 같은 풍습이 사라지고, 부모와 남편이 죽었을 때에는 삼년 상복을 입는 등의 유교적 예법이 백성들 사이에서 널리 행해지게 되었다. 또 효에 대한 관념과 조상 숭배의 사상이 더 강화되기도 했다.

백제는 고이왕 27년(260)에 관제의 기본 틀이 만들어졌으며, 웅진 시대에 이르러서는 지방의 군현제까지 정비되었다. 그런데 여기에서 유교적인 이념이 드러난 예는 16관등의 이름이나 옷의 색깔, 중앙관제 및 지방행정기구의 편제 등에 음양·오행사상·십간·십이지의 관념이 깔려 있었다는 점에서도 찾을 수 있다. 또한 역대 임금들이 어려운 백성들을 구제하는 데 힘을 쏟았던 것이나 풍년과 흉년에 따라 세금을 다르게 매겼던 정책 역시 유학의 덕치德治 개념에서 나온 결과로 보인다.

또한 당시 백제의 지식인 계층이 유교의 경전 및 제자백가의 책들을 폭넓게 읽었으며, 한학 수준도 상당했던 것으로 드러나 있다. 근초고왕 시대에는 이미 박사제도가 있었는데, 이는 고구려보다 먼저 교육기관을 설치했다는 추측도 가능하게 하는 대목이다. 여러 분야의 박사들은 학문과 기술을 비롯한 문화 부흥에 큰 역할을 담당했을 뿐만 아니라, 일본에도 파견되어 그곳의 학술을 진흥시키는 데 결정적인 몫을 담당하기도 했다.

신라는 지리적 여건상 외국과의 교류가 빈번하지 못했으나, 덕분에 스스로 고유성을 잘 간직할 수 있었다. 신라에 유학이 보급된 것은 4세기 내물왕 시대로 본다. 그 후 지증왕과 법흥왕 대의 체제 정비와 더불어 유학은 사회 모든 분야로 확산되어갔다.

지증왕으로부터 법흥왕에 이르는 시기에 순장제를 금지하고 '신라'라고 하는 나라 이름이 만들어졌다. 또 들쭉날쭉한 왕의 명칭을 통일하고 유교식 연호를 사용하며, 중국식 상복제와 지방 군현제를 제정하고 율령을 반포하는 등 유학 사상을 근본으로 하는 국가 체제와 사회 질서를 유지하려 했다.

진흥왕 대에는 유학 사상에 입각한 왕도정치를 표방했다. 그의 순수비 가운데에는 스스로 잘 닦아 백성을 편안하게 해야 한다는 사상이 새겨져 있다. 또 진흥왕 자신의 즉위가 하늘의 뜻에 의한 것인 만큼, 하늘의 도리에 어긋나지 않도록 노력하겠다는 다짐도 들어 있다.

신라의 화랑도 역시 유학 사상에 영향을 받은 흔적이 많다. 가령 화랑도의 세속오계世俗五戒인 사군이충事君以忠·사친이효事親以孝·교우이신交友以信·임전무퇴臨戰無退·살생유택殺生有擇 등은 각각 충忠·효孝·신信·용勇·인仁의 오상지도五常之道로 해석할 수 있어 유교의 실천 윤리와 관계가 있다.

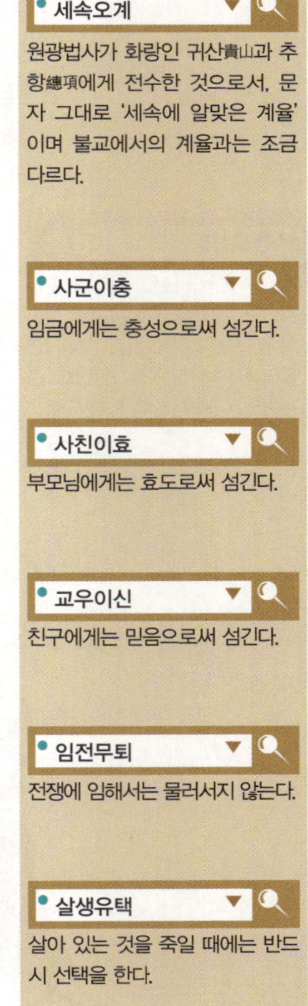

새로운 정치 이데올로기, 불교

삼국에서 불교를 받아들인 시기는 중앙집권국가로서의 체제를 정비할 무렵이었다. 그리고 그 배경에는 과거의 샤머니즘과 점술로는 더 이상 사회를 지탱할 수 없다고 하는 인식이 깔려 있다. 또한 새롭게 등장한 왕들이 자신의 권력 강화를 위해서 불교라고 하는 다른 이념을 요구했기 때문이기도 하다. 하늘의 권위를 인정하는 대신 모든 것이 인간의 자발적인 의지에 따라 결정된다고 하는 인과론적 불교 사상이 새로운 왕권의 기반을 강화시킬 수 있었던 것이다.

특히 신라에서는 전륜성왕轉輪聖王이라는 개념이 하늘에서 내려준 성왕에 맞설 새로운 왕의 출현임을 사상적으로 뒷받침해주었다. 전륜성왕이 다스리는 불국토의 건설이 정복전쟁마저 합리화시킬 수 있는 정치적 이데올로기로 작용했던 것이다.

고구려에서는 소수림왕 2년에 전진의 왕 부견이 순도라는 승려를 통해 불교를 전해주었다고 하는 것이 지금까지의 정설이다. 고구려에서는 대승불교인 삼론종이 크게 발달했다. 그러나 말기에 이르러 유불도 삼교를 조화시키고자 하는 정책에 따라 당나라에서 도교를 받아들이고 그것을 우대함으로써 불교가 점점 위축되기 시작했다.

백제에서는 침류왕 1년(384)에 서역의 중 마라난타가 동진으로부터 들어와 불교를 전해주었다고 알려져 있다. 그래서 법왕 1년(599)에 전국적으로 명령을 내렸는데 살생을 금지하고 민가에서 기르던 매를 놓아주는가 하면, 물고기를

잡거나 사냥하는 기구를 모두 불태우게 했다는 기록이 나온다. 이와 같은 경향은 유교의 예禮 문화와 함께 조화를 이뤘으나, 호국 신앙보다는 개개인의 윤리 규범과 신앙 형태로 머무르는 경향이 있었다.

신라에서는 법흥왕14년(527)에 이차돈의 순교를 계기로 불교가 공인되었다. 이후 왕과 귀족의 보호 아래 '귀족 불교'로 발전했으며, 법흥왕은 전륜성왕이라는 개념을 받아들여 토착신앙이 팽배하던 신라 사회의 사상적 통합과 더불어 왕권을 강화하는 데 힘을 쏟았다. 이러한 움직임은 '신라불국토설新羅佛國土說'과 맞물려 호국의 이념으로 확대되었고, 나아가 통일의 위업을 달성하는 데 사상적 기반으로 작용했다.

불로불사와 은둔을 추구하다, 도교

유교나 불교와 달리, 도교의 경우에는 우리 민족 고유의 신앙과 너무 비슷한 부분이 많았다. 더욱이 중국의 음양 사상과 도참 사상이 전래되면서 우리의 토착 사상과 뒤섞여버린 측면마저 있었다. 또한 삼국에서는 도교에 앞서 도가

신라불국토설

자장율사慈裝律師(590?~658?)는 "신라의 땅이야말로 천하의 어떤 땅보다도 불교와 인연이 깊은 선택받은 땅이다."라고 주장했다. 이러한 주장은 신라 중심의 통일론을 고취했고, 많은 사람에게 자부심을 가지고 불교에 돌아오도록 권면하면서 불교가 정착되는 데 큰 역할을 담당했다. 한편 자장은 당나라에 건너가 계율종을 공부하고 그것을 신라에 전한 당사자이다. 통도사를 짓고 전국에 십여 개의 사탑을 세웠다.

🔴 **연개소문의 유적비**

642년 영류왕과 대신들이 모의해 연개소문을 죽이려 했으나 그는 사전에 눈치를 챘고, 오히려 성 남쪽에 대신 백여 명을 자신이 통솔하는 군 사열식으로 초대하여 모두 살해해버렸다. 그리고 영류왕의 시신을 토막 내어 구덩이에 던져버렸다고 한다. 그해에 연개소문은 보장왕을 옹립한 뒤 고구려의 최고 관직인 대막리지大莫離支가 되었다.

사상이 지식인의 교양이자 경세제민의 원리로서 폭넓게 전개되기도 했다.

고구려에 도교가 들어온 것은 영류왕 시대로 알려져 있으나, 그 이전부터 백성들은 도가적인 생활에 익숙해 있었다고 볼 수 있다. 보장왕 대에는 당시의 권신인 연개소문淵蓋蘇文(?~665?)이 왕에게 강권하여 도교를 국가의 종교로 삼았다. 그러나 본래 유·불·도 삼교의 조화를 부르짖었던 측면에서 보았을 때, 도교의 강화는 불교계의 극심한 반발을 불러일으켰고 결국 종교 사이의 알력과 사상적 혼란으로 인해 고구려는 멸망의 길을 재촉받고야 말았다.

백제에도 고구려와 마찬가지로 신선 사상이 널리 퍼져 있었다. 무령왕릉에서 출토된 거울에는 "선인이 계시어 늙음을 모르고, 불로불사하는 신선의 과일 대추를 먹는다."라는 대목이 나오는데, 바로 이러한 표현이 도교적인 것이라 할 수 있다. 하지만 백제에서는 도교가 종교로서의 세력을 갖추지는 못했다.

신라 고유의 사상과 비슷한 점이 많았던 도가와 도교 사상은 그만큼 받아들이는 데 어려움이 없었다. 물론 이미 불교가 국교로 인정되어 있는 마당에 도교가 종교적 세력을 구축하지는 못했지만, 학문적 대상으로서는 충분히 연구되었다.

또한 신라 중대 말엽부터 하반기로 접어드는 시기에는 정치적 투쟁에서 밀려난 낙향 귀족이나 진골 귀족으로부터 탄압을 받은 육두품 계열의 지식인 등을 중심으로 현실을 부정하는 도교적인 은둔 사상이 유행하기도 했다.

제3장

통일신라의 대표 거장들

통일신라로 접어들면서 강수와 설총 같은 육두품 계열의 유학자가 활약하고 국학國學이 설치되어 이곳에서 고급 관리들이 배출되었다. 이들 고급 관료는 골품제 앞에서 한없이 무력했지만, 충효를 중심 이념으로 한 유교 사상을 바탕으로 왕권과 결합함으로써 강력한 중앙집권적 체제를 구축했다. 그러나 신라 말기에 이르러 왕권이 약화되고 왕위 계승을 둘러싼 치열한 투쟁이 전개되면서 일대 혼란이 빚어졌다. 이때 많은 유학자들이 당나라로 유학을 가서 자신의 신분적 열세를 만회해보려 했으나 폐쇄적인 골품제와 정치적 혼란 속에 빠진 신라에서 자신의 이상을 펴는 것은 매우 어려워 보였다. 또 유학이 학자들의 학문적 갈증을 해소해줄 만큼 발전하지도 못했고 오랫동안 사회의 주류 사상으로 이어져온 불교의 세력도 있어서 대부분의 유학자들은 숲속에 숨어버렸다.

시무책 10조를 상소하다, 최치원

이때의 대표적인 학자는 최치원으로서 당나라 유학 시절에 빈공과에

최치원

崔致遠, 857~? | 신라 말기의 문장가이자 학자이며 본관은 경주, 자는 고운孤雲 혹은 해운海雲이다. 894년 진성여왕에게 시무책 10여 조를 상소해서 아찬阿湌(6두품이 오를 수 있는 가장 높은 관직)이 되었다. 그러나 귀족들의 거센 반발로 인해 그 후 관직을 내놓았고 난세亂世를 비관하며 각지를 유랑하다가 가야산 해인사에서 여생을 마쳤다.

급제했고 '황소의 난' 때에는 문장으로 큰 공을 세워 승무랑 전중시어사의 벼슬을 지냈다. 귀국한 후, 진성여왕 대에는 쓰러져가는 신라의 국운을 만회하기 위해 시무책時務策 10여 조條를 올리기도 했으나 자신의 이상이 현실에서 받아들여지지 않게 되자 은거하면서 철학·문학·역사 등의 학문에만 전념했다.

최치원은 유교나 불교나 결국 그 돌아가는 바는 똑같다고 보았으며, 도가 인간의 본성 가운데 들어 있기 때문에 사람들 사이에 차별을 두고 대하면 안 된다고 주장했다. 그는 유교의 바탕 위에서 불교와 도교까지 받아들여 삼교가 서로 회통回通하는 경지를 추구했다. 나아가 유교의 합리주의적 성격에 가려 있던 우리 전통 사상의 뿌리를 풍류도에서 찾아 이곳에 삼교의 사상적 요소가 이미 포함되어 있음을 밝혀내기도 했다.

또한 우리나라가 옛날부터 동방의 예의지국임을 알리고, 동쪽의 사람이나 사물이 모든 만물의 원천임을 주장했다. 그러나 이는 결코 배타적인 선민의식을 고취하려 했던 것이 아니라, 중국의 일방적인 화이관華夷觀에 맞서 우리 민족의 역량이 그에 못지않다는 사실을 표명했던 것일 뿐이다.

해골에 괸 물을 마시다, 원효

원효는 위로는 진정한 깨달음을 구하고, 아래로는 중생을 교화시킨다는 대승불교의 이상을 철저히 추구했다. 특정한 스승 없이 전국을 돌아다니며

화이관 ▼ 🔍

주변 국가에 대한 한족漢族의 전통적인 우월주의 관념으로, 넓은 의미에서 중화사상과 통한다.

원효 ▼ 🔍

元曉, 617~686 | 신라의 고승. 속명은 서당誓幢 또는 신당新幢이며, 원효는 그의 법명法名이다. 설총薛聰의 아버지다. 원효는 실로 불교 사상의 종합과 실천에 노력한 정토교淨土敎의 선구자이며 또한 으뜸가는 저술가이기도 했다.

불교의 진리 탐구에 매진하던 원효는 어려운 사람을 돌봐주고 병든 사람을 불공으로 치유해주기도 했다고 전해진다. 특히 의상義湘대사와 함께 당나라를 향해 떠났다가 해골에 괸 물을 마시고 깨달은 바가 있어 되돌아오고 말았다는 에피소드는 유명하다.

또한 요석공주와의 인연을 만들어간 에로틱한 에피소드도 있다.

어느 날 그는 "도끼에 자루를 낄 자가 없느냐? 내가 하늘을 받칠 큰 기둥을 깎아보련다!"라고 노래를 부르면서 돌아다녔다. 아무도 그 뜻을 몰랐는데, 이 노래를 전해 들은 태종 무열왕이 그의 과부 된 둘째 딸 요석공주를 염두에 두고 원효를 찾아오게 했다. 마침내 요석궁에서 두 사람이 하룻밤을 보내게 되어 설총을 낳았는데, 그러면서 원효는 파계하고 말았다는 이야기다.

승복을 벗어버린 그는 광대와 같은 복장을 한 채 표주박을 두드리면서 화엄경의 이치를 노래로 지어 불렀다. 그는 거지들과 한데 어울려 잠을 자기도 하고, 귀족들 틈에 끼어서 기담奇談으로 날을 새기도 했다. 이러한 그의 기이한 행동 때문에 다른 승려들로부터 배척을 당하기도 했는데, 이때 왕이 당나라로부터 〈금강삼매경金剛三昧經〉을 구해 대규모의 법회를 열고자 했다. 그러나 난해한 불경을 강론할 만한 인물을 전국적으로 찾지 못하다가 결국 원효를 초청하도록 했다. 왕은 물론, 여러 대신들과 전국의 명망 있는 스님들 앞에서 원효는 결국 훌륭한 강해를 해냈고, 군중 속에서 요석공주는 계속 감격의 눈물을 흘리고만 있었다.

원효가 스스로 과제라 느낀 것은 서로 모순된 듯이 보이는 불교 이론들을 어떻게 정리하고 체계화할 것인가 하는 문제였다. 그래서 그는 거의 모든 경전을 분류하는 한편, 그곳에 각각 독자적 해석을 덧붙여 주석을 달았다. 특히 그는 서로 모순 · 대립하는 견해들을 극복하는 데 화쟁和諍이라는

금강삼매경

중국 남북조 대부터 당나라 대까지 나타났던 여러 설과 교리를 두루 모아 엮은 경전이라고 하나, 신라에서 재편성된 것으로 추정된다.

화쟁

원효의 핵심 사상. 화해和解와 회통會通의 논리 체계를 이르는 말로, 엄밀히 말하면 원효로부터 시작되어 한국 불교의 전통으로 이어 내려온 사상이다. 그의 《대승기신론소》에는 '마치 바람 때문에 고요한 바다에 파도가 일어나나 파도와 바다는 둘이 아니라는 것과 같다. 우리의 일심一心에도 깨달음의 경지인 진여眞如와 무명無明이 동시에 있을 수 있으나 이 역시 둘이 아닌 하나다.'라고 하는 원리가 잘 나타나 있다.

🔵 **태고사 대웅전의 모습**
충남 문화재자료 제27호. 현재 금산군 진산면에 있다. 우리나라 팔경의 하나로 금강이라 일컫는 대둔산 밑에 있는 사찰이다. 원효대사가 창건했다. 이처럼 그는 평생 불교 사상의 융합과 실천에 힘썼으며, 후대 한국 불교 사상에 큰 발자취를 남겼다고 하는 평가를 받고 있다.

자신의 독특한 개념을 사용했다.

원효는 당시 왕실과 귀족층에만 받아들여진 불교를 일반 백성들에게 전파하고자 노력했다. 그렇지만 제자를 양성하는 데는 뜻을 두지 않았으며, 당시 신라에서 높은 평가를 받지도 못했다. 대신 중국에 널리 알려져 중국 화엄학이 성립되는 데 선구적 역할을 했으며, 특히 고려 시대에 들어와 의천에 의해 화쟁국사로 추증되면서 재평가되기 시작했다.

하나를 통한 조화, 의상

의상˙은 원효와 함께 당나라 유학길에 나섰던 인물인데, 원효가 신라로 되돌아온 데 비해 그는 끝내 유학을 감행하여 중국 화엄종 제2대조인 지엄至嚴의 문하에서 공부했다. 신라로 귀국한 후에 신라 화엄종을 창설했으며, 법계도의 210자를 바라보면서 글자 하나하나가

제멋대로 자기의 우월성만을 주장하고 자리다툼만 한다면 의미 있는 글이 될 수 없다고 주장했다. 즉 그는 하나를 통한 전체의 통일과 조화를 강조했는데, 이는 획일주의나 전체주의와는 차원이 다른, 그야말로 정신적 경계인 우주의 마음을 표현한 것이라 말할 수 있다.

의상의 문하에는 삼천 명의 제자가 있었는데, 이 가운데 뛰어난 제자들이 신라 화엄종의 주류를 형성했고, 이들을 통해서 실천을 중시하는 의상의 교학이 한국 화엄교학의 전통이 되었다.

통일신라 시대에는 대승불교 중에서도 화엄종이 대세를 이뤘다. 그러나 후반기에 들어와 이 화엄종은 지나치게 관념적인 허위의식에 빠져 선종의 비판을 받게 되었다. 선종은 지방 호족을 지지 기반으로 크게 유행했고 고려의 창건에도 큰 역할을 담당하게 되었다.

유교와 불교에 이어 도교 쪽에서 보자면, 역사상에 나타난 위인들을 도교적으로 미화시킨 설화들이 전해지고 있다. 이 중에는 김유신·원효·의상·최치원·최승우崔承祐 등이 포함되어 있는데 이러한 기록들은 신빙성이 좀 떨어지는 측면이 있다. 가령 김가기·최승우·자혜 등 세 사람이 중국 종남산終南山 광법사廣法寺에서 신승선愼承善으로부터 내단법內丹法을 수련하여 이것을 최치원과 이청李淸에게 전해주었다거나 최치원을 '해동 단학파'의 비조로 본다든가 하는 설화 등이 그것이다.

義湘, 625~702 | 20세에 출가하여 650년(진덕왕 4년)에 친구 원효와 함께 당나라로 가던 도중 난을 당해 이루지 못하고, 그 후 661년(문무왕 1년)에 당나라 사신의 배편을 빌려 타고 건너가 종남산 지상사至相寺에서 지엄(중국 화엄종의 시조)의 문하에 있는 현수賢首(법장)와 같이 화엄의 깊은 이치를 깨달았다. 그리고 현수는 지엄의 뒤를 이어 중국 화엄종의 제3대조가 되었다. 한편 의상은 670년(문무왕 10년)에 귀국하여 관음굴觀音窟(낙산사)에서 백 일을 기도하며 676년 왕의 뜻을 받아 태백산에 부석사를 창건했으며, 그곳에서 화엄을 강술하면서 우리나라 화엄종의 시조가 되었다.

도와 합일된 인격체로서의 선인이 되는 방법 가운데 하나. 사람의 몸속에 깃들인 근원적 생명력을 단련함으로써 선인에 이르게 하는 방법이다.

제4장

고려의 철학과 사상

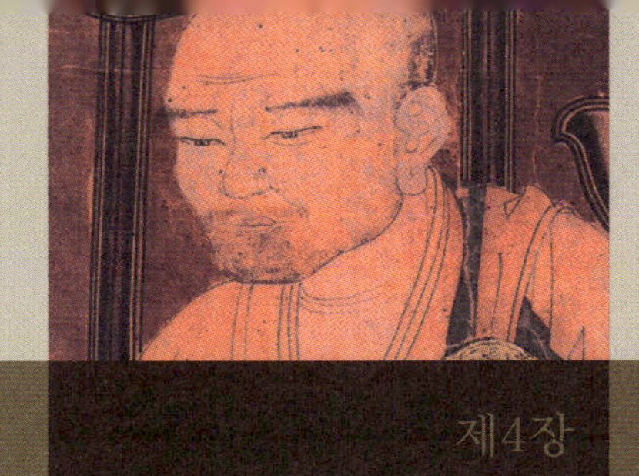

국교로 숭상된 불교

고려 시대의 불교는 교종과 선종의 조화를 새로운 과제로 삼았다. 태조가 나라를 열 때까지만 해도 지방 호족들을 중심으로 선종이 주를 이뤘는데, 중앙집권제가 구축되면서 문벌 귀족들에 의해 교종이 일어나기 시작했다. 민중 사이에는 여전히 윤회설이나 업설을 기반으로 한 불교가 성행했고, 여기에 도교와 풍수지리설 등이 결합되어 기복적인 기도 불교, 의례적인 불교의 성격이 강하게 나타났다.

또한 고려 시대에는 개인적인 신앙보다는 국가적 목적을 달성하기 위한 신앙이 주를 이뤘고, 사원은 부처의 힘으로 국가를 보호하려는 성격이 강했다. 이러한 기틀 위에서 고려 불교는 선·교·도참이라고 하는 3대 요소를 중심으로 전개되었다.

거란족의 침입 이후로 고려에서는 신라 후기 불교의 영향에서 벗어나 새로운 불교를 확립하려는 시도가 있었고, 그 중심에 의천이 자리하고 있었다. 의천은 천태종을 중흥시켜 선종과 교종의 대립을 극복하려고 했다.

내우외환이 겹친 12~13세기에는 이를 부처님의 힘으로 극복해보기

義天, 1055~1101 | 고려 시대의 왕족 출신 승려다. 문종의 넷째 아들로서 어머니는 인예대후仁睿大后, 형들은 순종·선종·숙종이다. 자는 의천, 이름은 후煦이며, 흔히 대각국사大覺國師라고 부르는데 그것은 시호다. 중국 송나라에서 유학하고 돌아와 해동 천태종을 세운 한국 천태종의 중흥 시조로, 대한불교 천태종에서 3대 종조 가운데 한 사람으로 추앙받고 있다.

위한 불교 행사가 성행했고 정치적 혼란의 시기를 틈타 타락한 승려들도 많이 나왔다. 이를 자각하고 승려 본연의 자세로 돌아가자는 운동이 불교계 안에서 일어났는데, 그 대표적인 주창자가 지눌°이었다. 그는 선종과 교종의 조화를 꾀했고, 이러한 지눌의 영향을 받아 천태종에서는 '백련결사운동'이 일어나기도 했다.

그러나 고려 불교는 이후 타락을 거듭하여 기복적인 궁중 불교라든지 고답적인 산중 불교라든지, 모두 민중과 거리가 먼 종교가 되어버렸다. 더욱이 몽고의 지배 아래 의례가 너무 남발되면서 불교는 고려가 멸망하는 데 한 원인으로까지 작용했던 것이다.

●지눌

知訥, 1158~1210 | 호는 목우자. 속성은 정씨이며, 시호는 불일보조국사佛日普照國師다. 그는 중생을 떠나 부처가 따로 없음을 강조하며 선종과 교종의 합일을 주장했고, 그 이전의 구산선문九山禪門을 조계종으로 통합했다. 승도를 소집하여 법복을 입고 단에 올라가서 설법하다가 지팡이를 잡은 채 사망했는데, 이에 탑을 세우고 감로甘露라 했다. 죽은 후 국사에 추증되었다. 저서로 《진심직설》《수심결》《정혜결사문》《상당록》《염불요문》 등이 있다.

도교와 도참 사상

전란과 내부적인 혼란이 끊임없이 이어지자, 고려에서는 현실 도피적인 경향이 나타나면서 풍수지리설과 도참 등 신비주의가 성행하기 시작했다. 애초에 태조에게 도참 사상을 주입시킨 인물은 승려 도선°이었다. 그가 태조 왕건의 아버지에게 송악의 집터를 가리키며 "장차 고귀한 인물이 이

❂ 공민왕과 왕비 노국공주가 나란히 묻힌 쌍무덤

신돈은 김원명金元命의 추천으로 공민왕에게 신임을 받아 사부師傅가 되어 국정을 맡았다. 그러나 그의 급진적 개혁은 상층 계급의 반감을 샀고, 왕의 신임을 기화로 점차 오만해져서 방탕과 음란을 일삼았으므로 점점 배척을 당하게 되었다. 왕을 살해하려는 역모까지 꾸며 권력을 되찾으려 했으나, 발각되어 수원에 유폐되었다가 2년 만인 1371년 참형斬刑되었다. 이처럼 주류 학계에서는 신돈이 '나라를 망친 요승妖僧'으로 묘사되어 있지만, 일부에서는 멸망한 고려의 인물을 조선의 기록자들이 업적을 왜곡하여 생긴 오류이며 부패하고 타락한 인물이 아니라고 주장하기도 한다.

道詵, 809~898 | 신라의 승려. 속성俗姓은 김씨이며, 전라남도 영암 출신이다. 그의 음양지리설陰陽地理說과 풍수상지법風水相地法은 고려와 조선을 통해 큰 영향을 준 학설이다. 죽을 때 제자들에게 "인연으로 와서 인연이 다하여 떠나는 것이니 슬퍼하지 말라."라는 말을 남겼다 한다. 태조 왕건이 《훈요십조訓要十條》에 그의 이름을 남길 만큼 도참의 대가로 인정받았다.

妙淸, ?~1135 | 고려 중기의 승려. 현재의 평양인 서경西京에서 출생했다. 같은 서경 출신 정지상의 추천으로 고려 인종의 고문이 되었다. 그는 도참설을 근거로 서경천도 등의 정치 개혁과 금국정벌론을 펼쳤다. 하지만 풍수지리설에 의거한 '서경천도운동'이 좌절되자 국호를 대위大爲, 연호를 천개天開라 하여 반란을 일으켰다. 그러나 약 일 년을 더 버티다 고려군에게 패망하여 그 자취가 사라지게 되었다.

집에서 태어나 후삼국을 통일할 것이다."라고 예언해주었고, 이 인연으로 인해 왕건과 도선의 관계가 매우 가까워졌던 것이다.

도선은 중국의 풍수지리설과 음양도참설을 골자로 《도선비기》를 썼는데, 승려인 묘청●이나 신돈● 같은 인물이 반란을 일으키거나 왕의 마음을 움직이려 할 때, 혹은 서민들이 왕권에 대항하여 반역을 도모할 때마다 이 예언서를 들고 나왔다고 한다.

이후 예종은 도교를 권장하여 도교 행사를 진행하는 별도의 기관으로서 복원관福原觀을 세우기도 했으며, 인종 대에는 국학생들마저 노장학老莊學을 연구하는 풍조가 확산되기도 했다. 결국 고려 대에는 도교적 색채를 띤 유학자가 많이 나왔을 뿐만 아니라, 비록 종교 체제까지 나아가지는 못했지만 국태민안國泰民安과 재해 예방, 그리고 왕의 장수를 비는 의례에 도교가 많이 활용되었다.

성리학의 도입

고려에서 점차 유학의 비중이 확대되는 과정에 놓이게 되었는데, 성종은 유학의 이념을 국가의 지도적 이념으로 삼아 불교 의례를 없애기까지 했다. 중기 이후로는 사학 육성에 더욱 힘써, 가령 문종 대의 최충崔冲 (984~1068)이 세운 구재九齋●는 우리나라 사학의 효시로 인정받기도 했다. 인종 대에는 경학을 숭상하고 강론에 힘을 쏟아 유학을 진작시키려 했는데, 바로 이때 유교 사관에 입각한 역사서 《삼국사기》가 나왔다.

그러나 문인을 우대하고 무인을 멸시하는 폐단이 조정에서부터 생겨나 결국 무인의 반란이 일어나게 된다. 무신들의 집권과 몽고의 침략으로 유학은 다시 쇠퇴의 길을 걷고 마는데, 이후 유학은 국가 문서나 기록하고 불교 행사를 미화해주는 도구로 전락하게 된다. 이러한 와중에 유학의 근본정신을 되찾자고 하는 운동이 일어나게 되는데, 이로 인해 성리학을 받아들이게 된 것이다.

신흥사대부들은 성리학의 윤리적이고도 현실적인 면을 사회에 적용했는데, 학교 교육을 통한 유교적 인재 양성이라든가 토지제도의 개혁을 통한 새로운 경제 질서의 수립 등이 좋은 예다. 또 신흥사대부들은 고려를 침범한 원나라를 배척하고 유학의 이념을 표방하는 명나라를 존중하는 정책을 택했다. 그 결과, 성리학적 예교 질서에 의해 사회 체제가 정비되고 성리학의 이념에 따라 법령이 반포되어 '조선왕조'라고 하는 유교 국가의 출현을 예비하게 되었던 것이다.

辛旽, ?~1371 | 고려 말기의 승려. 법명은 편조遍照로, 신旽은 속성이며 돈旽은 퇴속하여 고친 이름이다. 사비寺婢(절의 노비)의 아들로 태어나 어려서 승려가 되어 각지를 방랑했다. 이후 공민왕에게 등용되어 국정을 장악했다.

고려 문종 대에, 최충이 제자를 가르치던 아홉 군데의 학당. 악성樂聖·대중大中·성명誠明·경업敬業·조도造道·솔성率性·진덕進德·대화大和·대빙待聘 등을 말한다.

제5장

조선의 위대한 사상가들

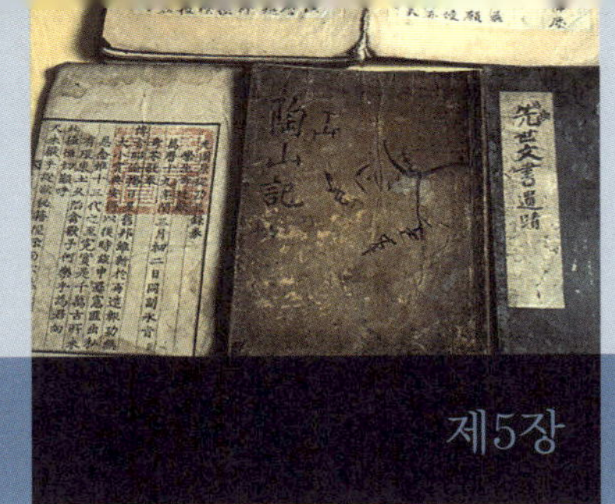

중앙 무대에 진출한 신흥사대부들은 불교를 배척하고 성리학의 이념을 바탕으로 한 정책을 추진했다. 물론 이때 조선의 건국 세력들이 성리학만 받아들인 것은 아니고, 육상산의 학문이나 그밖에 다양한 사조들도 받아들였다. 가령 세종 대에 이르러 실용적인 과학 기술이 발달하고 농업과 의학에 관한 서적들이 많이 간행된 것도 이와 관련이 있다 할 수 있다.

그런데 이들 가운데 의리를 중시하고 인간 내면의 도덕의식을 개발하는 데 주목하는 '온건개혁파'와 현실 상황에 대응하는 창의적인 변혁을 강조하는 '급진개혁파'가 서로 대립하게 되는데, 전자의 대표자는 정몽주이며, 후자의 대표자는 정도전이다.

성리학의 시작

일편단심의 고려 충신, 정몽주

조선 시대의 주자학자들인 기대 승·김장생·송시열 등은 경상도 영천에서 태어난 정몽주[●]를 한국 유학의 비조로 꼽았다. 물론 철학 외에도 외교적인 분야에서 그가 이룩한 업적은 실로 주목할 만하다. 중국의 명나라와 일본을 오가며 고려가 이들 나라와 우호적인 관계를 맺게 하는 데 외교적인 수완을 발휘했고, 이성계의 휘하에서 왜구 토벌에 참전한 적도 있었다.

그러나 고려의 부패는 극도에 이르러 대세는 이미 기울어져 있었다. 이때 이성계의 아들 이방원李芳遠(훗날 태종)이 정몽주와 마주앉아 시조 한 수를 읊었다.

● 정몽주 ▼

鄭夢周, 1337~1392 | 고려 말기의 유학자. 호는 포은圃隱,. 고려삼은高麗三隱(정몽주·이색·길재)의 한 명으로 잘 알려져 있다. 충신의 대명사. 1392년 명나라에서 돌아오는 세자를 마중 나갔던 이성계가 사냥하다가 낙마하여 황주에서 드러눕게 되자 그 기회에 이성계 일파를 제거하려 했다. 그러나 이를 눈치챈 이성계의 아들 이방원이 이성계를 그날 밤 개성으로 돌아오게 함으로써 실패하고 말았다. 그럼에도. 이성계는 이방원에게 정몽주를 자기 세력으로 끌어들일 것을 지시했다. 이에 이방원은 정몽주를 자택으로 불렀고, 정몽주는 정세를 엿보러 이성계를 병문안하러 왔다. 그때 이방원과 주고받은 시조가 바로 〈하여가〉와 〈단심가〉다. 이방원은 〈하여가〉를 통해 정몽주를 이성계의 세력으로 끌어들이고자 했으나. 정몽주는 〈단심가〉로 단박에 이를 거절했다.

> 이런들 어떠하며 저런들 어떠하리
> 만수산 드렁칡이 얽혀진들 어떠하리
> 우리도 이같이 얽혀 백 년까지 누리고저

이것이 그 유명한 〈하여가〉다. 다 썩어가는 고려 왕실만 붙들려 하지 말고, 서로 사이좋게 사는 것이 어떠하겠느냐는 내용이었다. 정몽주는 이에 다음의 시로 답을 했다.

> 이 몸이 죽고 죽어 일백 번 고쳐 죽어
> 백골이 진토되어 넋이라도 있고 없고
> 임 향한 일편단심이야 가실 줄이 있으랴

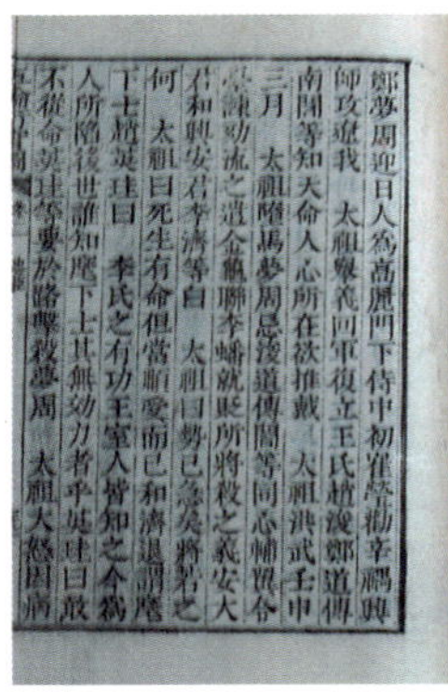

🔴 **죽음으로 명예를 지킨 정몽주**
정몽주는 이성계를 왕으로 추대
하려는 움직임을 감지하고 숙청할
기회를 노렸다. 그러나 이방원이 부하
조영규趙英珪 등을 시켜 개성 남쪽의
선죽교에서 정몽주를 철퇴로 내리쳐
죽였다는 내용의 글과 그림이다. 《오
륜행실도》에서 발췌한 장면이다.

만고의 충절 정몽주는 〈단심가〉를 통해 고려에 대한 충성을 거듭 피력
한 것이다. 결국 정몽주는 선죽교善竹橋 위에서 철편에 맞아 숨을 거두고
조선왕조는 도도히 그 문을 열어갔다.

정몽주는 고려 말기에 새로운 이념 체계로 도입된 주자학을 적극적으로
연구하고 오부학당과 향교를 세워 널리 보급하는 데 공헌했다. 또한 예禮
를 대중에 전파하기 위해 《주자가례朱子家禮》에 따라 가묘家廟를 세우고
신주神主를 처음 세웠다. 고려에 성리학의 기초를 세우고 그 명분을
지키며 죽었기 때문에, 후에 '동방이학지조東方理學之祖'로 추앙되었다.

그러나 실제 그는 정도전의 급진적인 토지 개혁에 반대하고 불교에
대해서도 절충적인 태도를 취하는 등 과감한 주자학적인 이념의
실천에는 다소 소극적이었다.

조선왕조의 개국 공신, 정도전

이성계를 도와 조선왕조를 여는 데 절대적인 공헌을
한 사람이 바로 정도전이다. 당시 이성계 등의 개혁파는 중앙집권을

강화하고 불교를 철저히 비판하여 새로운 정신적 무기, 즉 정주학程朱學을 그에 대신하고자 했다. 개혁파의 핵심 인물인 정도전은 그러한 정치 노선을 실현하는 데 앞장서다가 한때 보수 세력에 밀려 유배를 당하기도 했다.

그러나 이성계의 막료로 급부상한 정도전은 이성계가 위화도에서 회군한 1388년 무렵부터 조준의 전제개혁안을 받아들이고 불교의 폐해론을 펼치면서 새로운 왕조 개창에 일등 공신 역할을 수행해나갔다. 1391년 이성계가 삼군도총제부를 설치하고 병권을 장악하자, 정도전은 우군도총제로서 이성계를 보필했다.

정도전은 새로운 수도 건설을 주창하여 지금의 서울인 한양으로 천도하게 했다. 그러나 강비康妃 소생인 방석을 세자로 책봉하게 함으로써 이방원과 대립각을 세우던 정도전은 모든 왕자들을 궁중에 불러들인 다음, 한씨 소생의 왕자들을 일격에 죽여 없앨 계략을 꾸며놓았다. 그러나 사전에 음모를 알아차린 이방원과 그 부인의 기지로 계략은 실패로 돌아갔고, 이에 이방원은 정도전과 남은●과 심효생● 등을 모두 죽이고 말았다. 이후에 방석이 세자 자리에서 물러나고 유약한 방과가 세자에 올라 정종이 되었으며, 방원은 그 뒤를 이어 태종이 되었다.

정도전은 주자학을 조선의 통치 이념으로 채택하여 고려의 이념적 지주였던 불교 사상을 극복하는 한편, 백성 본위의 이념과 관료의 도덕성을 바탕으로 하는 유교적 이상 국가 실현을 위해 노력했다.

그러나 정몽주와 정도전 가운데 후대에 정통으로 인정받은 인물은 정몽주다. 그의 의리 정신은 건국 후 왕조의 안정과 유지라는 정치적·현실적 의도에서 재평가되면서 조선 도학의 비조로 떠오르게 된다. 조선의 유학은 정몽주를 비롯하여 길재·김숙자·김종직·김굉필·

남은

南誾, 1354~1398 | 고려 말과 조선 초의 무신. 이성계 세력의 중심인물이 되어 1388년 요동 정벌 당시에 위화도 회군을 진언했다. 1392년에 정몽주가 살해되자 정도전 등과 함께 이성계를 왕으로 추대하여 조선왕조를 개국했다. 하지만 이방석을 세자로 책봉하는 데 적극적으로 참여했다가 1398년 제1차 왕자의 난 때 이방원에게 살해되었다.

심효생

沈孝生, 1349~1398 | 고려 말과 조선 초의 문신. 이성계를 왕으로 옹립하여 조선왕조 개국에 공을 세웠다. 1398년 정도전 등과 함께 사위 이방석을 옹립하다가 이방원에 의해 제1차 왕자의 난에 살해되었다.

조광조에서 이황과 이이로 이어지는 계통을 정통으로 본다. 이들이 강조한 절의節義 정신은 대의大義로 표현되는 정치 규범이자 이를 실현하기 위해 살신성인하는 성리학 특유의 도통적 규범이었다.

유교적 도덕정치의 좌절, 조광조

조광조는 당대의 유명한 유학자 김굉필金宏弼(1454~1504)의 제자가 되어 젊은 나이에 장래가 촉망되는 학자로 손꼽히기에 이르렀다. 그러나 연산군은 그의 생모 윤씨가 폐위될 당시에 신진 사류인 윤필상·이극균·김굉필 등이 찬성했다 하여 그들을 처형하고, 나머지

조광조

趙光祖, 1482~1519 | 조선의 문신·성리학자·정치가. 호는 정암靜庵. 일찍부터 학문의 뜻이 컸으며, 열네 살 때 성리학자 김굉필 문하에서 공부를 시작했다. 그의 사상은 유학의 정통으로 돌아가 바른 정치를 실천하자는 것으로 요약할 수 있으며, 한국의 도학 및 실천 유학의 시조로 추앙받고 있다. 율곡 이이를 비롯한 후대 학자들이 그를 모범으로 따랐다. 그는 유교, 특히 성리학만을 유일한 배타적 종교로 신봉하고, 다른 사상이나 종교에 대해서는 금해야 한다고 주장했다.

김굉필 나무

김굉필은 조선 전기 중종 대의 성리학자로, 호는 한훤당寒暄堂·사옹蓑翁이다. 김종직 문하에서 학문을 배움으로써, 길재·김숙자·김종직으로 이어지는 성리학의 학문 전통을 이었다. 그는 유배지에서도 학문 연구와 인재 양성에 힘썼고 특히 조광조에게 학문을 전수했으며, 1504년 갑자사화 때 전라도 순천의 유배지에서 사사賜死되었다. 사진은 '김굉필 나무'라고 불리는 대구광역시 달성군 도동리에 소재한 나무다.

신진 사류들을 삭탈관직削奪官職 또는 유배를 보내는 갑자사화甲子士禍를 일으키고 말았다. 이 일 후에 조광조는 스승을 대신하여 후배들을 가르치는 데 평생을 보내기로 마음먹었다. 1506년 박원종 등 훈구파 대신들은 폭군 연산군을 몰아내고 그의 이복동생을 국왕으로 봉했으니, 이것이 '중종반정中宗反正'이다. 이후 조정에서는 훈구 세력을 견제하기 위해 사림의 학자들을 등용하기 시작했다. 이때 조광조는 진사회시에 장원 급제하고 알성시에도 급제하여 조정의 주목을 받았다.

마침내 조광조는 중종의 신임에 힘입어 여러 관직을 역임했다. 조광조는 왕도정치를 시행해야 한다고 믿었는데, 그의 개혁적 정치에 힘입어 사림파가 조정에서 힘을 얻어갔다. 한편 훈구파들은 당연히 그에게 반감을 갖게 되었고, 드디어 홍빈의 아버지 홍경주를 자기들 편으로 끌어들였다.

"우리가 조광조의 역적모의를 임금께 고할 테니, 홍빈께서는 심복을 시켜 궁중의 후원 나뭇잎에 꿀물로 '주초위왕走肖爲王'이라는 네 글자를 쓰십시오. 그러면 벌레들이 단물을 빨아먹기 위해 그 글자를 좀먹듯 파먹을 것입니다. 이때 홍빈께서 상감에게 후원 동산에 납시어 이것을 자세히 보게 하시면 됩니다. 주초走肖 두 글자를 합치면 조趙가 되지 않습니까? 이는 조광조가 왕이 된다는 뜻입니다."

그렇지 않아도 조광조의 지나친 개혁에 싫증을 느끼던 중종은 이러한 상황에 부닥치게 되자 그를 반역죄로 다스렸다. 그는 전라도 화순 땅의 능주로 귀양을 갔다가 끝내 사약을 받아 죽고 말았다. 이 사건을 기묘사화己卯士禍라 부르는데, 훗날 그를 기리는 수많은 서원과 사당이 세워졌으며, 선조 초에는 마침내 영의정에 추증됨과

동시에 문묘에 배향되었다.

조광조는 형벌에만 의지하는 패도정치에 반대하고 인의仁義에 따르는 왕도정치를 주창했다. 애민愛民 사상에 충실한 그는 한전제限田制●의 실시와 현량과賢良科●의 설치, 그리고 노비법과 서얼법의 개선● 등을 추진했다. 그러나 신진 사림의 우두머리로 중종의 신임을 받아 유교적 도덕정치를 실현하려 했던 조광조의 꿈은 결국 훈구파에 의해 좌절되고 말았다.

조선 전기의 불교

고려 말엽에 일어난 배불운동은 순수한 이념보다는 정치적인 목적에서 이루어졌다. 조선 전기에 지공指空 · 보우普雨 · 나옹懶翁 등의 명승이 나타났지만, 유학자들의 정치적 공세로 인해 불교계는 암흑기를 맞게 되었다. 세조 대에 국가적 규모의 불경 간행 사업을 벌인 적도 있지만, 성종 대에 가서 다시 억불抑佛 정책이 등장했다.

이런 상황에서 불교의 명맥을 유지하게 한 사람이 명종 대의 섭정 문정왕후文定王后였다. 그녀는 설악산 백담사의 보우를 중용하여 봉은사를 선종, 봉선사를 교종의 근거지로 삼았다. 하지만 보우 역시 유생들의 미움을 받아 비명 속에 죽음을 맞이했다. 이러한 때에 유교와 불교가 본래 다르지 않다고 하는 회통론이 하나의 흐름을 형성하게 되었다.

서얼법의 개선

조광조는 "노비도 양인良人(양반과 중인 및 일반 백성 등 천민을 제외한 모든 계층)이 될 수 있는 길을 열어주고, 서자·얼자(양반의 첩이 낳은 자식)도 나라를 위해 일할 수 있도록 해야 한다."라고 주장했다.

화두에만 몰입하다,
보우

고려 불교는 지나친 불사佛事로 그 폐단이 적지 않았다. 수많은 사탑의 건축과 번잡스러운 불교 행사로 인해 국민 생활과 국가 경제에 지대한 피해를 안겨주었다. 게다가 군역을 피하기 위해 일부러 출가하는 경우도 많아 승려의 자질이 타락했고 승풍이 문란했다. 또한 승려가 정권의 쟁탈에 관여했고 치부와 사치에 빠졌다. 그래서 뜻있는 학자들에 의해 불교의 폐해를 극간하는 상소들이 올라가기에 이르렀다. 그러나 이러한 악조건을 극복하고 불교 교단을 이끌어온 사람들이 있었는데, 바로 의천 · 보조 · 지눌 · 보우였다.

이 가운데 보우는 승단의 문란한 기풍을 바로잡기 위해 '일하지 않는 자는 먹지 말라'를 내규로 세웠다. 왕가에서 대주는 많은 시주로 인해 불교 교단은 노동의 필요성을 느끼지 않았고, 이것이 또한 부패와 타락의 원인임을 똑똑히 보았기 때문이다. 또한 그는 고려 왕조의 무궁한 발전을 위해 한양으로 수도를 옮기자고 주장했지만, 신돈과의 권력 다툼 속에서 이뤄지지 못했다. 또한, 이 일로 보우는 왕사의 직위까지 잠시 물러나게 되고 말았다.

보우는 공민왕 대에 왕사로 책봉되었는데, 공민왕은 군사를 일으켜 동북면과 서북면 지방의 옛 영토를 회복하고, 고려의 지방 군관들이 원나라로부터 받았던 군패를 모두 몰수하여 병권을 회복했다. 또한 원나라의 연호 사용을 폐지하고 관제를 고려 초기의 체제로 되돌려놓았다. 이러한 공민왕의 정치적 개혁이 우연한 일은 아니었는데, 여기에는 보우의

普愚, 1301~1382 | 고려 말의 고승으로, 호는 태고太古, 휘諱는 보우普愚, 법명은 보허普虛다. 문정왕후가 중용한 조선의 보우普雨와 구별된다.

간언이 일정한 몫을 감당했을 것으로 추측된다.

보우는 제자들을 가르치면서 선禪의 지적인 이해를 철저히 물리치고 화두만을 참구하도록 했는데, 이는 선교 통합을 시도했던 지눌의 입장과는 대조된다고 해야 할 것이다. 한편 최근까지 한국 조계종의 법조法祖를 지눌로 볼 것인가, 보우로 볼 것인가 하는 논쟁이 끊이지 않고 있다.

성리학의 발전

16세기 이후 조선에서는 도학을 숭상하는 사림파가 정국을 장악하게 된다. 그런데 몇 차례의 사화를 거치면서 재야에 숨어 지내는 '산림유山林儒'와 출사하여 정치에 참여하는 '묘당유廟堂儒'로 나뉘게 된다. 전자의 대표자는 서경덕과 조식, 후자의 대표자는 이황과 이이를 들 수 있다. 하지만 후대에 가면서 이들 사이의 경계 자체가 모호해졌다.

황진이의 유혹을 물리치다,
서경덕

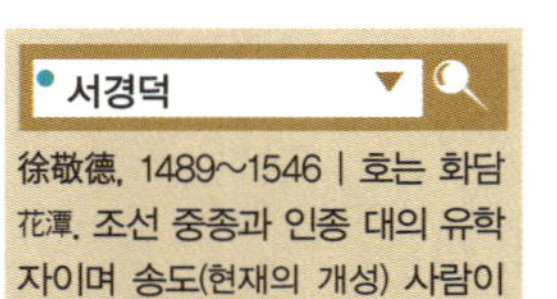

서경덕·은 스물다섯 살에 이미 전국으로 이름을 날렸는데, 현량과를 설치하여 120명의 인재를 선발하던 조광조는 서경덕을 제일로 추천했다. 그러나 정작 그는 이를 거부했다. 쌀이 떨어져 며칠씩 굶고 지내는 판인데도 조정의 녹봉에는 전혀 관심이 없었다. 그는 제자 이지함李之菡(1517~1578)을 데리고 성운成運(1497~1579)과 조식曺植(1501~1572)이 은거하고 있던 지리산 언저리를 찾아 그들과 함께 어울려 시를 짓고 술을 마셨다. 어머니의 간곡한 부탁으로 생원시에 응시하여 성균관에 들어가긴 했으나, 얼마 견디지 못한 채 뛰쳐나오고 말았다.

그리고 개성으로 돌아와 송악산 자락에 위치한 화담花潭에 자리를 잡고 그 옆에 초막을 지은 다음, 학문에 정진했다. 개성 출신의 명기 황진이가 그를 여러 번 유혹했으나 끝내 성공하지 못했다는 이야기는 너무나 유명하다.

서경덕은 기氣가 만물의 근원이라고 보는 기일원론을 주창함으로써 주리론主理論으로 기울어가던 당시의 학계에 큰 충격을 주었다. 그에 따르면, 천지만물은 모두 기로 인해 생성되는 물질적 실체다. 기는 우주 공간에 충만해 있어서 그 모인 덩어리가 큰 것은 해와 달과 땅과 별이 되고 작은 것은 풀이나 나무 등 만물이 된다.

또 모든 운동 및 변화의 원인을 기 자체에 두고 기의 취산聚散모임과 흩어짐을 통해 현상계를 설명하면서 이理라는 관념적 존재의 실재성을 부인했다. 그는 귀신이나 죽음의 문제도 기의 취산으로 설명하면서 당시 성행하던

🔴 **독서하는 선비와 서경덕의 시**
위는 작은 골방에 등잔불을 밝히고 앉아 책을 읽는 선비의 모습이다. 갓을 벗은 망건 상투의 모습이며 얼굴 표정이 단아하기 그지없다. 아래는 화담 서경덕의 시 〈독서讀書〉다. 가난한 집에서 태어나 독학으로 어렵게 공부했으나 벼슬길에도 나아가지 않고 일생을 청빈하게 학문에만 정진했던 화담의 삶과 사상이 고스란히 함축되어 있다.

풍수지리설과 같은 미신을 배척했다. 그러나 그의 기일원론은 유학의 근본 입장에서 받아들일 수 없었기 때문에 이황의 격렬한 비판을 받았다.

말도 마이소. 개입디더, 이황

이황*은 여섯 살 때부터 천자문을 배우기 시작했고, 열아홉 살 때부터 본격적으로 독서에 열중했는데, 침식을 잊어가며 매진하다가 소화불량증을 얻고 말았다. 이 때문에 고기만 먹으면 체하는 버릇이 생겨 언제나 채소를 즐겼다고 한다.

그가 결코 파리한 샌님이나 근엄한 스승의 이미지에만 머물지 않게 된 사건이 있다. 스무 살 때 장가들어 첫날밤을 맞이했는데, 도학군자에게 딸을 시집보낸 장모는 그 밤이 매우 궁금했다. 그래서 이튿날 신방에서 나오는 딸을 붙들고 은근히 물어보았다.

"신랑이 귀여워해주더냐?"

"말도 마이소. 개입디더."

물론 민간에서 우스개로 전해오는 이야기이긴 하나, 퇴계가 본능을 억제한 인물은 아님을 알 수 있는 대목이라 하겠다.

선조의 총애를 받은 퇴계는 수많은 벼슬을 거쳤다. 다만 정3품 이상의 벼슬은 실제로 받아들인 적이 한 번도 없었는데, 이로 인해 문서상의 임명과 사퇴만 되풀이한 셈이 되었다. 그의 어머니가 중앙의 고관 벼슬을 하지 말도록 당부했기 때문이라 한다.

그의 주리론에 의하면, 이理야말로 천지만물을 생성하고 또 주재하는 본원이다. "사단四端은 이가 일으킨 것이고 칠정七情*은 기가 일으킨 것이다."라고 하는 그의 주장에 의해 촉발된 것이 고봉 기대승奇大升

(1527~1572)과의 사이에 일어난 그 유명한 사단칠정논쟁四端七情論爭이다. "사단 역시 기에 의해 일어날 수밖에 없다."라고 주장하는 기대승과 8여 년에 걸쳐 전개된 이 논쟁을 통해 그는 "사단은 이가 일으켜 기가 그것을 탄 것이요, 칠정은 기가 일으켜 이가 그것을 탄 것이다."라고 입장을 정리한다. 이 논쟁으로 인해 이황의 사상은 상당한 체계를 갖추게 되고 나아가 조선의 성리학 자체가 한차원 높아졌다는 평가를 받는다. 한국을 대표하기에 충분한 그의 사상은 오늘날 동양은 물론 전 세계에 걸쳐 학계의 주목을 받고 있다.

⬆ 퇴계 이황의 묘비문
기대승이 지었다. 사단칠정논쟁으로 인해 성리학은 두 갈래로 나뉘었지만, 이렇듯 둘 사이는 전혀 서먹하지 않았다고 한다.

십만양병설을 주장하다, 이이

율곡 이이⟡는 외갓집 오죽헌에서 사헌부 감찰사 이원수李元秀와 신사임당申師任堂 사이에서 셋째 아들로 태어났다. 외할머니의 사랑 속에서 어린 시절을 보낸 율곡栗谷은 서울의 친가를 거쳐 경기도 파주의 율곡으로 가서 살았다.

스물두 살 되던 해에 퇴계를 방문하여 학문을 토론했는데, 당시 퇴계는 원숙한 노대가였고 율곡은 홍안의 청년이었다. 이틀간 토론하는 동안 퇴계는 율곡의 박식함을 칭찬하면서 "후생들이 가히 두렵구나."(後生可畏후생가외)라고 말했다고 한다.

李珥, 1536~1584 | 조선 선조 대의 유학자. 가장 많이 알려진 호는 율곡栗谷이다. 강원도 강릉 북평촌에서 출생했다. 열여섯 살 되던 해 출장 가는 아버지를 따라 평양으로 갔는데 이 무렵 신사임당은 병세가 차츰 악화되어 결국 죽고 말았다. 효성이 남달리 지극했던 그는 3년 동안 어머니의 무덤 옆에서 지내다가 그곳에서 한때 색다른 학문(불교)에 흥미를 느껴 3년상이 끝나고 나서도 불교를 연구하기도 했다. 하지만 곧 유교에 미치지 못함을 깨닫고 일 년 만에 금강산에서 내려왔다.

유성룡이 도승지로, 율곡이 국방 정책을 총괄하는 병조판서로 있을 때에 율곡은 십만양병설을 주장했다. 이미 왜구의 침략을 예상하고 서울에 2만, 각 도에 1만 명씩 군사를 양성하여 배치하라고 역설한 것이다. 동시에 종8품 정도의 벼슬에 머물러 있던 이순신을 유성룡에게 천거하면서 "장차 3한을 구제할 인물입니다."라고 했다. 그러나 유성룡이 이러한 건의를 묵살했고, 결국 율곡이 죽은 지 8년 만에 임진왜란이 일어나고 말았던 것이다.

율곡은 독자적인 이기이원론理氣二元論을 내놓았다. 퇴계를 대표로 하는 주리파가 "사단은 이가 일어난 것이요, 칠정은 기가 일어난 것이다."라고 한 데 대해, 율곡은 "사단과 칠정은 한 가지이고, 따라서 사단 역시 기가 일어난 것이다."라고 주장했다. 그에 따르면 "이理란 형체도 없고 행위도 없다. 오직 기만이 형체와 행위가 있다. 그러므로 무릇 일어나게 하는 것은 '이'지만 실제로 일어나는 것은 '기'다. 사단 역시 기가 일어나서, 기가 그것을 탄 것에 지나지 않는다."라고 했다.

퇴계의 주리론이 일종의 관념론이라면, 율곡의 주기론은 유물론이라고 할 수 있다. 또한 퇴계의 영남학파와 율곡의 기호학파畿湖學派는 서로 대립하여 쌍벽을 이뤘다.

《토정비결》의 저자, 이지함

이지함이 광릉에 있을 때, 너무 몸을 돌보지 않고 열심히 공부하자 주변 사람들은 그가 몸이 상할까 걱정한 나머지 등불

기름을 보내주지 않았다. 이에 그는 도끼를 들고 관솔*을 따다가 그 불을 피워놓고 자욱한 연기 속에서도 밤을 새워 글을 읽었다고 한다. 그래서 경서와 제자백가를 두루 통달하기에 이르렀는데, 하지만 과거 공부는 통하지 않았다.

지팡이 하나에 몸을 의지하여 전국을 떠돌아다니다가 가끔 서울에 와서 율곡 등 당대의 명사들과 사귀었다. 항상 좌중을 웃기는 농담을 잘했고 익살 섞인 직언도 서슴지 않았다.

사람들은 집안에 무슨 일이 있으면 이지함에게 달려갔다. 혼인날을 잡아달라거나 점을 쳐달라거나 질병에 대한 처방을 해달라거나 하며 온갖 일을 부탁했다. 날이 갈수록 몰려드는 사람들이 너무 많아 그는 마침내 한 권의 책을 쓰기에 이르렀는데. 그 책이 바로 《토정비결土亭祕訣》이다. 《토정 비결》은 평생의 운수를 보는 《당사주唐四柱》와 함께 민중의 사랑을 받아왔다. 그런데 그가 이

소나무 줄기 중에 송진이 함유되어 색깔이 붉고 기름진 소나무 가지나 옹이를 일컫는다. 불이 잘 붙으므로 예전에는 여기에 불을 붙여 등불 대신 이용하기도 했다.

이지함의 묘소

이지함은 맏형인 이지번李芝蕃에게 글을 배웠다고 하며, 그 성품은 기위奇偉하고 효성과 우애가 돈독했다고 한다. 조헌趙憲은 "마음이 깨끗하고 사욕이 적어서 그의 고결한 행실은 세상에 모범이 되었다."라고 그를 평가했다. 저서에 《토정비결》 등이 있다. 사진은 충남 보령시 오천면 고정리에 소재한 이지함 선생의 묘소다.

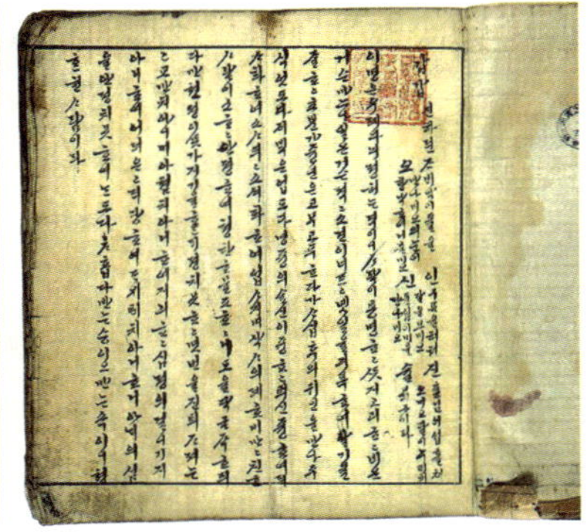

수백 년 동안 우리나라의 항간에 널리 퍼졌던 사주책
중국 당나라 이허중李虛中의 점서占書를 가져와 우리나라에서 그림을 넣어 도해圖解하고 한글로 알기 쉽게 풀이한 책이 당사주이다. 왼쪽은 《당사주》의 표지, 오른쪽은 그 내용이다.

책을 만들 때에 "너무 잘 맞으면 사람들이 일은 하지 않고 이 책만 붙들고 있을 것이다."라고 염려하여 내용을 어느 정도 맞지 않게 뒤섞어놓았다는 말이 전해진다.

걸인에게 각자의 재능에 따라 기술을 배우게 한 일, 백성들에게 황무지를 개간하여 생산을 증대시킨 일, 배를 만들어 어업에 종사하게 한 일, 가내 수공업을 장려한 일 등은 모두 그의 업적이다. 한편 그 자신은 청렴하고 강직하여 물질에 대한 욕망을 배제하고 청빈낙도의 생활을 행위의 지표로 삼았다.

퇴계와 논쟁을 벌이다, 기대승

기대승은 절개가 뛰어난 집안에서 태어나 일찍부터 학문에 통달했지만, 피비린내 나는 을사사화乙巳士禍를 목격하고 나서 식음을 전폐하다시피 하며 두문불출杜門不出했다. 마침내 스물세 살 때 사마시에 합격했으나, 곧이어 치러진 알성시에서는 낙방의 고배를 마셨다. 이유는 성적이 나빠서가 아니라 오히려 성적이 너무 좋아서 일부러 떨어뜨렸다고 한다. 사림파의 반대 세력인 윤원형尹元衡이 기묘명현己卯名賢의 후손을 등용하지 않으려 했기 때문이라 보인다.

이후 기대승은 식년 문과 을과에 급제하여 권지 승문원부정자를 제수받았으며 대사성을 거쳐 대사 간의 벼슬까지 진급해갔다. 하지만 반대 세력들에 의해 여러 차례 삭탈관직을 당해야만 했다. 그동안에도 그는 기묘사화에 의해 희생된 조광조·이언적 등의 추종을 건의하는 용기를 보였다.

기대승과 퇴계와의 사이에 벌어진 '사단칠정논쟁'은 조선 후기의 성리학을 주리파와 주기파로 나누어지게 하는 결과를 가져왔는데, 정작 퇴계와 고봉은 서로 예의를 갖추어 정중하게 대했다고 한다.

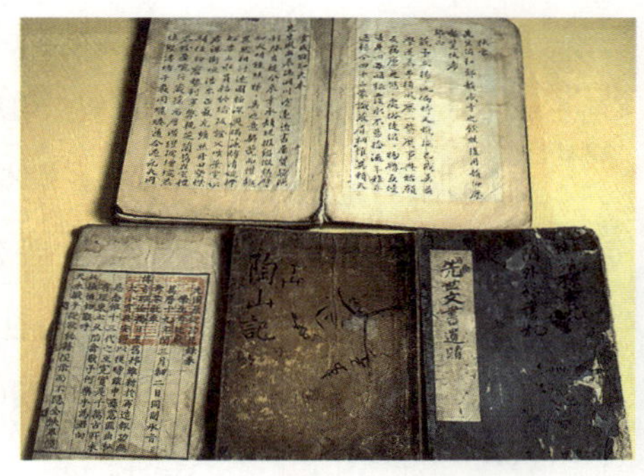

⬆ **기대승의 가계 문서**

고봉 기대승은 조선 선조 대의 유학자로서 전남 광주에서 출생했다. 호남 성리학을 주도했으며, 퇴계 이황과 8년 동안 사단칠정에 관해 편지를 교환했던 일화가 유명하다. 조선 시대 성리학을 독자적인 학문으로 발전시키는 데 크게 이바지를 했다. 사진은 기대승 일가의 역사뿐만 아니라 조선 사회사 연구의 귀중한 자료로도 평가되는 가계 문서들이다.

그 이후의 불교

조선 중기에는 유교식 사립 교육기관인 서원書院이 설치되고, 조정에서 이를 공인하여 사액賜額을 내리는 등 지방까지 유교 가치관이 토착화되었다. 이러한 분위기는 조선 불교의 사상적 빈곤을 초래할 수밖에 없었다.

조선 중기의 불교는 유교나 도교, 민간신앙과 결합하는 사례가 많았다. 먼저 충효라는 유교적 인륜을 강조하는 사회 분위기 속에 사찰에서도 부모와 조상의 명복을 비는 예식이 진행되었다. 또한 사찰을

서원

당시 많은 서원이 의도적으로 불교 사원의 터에 세워졌다. 최초의 사액서원賜額書院인 소수서원紹修書院도 숙수사라는 절터 위에 세워졌다. 여기서 사액서원이란 임금이 이름을 지어서 새긴 편액扁額(종이에 글씨를 써서 걸어놓은 액자)을 내린 사당이나 서원을 일컫는다.

다라니. 본래 진언은 힌두교와 불교에서 신비하고 영적인 능력을 가진다고 생각되는 신성한 말을 말한다. 주문呪文이라고도 불린다. 특정 주문을 반복적으로 외면 탈아의 경지로 들어가거나 높은 차원의 정신적 깨달음에 도달하게 된다고 한다. 또한 진언은 신변을 보호하거나 병을 낫게 하는 등 심리적인 목적을 위해서도 사용된다.

休靜, 1520~1604 | 조선 중기의 고승, 승군장僧軍將(도총섭)이다. 별호는 서산대사西山大師 등 아주 많다. 휴정은 법명이다. 임진왜란 당시 유정惟政(사명대사)과 함께 승병을 일으켜서 크게 공을 세웠다.

思悼世子, 1735~1762 | 조선 영조의 둘째 아들 장헌세자莊獻世子를 가리킨다. 정조가 즉위하자 장헌세자로 올려졌다. 영조의 노여움을 사서 뒤주 속에 갇혀 죽었다.

유지하기 위해 민간에서 믿어졌던 산신각山神閣 · 칠성각七星閣 등을 사찰 안에 세웠으며, 의례 역시 현세 기복적인 효능이 가장 빠르다고 하는 진언眞言을 중심으로 이루어졌다.

휴정●은 금강산과 묘향산 등지에서 수행하며 수많은 제자들을 길러냈고, 임진왜란이 일어나자 도총섭都摠攝이 되어 승군僧軍을 지휘하며 구국에 앞장섰다. 휴정은 아무리 산승山僧이라 할지라도 부모나 국왕, 스승과 어른, 그리고 사회에 대한 은혜를 잊어서는 안 된다고 주장하며 불교에만 함몰되지 않는 회통會通 정신을 발휘했다.

물론 그는 사상가나 학자가 아닌 순수한 선승이었다. 그러나 후진 양성에 힘을 쏟고 국난을 극복하는 데 앞장섬으로써 암울했던 불교계에 새로운 활력을 불러일으켰다.

조선 후기의 유학, 실학의 등장

영조는 당쟁을 막기 위해 두루 탕평책蕩平策을 썼으나 그 노력이 결국 수포로 돌아갔다. 노론은 소론 쪽에 가까웠던 사도세자●를 제거하고 그 아들인 세손까지도 폐위하려 했으나, 영조의 보호로 세손은 왕위에 올랐다. 그가 바로 정조다.

정조는 당색黨色에 영향을 받지 않는 새로운 정치 세력을 양성하기 위해 규장각奎章閣과 장용영壯勇營을 설치했다. 또한 서얼들을 등용했고 공노비를 해방했으며 천주교에 더 관대한 태도를 취했다. 그러나 이가환과 정약용이 천주교도로 몰려 좌천되고 정조마저 사망한 뒤로는 다시 노론이 정권을 잡게 되었고, 이후 천주교 억압이 거세지며 개방

정책도 좌절되고 말았다.

이후 홍경래의 난을 비롯한 민란들은 당시 조선 사회의 전반적인 퇴행을 가져왔다. 이러한 분위기 속에서 사회경제적 모순의 해결에 더욱 관심을 기울인 사상적 경향이 등장했는데, 바로 이것이 실학이다.

조선 후기의 실학 사상은 크게 세 가지 방향으로 전개되었다. 하나는 토지제도의 개혁을 통해 농업을 살리자는 것이었고, 다른 하나는 상공업의 유통과 기술 개발을 추구한 것이었으며, 마지막 하나는 경서 고증이나 금석학 등 실증적인 경학 연구를 추구한 것이었다. 이 가운데 상공업 발전론은 북학파를 중심으로 전개되었는데, 그 대표적 인물로는 홍대용洪大容(1731~1783)·박지원·박제가 등을 들 수 있다.

홍대용은 당시 허위의식에 사로잡혀 있던 성리학자들을 풍자하고 객관적 입장에서 사물을 바라보는 과학 정신을 강조했다. 홍대용의 영향을 받은 박지원은 청나라의 기와·벽돌·아궁이·굴뚝의 모습까지 세심히 관찰하여 우리의 생활에 유용하게 이용할 방법을 찾았고,

朴齊家, 1750~1805 | 조선 후기의 정치가·실학자로, 북학파의 거두다. 박지원에게 배웠으며, 이덕무·유득공 등과 함께 북학파를 이루었다. 그는 사대부의 세계관을 뛰어넘어 청나라에 배울 것은 배워야 한다고 믿었다. 저서에 《북학의》 등이 있다.

🔴 천체의 운행과 위치를 관측하던 장치, 혼천의
홍대용은 1766년 삼촌을 따라 중국으로 가서 천문·지리·역사 등에 관한 지식을 쌓았다. 특히 실사구시 정신에 따라 신분제 개혁을 위해 과거제를 없애고 인재를 고루 등용하며 신분에 관계없이 여덟 살 이상의 모든 아동을 교육시켜야 한다는 과감한 개혁을 주장했다. 천문과 율력에 뛰어나 천체의 운행과 위치를 관측하던 혼천의를 만들었으며, 또한 지구가 하루에 한 바퀴 돈다는 지구의 자전설을 주장하기도 했다.

수레가 빈곤을 구제하는 데 매우 유용함을 발견했다. 박제가 역시 물건을 편리하게 쓰는 이용利用과 생활이 넉넉한 후생厚生이 급선무임을 주장했다. 그는 놀고먹는 선비를 국가의 큰 좀이라고 비판하며 이들을 상업에 종사시킬 것을 제안하기도 했다.

풍자문학의 극치, 박지원

박지원•은 홍대용 등과 교제하면서 천문·지리 등 서양의 자연과학을 주의 깊게 연구했으며, 스무 살에 이르러서는 사회개혁의 창도자이자 저명한 문학가로 이름을 날렸다.

그런데 정조가 왕위에 오르자 홍국영洪國榮(1748~1781)이 세도를 부리기 시작했다. 홍국영은 박지원과 그 일파가 세상을 깔본다고 여겨 벽파僻派•로 몰아붙였다. 이에 박지원은 황해도 금천 땅에 있는 첩첩산골 연암 골짜기로 들어갔다. 이곳에서 3년을 보내고 난 박지원은 사신을 따라 청나라로 갔으며 그곳에서 중국인의 생활 및 과학기술을 관찰하고 많은 학자들과 사귀었다. 귀국한 후에 그 유명한 《열하일기》를 썼는데, 특히 여기에 담긴 단편소설 〈호질문〉과 〈허생전〉은 풍자문학의 극치를 이루고 있다.

박지원은 '신이 세계를 창조했다'는 식의 종교적 관념론을 비판하고 세계를 물질적인 것으로 보았다. 그에 의하면, 우주 만물이란 미세한 티끌이 모여 운동·변화하는 과정에서 형성된다. 이러한 입장에서 그는 모든 생명이 무기체에서 유기체로 점차 발전해갔다고 하는 소박한 진화론적 사상을 제기하기도 했다.

또한 주자학으로는 현실 문제를 해결할 수 없으며 나라의 부강과 민생 안정을 위해서는 제도 개혁과 선진 과학기술의 도입이 필수적이라고

박지원

朴趾源, 1737~1805 | 조선 영조·정조 대의 실학자이자 현실비판주의 문학의 개척자. 호는 연암燕巖. 서울 양반 출신의 개혁사상가. 홍대용·박제가 등과 함께 청나라의 우수한 점을 배워야 한다는 북학파 계열로, 상공업을 중요하게 생각하는 중상주의를 주장했다. 그의 제자로는 박제가·유득공·이덕무 등이 있다.

벽파

사도세자를 무고誣告하여 배척한 당파. 사도세자를 두둔한 시파時派와 맞섰다. 영조는 즉위 초부터 탕평책을 써서 당쟁을 막으려 했지만, 사도세자의 폐위廢位·아사餓死로 자신도 결국은 당쟁에 말려든 셈이 되고 말았다.

주장했다. 또 화폐 유통과 무역, 기술 도입을 통한 생산력 증대, 빈민의 생활 안정, 상인과 수공업자 등에 대해 지대한 관심을 표명했다.

북학파의 세력이 약화되자 이번에는 실사구시實事求是의 학풍이 일어나게 되었고, 대표적인 인물은 김정희金正喜(1786~1856)다. 우리에게 추사체로 널리 알려져 있는 김정희는 서예뿐만 아니라 천문·금석·철학·선학禪學 등 다양한 분야를 연구했던 학자다. 그는 박제가와의 교류를 통해 청나라의 선진 문물을 받아들였고, 고증을 통한 학문 연구를 중시했다.

정조의 총애, 정약용

다산 정약용은 실학을 집대성한 학자라 말할 수 있다. 다산이 태어나던 해에 사도세자의 참변이 있었는데, 이때 세자를 동정하는 당파시파와 이를 공격하는 당파벽파의 대립이 격화되었다.

그런데 다산이 정조에게 《중용中庸》을 강의하면서부터 임금과 가까워지기 시작했다. 한편 다산은 서양으로부터 전해진 새로운 과학 지식을 받아들임과 동시에 천주교를 믿게 되었다. 그러나 교리의 허망함을 느끼고 신앙을 버렸다. 그럼에도 다산은 반대파로부터 서학에 가담했다는 지탄을 받았고, 이에 정조는 할 수 없이 그를 유배보내기도 했다.

정조가 원통하게 죽은 그의 아버지 사도세자를 찾아 일 년에 몇 번씩 수원의 능행길에 올랐다. 이때 한강에는 배다리가 놓이는데, 이 설치를 다산에게 맡기자 그는 이 일을 훌륭하게 해냈다. 이어 사도세자를 기리기 위해 수원성을 쌓을 때에 이 일 또한 그에게 맡겨졌다. 이에 다산은 기하학적 방법으로 높이를 측정하고 거중기擧重器·활차滑車(도르래)·고륜孤輪(바퀴 달린

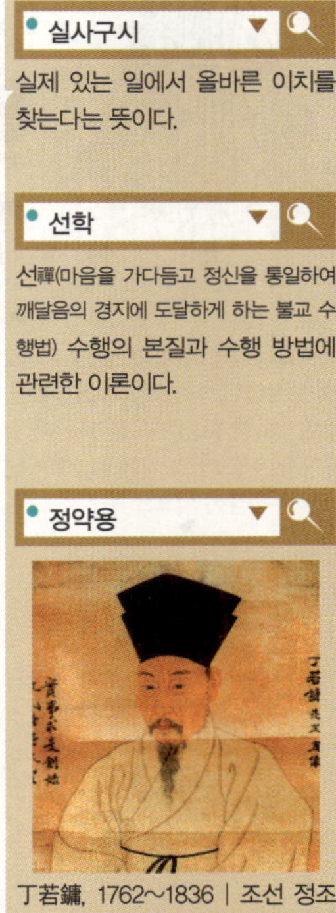

丁若鏞, 1762~1836 | 조선 정조 대의 실학자. 18세기의 실학 사상을 집대성하고 발전시킨 선진적인 사상가. 경기도 광주군 초부면 마현리(지금의 양주군 와부면 능내리)에서 출생했다. 중농주의 실학자로 전제 개혁을 주장하며 조선 실학을 집대성했다. 수원 화성 건축 당시 거중기를 고안하여 건축에 많은 도움을 주었다. 또한 유교 경전에 대한 새로운 해석을 통해, 당대 조선을 지배한 주자학적 세계관에 대한 근본적인 반성을 시도했다.

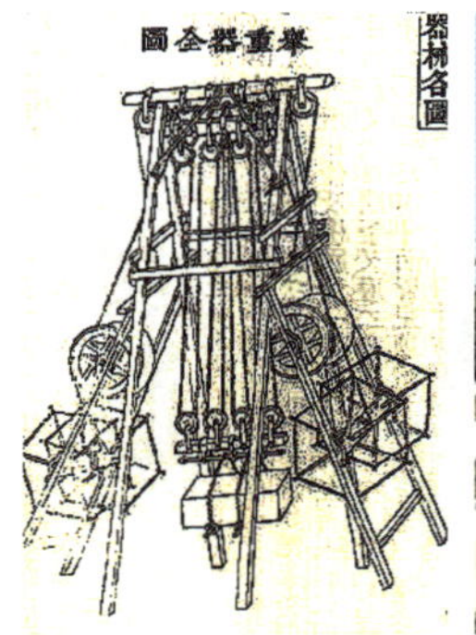 

🔺 《화성성역의궤》에 실린 거중기와 실제 거중기의 모습(우)

《화성성역의궤華城城役儀軌》는 조선 후기 화성(오늘날 수원)의 성곽 축조에 관한 경위·제도·의식 등을 수록한 책이다. 조선 순조 1년(1801년) 9월에 발간되었다. 거중기는 정약용이 고안한 기계로 1796년 성곽을 쌓는 데 이용되었다. 도르래의 원리를 이용하여 작은 힘으로 무거운 물건을 들어 올리는 장치다.

달구지) 등을 발명하여 성의 축조에 이용함으로써 임금을 감탄하게 했다. 정조가 그를 중용하자 반대파들의 모함도 극에 달했고, 이에 다산은 끝내 유배 길에 올라야 했다. 다산은 유배지 전남 강진에서 현실 정치와 거리를 유지하며 경세학과 목민학을 정리하는 데 골몰했다.

정약용은 북학파의 자연과학 지식을 받아들여 관념론적인 주자학의 공허함을 비판하고 과학적이고도 고증학적인 태도로 나아갔다. 다산은 유배 기간 동안 자신의 사상을 완성했다. 무엇보다도 그는 전제田制·세제稅制·법제法制·병제兵制 등 봉건사회가 안고 있는 갖가지 모순을 해결하기 위해 여러 가지 사회개혁안을 내놓았다. 또한 농업기술·거중기·활차·축성·총포, 심지어는 종두법에 이르기까지 광범위한 연구를 했다.

그는 인간의 본능이나 이기적 욕망을 인정했으며, 백성이 통치자를 위해 존재하는 것이 아니라 통치자가 백성을 위해 존재한다고 생각했다. 그래서 백성의 뜻이라면 왕도 얼마든지 교체할 수 있다고 주장했다. 그의 저서 《목민심서牧民心書》는 당시 양심적인 지방 수령들의 필독서였다고 한다.

제6장

일제강점기하에 꽃핀 철학

제국주의에 대한 대응

위정척사운동

위정척사운동은 '바른 것을 지키고 삿된 것을 물리친다'는 기치를 내걸었다. 하지만 실질적으로는 서양 문물과 서학을 물리치고 인륜에 바탕을 둔 중국을 섬겨야 한다는 논리로 비약했다. 위정척사론의 대표자인 이항로●는 송시열宋時烈(1607~1689)의 숭명배청崇明排淸의 의리론을 이어받았다. 그는 서양과의 교류가 우리 사회를 오랑캐의 상태로 타락시킨다고 보고, 서학에 동조하는 자들을 가려내어 서양 문물이 들어오는 것을 막아야 한다고 주장했다.

그의 제자 최익현●은 일본을 배척하자는 상소운동을 벌였으며, 을사늑약乙巳勒約이 체결된 후로는 의병을 일으켜 국권 회복을 꾀했다. 그러나 일본군에 사로잡힌 후 그들이 공급하는 음식을 거부함으로써 죽음을 맞게 되었다.

개화운동

위정척사파와는 달리, 개화운동은 서양 문물을

●이항로 ▼ 🔍

李恒老, 1792~1868 | 조선 고종 대의 유학자이자 문신이다. 호는 화서華西이며, 경기도 포천 출신이다. 세 살 때 《천자문千字文》을 뗐고, 여섯 살 때 《십팔사략十八史略》을 배웠다고 한다. 특히 성리학에 밝았으며, 경복궁 중건 중지를 건의하고 취렴聚斂(재물을 탐내서 마구 거두어들임)의 시정을 촉구하는 등 최초로 흥선 대원군의 정책에 반대하여 배척을 받았다. 저서에 《화서집》이 있다.

崔益鉉, 1833~1906 | 조선 말기의 문신으로 을사조약에 저항한 의병장이다. 호는 면암勉菴. 이항로의 제자로서, 왕권 강화를 위해 경복궁을 중건하는 대원군의 정책을 반대하다가 관직을 빼앗기기도 했다. 1894년 발생한 동학농민운동과 그해 친일 정권 성립과 함께 단행된 갑오개혁에 크게 반발했고, 이듬해 을미사변과 단발령을 계기로 의병을 조직했다가 체포되었다. 당시 그가 올린 상소에는 "내 머리는 자를 수 있어도 머리카락은 자를 수 없다."라는 말이 쓰여 있었는데, 이는 강제적 단발령에 목숨을 걸고 반발했던 유학자들의 생각을 잘 드러낸 구절이라 하겠다.

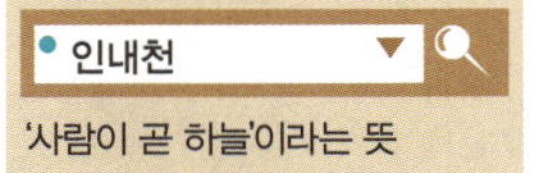

'사람이 곧 하늘'이라는 뜻

적극 받아들여 개혁을 이루려 했던 것으로서 실학에 그 뿌리를 두고 있다. 조선이 완전한 자주국가로 성장하기 위해서는 점점 쇠퇴해가는 중국으로부터 벗어나야 하며, 이를 위해 영민한 양반 자제들을 선발해서 교육시켜야 한다고 보았다. 이때 선발된 청년들이 바로 서재필·박영효·김옥균·홍영식·유길준·김윤식·김홍집 등이었다.

개혁파는 세계사의 흐름을 통찰하고 자주독립을 추구했으며 부국강병과 신교육의 실시, 산업의 육성, 계몽운동의 전개 등을 주장했다. 그러나 현실이 이에 뒷받침되지 못했다. 또한 개혁파 안에서도 일제와 타협하거나 아예 친일분자로 전락한 사람들이 있었기 때문에 성공하지 못하는 결과를 가져왔다.

동학운동

동학은 인내천人乃天 사상을 표방하여 모든 사람이 존엄하며 평등하다는 사상을 내세웠다. 그리고 차별과 억압의 시대가 끝나고 새로운 후천개벽의 시대가 다가왔다고 주장했다.

최제우는 몰락한 향촌 양반의 서자로 태어났다. 열심히 공부를 했지만 반상班常의 등급과 적서 차별이 심하던 당시 풍조로 인해 과거에 응시할 수 없었다. 여기저기 떠돌아다니는 중에 무술·점술·장사·서당 훈장 등을 해보았으나 신통치 않았다.

결국 그는 양산 통도사 뒤에 있는 천성산에 단을 쌓고 천주가 강령할 것을 염원하는 49제를 올렸으며, 재산을 정리하여 철물점을 차리는 한편, 그 안에 기도처를 만들었다. 그러나 몇 년이 가지 않아 가산은 탕진되었고, 빚은 산더미처럼 쌓이고 말았다. 그러던 어느 날, 빚 독촉을 하던 노파가 행패를 부리자 최제우는 분을 이기지 못해 손으로 밀쳤다. 그러자 노파가 기절하더니 이내 죽고 말았다. 노파의 아들과 사위가 몰려와 노파를 살려내라고 하자 그는 닭털 꼬리를 노파의 목구멍에 집어 넣었다. 그러자 신기하게도 노파는 기침을 하면서 피를 토하더니 살아났다. 이 일로 인해 그가 신명하다는 소문이 퍼지기 시작했다.

또 어느 날, 그는 공중에서 들려오는 소리를 들었는데 바로 상제의 음성이었다. 그 후 최제우는 동학 창도에 나섰다. 당시 천주교를 서학西學이라 부르는 데 대해, 우리의 도를 천명한 것이라는 뜻으로 동학東學이라 불렀다.

그러나 관에서는 후천개벽설이나 칼놀이●가 사회를 불안하게 한다고 생각했다. 유림들 역시 동학의 전파를 막기 위해 적극 노력했다. 마침내 최제우는 조정의 명령에 의해 체포되었고, 곧 처형당하고 말았다.

그 후 최시형崔時亨(1827~1898)이 동학의 제2대 교주로 취임하여 교리를 체계화하며 교세 확장에 몰두했다. 그러나 일제가 들어서면서 천도교●는 쇠퇴하고 말았다.

동학에서 신이란, 기독교에서처럼 의지와 인격을 가진 초월자가 아닌, 자연과 동일한 것이다. 신이란 자연이고, 곧 인간이다. 말하자면 인간이 곧 하늘인 것이다.人乃天 이 관점에서 보면 인간은 모두 평등하기에 봉건적 신분 질서는 용납될 수 없는 것이다. 대동평등大同平等주의와 인간지상人間至上주의를 표방하는 동학은 그 개혁적인 성격으로 인해 농민들의 환영을 받은 한편, 곧 지배 계층의 탄압을 불러일으키기도 했다.

전봉준全琫準(1855~1895)은 어릴 때부터 글을 익혔고, 나중에 훈장과 접장接長●을 지냈다. 그에게 '녹두'라는 별명이 붙여진 것은 그의 키가 유난히 작았기 때문이라고 한다. 결혼 후 그는 가난 때문에 살 길이 없어지자 약을 팔기도 하고, 방술方術, 길흉을 점치거나 불로장생을 추구하는 기술을 익히기도 했다.

최제우 ▼ 🔍

崔濟愚, 1824~1864 | 동학의 창시자. 호는 수운水雲. 경북 경주시 현곡면 가정리에서 출생했다. 일찍 부모를 여의고 한때 울산에 내려가 무명 행상을 직업으로 전국 각처를 돌아다녔다. 1860년 천주 강림의 도를 깨닫고, 서학(천주교)에 대항하는 유교·불교·선교 등의 교리를 종합한 민족 고유의 신앙 '동학'을 창시하게 되었다.

칼놀이 ▼ 🔍

동학 신도들은 칼춤을 추면서 검가를 부르는 의식을 벌였다.

천도교 ▼ 🔍

제3대 교주인 손병희孫秉熙(1861~1922)가 동학을 개칭한 이름

접장 ▼ 🔍

동학농민혁명 당시 접接(보통 60~70명)의 우두머리. 접주接主라고도 부르지만, 서로 존대하는 평등의 용어로 사용되었다는 사실이 중요하다.

그가 장년이 되었을 때, 외세의 침투 세력이 국내로 손을 뻗쳐오고 국내에서는 군란과 정변으로 갈피를 잡지 못하고 있었다. 이때 전라도를 중심으로 동학이 크게 번졌는데, 이 무렵 그도 동학에 입도했을 것으로 추측된다.

1893년, 악명 높은 조병갑이 전북 고부군수로 부임해와서 온갖 노략질을 일삼기 시작했다. 이에 백성들은 억울한 사정을 글로 써서 군수에게 올렸는데, 전봉준의 아버지 전창혁이 그 대표자였다. 결국 전창혁은 뜻을 이루지 못한 채 감옥에서 매를 맞아 죽고 말았다.

그해 11월 어느 날, 각 동네의 집강●들이 고부군 외부면 죽산리에 있는 송두호의 집에 모여들었다. 그리고 연명으로 사발통문을 만들어 각 마을에 돌렸다. 드디어 군중들은 전봉준의 지휘하에 칼과 창과 죽창을 들고 고부의 북성 안으로 쳐들어갔다. 관아로 들어간 군중들은 무기고를 부수고 옥사를 헐어 억울하게 갇힌 사람들을 풀어주며 구실아치● 몇 명을 잡아 목을 베었다.

그 후 농민군은 전주로 쳐들어가 감사 김문현을 쫓아내고 관가를 점령했다. 일이 이쯤 되자 조정에서는 청나라에 원군을 요청하는 한편, 농민들에게 회유책을 써서 화해를 제안했다. 이런 판국에 청나라의 군대가 출병하고 일본군이 인천에 상륙하기에 이르자, 전봉준은 관군과 화약을 맺고 전주성을 나왔다.

음력 9월 18일, 최시형은 무력 봉기를 선언했고, 이에 맞춰 전봉준은 전라도 일대에 동원령을 내렸다. 논산에서는 손병희를 설득하여 함께 공주를 압박해 들어갔는데, 일본군과 관군의 연합군에 밀려 다시 내려오고 말았다. 11월 27일경에는 태인 전투를 마지막으로 주력 부대가 완전히 해산되기에 이르렀다. 전봉준은 정세를 살피기 위해 장사꾼의 차림으로

🔴 **압송되는 전봉준**
동학농민운동의 지도자. 전봉준의 출생지는 정확하지 않다. 서른 살 전후 동학에 몸을 담고, 이후 고부 지방의 동학 접주가 되었다고 알려져 있으나, 최시형이 그를 만나 직접 임명하지 않았기 때문에 반론이 있다. 그는 남도의 접주가 되어 자신의 십이만 명 병력과 북도의 접주 손병희의 십만 명 병력을 동원하여 최고 교주 최시형을 필두로 한 항일 구국의 항일전을 펼치기도 했다. 그러나 현상금을 노린 옛 부하의 배신으로 관군에 체포되었고, 1895년 3월 그의 동지들인 손화중 · 최경선 · 김덕명 · 성두환과 함께 교수형에 처해졌다.

서울로 올라갔다가 옛 동지 김경천의 밀고로 붙잡히고 말았다. 그는 서문의 형장으로 끌려가 동지들과 함께 교수형에 처해졌다.

하지만 전봉준의 반침략적 애국 사상은 통치 계급의 이익만을 대표하는 배외排外·척왜斥倭 양론의 협소한 범위를 벗어나는 것으로, 동학농민운동의 빛나는 투쟁 기치가 되었다. 또한 민본주의 사상에 입각하여 농민군에게도 항상 민중의 생명과 재산을 보호해야 함을 강조했다.

신흥 종교의 발흥

조선 말기 이후로 국가 질서가 전반적으로 붕괴 위기에 놓이자 민중의 고통은 이루 말할 수 없는 상태에 빠지게 되었다. 이때 민중들은 민란을 일으키거나 새로운 종교에 마음을 의지하는 길밖에 없었다. 이때의 신흥 종교들은 대개 단군신앙이나 풍류도, 무속과 민간신앙과 같은 우리의 고유한 사상에 연결되어 있으면서 동시에 항일 구국운동의 구심점이 되기도 했기 때문에 쉽게 대중의 지지를 얻어낼 수 있었다.

대종교는 단군왕검을 숭배하는 종교로서, 앞으로 다가올 세계 변화의 주축으로 우리 민족을 꼽고 민족의 주체 의식을 강조했다. 대종교단은 만주에서 독립운동을 주도하기도 했는데, 박은식·신채호·안재홍· 정인보 등은 직간접적으로 대종교의 영향을 받았던 것으로 보인다.

羅喆, 1863~1916 | 대종교의 창시자. 을사조약이 체결되자 매국 노들을 죽이려다 뜻을 이루지 못했다. 이후 증산교는 그의 제자 차경석과 김형렬에 의해 보천교와 태을교로 나뉘었다.

姜一淳, 1871~1909 | 증산교의 교조. 본관은 진주晉州로, 흔히 알려진 증산甑山은 그의 호다. 전봉준이 일찍부터 그와 교분이 있어서, 1894년에 찾아와 거사를 하는 데 도움을 청했으나 증산은 "때가 아니니 나서지 말라."라고 하며 "성사도 안 되고 애매한 백성만 많이 죽을 것이다."라고 말했다 한다. 이후 동학농민운동이 일어나자 전라도 일대를 유랑하며 관군에 쫓기던 동학군 몇 명을 구하기도 하고, 동학군에 가담하지 말라고 권유하기도 했다 한다.

제1대 교주인 나철은 일제의 탄압에 항거하여 스스로 목숨을 끊었고, 제2대 교주인 김교헌金敎獻(1868~1923)은 〈독립선언문〉의 작성을 발의하고 선언식을 거행하는 데 동참하기도 했다. 대종교가 감성적인 민족주의에 치우쳤다는 비판도 받고 있으나 항일 투쟁이라는 순기능을 담당했고, 민족에 대한 자긍심을 회복했던 점은 높이 평가할 만하다.

강일순이 일으킨 증산교는 동학과 관련이 깊다. 강일순은 스스로 옥황상제라거나 미륵불이라고도 했고, 자신의 능력으로 천지를 개벽하고 중생을 구제하리라고 예언하기도 했다. 외세를 배척하고 조선을 미래 세계의 중심에 놓은 점에서 투철한 민족의식을 읽을 수 있는데, 이후 증산교 계통에서 단군을 받드는 교파가 많이 나왔다.

원불교는 불교의 일부 사상을 이용하여 일어난 신흥 종교다. 원불교의 창시자인 소태산 박중빈朴重彬(1891~1943)은 불교 사상을 그대로 계승한 것이 아니라 그것을 비판적으로 극복하고자 했다. 그는 앞으로 다가올 시대를 예견하며 "물질이 개벽하니 정신을 개벽하자!"라고 주장했다. 정신과 물질이 조화된 이상사회 건설을 목표로 했다고 말할 수 있다. 원불교는 산속에서 자기 내면을 수행하는 것이 아니라, 도시에서 대중과 함께 호흡하며 진리를 추구하는 구체적인 생활 종교를 표방했다.

강단에서 철학을 강의하는 시대

3·1운동 이후 서양 학문에 대한 열기가 높아지자 민족진영은 민립대학을 설립하자는 운동을 벌이기 시작했다. 이에 일제는 이를 저지하고 한국인들의 교육 열기를 체제 내적인 것으로 돌리기 위해 경성제국대학

소태산少太山 혹은 대종사大宗師로 불렸다. 전남 영광군 백수읍 길룡리에서 농민의 아들로 태어났으며, 20여 년간의 구도 고행 끝에 큰 깨달음(大覺)에 도달했다고 한다. 미신 타파, 문맹 퇴치, 저축 조합 운동, 생활 불교 등을 제시하며 원불교를 창시하였다. 전북 익산에 '원불교 총부'를 세웠으며, 원불교라는 명칭은 큰 원을 그려 놓은 일원상을 모시는 것과 관련이 있는 것으로 보인다.

현 서울대학교을 세운다. 이곳에서는 식민지 권력 기구에 순종하는 중간 엘리트를 양성하는 것을 교육 목표로 삼았으며, 여기에서 '서양 철학' 역시 제도적 장치 속에서 강단의 철학으로 소개되기 시작했던 것이다.

1933년에 '철학연구회'가 결성되었고, 〈철학〉이라는 최초의 철학 전문 학술지가 발행되었다. 그리고 이때의 철학은 서양 철학이 주류를 이루고 있었다. 그러나 1937년 중일 전쟁 이후 조선말살정책이 강화되면서 연구회의 활동이 중단되고 학술지 역시 폐간되고 말았다. 이제 유일하게 철학을 강의하는 곳은 경성제국대학뿐이었는데, 이곳에서 가르쳐지는 분야는 대동아 공영 체제가 허용하는 '독일 관념론'과 '실존 철학'으로, 당시 일본 철학계의 현실을 그대로 옮겨놓은 듯했다.

이러한 분위기는 해방 이후 남한 철학계의 주류를 이뤘다. 그리고 1920년대 독립운동가들 사이에서 혁명이론과 투쟁방법론으로 받아들인 마르크스 철학은 발붙일 곳이 없었다. 해방 이후 정국은 민족적 분열로 이어졌고, 급기야 한국 전쟁을 통해 분단이 고착화되었다. 이후 남북 철학은 냉전의 혹독한 흑백논리 속에서 각각 다른 방향으로 치달았으며, 특히 남한에서는 마르크스 철학이 종적을 감추고 말았다.

Q 다음을 우리나라 실정에 맞춰 생각해보자.

1. 우리나라에 완전한 의미에서 철학(학문)의 자유가 존재할까?

2. 오늘날 우리나라에 종교 사이의 갈등이 존재한다면, 그 원인은 무엇이고 해결책은 또 무엇일까?

제7장

현대 철학의 흐름

동양 철학의 특징

해방 후 남한에서는 강단 철학이 본격적으로 전개되었다. 그러나 이때에는 일제 어용철학자들뿐만 아니라 민족적 지식인들까지 유교와 전통 일반을 봉건적인 잔재로 보았기 때문에 현대적 시점에서 전통 철학을 되살리는 작업이 시급하게 되었다.

현상윤은 《조선유학사》에서 지금까지 부정적으로 평가되어왔던 주자학을 한국 유학과 철학을 대표하는 것으로 주장했고, 퇴계를 한국 유학의 최고봉으로 보았다. 이상은은 퇴계학 연구에 새로운 지평을 열었으며, 유교를 중심으로 전통 철학을 현대적으로 해석할 것을 주장했다.

1970년대로 접어들면서 전통 철학 연구자들이 크게 늘어나고 정신문화연구원 같은 기관이 세워지면서 국학 전반에 대한 열의가 높아갔다. 그 대상 역시 양명학·경학經學·실학 등 다양한 분야로 확대되었으며, 불교계 안에서도 한국 불교의 흐름을 다시 조명하기 시작했다.

1980년대 이후로는 안으로 민주화운동이 일어나고, 밖으로 개혁·개방의 시대를 맞이하여 중국의 연구 성과들이 국내로 소개되면서 동양 철학에 대한 더욱 객관적인 연구가 시작되었다. 국제 학술 교류 역시 활발해져

• 현상윤

玄相允, 1893~? | 호는 기당幾堂. 사학자·교육가. 3·1운동 때 민족 대표 48인 중 한 사람으로 활약하다가 복역했으며, 광복 후 고려대학교 초대 총장을 지냈다. 그러다가 한국 전쟁 때 납북되었다.

• 이상은

李相殷, 1905~1976 | 호는 경로卿輅. 동양철학자. 베이징대학교 철학과를 졸업하고 광복 후에 고려대학교 교수와 학술원 회원을 지냈다.

퇴계의 사상이 국제적인 차원에서 연구되었고, 율곡 이이의 학문이 해외에 소개되기도 했다.

1990년대에는 한국 철학 및 중국 철학을 전공한 박사들이 대량으로 쏟아지면서 연구 성과의 질에 대한 반성도 대두되기 시작했다. 불교계 안에서도 불교의 인문학적 기반이 약하고 사회적 쟁점에 대해 다소 무관심하지 않았느냐는 등의 반성이 일어났다.

서양 철학의 유입

한국 전쟁 이후, 남한에서는 유럽의 경우에서와 마찬가지로 실존 철학이 유행하기 시작했다. 전쟁 이후의 정신적 공황이 개인의 실존과 불안에 대한 관심을 일으킨 것이다. 경직된 냉전 체제 속에서 당시 사회주의나 민족주의 이념은 완전히 배제되었다. 아울러 해방 전부터 서양 철학계의 중심을 차지했던 '독일 관념론'이 1960년대까지 남한 철학계를 지배했다.

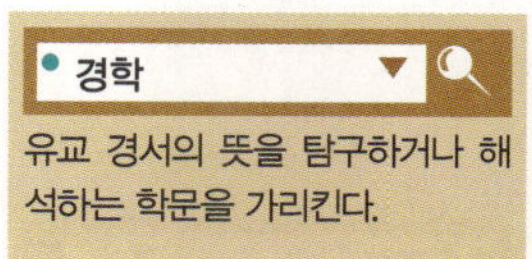

1950년대 말에는 많은 철학자들이 미국과 독일에서 공부를 마치고 돌아오면서, 철학의 관심 영역이 과학 철학과 현대 논리학 등으로 확대되었다. 또한 연구 활동도 개인이 아닌 학회 중심으로 이루어졌다. 1970년대에 본격적으로 도입된 분석 철학은 철학의 개념과 논의의 틀을 새롭게 점검하는 계기가 되었다. 또 고도성장의 부정적인 결과가 사회적 담론으로 등장하면서 존 롤스의 사회정의론이나 마르크스의 철학이 많은 학자들에 의해 논의되었다. 1980년대 민주화운동이 활발해지면서 마르크스 철학이 더욱 각광을 받았는데, 이때의 마르크스

● 경학 ▼ 🔍

유교 경서의 뜻을 탐구하거나 해석하는 학문을 가리킨다.

철학은 순수한 철학이라기보다는 활동가들의 실천 이념으로 받아들이는 경우가 많았다. 소련과 동유럽의 사회주의가 붕괴하면서 마르크스 철학은 비로소 학술적 연구의 대상으로 자리를 잡았다.

기독교의 영향

해방 이후 남한에서 가장 호응을 얻은 종교는 기독교였다. 남북 전쟁 때문에 한국에서 주둔하던 미국인과 그 문화로 인해 그 세력이 급속도로 팽창하기 시작한 것이다. 초기 기독교는 한국에서 의료·교육·여성운동 등 여러 분야의 개혁·계몽운동을 전개함으로써 민중들로부터 환영을 받을 수 있었다.

이때 기독교를 주체적으로 수용하기 위해 노력한 사람들이 유영모와 함석헌 같은 인물이다. 이들은 기독교를 동양 사상의 틀에 접목시키고 그 결과를 몸소 실천했다. 특히 함석헌은 스승 유영모의 영향을 받아 주체적인 '씨올사상'을 전개했는데, 그의 사상은 하늘과 인간의 합일, 홍익인간, 인내천과 같은 인본 사상에 뿌리를 둔 것이었다.

함석헌은 이러한 터전 위에서 가령 인간의 삶에 닥치는 고난도 그를 완성하여 자유에 이르게 하는 '창조적 수고'라고 보았다. 또한, 장차 오게 될 하느님의 나라 역시 창조적 수고자들에 의해서만 도래하는 것이기 때문에 조선 민족은 이를 극복하고 평화의 주인이 되어야 한다고 역설했다. 이러한 역사관은 민중 사관과 연결되어 "민중이 고난을 통해 정의와 평화를 이루는 풀뿌리 민주주의의 주인이 되어야 한다."라는 주장으로 이어졌다.

유영모

柳永模, 1890~1981 | 그의 호 다석多夕은 하루에 한 끼 저녁만 먹는다는 뜻이다. 1905년 대한기독교청년회연맹(YMCA)에서 행한 명사들의 강연을 들으러 다니다가 기독교에 입교했다. 이후 7년 동안 정통신앙인으로 살다가 비정통 신앙인으로 전향했는데, 이는 톨스토이로부터 많은 영향을 받아 무교회주의적인 입장을 취했기 때문으로 보인다. 노자의 《도덕경》을 번역했다.

함석헌

咸錫憲, 1901~1989 | 비폭력 인권운동을 전개한 민권운동가·재야운동가·문필가. 유영모가 가장 아끼는 제자는 바로 함석헌이었다. 함석헌의 씨올'사상은 유영모로부터 물려받은 것이다. 그러나 유영모는 말년에 함석헌이 기독교 계열의 종교인 퀘이커파Quaker派 신자로 종교적 외도를 한 것에 대해서 크게 나무라고 의절했다고 한다.

씨올 사상

유영모가 민民을 '씨올'로 옮긴 데서부터 사용하기 시작했다. '민'이라는 말 속에 지배와 피지배, 그리고 봉건제의 흔적이 남아 있다고 보고, 민중의 주체 의식을 강조하고자 사용한 용어다.

참고문헌

강성률,《2500년간의 고독과 자유》, 형설출판사, 2005

강성률,《철학의 세계》, 형설출판사, 2006

김길환,《동양윤리사상》, 일지사, 1990

김영수,《제자백가》, 일신서적, 1991

김윤경,《청소년을 위한 한국철학사》, 두리미디어, 2007

김철호,《동양철학 이야기 주머니》, 녹두, 1995

노사광, 정인재 역,《중국철학사》, 탐구당, 1992

석인해,《장자》, 일신서적, 1991

소비에트과학아카데미철학연구소 편, 이을호 편역,《세계철학사》, 중원문화, 1990

안광복,《청소년을 위한 철학자 이야기》, 신원문화사, 2002

임어당,《공자의 사상》, 현암사, 1985

장기균, 송하경 · 오종일 공역,《중국철학사》, 일지사, 1989

장유교, 고재욱 역,《중국근대철학사》, 서광사, 1989

정병조,《인도철학사상사》, 한국학술정보, 2005

정진일,《위대한 철인들》, 양영각, 1984

중촌원中村元 저, 김용식 · 박재권 공역,《인도사상사》, 서광사, 1990

철학교재편찬회 편,《철학》, 형설출판사, 1990

토오도오 교순 · 시오이리 료오도, 차차석 역,《중국불교사》, 대원정사, 1992

한국공자학회 편,《공자사상과 현대》, 사사연, 1990

한국철학회 편,《한국철학사》, 동명사, 1997

H. J.슈테릭히,《세계철학사》, *KLEINE WELTGESCHICHTE DER PHILOSOPHIE* , 분도출판사, 1989

J.힐쉬베르거, 강성위 역,《세계철학사》, *GESCHICHTE DER PHILOSOPHIE*, 이문출판사, 2002

청소년을 위한 **동양철학사**

초판 1쇄 발행 2025년 07월 03일

지은이 강성률
펴낸이 최석두

펴낸곳 도서출판 평단
출판등록 제2015-000132호(1988년 7월 6일)
주소 (10594) 경기도 고양시 덕양구 통일로 140 삼송테크노밸리 A동 351호
전화 (02) 325-8144(代)
팩스 (02) 325-8143
이메일 pyongdan@daum.net

ISBN 978-89-7343-586-9 (03150)

ⓒ 강성률, 2025